ERICH
SCHMIDT
VERLAG

AF142637

GRUNDLAGEN DER GERMANISTIK

Herausgegeben von Christine Lubkoll, Ulrich Schmitz,
Martina Wagner-Egelhaaf und Klaus-Peter Wegera

52

Deutsch diachron

Eine Einführung in den Sprachwandel
des Deutschen

von
Klaus-Peter Wegera,
Sandra Waldenberger
und
Ilka Lemke

2., neu bearbeitete Auflage

ERICH SCHMIDT VERLAG

Bibliografische Information der Deutschen Bibliothek
Die Deutsche Bibliothek verzeichnet diese Publikation in der Deutschen
Nationalbibliografie; detaillierte bibliografische Daten sind im Internet
über dnb.ddb.de abrufbar.

Weitere Informationen zu diesem Titel finden Sie im Internet unter
ESV.info/978-3-503-18186-5

1. Auflage 2012
2. Auflage 2018

Gedrucktes Werk: ISBN 978-3-503-18186-5
eBook: ISBN 978-3-503-18187-2

Dieses Papier erfüllt die Frankfurter Forderungen
der Deutschen Bibliothek und der Gesellschaft für das Buch
bezüglich der Alterungsbeständigkeit und entspricht sowohl den
strengen Bestimmungen der US Norm Ansi/Niso Z 39.48-1992
als auch der ISO-Norm 9706.

Druck und Bindung: Hubert & Co., Göttingen

Inhaltsverzeichnis

Vorwort

Das Lehrwerk basiert auf dem Ansatz der Bochumer historischen Sprachwissenschaft, die versucht, linguistische Theorien korpusbasiert mit historischem Originalmaterial und Sprachwandeltheorien mit sprachgeschichtlichen Fakten zu verbinden. Die spezielle Ausrichtung beruht auf der langjährigen Arbeit der Verfasser mit historischen Korpora und der darauf aufbauenden Grammatikographie sowie deren Erträge für die Lehre.

Die historische Linguistik ist derzeit stark in Bewegung. Neben einer Fülle neuer theoretischer Zugänge wird zunehmend weiteres Material in Form größerer digitalisierter und annotierter Textarchive als Korpora für empirische Untersuchungen verfügbar. Für zahlreiche Phänomene sind bisher umfangreiche historische Korpora jedoch noch nicht hinreichend ausgewertet, so dass in absehbarer Zeit weitere neue Einsichten zu erwarten sind. Auch die Forschungsliteratur zu historischen und diachronen sprachwissenschaftlichen Themen ist derzeit sehr produktiv und hat u.a. bereits zu wichtigen Einführungen in die historische Sprachwissenschaft des Deutschen geführt (Nübling u.a. 2010; Donhauser/Fischer/Mecklenburg 2006).

Der aktuellen Forschung verdanken wir zahlreiche neue Aspekte und Einsichten. Eine Einführung, die möglichst alle sprachlichen Ebenen abdecken möchte, kann nicht in jedem Bereich ganz vollständig sein. Sie spiegelt auch in ihrer Unvollständigkeit den derzeitigen Forschungsstand ein Stück weit wider und macht sichtbar, dass trotz der enormen Entwicklung in der jüngeren Vergangenheit noch großer Bedarf an weiterer Grundlagenforschung im Bereich der diachronen und historischen Sprachwissenschaft des Deutschen besteht. Da vielfach Exhaustivität im Rahmen einer Einführung ohnehin nicht erreichbar war und auch nicht sinnvoll ist, haben wir uns jeweils auf die von uns als wesentlich erachteten und zumindest in Grundzügen aufgearbeiteten Entwicklungslinien und Sprachwandeltendenzen beschränkt. Die Darstellung umfasst zwei Ebenen: Grundlagen werden durch weitergehende Informationen (im petit-Satz) ergänzt. Zusätzlich werden wichtige Begriffe durch Stichwortkästen erläutert und vertieft.

Das Datenmaterial, auf das wir uns in der Regel beziehen, stammt aus den vorhandenen größeren historischen Korpora, dem sog. Bonner Frühneuhochdeutsch-Korpus, das Grundlage einiger Bände der Grammatik des Frühneuhochdeutschen war und als digitalisiertes, lemmatisiertes und teilannotiertes Korpus seit einiger Zeit online zugänglich ist (www.korpora.org/Fnhd/), und dem Mittelhochdeutschen Textarchiv, das die Korpus-Grundlage der neuen Mittelhochdeutschen Grammatik ist (vgl. Klein/Solms/Wegera, Mhd.Gr. III). Mit der Kurzbezeichnung „Korpora der mhd. bzw./und frnhd. Grammatik" beziehen wir uns im Text auf diese Materialquellen.

Wir haben für vielfältige Unterstützung des Unternehmens zu danken:

Für ihre kritischen, immer aber fördernden Anmerkungen und Anregungen zahlreichen Kolleginnen und Kollegen, namentlich Judith Berman, Werner Besch, Manfred Eikelmann, Birgit Herbers, Thomas Klein, Wolf-Peter Klein, Heinz H. Menge, Heinz-Peter Prell, Oskar Reichmann, Hans-Joachim Solms, Claudia Wich-Reif sowie den Doktoranden Fabian Barteld, Nina Bartsch, Frauke Thielert und Sarah Kwekkeboom; Cornelia Johnen, Sandra Hiller und Anna Vanino als Mitglieder einer studentischen Arbeitsgruppe, die das Projekt längere Zeit begleitet haben; Daniel Pachurka für vielfache Hilfen bei der Übersetzung lateinischer Texte; Stefan Hackländer für seine Hartnäckigkeit bei der Beschaffung der Bildrechte.

Cornelia Johnen danken wir überdies für die zahllosen mühevoll gestalteten Abbildungen und ihren unermüdlichen Einsatz bei den Vereinheitlichungen.

Ilka Lemke, die nicht nur einen großen Teil der formalen Überarbeitung durchgeführt hat, sondern in vielfältiger Weise auch inhaltliche Anmerkungen und Verbesserungen eingebracht, das Glossar vorbereitet, die Literaturliste und das Register fertiggestellt hat, wird auf dem Titelblatt gewürdigt.

Den Verlagen, Archiven, Autoren und Herausgebern, die uns die Abdruckgenehmigungen für Abbildungen und Texte gegeben haben, danken wir für ihre freundliche Unterstützung.

Nicht zuletzt schulden wir dem Erich Schmidt Verlag, namentlich Frau Dr. Lehnen, großen Dank für die weit mehr als übliche Geduld, die uns entgegengebracht wurde.

Bochum, August 2012   Klaus-Peter Wegera, Sandra Waldenberger

Vorwort zur 2. Auflage

Die zweite Auflage will sich nicht nur auf die Korrektur kleinerer Versehen und missverständlicher Formulierungen beschränken. In einigen Bereichen ist die Forschung in den letzten Jahren weiter vorangeschritten, auch die eigene, so dass verschiedentlich eine tiefer greifende Überarbeitung nötig wurde. Insbesondere zahlreiche Beiträge in Kwekkeboom/Waldenberger (2016) und Bartsch/Schultz-Balluff (2016), die sich mit verschiedenen Aspekten auch der vorliegenden Einführung kritisch und konstruktiv auseinandersetzen, wurden eingearbeitet. Deren Autorinnen und Autoren gilt unser besonderer Dank.

Darüber hinaus bedanken wir uns bei den zahlreichen Kolleginnen und Kollegen einschließlich der Rezensenten der 1. Auflage, die durch ihr kritisches Feedback maßgeblich zur Verbesserung des Buches beigetragen haben.

Da inzwischen eine beachtliche Zahl von digitalen, online frei verfügbaren Ressourcen nutzbar ist – nicht zuletzt das Referenzkorpus Mittelhochdeutsch, in das das Korpus der Mittelhochdeutschen Grammatik eingegangen ist, das damit der Wissenschaft zur Verfügung gestellt wurde –, haben wir den Band um ein Verzeichnis historischer Sprachressourcen erweitert.

Bochum, Juli 2018   Klaus-Peter Wegera, Sandra Waldenberger, Ilka Lemke

1 Grundlagen

1.1 Diachronie als Disziplin

Der Begriff ‚diachron' (diachronisch, Diachronie) entstammt der Terminologie des Schweizer Sprachwissenschaftlers Ferdinand de Saussure (1967, bes. Kap. 3) und ist Teil der Dichotomie synchron – diachron. Er bezeichnet eine Sprachbetrachtung, die auf die sprachlichen Veränderungen zwischen verschiedenen Zeitstufen gerichtet ist (griech. *dia* ‚durch', *chronos* ‚Zeit'), wohingegen sich die synchrone Sprachbetrachtung mit dem Sprachstand zu einem bestimmten Zeitpunkt befasst (griech. *syn* ‚zusammen'). Diachronie in diesem engen Sinne grenzt sich von historisch-synchronen Sprachbetrachtungen ab; beide sind jedoch Gegenstand der historischen Linguistik. Die historische Linguistik wiederum wird als Teil einer umfassenden Sprachgeschichte verstanden:

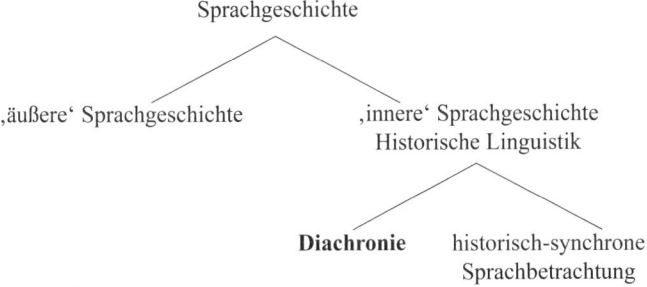

Die Betrachtung historischer Sprachstadien und des Wandels des Sprachsystems wird häufig als ‚innere Sprachgeschichte' in den Fokus sprachgeschichtlicher Darstellungen gestellt. Ihre Trennung von der ‚äußeren Sprachgeschichte', also den Einflüssen auf Sprache durch beispielsweise sozial-, technikoder mediengeschichtliche Entwicklungen sowie historische Ereignisse etc. ist artifiziell. Will man die Geschichte einer Sprache insgesamt adäquat beschreiben, so ist es notwendig, diese Trennung zu überwinden und das komplexe Verhältnis zwischen innerer und äußerer Sprachgeschichte darzustellen (vgl. Wegera 2019).

Die vorliegende Einführung DEUTSCH DIACHRON verwendet den Begriff ‚diachron' nicht in einem engen Zuschnitt: Primär geht es zwar um die diachronen Veränderungen des Deutschen von den schriftlich überlieferten Anfängen bis in die Gegenwart; dies ist aber nicht möglich, ohne jeweils auch auf synchron-historische Zustände zurückzugreifen. Da sprachliche Veränderungen immer auch durch außersprachliche Einflüsse begleitet, durch diese verursacht, aber auch behindert werden können, sind sprachgeschichtliche Ereignisse immer ein wichtiger Teil der Entwicklung. Diachrone Sprachwissenschaft wird in diesem Sinne als diejenige Teildisziplin der Linguistik verstanden, die versucht, Einzelsprachen übergreifende Sprachwandeltheorien und die Sprachgeschichte einer Einzelsprache zusammenzubringen.

1.2 Bedingungen und materielle Basis historisch orientierter Linguistik

Eine wesentliche Bedingung diachron-linguistischer wie sprachgeschichtlicher Forschung und Lehre bildet die in mehrfacher Hinsicht eingeschränkte Überlieferung historischer Sprachstände. Bis ins 20. Jh. hinein ist Sprache ausschließlich in schriftlicher Form überliefert. Dies hat zur Folge, dass man über gesprochene historische Sprache bestenfalls scharfsinnige Überlegungen anstellen und Annahmen formulieren, deren Beweis jedoch nicht erbringen kann.

Die Überlieferungsproblematik stellt sich bezogen auf die verschiedenen sprachlichen Ebenen unterschiedlich dar. Ein besonderes Problem bildet die Beschreibung von historischen Lauten und Lautwandelprozessen. Da es nicht möglich ist, allein aus dem Schriftbeleg die zugrunde liegende Lautung zu bestimmen, wird diese durch Rekonstruktion erschlossen. Dabei stellt die naheliegende Rückübertragung eines gegenwärtigen Lautwertes (etwa /p/ als stimmloser bilabialer Plosiv) auf ein historisches Stadium bereits eine solche Rekonstruktion dar. Ergänzend dazu werden Beziehungen zu heute noch gesprochenen (rezenten) Dialekten hergestellt und es werden Reimverhältnisse, Fehlschreibungen, insbesondere → hyperkorrekte Schreibungen, herangezogen, um Aussagen über historische Lautstände zu ermöglichen. Bei der Rekonstruktion werden somit beobachtbare mit nicht-beobachtbaren Daten in Beziehung gesetzt und zu einem virtuellen Bezugssystem verknüpft. Solange sich die Rekonstruktion von Lauten auf die Ermittlung distinktiver Einheiten beschränkt, also auf der phonologischen Ebene bleibt, ist dieses Verfahren legitim. Aussagen zum jeweils tatsächlichen Lautwert eines schriftlichen Zeichens bleiben jedoch weitestgehend auf Vermutungen beschränkt. Daher verbietet es sich, bei historischen Sprachstufen in der Darstellung der Lautlehre Phonklammern [ ] zu nutzen. Um nicht eine weitere Klammernotation einführen zu müssen, werden im Folgenden bei der Darstellung der von Einheiten rekonstruierter historischer Lautsysteme Phonemklammern / / verwendet.

Die Notation der historischen Laute orientiert sich dabei an Schriftzeichen (z.B. /ö/ für Umlaut von /o/).

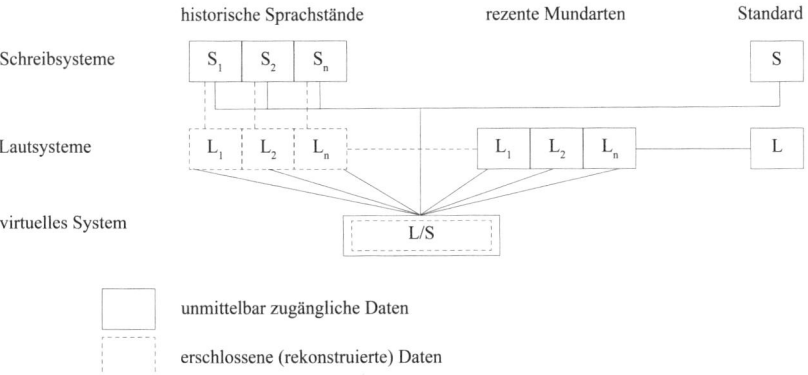

Abb. 1.1: Beobachtbare und nicht-beobachtbare Systeme und Beziehungen, Abb. vereinfacht nach Löffler (1976, 19)

Bei Aussagen zu Lautwandelerscheinungen ist der konservative Zug der Schrift zu beachten. Während Veränderungen auf der Lautebene nicht sofort in der Schriftlichkeit erkennbar sind, also in der Regel zeitlich früher ablaufen, als sie anhand der Schrift beobachtet werden können, kann umgekehrt häufig von graphischen Veränderungen auf zugrunde liegende vorausgegangene Lautwandelprozesse geschlossen werden. So stellt sich bei zahlreichen Lautwandelprozessen, deren Ausgangs- und Endstand bekannt ist, die Frage, ob dem auf der Schreibebene zu beobachtenden Wandel tatsächlich ein bezüglich Raum und Zeit parallel verlaufender Lautwandel entspricht oder ob es sich um einen bereits früher vollzogenen Lautwandel handelt, der lediglich in einem Teilgebiet graphischen Niederschlag fand und dessen graphische Realisation sich mit einer gewissen Verzögerung ausbreitet (vgl. dazu besonders die Diskussion über die Diphthongierung in Kap. 4.3.5). Dieser stark hypothetische Charakter sowohl der Rekonstruktion historischer Lautgegebenheiten als auch der Lautwandelprozesse ist in der historisch orientierten Linguistik immer mit zu bedenken.

So stellt beispielsweise die unten abgebildete Karte (s. Abb. 1.2) die Ausbreitung der nhd. Diphthongierung am Beispiel *hūs > Haus* dar, wie sie sich in der überlieferten Schriftlichkeit zeigt, und damit eigentlich die Ausbreitung der digraphischen (d.h. aus zwei Buchstabenzeichen bestehenden) Schreibung ‹au› – und nicht zugleich auch die Ausbreitung des Lautwandels. Dass eine solche Schreibung erscheint und sich durchsetzt, zeigt zwar, dass ein Wandel in der Mündlichkeit vorausgegangen sein muss. Wann, wie und in welcher Ausbreitungsrichtung sich dieser Lautwandel aber vollzo-

gen hat, entzieht sich den Erkenntnismöglichkeiten. Es ist nicht vorhersehbar und
kaum nachträglich zu ermitteln, wie schnell oder langsam eine Veränderung in der
Mündlichkeit auch in die Schriftlichkeit übernommen wird.

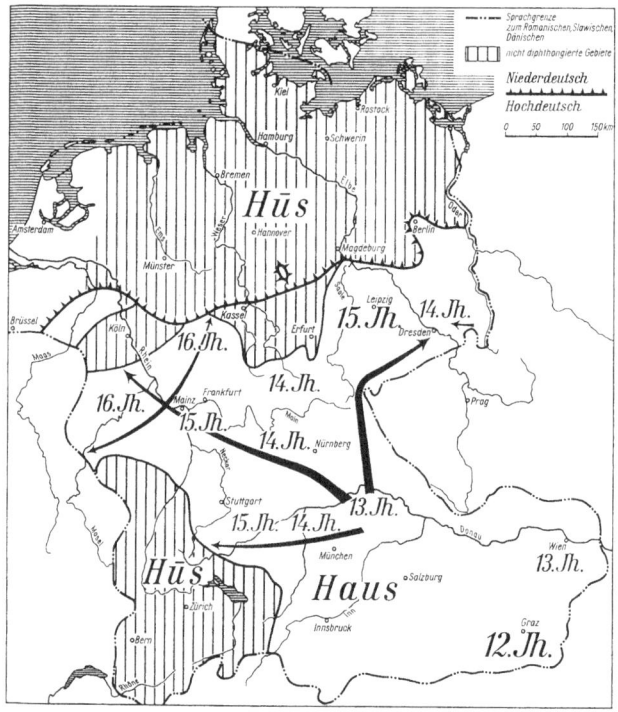

Abb. 1.2: Entwicklung der nhd. Diphthongierung nach der schriftlichen Überlieferung (nach K.
Wagner, bearbeitet von H. Protze) aus: Fleischer u.a. (1983, 613)

Der natürlich ablaufende Lautwandel wird spätestens seit dem 16. Jh. durch eine zunehmende Orientierung der Aussprache auch an der Schrift ergänzt. Diese je nach
Landschaft mehr oder weniger ausgebaute Diglossiesituation verstärkt sich in den
folgenden Jahrhunderten und führt im 19. Jh. zu einer stark am Niederdeutschen orientierten Aussprache der Buchstaben. Entsprechend kann das nhd. Lautsystem nicht als
unmittelbare Fortsetzung der historischen Lautentwicklungen gesehen werden; diese
findet sich in unterschiedlichen Formen in den Dialekten. „Die Herausbildung der
deutschen Standardsprache muß daher als eine ständige historisch determinierte Wech-
selbeziehung zwischen Geschriebenem und Gesprochenem angesehen werden" (Szulc
1995, 422). Bei einigen Lauten, wie etwa nhd. /ɛː/ oder den Diphthongen /aɪ/, /ɔɪ/, /aʊ/,
werden die Ergebnisse verschiedener Wandelprozesse von der seit dem späten 19. Jh.
normierten Aussprache nach der Schrift überlagert. Solche Laute bezeichnet Szulc als
‚graphogene Phoneme' (vgl. Szulc 1984; 1995).

Lesehinweis: H. Moser (1987) zeigt die Anfänge der Orientierung der Aussprache an der Schriftlichkeit („spelling pronunciation') seit dem 16. Jh. Zur kritischen Betrachtung historischer Sprachdaten s. Wegera (2019).

Eine weitere Einschränkung für die Möglichkeiten der historisch orientierten Linguistik ergibt sich aufgrund des Umfangs der schriftlichen Überlieferung: Überliefert ist nicht die gesamte Schriftlichkeit, sondern ein mehr oder weniger zufällig erhaltener Ausschnitt der historischen Schriftlichkeit, der umso schmaler wird, je weiter man in der Geschichte zurückgeht. Abgesehen von Zufälligkeiten der Überlieferung ist eher dasjenige erhalten, was in den verschiedenen Jahrhunderten als erhaltenswert erschien. Zudem sind die verschiedenen sozialen Gruppen und ihre Sprache in unterschiedlichem Maße repräsentiert:

Fassbar werden (naturgemäß) nur die Schreibkundigen einer jeweiligen Epoche. Damit rückt immer nur ein kleiner Ausschnitt der Gesamtbevölkerung und deren Sprachgebrauch in den Blick; Verallgemeinerungen bezüglich des Sprachgebrauchs breiterer Bevölkerungsschichten verbieten sich somit weitgehend.

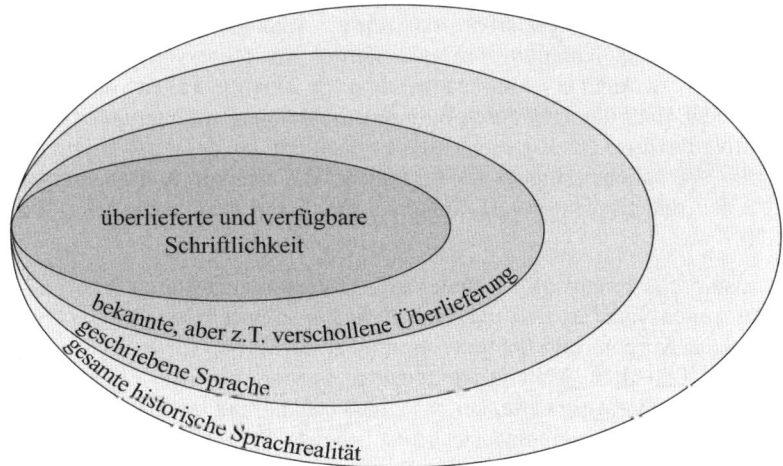

Historisch orientierte Linguistik unterscheidet sich hinsichtlich der Möglichkeiten der Datengewinnung und damit auch hinsichtlich der Erkenntniswege fundamental von der Gegenwartslinguistik. Im Vergleich mit den Möglichkeiten der gegenwartssprachlich-synchronen Linguistik muss die historisch orientierte Linguistik nicht nur auf Primärdaten zur gesprochenen Sprache verzichten, sondern sie zeigt auch hinsichtlich der möglichen Methoden der

Datengewinnung Einschränkungen: Methoden, die auf Sprecherurteile, etwa Grammatikalitätsurteile oder Spracheinstellungen, abzielen, sind der historischen Linguistik ebenso verschlossen wie Befragungsmethoden oder Experimente.

Gegenwartssprache	Sprache historischer Sprachstufen
• Introspektion • Befragung • Experiment • Auswertung von Korpora gesprochener und geschriebener Sprache	• Rückgriff auf metasprachliche Äußerungen • Auswertung von Korpora geschriebener Sprache

Abb. 1.3: Methoden der Datengewinnung

Es kann als Prämisse der historischen Sprachwissenschaft gelten, dass für historische Sprachstufen vergleichbare kognitive Grundlagen angenommen werden können, wie es für die Gegenwartssprache geschieht, da kognitive Strukturen und Prozesse als universal-menschlich gedacht werden. Erkenntnisse (bzw. Annahmen) dazu können damit auch auf frühere Sprachstufen übertragen werden. Ein Teil der beobachtbaren Sprachwandelprozesse kann im Sinne dieser Setzung als kognitiv initiiert beschrieben werden: Einige Sprachwandelprozesse sind auf der Basis der Modellierung des menschlichen kognitiven Systems erklärbar (so etwa Analogie, Reanalyse, Metapher/Metonymie). Kognitive Prozesse werden mit Hilfe von Vorannahmen ‚unterstellt'. So kann etwa mit statistischen Verfahren in Fällen von Kollokationen oder von Fügungen durch Zusammenschreibung auf zugrunde liegende kognitive Prozesse (rück-)geschlossen werden; d.h. bei der Auswertung eines (schrift-)sprachlichen Inputs wird versucht, die mentale Verarbeitung mit Hilfe der statistischen Verarbeitung zu simulieren (vgl. dazu etwa Wulff 2008).

Die historische Linguistik ist immer auf ein **Korpus** angewiesen (‚Korpus' in einem weiten Sinne ist jede materielle Grundlage einer Untersuchung). Werden solche Korpora unreflektiert zusammengestellt, handelt es sich zumeist um bloße Text- bzw. Materialsammlungen. Korpora in einem engeren Sinne sind theoretisch abgesicherte, auf das Untersuchungsziel hin konstituierte und bezüglich des Umfangs mindestens ausreichende Text- bzw. Materialzusammenstellungen. Diachron orientierte Korpora benötigen eine interne zeitliche Struktur und Korpora zum Deutschen in der Regel auch eine sprachräumliche Komponente. Bei größeren, umfassenden Korpora ist zudem – bei ausreichender Belegbreite von Textsorten – eine theoretisch fundierte Verteilung der Texte nach Textsorten/-arten erforderlich, die im besten Falle auch zumindest in Ansätzen eine sozialschichtige Verteilung zeigt.

Lange Zeit blieben die materiellen Grundlagen historischer Sprachstudien und Darstellungen weitgehend im Dunkeln von Zettelkästen. Die Auswertungen wurden meist anhand ‚steinbruchartig' ausgeschlachteter Belegsammlungen vorgenommen und hatten oft das Ziel, zuvor aufgestellte Behauptungen (‚Gesetze' etc.) zu belegen, wenn nicht gar zu beweisen. Gesamthafte Auswertungen auf der Basis reflektierter und strukturierter Korpora sind erst in den letzten Jahrzehnten üblich geworden und wohl auch erst durch die maschinelle Unterstützung durch Computer in dieser Form möglich. Inzwischen stehen umfangreiche, frei zugängliche Korpora historischer Sprachstufen zur Verfügung bzw. sind im Aufbau begriffen, so die sog. Referenzkorpora Altdeutsch, Mittelhochdeutsch, Frühneuhochdeutsch und Niederdeutsch sowie das GermanC-Korpus zum Deutschen des 17./18. Jh.s (s. Verzeichnis historischer Sprachressourcen im Anhang), die verbesserte und z.T. auch gänzlich neue Möglichkeiten zur Erforschung der inneren Sprachgeschichte eröffnen.

Ein bisher nicht hinlänglich geklärtes theoretisches Problem ist die Frage nach dem jeweils geeigneten Umfang von Korpora – und zwar relativ zu dem jeweils definierten Untersuchungsgegenstand einerseits und relativ zu der jeweiligen Grundgesamtheit andererseits. Der Umfang eines Korpus bezogen auf den Untersuchungsgegenstand steht in Abhängigkeit zur Auftretenshäufigkeit der einschlägigen Phänomene. So benötigt man z.B. zur Ermittlung graphischer Inventare ein hinsichtlich der jeweiligen Textumfänge weitaus begrenzteres Korpus als etwa zur Ermittlung von Flexionsklassen. Die Erstellung von Wörterbüchern wiederum ist auf sehr umfangreiche Korpora angewiesen, um auch vergleichsweise selten auftretende Wörter (→ rare events) zu erfassen (zum Korpus historischer Wörterbücher s. Reichmann 2012, 103ff.; zur lexikographischen Erkenntniskurve für die verschiedenen Bereiche der Lexikographie wie Semantik, Schreibungen, Symptomwerte etc. s. ebd. 116).

Korpora und ihre Auswertungen sollen häufig etwas Größeres abbilden bzw. ‚repräsentieren'. Repräsentativ in einem statistisch-stochastischen Sinne kann aber eine bestimmte Teilmenge immer nur in Relation zu einer zugrunde liegenden Grundgesamtheit sein. Diese ist bei bestimmten Fragestellungen gesichert, so etwa bei einem Korpus zur Sprache in Goethes Werken u.ä. Die Grundgesamtheit historischer Sprachstadien ist jedoch zwangsläufig unbekannt, so dass hier nur in einem eingeschränkten Sinne von Repräsentativität gesprochen werden kann. Repräsentativ kann ein Auswahl-Korpus etwa zum Ahd. nur bezogen auf das Überlieferte und Zugängliche (im Sinne einer Grundgesamtheit) sein, nicht bezogen auf das Ahd. insgesamt oder auf die gesamte (einschließlich der nicht überlieferten) ahd. Schriftlichkeit. Für solche Fälle sind Korpora bestenfalls immer nur als exemplarisch anzusehen (vgl. Bungarten 1979, 42f.; Köhler 2005).

Lesehinweis: Wegera (2012) bietet einige Überlegungen zu einer Theorie historischer Korpora (mit weiterführender Literatur).

Jeweils zeitgenössische **metasprachliche Äußerungen** zu sprachlichen Phänomenen sind bis in die Frühe Neuzeit hinein rar und häufig in einem streng wissenschaftlichen Sinne wenig tragfähig. Erst seit dem 16. Jh. nehmen metasprachliche Kommentierungen zu und ergänzen unser Bild historischer Sprachstände, so z.B. Valentin Ickelsamer:

Das /f/ würdt geblaſen durch die zene/ auff die vndern lebtzen gelegt/ vñ stiṁet/ wie naß oder grün holtz am feüre ſeüt [...]
Das /h/ ist ein scharpffer athē/ wie mā in die hende haucht

Valentin Ickelsamer, Eiñ Teütsche Grammatica [...] o.O. o.J., Biʳ (um 1534)

Lesehinweis: Reiffenstein (2003) bietet eine Übersicht über die metasprachlichen Äußerungen über das Deutsche bis 1800.

1.3 Varietäten des Deutschen und sprachliche Identität

Das Deutsche ist zu keiner Zeit ein homogenes, klar abzugrenzendes Gebilde. Von den Anfängen an bis in die Gegenwart weist das deutsche Sprachgebiet ein hohes Maß an regionaler Variation auf: Stammessprachen (der Franken, Baiern, Alemannen, Thüringer, Sachsen u.a.), die sich zu Großlandschaften wie Oberdeutsch, Mitteldeutsch und Niederdeutsch zusammenfassen lassen, die aber in sich wiederum vielfach in kleinere und mittlere Dialekte unterteilt sind. Als historiolinguistisch, vielleicht auch sprachgeschichtlich wichtigste Binnengrenze des deutschen Sprachraums gilt die sog. Benrather Linie (vgl. Abb. 1.4, Linie b), die das nördlich davon gelegene niederdeutsche Sprachgebiet von einem südlich davon gelegenen hochdeutschen Sprachgebiet trennt (zu den gefächerten Grenzen im Rheinland s. Kap. 4.3.5 unter ‚2. Lautverschiebung').

Abb. 1.4: Der mhd. und mnd. Sprachraum (nach Paul, Mhd.Gr. § E 3, 3)

Die regionale (diatopische) Gliederung des Deutschen lässt sich vereinfacht anhand eines Schemas darstellen:

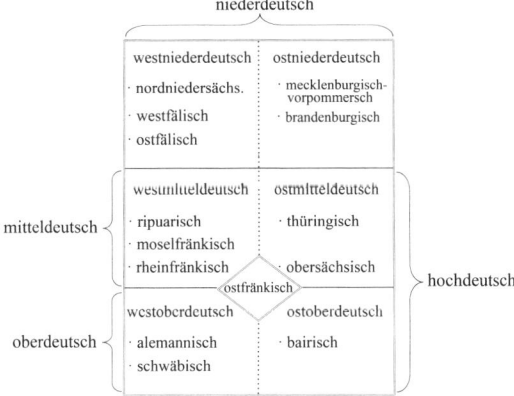

Abb. 1.5: Schematische Darstellung der sprachräumlichen Gliederung nach Stopp (1976)

In der modernen Fachwissenschaft hat sich dazu folgende landschaftliche Gliederung durchgesetzt (mit den üblichen Abkürzungen):

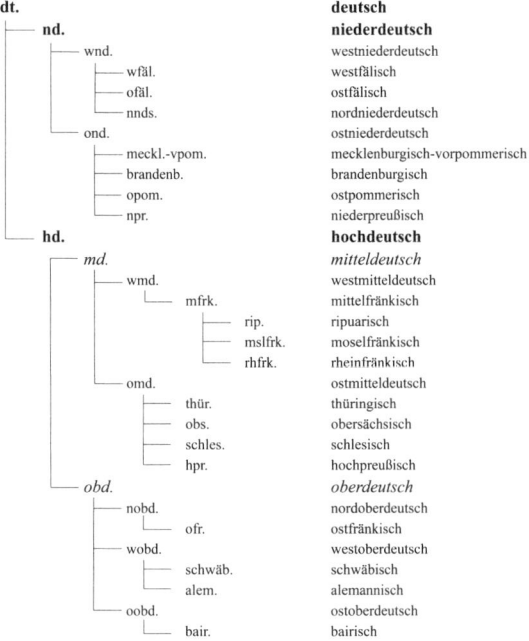

dt.	deutsch
nd.	niederdeutsch
wnd.	westniederdeutsch
wfäl.	westfälisch
ofäl.	ostfälisch
nnds.	nordniederdeutsch
ond.	ostniederdeutsch
meckl.-vpom.	mecklenburgisch-vorpommerisch
brandenb.	brandenburgisch
opom.	ostpommerisch
npr.	niederpreußisch
hd.	hochdeutsch
md.	mitteldeutsch
wmd.	westmitteldeutsch
mfrk.	mittelfränkisch
rip.	ripuarisch
mslfrk.	moselfränkisch
rhfrk.	rheinfränkisch
omd.	ostmitteldeutsch
thür.	thüringisch
obs.	obersächsisch
schles.	schlesisch
hpr.	hochpreußisch
obd.	oberdeutsch
nobd.	nordoberdeutsch
ofr.	ostfränkisch
wobd.	westoberdeutsch
schwäb.	schwäbisch
alem.	alemannisch
oobd.	ostoberdeutsch
bair.	bairisch

Die historische Binnengliederung des Deutschen wird häufig anhand der Verteilung heutiger Dialekte dargestellt. Die Regionen und ihre Abgrenzung dienen dabei jedoch lediglich einer allgemeinen groben Orientierung; sie sind weder identisch mit historischen Sprachräumen noch mit politischen Räumen. Über historische Sprachgrenzen und sprachliche Raumkonzepte, d.h. Vorstellungen über sprachlich zusammengehörende Räume und deren Grenzen, wissen wir bisher nur sehr wenig. Empirisch greifbar werden Räume erst mit dem Einsetzen sprachlicher Regionalforschung im 19. Jh. Allerdings gibt es zeitgenössische historische Aussagen zu sprachlichen Räumen, die eine solche Grenzziehung nicht völlig willkürlich erscheinen lassen, wie z.B. die folgende Aufzählung im ‚Renner‘ Hugos von Trimberg (um 1300) oder die Gliederung der ‚alten Teutschen Sprache‘ von Schottelius (1663):

Swer tiutsche wil eben tihten,
Der muoz sîn herze rihten
Ûf manigerleie sprâche:
Swer wênt daz die von Âche
Reden als die von Franken,
Dem süln die miuse danken.
Ein ieglich lant hât sînen site,
Der sînem lantvolke volget mite.
An sprâche, an mâze und an gewande
Ist underscheiden lant von lande.
Der werlde dinc stêt über al
An sprâche, an mâze, an wâge, an zal.
Swâben ir wörter spaltent,
Die **Franken** ein teil si valtent,
Die **Beier** si zezerrent,
Die **Düringe** si ûf sperrent,
Die **Sahsen** si bezückent,
Die **Rînliute** si verdrückent,
Die **Wetereiber** si würgent,
Die **Mîsener** si vol schürgent,
Egerlant si swenkent,
Oesterrîche si schrenkent,
Stîrlant si baz lenkent,
Kernde ein teil si senkent

Der Renner von Hugo von Trimberg.
Hrsg. von Gustav Ehrismann. Mit einem
Nachwort und Ergänzungen von Gün-
ther Schweikle. 4 Bde. Berlin 1970, Bd.
III, vv. 22253-22276.
(Deutsche Neudrucke. Reihe: Texte des
Mittelalters) (1347).

Hochteutſch[...]/dahin des
Ausſpruchs uñ der Mund-
art Eigenſchaft halber gerechnet werden die

Niederteutſch[...] odʼ Nie-
derSåchſiſch[...]/darin die
alte Teutſche Ausrede mehr
zuſpüren/und kônnen da-
hin gerechnet werden/die

(vereinfacht nach:) Justus Georg Schottelius: Ausführliche Arbeit Von der Teutschen HauptSprache 1663. 1. Teil, 154.

Oeſterreichſche
Båyerſche
Schwåbiſche
Frånkiſche
Meisniſche
Thůringiſche
Heſſiſche
Schleſiſche
Schweitzeriſche

Niederlåndiſche
als ſonderlich die
Brabåndiſche und
Hollåndiſche
Weſtphåliſche
Friſiſche
Braunſchweigiſche
Holſteiniſche
Mekelburgiſche
Pommerſche
Mårkiſche
Preuſiſche
Lieflåndiſche
Siebenbůrgiſche/
ſo die Sachſen daſelbſt
gebrauchen.

Lesehinweis: Wegstein (2003) bietet eine Übersicht über die historische geographische Gliederung des Deutschen. Zur heutigen dialektalen Gliederung s. Wiesinger (1983f). Zu Varietäten in Theorie und Empirie s. die Reihe Vario-Lingua (hrsg. v. Mattheier u.a. 1997ff.).

Ein wesentliches theoretisches Problem besteht hinsichtlich der Frage, ob es sich bei der heutigen deutschen Sprache um die gleiche Sprache handelt wie bei der Sprache etwa um 800, also die Frage nach sprachlicher Identität und Kontinuität. Mit anderen Worten: Ist das sog. Althochdeutsche tatsächlich bereits ‚deutsch‘ oder nur eine nationaler Ideologie zu verdankende Rückver-längerung eines späteren Zustands (dazu Reichmann 1998, 6ff.)? Mattheier (1998, 825) weist darauf hin, dass die im Allgemeinen angeführten Bedingun-gen für Identität – Raumkonstanz und Merkmalkonstanz – nicht ohne Weite-res auf Sprachen übertragbar sind. So wird die Raumkonstanz vielfach, z.B.

bei Migration ganzer Sprachgemeinschaften, aufgegeben, und „Merkmalkonstanz ist sogar prinzipiell immer nur teilweise vorhanden, da sich der Wandel gerade in der Veränderung einiger Merkmale der Sprache zeigt." (ebd.). Anstelle der Identität setzt Mattheier „linguistische Ähnlichkeit, Verwandtschaft und [...] die Kontinuität von zeitlich aufeinander folgenden Ausformungen von Sprachvarietäten" (ebd.) im Sinne einer durchaus von Identitätskrisen mit Brüchen und dem Zerfall von Identität geprägten „Stafettenkontinuität" (Lüdtke 1979b, 4) von Generation zu Generation. Ein wesentliches Element ist dabei immer das Konzept von sprachlicher Identität, die die eigene Sprache deutlich von anderen abgrenzt, so wie dies seit dem Mittelalter in der Literatur sichtbar wird.

---

si gâvin imi manige scar in hant,
si hiezin un vehtin wider diutsche lant.
(sie gaben ihm eine große Heerschar an die Hand,
sie befahlen ihm zu kämpfen gegen die deutschen Länder)

man sagit, daz dar in halvin noch sîn
die dir diutischin sprecchin [...]
(man sagt, dass dort noch die seien,
die deutsch sprechen)

den sidde hîz er dû cêrin
diutischi liute lêrin.
(den Brauch befahl er darauf zu richten,
die deutschen Leute zu lehren)

Das Annolied. Mittelhochdt. u. neuhochdt. Hrsg., übers. u. komm. von Eberhard Nellmann. 6. Aufl. Stuttgart 2005, 18,11f.; 20,21f.; 28,11f. (zw. 1077–1081)

Lesehinweis: Eine Sprachgeschichte des Deutschen unter den Aspekten von Kontinuitäten und Diskontinuitäten bietet Sonderegger (1979).

1.4 Zeitliche Gliederung (Periodisierung)

Die Einteilungen diachroner Abläufe in sog. Perioden, Stadien etc., wie sie in allen historisch ausgerichteten Disziplinen aus Gründen einer raschen Orientierung ex post vorgenommen werden, sind virtuell; die sprachliche Entwicklung selbst kennt keine solchen Abschnitte. Bei den vielfach genutzten Begriffen wie ,alt', ,mittel' oder ,neu' handelt sich nicht um scharf abgegrenzte und präzise Zeitangaben, sondern um relationale Bezeichnungen, die einen früheren von einem späteren Zeitraum abgrenzen und umgekehrt. Entsprechend können diese in unterschiedlicher Weise zugeschnitten, gefüllt und gegeneinander abgegrenzt werden. Die Argumente für den einen oder anderen Periodisierungsvorschlag sind vielfältig, sie greifen zumeist auf außersprachliche Ereignisse zurück. Eine innersprachliche Begründung hat sich bisher zumeist als problematisch erwiesen. Während Jacob Grimm für die deutsche Sprachgeschichte noch mit einer Dreiteilung des Hochdeutschen in alt-, mittel- und neuhochdeutsch auskam, hat sich seit Wilhelm Scherer eine schematische

Vierteilung eingebürgert, die zu der am meisten verwendeten Einteilung der Zeitabschnitte (Perioden) des Hochdeutschen avanciert ist:

Althochdeutsch   ca. 750–1050
Mittelhochdeutsch   1050–1350
Frühneuhochdeutsch   1350–1650
Neuhochdeutsch   ab 1650

Für das Niederdeutsche werden meist zwei Perioden angesetzt:

Altniederdeutsch/Altsächsisch   ca.   800–1150/1200
Mittelniederdeutsch   1200–1650
(seit 1650 Neuniederdeutsch/Plattdeutsch als → (Schein-)dialekt)

Lesehinweis: Roelcke (1995), (1998) gibt einen Überblick über die verschiedenen Periodisierungsvorschläge und die Probleme von Periodisierungen; Roelcke (2001) dokumentiert die Forschungsgeschichte zur Periodisierung des Deutschen. Zum Übergang vom Mhd. zum Frnhd. s. Reichmann (1992), Hartweg (1989).

Zusammenfassung

Diachrone Sprachwissenschaft wird als Teildisziplin der Linguistik verstanden, die versucht, Einzelsprachen übergreifende Sprachwandeltheorien und sprachgeschichtliche Daten einer Einzelsprache (hier des Deutschen) zusammenzubringen. Die Bedingungen diachroner (historischer) Sprachbetrachtung werden bestimmt durch erstens die Art (ausschließlich schriftliche Überlieferungen) und den Umfang der Überlieferung und zweitens durch Schwerpunktsetzungen und Interpretationen von Sprachhistorikern. Diachrone Sprachbetrachtung ist immer angewiesen auf die Analyse von Korpora; historisch zeitgenössische metasprachliche Aussagen liegen in größerer Zahl und wissenschaftlich verwertbar erst seit der Frühen Neuzeit vor.

Die Geschichte des Deutschen ist stark geprägt durch das Vorhandensein regionaler Varietäten, die sich als gesprochene Varietäten neben der Standardsprache als Leitvarietät bis in die Gegenwart erhalten haben.

Die Einteilung in Sprachstadien (Perioden) ist weitgehend schematisch nach den relationalen Kriterien ‚alt‘, ‚mittel‘, ‚neu‘ bestimmt und dient lediglich der Orientierung.

2 Sprachwandel

2.1 Die Veränderbarkeit und die Veränderung von Sprache

Vergleicht man einen Text, hier das Vater Unser, in Versionen des 9. Jh.s, des 13. Jh.s und des 16. Jh.s, fallen die sprachlichen Unterschiede deutlich auf.

Fater unſer thu in himilom bift· giuuihit ſi namo thin quaeme richi thin· uuerdhe uuilleo thin· ſama ſo in himile endi in erthu· Broot unſeraz emezzigaz gib unſ hiutu· endi farlaz unſ ſculdhi unſero· ſama ſo uuir farlazzem ſcolom unſérem· endi ni gileidi unſih in coſtunga auh arloſi unſih fona ubile.	Got herre vater vnſer der doch in dem himel biſt· Geheileget ſi din nam an vns getrůwe reiner criſt zů kum an vns daz riche din· din wille hie werde als in dime riche· din gŏtliche brot daz gib vns hůte· ſunder zwifels wan· vergib auch vns vnſer ſchult alſo wir vnſern ſchuldern han getan· Bekorunge laz vns anig ſin· lôſe vns von diſen ѵbeln algelich·	[...] Vnſer Vater in dem Himel. Dein Name werde geheiliget. Dein Reich kome. Dein Wille geschehe / auff Erden / wie im Himel. Vnſer teglich Brot gib vns heute. Vnd vergib vns vnſere Schulde / wie wir vnſern Schüldigern vergeben. Vnd füre vns nicht in verſuchung. Sondern erlöſe vns von dem vbel.
Weißenburger Katechimus, Wolfenbüttel, Herzog August Bibl., Cod. 91, 149ᵛ (9. Jh.)	(Ps.)-Marner: Vater Unser und Ave Maria, München, Universitätsbibl., 2° Cod. ms. 731, 225ᵛ (ca. 1230)	Vaterunser (Matthäus VI, 9-13) in: Hans Volz: D. Martin Luther. Die gantze Heilige Schrifft Deudsch. Bd. 2, 2. Aufl. München 1973 (Wittenberg 1545)

Abb. 2.1: ‚Vater unser': Ahd. – Mhd. – Frnhd.

Obwohl die Nutzer einer Sprache den jeweils aktuell stattfindenden Wandel kaum wahrnehmen, verändert sich Sprache ständig. Voraussetzung für jede Form des Sprachwandels ist die grundsätzliche **Variabilität** von Sprache, also die Tatsache, dass sprachliche Einheiten immer verschiedene Varianten aufweisen können. Diese Varianten bilden das Reservoir für mögliche Sprachwandelvorgänge. Sprache – verstanden als Kommunikation und nicht als ein ‚Instrument' zur Kommunikation (vgl. Lüdtke 1987, 349 „[language] does not exist but it takes place") – kann sich nicht selbst verändern, sondern wird durch ihre Nutzer verändert. Dabei sind die Fälle, in denen eine Sprachveränderung gewünscht, d.h. nachdrücklich intendiert wird (etwa bei sprachplanerischen Maßnahmen), ein Sonderfall. Häufig findet Sprachwandel statt, ohne dass dies beabsichtigt ist, also wie durch eine „unsichtbare Hand" gesteuert (vgl. Keller 2003).

Keller hat dies in cindrückliche Bilder gebracht. Um von A nach B zu gelangen, gehen wir oft (aus Bequemlichkeit) nicht die vorgegebenen Wege, sondern nutzen Abkürzungen abseits dieser Wege. Geschieht dies häufig und tun das viele Leute immer wieder, kann ein Trampelpfad entstehen. Ein solcher Pfad war nicht das erklärte Ziel derer, die ihn gemacht haben (ihr Ziel war die schnellere Ankunft in B bzw. sie hielten den Pfad für den eigentlichen Weg); dennoch ist der Pfad als eine Neuerung wie durch unsichtbare Hand entstanden.

Grundsätzlich findet Sprachwandel auf allen Ebenen der Sprache und Ebenen übergreifend statt. Zeitpunkt bzw. Zeitraum und Ort bzw. Region einer jeweiligen sprachlichen Veränderung lassen sich auf der Basis verschiedener historisch-synchroner Beschreibungen im Nachhinein empirisch erarbeiten und darstellen. Die Fragen nach dem ‚Wo‘ (regional) und ‚Wann‘ (Zeitpunkt/-raum) eines Wandels sind mithin für eine Sprachwandeltheorie zwar höchst relevant, aber trivial.

Die Frage nach dem ‚Wie‘ ist bisher nur exemplarisch und eher theoretisch allgemein beschrieben worden (zur Theorie der Neuerungsausbreitung vgl. bes. Haas 1998, 840ff.). Mit einem etwas älteren Vorschlag von Große/Neubert (1982, 10–12) lassen sich vier **Phasen**, die von einer älteren Form A (Struktur, Bedeutung, Funktion) zu einer neueren Form B (Struktur, Bedeutung, Funktion) führen, unterscheiden:

1. Initialphase (oder Innovationsphase):
   Neben eine existierende Form/einen Inhalt A tritt eine neue Form/ein neuer Inhalt B, die/der mit A konkurriert, bzw. A verfügt bereits über eine gewisse Streubreite von Varianten, wie dies etwa bei der Artikulation von Lauten der Fall ist;

2. Verbreitungsphase (→ Disseminationsphase oder Diffusionsphase):
   B wird allmählich auf Kosten von A verbreitet;

3. Approbationsphase:
   B wird zunehmend akzeptiert und setzt sich gegenüber A durch;

4. Normierung(sphase):
   B gilt als alleinige (bzw. allein richtige) Form;
   A ist veraltet oder geschwunden.

Haas differenziert die Innovationsphase, indem er zwischen Innovation und Neuerung unterscheidet. „‚Innovation‘ bezeichnet individuelle, punktuelle, der *parole* angehörige Abweichungen von einer Lautnorm, ‚Neuerung‘ bezeichnet ein neues Sprachfaktum, das Teil der *langue* (geworden) ist" (Haas 1998, 841). Das theoretische Problem liegt hier in der Frage, wie eine (individuelle bzw. kollektive) Innovation zu einer Neuerung werden kann. Diese Frage ist für die verschiedenen Bereiche der Sprache unterschiedlich zu beantworten.

Bei Entlehnungen etwa kann der Prestigewert einer Innovation rasch zu einer Neuerung führen; bei morphologischen Innovationen kann eine bestimmte Disposition des Systems zu (massenhaften) Übernahmen von Innovationen (vgl. weiter unten im Kap. zur Analogie) führen; im Lautbereich sind es wohl vornehmlich die sozialen Netzwerke primärer Gruppen mit ihrer Tendenz zur Gruppenuniformität und das Zusammenspiel von biologischen, neurologischen und interaktiv-kommunikativen Mechanismen, die die Überleitung von Innovationen in Neuerungen steuern (vgl. ebd.). Was bisher weitgehend fehlt, sind empirische Untersuchungen zum genauen Verlauf von der Übernahme (‚Entlehnung') einer sprachlichen Innovation durch einen anderen Sprecher, zur jeweiligen Motivation des Übernehmenden, zu den Geschwindigkeiten der Ausbreitung und zur Nachhaltigkeit einer Neuerung.

Phase 2 und 3 lassen sich mit Haas (1998, 844) zusammenfassen als ‚Neuerungsausbreitung':

> „Ausbreitungsuntersuchungen erhellen die innersprachliche und (bevorzugt) außersprachliche Einbettung verlaufender Veränderungen. Innersprachlich geht es um die Kotexte der Neuerung und um ihre Verallgemeinerung, Ausweitung und Entvariabilisierung [...]. Außersprachlich geht es um die Bindung von Neuerungen an bestimmte Gruppen, ihre stilistische Bewirtschaftung und soziale Bewertung sowie um die Bedingungen des Übergreifens auf weitere Sprechergruppen."

Bei solchen Übernahmen durch weitere Gruppen handelt es sich um so genannte „punktuelle Innovation" (ebd., 840), die eher ad hoc als prozessual abläuft. Ähnlich stellen Setzungen wie Normierungen (z.B. Orthographiereform) ebenfalls zeitlich punktuelle Ereignisse dar und keine eigentlichen Wandelprozesse.

> **Lesehinweis:** Knappe theoretische Ausführungen zum Sprachwandel bieten Mattheier (1998) und Haas (1998).

In Best/Kohlhase (1983) sind die Abläufe einiger Wandelerscheinungen des Deutschen anhand eines dicht belegten Materials exemplarisch beschrieben. An diesem Material lassen sich die Phasen des Sprachwandels recht gut aufzeigen:

	was(e)	war(e)	Σ	
1460-1469	808	4	812	Innovation
1470-1479	1403	8	1411	
1480-1489	1584	17	1601	
1490-1499	1323	17	1340	Verbreitungsphase
1500-1509	1284	29	1313	
1510-1519	1486	62	1548	
1520-1529	927	215	1142	
1530-1539	986	522	1508	
1540-1549	635	772	1407	
1550-1559	1095	1421	2516	
1560-1569	328	938	1266	
1570-1579	291	1078	1369	
1580-1589	290	1039	1329	Approbationsphase
1590-1599	68	1222	1290	
1600-1609	114	948	1062	
1610-1619	57	1094	1151	
1620-1629	14	1072	1086	
1630-1639	11	1147	1158	
1640-1679	6	1068	1074	Normierung

Abb. 2.2: Wandel von mhd. *was* zu nhd. *war*; nach den Daten aus Best (1983, 109)

Solche Daten erlauben es, den jeweiligen Wandel zu berechnen und in Verlaufskurven darzustellen. Bei ‚natürlich' ablaufendem Wandel ohne größere Irritation ergibt sich eine S-Kurve, die Ähnlichkeit mit Wachstumskurven in der Biologie, der Ökonomie oder der Epidemiologie hat (vgl. etwa Best 1983, 110; Denison 2010).

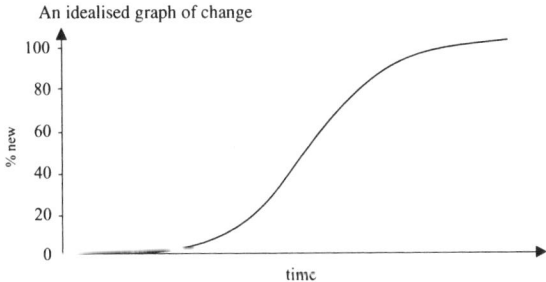

Abb. 2.3: nach Denison (2010, 56)

Obgleich Sprachwandelprozesse häufig einer S-Kurve nahekommen, ist ihr Verlauf nicht im Sinne einer Gesetzmäßigkeit, sondern bestenfalls im Sinne einer statistischen Probabilistik ‚vorhersagbar' (zu anderen Kurvenverläufen s. Denison 2010). Solche Kurven lassen sich nur im Nachhinein darstellen, also wenn der Wandel bereits weitgehend abgeschlossen ist.

Am schwierigsten ist die Auseinandersetzung mit der Frage nach den **Ursachen** oder Motiven sprachlicher Veränderungen. Es liegt eine Vielzahl von sprachwandeltheorischen Überlegungen vor, doch kann keine Theorie befriedigend auf alle Fragen auch Antworten geben, denn die bisher entworfenen Sprachwandeltheorien decken entweder nur einzelne Aspekte oder Teilbereiche des Sprachwandels (bspw. grammatischen Wandel, Lautwandel) ab und/oder versuchen, Prinzipien zu ermitteln, nach denen der Sprachwandel (universell) abläuft. Die Theoriebildung innerhalb der allgemeinen bzw. der theoretischen Linguistik strebt einen möglichst hohen Abstraktionsgrad (d.h. eine maximale Loslösung vom Einzelfall) und damit die Formulierung möglichst allgemeingültiger Aussagen (Prinzipien) an. Wendet man jedoch diese Prinzipien auf die diachrone Entwicklung einer Einzelsprache an, dann zeigt sich, dass sie nicht immer bzw. nicht immer theoriekonform wirksam sind. Sprachwandel ist vielmehr ein hochkomplexes Geschehen, an dem jeweils nicht nur allgemeine Prinzipien des Sprachwandels beteiligt sind, sondern bei dem auch sprachgeschichtliche (außersprachliche) Entwicklungen eine erhebliche Rolle spielen. Es gibt immer verschiedene innersprachliche und außersprachliche Ursachen, also Auslöser, ‚Katalysatoren' und Hemmnisse für Sprachwandel, die selten alleine auftreten, sondern entweder gegenseitig verstärkend oder einander konterkarierend wirken. Die verschiedenen Ursachen können prinzipiell als theoretisch gleichwertig angesehen werden. Hinsichtlich ihrer Wirksamkeit sind sie im jeweils konkreten Fall jedoch nicht gleich gewichtig.

Sprachwandel ist weder monokausal noch mit Hilfe von teleologisch orientierten Deutungsmustern erklärbar. Sprachwandel hat kein erklärtes Ziel, etwa in der Erreichung eines irgendwie gearteten ‚optimalen' Zustands, beispielsweise eines einfachen, strukturell optimalen Sprachsystems oder eines ökonomisch optimierten Systems. Gleichwohl sind in den einzelnen Fällen sprachlicher Wandelprozesse häufig ähnliche Prinzipien in ihrer Wirksamkeit beobachtbar, die entweder auf ein einfacheres oder wohlgeformteres System oder aber auf eine größere Ökonomie in der Sprachverwendung gerichtet zu sein scheinen.

Ökonomie und systembezogene Optimierung sind insofern Begleiterscheinungen von Sprachwandel, als bei varianten Angeboten einer ökonomischeren bzw. systemadäquateren Form eine größere Wahrscheinlichkeit für ihre Durchsetzung zukommt. So zeigt die Entwicklung des deutschen Verbsystems mit der Ablösung der ehemals starken Flexion mit ihren kompliziert erscheinenden Ablautverhältnissen durch die einfachere (ökonomischere) schwache Flexion, die mit einer einzigen Regel zur Bildung des Präteritums aller Verben dieser Klasse auskommt (s. Kap. 5.3.2), eine solche Entwicklung. Die schwache Flexion wurde nicht eingeführt, weil sie einfacher oder ökonomischer ist, sondern sie konnte sich durchsetzen, nachdem sie als alternative Möglichkeit zur Verfügung stand, weil sie einfacher bzw. ökonomischer ist. Gestützt wird diese Entwicklung möglicherweise durch parallel ablaufende gesellschaftliche Umbrüche. Die starke Flexion mit ihren deutlich unterschiedenen Formen, die größtenteils wohl auch gelistet waren, eignet sich für Gesellschaften mit relativ überschaubaren alltäglichen Kommunikationsbedürfnissen vielleicht besser als für Gesellschaften mit zunehmend differenzierteren kommunikativen Bedürfnissen. Entsprechend wahrscheinlich ist es, dass sich ein solches System, das geeignet ist, mit einer einfachen Regel auf tausende von Fällen angewendet zu werden, durchsetzt.

Sprachliche Ökonomie wird häufig in Beziehung gesetzt zu dem Trägheitsprinzip: mit möglichst geringem Aufwand das (kommunikative) Ziel zu erreichen. Optimal wäre dann ein sprachlicher Zustand, in dem eine sprachliche Form gerade mit so viel Aufwand erzeugt werden muss, dass der Rezipient (Hörer) sie möglichst ohne Verlust versteht. Betrachtet man jedoch die alltägliche Kommunikation mit ihren Redundanzen, Vagheiten, Wiederholungen, mit ihrer Beziehungsarbeit, Imagepflege und Ausdruck von Emotion (fluchen, schimpfen), fällt es schwer, in sprachlichem Handeln primär ökonomische Motive zu vermuten.

Sprachwandel weist verschiedene **Dimensionen** auf: die biologisch-physiologischen und die kognitiven Voraussetzungen des Menschen, sein Eingebundensein als soziales Wesen und seine Kreativität im Umgang mit Sprache. Diese Dimensionen bilden das Kraftfeld, das auf Sprache einwirkt und Sprachwandel bewirken kann. Vielfach wirken jeweils mehrere **Faktoren** zusammen, wobei sich meist ein dominanter Faktor feststellen lässt.

Sprachwandel kann entsprechend als Phänomen verschiedener Bereiche angesehen bzw. aus verschiedenen Blickwinkeln betrachtet werden:

1. als soziales/sozialgeschichtliches Phänomen, das sich insbesondere unter dem Aspekt Sprecher- und Sprachkontakt fassen und beschreiben lässt;

2. als kognitives Phänomen, bei dem die jeweilige Sprachverarbeitung, auch durch Missverständnisse bzw. Fehl- oder Umdeutungen (vgl. weiter unten im Kap. zu Reanalyse) zu neuen Ergebnissen führen kann, die sich unter dem Aspekt von Regelerweiterungen, Regelübertragungen (also streng genommen von Regelverstößen) fassen lassen. Im Wortschatz geschehen solche Umdeutungen durch tropische, vor allem metaphorische, metonymische und synekdochische Prozesse;

3. als biologisches (natürliches) Phänomen, bedingt durch die menschlichen physiologischen Voraussetzungen für Sprachproduktion und -rezeption;

4. als Phänomen der menschlichen Kreativität, die auch mit Sprache spielerisch oder planerisch umgeht, was hier unter dem Begriff ‚Spracharbeit‘ gefasst wird.

(1) Sprachwandel als soziales Phänomen

Sprache ist ein soziales Phänomen, Sprechen – und Schreiben – sind immer auf andere bezogen. Insofern ist die Sozialität des Menschen, seine Sprech- bzw. Sprachkontakte, die wichtigste Voraussetzung und Antrieb für Sprachwandel. Der Kontakt zwischen einzelnen Sprechern, zwischen verschiedenen Gruppen mit unterschiedlichen Sprachen oder unterschiedlichen Varietäten enthält immer die Möglichkeit zum Sprachwandel durch Übernahme von sprachlichen Einheiten oder Strukturen aus einem System in das andere.

Jeder Kommunikationsakt (Sprechkontakt) stellt streng genommen einen Sprachkontakt dar, da jeder Sprecher ein eigenes sprachliches System, eine idiolektale Varietät, benutzt; anders ausgedrückt: „Es gibt keine zwei Menschen, die über dasselbe Sprachwissen verfügen" (J.E. Schmidt/Herrgen 2011, 19). Individuen verfügen über unterschiedliche Artikulationsmöglichkeiten, über unterschiedlich ausgeprägte kognitive Potenziale und über einen je unterschiedlichen Stand des Sprachwissens. Die sprachwandeldynamische Wirkung solcher punktuellen sprachlichen Interaktionsakte ist jedoch eher gering. Durch längeren sprachlichen Kontakt in Gruppen kann sich ein partielles gemeinsames Sprachwissen herausbilden, das u.a. dazu geeignet ist, die Gruppenidentität zu stärken:

> „All that matters is to speak the way the others speak, because only by doing this can anybody maintain a place in the group." (Trask 2010, 38)

Sprachwandel im echten Sinne kann aber erst entstehen, wenn sich zumindest ein großer Teil einer Sprachgemeinschaft eine Neuerung zu eigen macht.

J.E. Schmidt/Herrgen (2011, bes. 28ff.) stellen ein Konzept der sprachlichen Synchronisierung vor, das drei Stufen unterscheidet:

1. Mikrosynchronisierung – „punktuelle, in der Einzelinteraktion begründete Modifizierungen [...] des individuellen sprachlichen Wissens" (ebd., 29);

2. Mesosynchronisierung – „Folge von gleichgerichteten Synchronisierungsakten [...], die zu einer Ausbildung von gemeinsamem situationsspezifischem sprachlichem Wissen führt" (ebd., 31);

3. Makrosynchronisierung – „Synchronisierungsakte, mit denen Mitglieder einer Sprachgemeinschaft sich an einer gemeinsamen Norm ausrichten" (ebd., 32).

Entscheidend für die sprachliche Übernahme – unabhängig davon, ob es sich um andere Sprachen, andere Varietäten oder Einzelpersonen handelt – ist zunächst eine **Prestige**-Asymmetrie, die aus einer technologischen, kulturellen, militärischen o.a. Überlegenheit einer Sprechergemeinschaft/-gruppe gegenüber (einer) anderen resultiert, unabhängig davon, ob diese objektiv existiert oder nur ‚gefühlt' wird. Eine ganz wesentliche Rolle spielt dabei das psychologische Moment der Imagepflege, das das Prestigegefälle freisetzt. Der inflationäre Gebrauch anglo-amerikanischer Wörter in gegenwärtigen Jargons oder die Imitation von Jugendsprache u.a. zeigen dies deutlich. Dafür, dass solche Entlehnungen tatsächlich zum Wandel einer Sprache beitragen, bedarf es allerdings einer gewissen Verwendungshäufigkeit und Nachhaltigkeit durch einen längeren Gebrauch, um etwa ein Wort im Lexikon einer Sprache zu verankern.

Der Begriff ‚**Sprachkontakt**‘ wird häufig mit dem Kontakt von Sprechern verschiedener Sprachen assoziiert und als einer der ganz wesentlichen Auslöser von Sprachwandel angesehen. Dabei sind es weniger die nachbarschaftlichen Beeinflussungen über Grenzen hinweg, bei denen zumeist nur ein Austausch von Wörtern stattfindet. Weit stärker wirken Sprachkontakte durch massenhafte Migration, Kolonisierung und Eroberung, die zur Überlagerung bzw. Vermischung von Sprachsystemen führen können, bis hin zum völligen Untergang einer der Sprachen (Sprachtod).

Solche tiefgreifenden Sprachmischungen kennen wir heute besonders aus der jüngeren Kolonialzeit. Begrifflichkeiten wie ‚Pidgin‘ und ‚Kreolsprachen‘ beziehen sich deshalb vorwiegend auf Ergebnisse dieser Zeit. Doch hat die jüngere Forschung gezeigt, dass diesen beiden Begriffen durchaus eine im sprachhistorischen Sinne weit allgemeinere Bedeutung zukommt (vgl. McMahon 2002, 253–283).

Pidgin/Kreol

Als **Pidginsprachen** bezeichnet man traditionell die vereinfachten Kommunikationssysteme zwischen Personen europäischer (meist Händlern) und nicht-europäischer Herkunft insbesondere im Rahmen der Kolonialisierung in Asien, Afrika und Amerika. Pidginsprachen werden sekundär gelernt und verwendet. Es gibt keinen Standard des Pidgins, wohl aber gleiche Prinzipien, nach denen Pidgins unter bestimmten Voraussetzungen entstehen. Umstritten ist, ob es eine gemeinsame Basis aller Pidginsprachen (der Kolonialzeit) gibt, die auf das portugiesische Pidgin in Westafrika, das sog. Sabir, zurückgeführt werden kann (Relexifikationshypothese), oder ob es sich jeweils um selbständige Systeme handelt, die unter vergleichbaren Umständen zu ähnlichen Ergebnissen führten.

Pidginsprachen, die den Status von Primärsprachen erlangen, die auch den Rang von offiziellen Sprachen (Amtssprachen) einnehmen können, bezeichnet man als **Kreolsprachen** (wie etwa das Haitianische). Sie werden als Muttersprache von Kindern erlernt, verfügen über eine eigene, zunehmend ausgebaute Grammatikalität und können einen hohen Standardisierungsgrad erlangen. Man gesteht heute weltweit knapp 130 Sprachen Pidgin- bzw. Kreolstatus zu.

Weiterführende Literatur: Bauer (1987); Bickerton (1977); Boretzky (1983); Escure/Schwengler (2004); Holm (2000); Sebba (2002); Siegel (2008); Smith/Veenstra (2001); Thiele (1994); Traugott (1977).

Das Deutsche – in der Mitte Europas gelegen – war in seiner Geschichte immer auch geprägt durch Einflüsse von Nachbarsprachen. Seit der römischen Besatzung lassen sich insbesondere Wortschatzentlehnungen in großer Zahl beobachten. Wenig Gesichertes wissen wir aus der Zeit der germanischen Besiedlung und über die damit verbundenen Sprachkontakte. Zahlreiche ‚ererbte' Wörter sind nicht indoeuropäischen Ursprungs, sondern können nur auf einen frühen Sprachkontakt zurückgeführt werden.

Die Integration großer Lexikonanteile geht nicht ‚spurlos' am Sprachsystem vorbei. Vielmehr stehen Entlehnungen in einem Spannungsverhältnis zwischen Integration und verändernder Einwirkung auf das Deutsche – zunächst auf die Peripherie, dann aber auch auf den Kern des Standardsystems (in der Regel, indem sie dieses erweitert), und zwar auf allen Ebenen.

„Durch Entlehnungen werden nicht nur neue Lexeme und neue Bedeutungen ins Deutsche aufgenommen, sondern mit diesen gelangen zugleich neue Laute und Lautverbindungen, neue Grapheme, von der indigenen Morphemstruktur abweichende Morpheme und – damit zusammenhängend – neue Akzentregeln und z.T. auch neue Flexions- und Wortbildungsmorpheme ins Deutsche."
(Munske 1988, 49)

Auch der durch das Nebeneinander von regionalen, sozial bedingten und funktionalen Varietäten einer Sprache bedingte **Varietätenkontakt** kann zu Sprachwandel führen, da sich die verschiedenen Varietäten gegenseitig beeinflussen können. Die deutsche Sprachgeschichte der Frühen Neuzeit ist geprägt durch die Konkurrenz regionaler Systeme, aus denen sich in einem komplizierten Auswahlprozess eine Standardvarietät herausgebildet hat. Auch hier spielen Häufigkeit, Verbreitung und Prestige einer Form, eines Wortes oder einer Bedeutung eine zentrale Rolle bei der Durchsetzung als Standard (vgl. Besch 1979; Moser 1987; Lenz/Mattheier 2005).

Als ein soziales Phänomen kann auch der durch **gesellschaftlichen und kulturellen Wandel** bedingte Sprachwandel angesehen werden. Hier berührt sich sprachlicher Wandel sehr eng mit äußeren Entwicklungen der Sprachgeschichte einer Einzelsprache. Tiefgreifende kulturelle und soziale Veränderungen haben in der Regel auch einen mehr oder weniger großen und mehr oder weniger direkten Einfluss auf die Sprache, z.B.:

- technische Neuerungen wie der Buchdruck mit beweglichen Lettern im 15. Jh. oder die Digitalisierung in der unmittelbaren Gegenwart;

- politische Veränderungen wie die Bildung von Nationalstaaten und die damit verbundenen → Vertikalisierungs- und Standardisierungsprozesse;

- religionsgeschichtliche Ereignisse wie die Christianisierung in ahd. Zeit oder die Reformation im 16. Jh.;

- gesellschaftliche Umbrüche wie die Ablösung der Feudalkultur durch die bürgerlich geprägte Kultur im Übergang vom Mittelalter zur Frühen Neuzeit oder im Rahmen der Industrialisierung.

Viele solcher Ereignisse sind gekoppelt an veränderte Sprecher- und Sprachkontakte wie die Entstehung der Städte im Spätmittelalter, die Kolonisation des (später deutschen) Ostens oder die Entstehung bevölkerungsreicher Ballungsräume (so etwa des Ruhrgebiets im Rahmen der Industrialisierung).

Weiterführende Literatur: Zu sozialen Aspekten des Sprachwandels: besonders Labov (2001); J. Milroy (1993), (2010); L. Milroy (1987). **Zu Sprachkontakt allgemein:** Bechert/Wildgen (1991); Riehl (2009). **Zu Sprachwandel durch Sprachkontakt:** Handbuch Sprachgeschichte (1998), Nr. 205–225 (Abschnitte XIX–XX). **Zu Sprachwandel durch Varietätenkontakt:** Lenz/Mattheier (2005) und weitere Bände der Reihe VarioLingua.

(2) Sprachwandel als kognitives Phänomen

Aus kognitiver Perspektive werden sprachliche Phänomene – und damit auch Sprachwandel – als in einem Kontinuum zwischen zwei grundsätzlich verschiedenen Modi der kognitiven Verarbeitung und Speicherung befindlich betrachtet. Grammatische Regeln, wie z.B. die regelmäßige Formenbildung, werden stärker analytisch, d.h. zergliedernd bzw. zusammensetzend, verarbeitet; Wörter (lexikalische Einheiten) eher holistisch, d.h. als Ganzes. Die menschliche Kognition kann zwischen diesen beiden Modi hin und her wechseln, so dass es nicht verwundert, dass sprachliche Einheiten keine festen Positionen in klar begrenzten Kategorien einnehmen müssen, sondern innerhalb des Kontinuums zwischen lexikalischem und grammatischem Pol dem einen oder anderen Pol (graduell) näher stehen und auch ihre Position verändern können (s.u. Kap. 2.2.2 unter ,Grammatikalisierung').

Sprachnutzer verfügen über ein intuitives oder auch (zum Teil) reflektiertes Sprachwissen, haben eine Vorstellung von Sprachrichtigkeit und sind bestrebt, ihre Sprache so anzuwenden, dass sie von anderen verstanden werden. Dabei verstoßen sie jedoch (meist ungewollt und unbewusst) häufig gegen geltende Regularitäten bzw. sie erweitern den usuell genutzten Gültigkeitsraum einer Regel oder deuten intransparent gewordene Strukturen um. Geschieht ein solcher ‚Verstoß' häufig oder massenhaft, kann Sprachwandel eintreten. Unter den verschiedenen Formen von Verstößen und deren unterschiedlichen Ursachen lassen sich aus kognitiver Sicht zwei Haupttypen unterscheiden:

1. die Übertragung einer Regel bzw. die Erweiterung der Gültigkeit einer Regel (Analogie) und

2. die Um- oder Neudeutung einer sprachlichen Struktur (Reanalyse).

Häufig wirken die beiden Typen auch zusammen; Ergebnisse von Reanalysen werden häufig auf weitere Fälle übertragen.

Analogien und Reanalysen treten vor allem dann auf, wenn aufgrund vorangegangener Wandelprozesse (etwa Lautwandelprozesse) Teile des Sprachsystems in ihrer Funktion eingeschränkt sind, und stellen so meist unbewusst vorgenommene, z.T. komplexe **Reparaturprozesse** dar. Dies belegt so etwas wie eine Resilienz von Sprache, also eine gewisse Robustheit, indem entstandene strukturelle Mängel von den Sprachnutzern immer wieder neu ausgeglichen werden, so dass Sprache letztlich immer funktionstüchtig bleibt.

Regelübertragung/-erweiterung (Analogie)

Bei der Regelübertragung wird ein gegebenes sprachliches Muster auf formal oder semantisch ähnliche Einheiten übertragen. Diese Übertragung wird als ‚Analogie' bezeichnet. Der Begriff ‚**Analogie**' (< griech. *analogia* ‚Gleichartigkeit') wird in der Forschungsliteratur nicht einheitlich benutzt und zeigt auch im Verlauf der Forschungsdiskussion eine mehrfache Umdeutung (vgl. Best 1973). Die Analogie kann formal oder inhaltlich (semantisch) begründet sein; beide Motivationen können aber auch zusammenwirken. Es lassen sich verschiedene Typen von Analogien unterscheiden:

Systematische Analogien können als analoge Übertragung (extension) oder analoger Ausgleich (auch levelling, Nivellierung oder paradigmatischer Ausgleich) auftreten. Es handelt sich in beiden Fällen um Regelübertragungen, die sich aber hinsichtlich des Ergebnisses unterscheiden. Durch die Übertragung von geltenden Regeln einer Gruppe, Klasse etc. auf weitere sprachliche Einheiten wird zunächst nur eine Menge (oft auf Kosten einer anderen) vergrößert, die Alternation bleibt aber prinzipiell bestehen (**analoge Übertragung**): So werden im Laufe der deutschen Sprachgeschichte zahlreiche ehemals starke Verben analog zu der großen Gruppe der schwachen Verben schwach und damit regelmäßig flektiert, wodurch sich die Gruppe der schwachen Verben weiter vergrößert. Die Klasse der starken Verben bleibt aber dennoch weiter bestehen (s. Kap. 5.3.1).

Analoger Ausgleich bzw. partieller Ausgleich kann innerhalb eines Paradigmas entstehen, wenn morphologische Markierungen partiell oder komplett beseitigt werden und dadurch größere Gleichförmigkeit hergestellt wird (vgl. auch Hock 1986, 168).

		Mhd.	Frnhd.	Nhd.
Sg.	Nom.	*zunge*	*zunge*	*Zunge*
	Akk.	*zunge-n*	*zunge-n*	*Zunge*
	Dat.	*zunge-n*	*zunge-n*	*Zunge*
	Gen.	*zunge-n*	*zunge-n*	*Zunge*

So wird z.B. das Kasus-*n* der ehemals schwachen Feminina im Akk./Dat./Gen. Sg. getilgt und so ein gleichmäßiges Singularmuster hergestellt (s. Kap. 5.2.1).

Besondere Aufmerksamkeit ist in der Forschungsliteratur der **proportionalen Analogie** mit drei Bekannten und einer Unbekannten geschenkt worden:

A verhält sich zu A' wie B zu X   oder: A : A' = B : X (wobei X = B' ist)

(z.B. *tragen* : *trug* = *fragen* : x, wobei x = *frug* ist)

So steht heute etwa das Präteritum *buk* unter einem starken Einfluss der schwachen Verbflexion (*backte*). Die formale proportionale Analogie lautet:

koche : *kochte* = *backe* : X (wobei X = *backte* ist) (Analogus: Präs. -Ø- : Prät. -*t*-)

Eine Proportion stellt zwar alleine noch keinen hinreichenden Grund für analogische Prozesse dar, ein solcher Wandel tritt aber häufig ein und dem Ergebnis kommt eine gewisse Wahrscheinlichkeit zu.

Von systematischen Analogien unterscheiden sich sporadisch auftretende bzw. **lokale Analogien**. Bei diesen handelt es sich nicht zwingend um die Übertragung einer Regel oder die Wirkung eines Schemas. Die Analogiewirkung kann von einem einzigen Wort ausgehen, wobei die Häufigkeit des Verwendungszusammenhangs – oft eingebunden in eine → Antonymie – eine Rolle spielt. Haspelmath (2002, 102) führt etwa *Hausmann* (zu *Hausfrau*), *untertreiben* (zu *übertreiben*) an. Regelübertragung und lokale Analogie können sich auch ergänzen.

Lesehinweis: Eine einführende Darstellung zu ‚Analogie' findet sich bei McMahon (2002, Kap. 4).

Bei Analogieprozessen spielen die **Attraktion** von Formen/Inhalten als analogiewirksame Schemata und die **Assoziation** mit anderen Formen/Inhalten eine zentrale Rolle (so bereits Paul 1880, 108f.). Die Wahrscheinlichkeit, mit der eine Analogie im Sinne eines Wandels wirksam wird, sowie die Richtung des analogen Prozesses werden von verschiedenen Faktoren bestimmt: von der Größe der attrahierenden Gruppe, der Gebrauchsfrequenz ihrer einzelnen Glieder, der Systemangemessenheit der analogen Form sowie der Art der Symbolisierung.

Große Gruppen haben eine stark attrahierende Wirkung, da Form und Funktion bzw. Bedeutung ihrer Glieder als Schemata funktionieren, die leicht auf kleinere Gruppen bzw. Ausnahmen übertragen werden können. So wechseln z.b. Substantivklassen mit nur wenigen Gliedern (etwa ehemalige Wurzelnomina wie *man*) durch analoge Übertragung in Großklassen wie die a-/i-Stämme (s. Kap. 5.2.1). Dies gilt insbesondere dann, wenn die großen Gruppen zugleich auch produktiv sind. Häufiger Gebrauch von Formen (token-Frequenz) stabilisiert Formen/Inhalte dagegen und bewirkt eine geringere Anfälligkeit für Analogien. So ist etwa die Flexion des hochfrequenten unregelmäßigen Verbs *sein* (mit verschiedenen Formen *bin*, *sind*, *war(en)*, mhd. noch *wesen/was* etc.) vor analogen Prozessen weitgehend geschützt.

Insbesondere Nivellierungsprozesse führen häufig dazu, dass Unregelmäßigkeiten im Sprachsystem ausgeglichen werden. Formen, die einem bestehenden Sprachsystem nicht ‚angemessen' sind, die eine Ausnahme oder Abweichung darstellen, werden tendenziell durch systemangemessenere Formen ersetzt (zum Begriff der Systemangemessenheit s. Wurzel bes. 1984, 81ff. und passim).

Im Übergang vom Mhd. zum Nhd. wechseln ehemals schwache Maskulina mit dem semantischen Merkmal ‚unbelebt' zur starken bzw. gemischten Flexion (mhd. *balke* > nhd. *Balken*), indem das *-n* der → obliquen Kasus analog in den Nom. Sg. übertragen wird (analoger Ausgleich) und im Gen. Sg. ein zusätzliches *-s* (*balke-ns*) analog zu den übrigen starken Maskulina angefügt wird (analoge Übertragung). Eine kleine Gruppe von weniger als zehn Substantiven (*Funke*, *Name*, *Glaube*, *Buchstabe* etc.) hat bis ins Nhd. hinein nur einen Teil dieses Prozesses durchlaufen: Während das *-s* im Gen. Sg. übernommen wurde, bleibt der Nom. Sg. ohne *-n*. Damit folgen diese wenigen Substantive keinem der bestehenden üblichen Muster und bilden einen Ansatzpunkt für analoge Prozesse, die die Systemangemessenheit wiederherstellen. Diese Entwicklung ist bei einigen der Ausnahmen bereits weitgehend vollzogen (*Samen* ist häufiger als *Same*, *Frieden* häufiger als *Friede* etc.).

Eine wichtige Rolle bei Analogien spielt die Art, wie eine Funktion formal repräsentiert wird (**Symbolisierung**). Nach Wurzel (1984, bes. 22) und Mayer-thaler (1981, 22f.) müssen für eine optimale Symbolisierung drei Bedingungen erfüllt sein: Sie muss konstruktionell ikonisch, uniform und transparent sein. Das Prinzip der Ikonizität in der Sprache geht auf Humboldt (Universalgesetz) zurück, der ikonische Isomorphie, d.h. ein 1:1-Verhältnis zwischen Form und Bedeutung/Funktion, als konzeptionelles Ideal postuliert (dazu auch Haiman 1980; Pusch 2001). Wird dieses ideale Verhältnis etwa durch Lautwandel gestört, gibt es eine Tendenz, es wiederherzustellen (vgl. Vennemann 1978). Gleichförmigkeit (Uniformität) und Durchsichtigkeit (Transparenz) sind weitere Merkmale idealer Symbolisierung:

So ist der massive Wechsel der starken Verben zu den schwachen Verben nicht nur empirisch beschreibbar, sondern der weitere Abbau der starken Flexion ist auch mit einer gewissen Wahrscheinlichkeit vorhersagbar. Die Zahl der starken Verben liegt heute nur noch bei rund 150, neu hinzukommende Verben werden alle schwach gebildet. Das Präteritalsuffix *-(e)t-* ist konstruktionell ikonisch, d.h. es unterscheidet die (basalere) Präsens-Form durch ein Mehr an Markierung (*sag-e* vs. *sag-t-e*), es ist – abgesehen von der *-e*/∅-Verteilung (*sag-t-e*, aber: *red-et-e*) – uniform (immer *-(e)t-*) und es ist für den Sprachnutzer transparent.

Nicht alle Analogien verlaufen unbewusst und unbeabsichtigt. Während die Nivellierung wohl in der Regel eher unbewusst und ungewollt abläuft, können analoge Übertragungen etwa in der Wortbildung und im Wortschatz häufig bewusst und gewollt als **kreative Akte** einer Spracharbeit im weitesten Sinne auftreten (s.u. unter (4) Sprachwandel als Phänomen menschlicher Kreativität). So sind zahlreiche Wortbildungsprodukte Ergebnisse von Übersetzungsbemühungen, andere entstehen spielerisch in der Poesie (*Generälchen*), im alltäglichen Umgang (*ich hab nur ein Stündchen geschlafen*) oder etwa in der Werbung (*unkaputtbar*). Viele ad-hoc-Bildungen verschwinden wieder, ohne Spuren im Lexikon zu hinterlassen, andere aber sind durchaus geeignet, eine bestehende Lücke im Lexikon zu füllen, und können so nachhaltig Bestand haben. In beiden Fällen – sowohl bei der intendierten als auch bei der unbewussten Regelübertragung – handelt es sich jedoch streng genommen um Verstöße gegen bestehende Normen/Usus.

Analoge Prozesse können zusammenwirken, einander überlagern oder konterkarieren: Die allmähliche Aufgabe der starken Verbflexion und die analoge Bildung ehemals starker Verben nach dem Schema der schwachen Verbflexion stellt einen Langzeitprozess dar. Dieser kann temporär durch andere Analogieprozesse konterkariert werden, etwa durch die gelegentliche Verwendung starker Formen für historisch schwache Verben wie *frug* (*fragen*) analog zu den starken Verben *trug* (*tragen*), *schlug* (*schlagen*), ohne dass die Langzeitentwicklung jedoch ernsthaft gestört würde. Allerdings findet sich noch heute in ostmitteldeutschen (thüringischen) und angrenzenden niederhessischen Dialekten *frūk* (*fragte*), *klūk* (*klagte*), *jūk* (*jagte*), *sūk* (*sagten*).

Das Ergebnis analogischer Wandelprozesse besteht zumeist in der Stärkung einer bereits großen Gruppe und bedingt somit eine größere Regelmäßigkeit. Analogische Prozesse können aber auch die Regelmäßigkeit irritieren, etwa im Falle der Übertragung des -er-Plurals (von Neutra) auf Maskulina (s. Kap. 5.2.5), wodurch eine neue kleine Flexionsklasse (oder Subklasse) entstehen kann.

Eine Sonderform analoger Übertragung besteht zwischen Varietäten mit unterschiedlichem Prestige. Beim Versuch von Sprechern/Schreibern einer Varietät mit geringerem Prestige, die Regeln der Varietät mit höherem Prestige möglichst korrekt umzusetzen, entstehen häufig sog. Übergeneralisierungen (→ **hyperkorrekte Bildungen**), so z.B. *Trepfe* für *Treppe* im Berlinischen (vgl. Öhmann 1960). Solche Übergeneralisierungen zeigen eine Unsicherheit in der Regelanwendung und sind häufig Ausdruck für zugrunde liegenden Sprachwandel. Für die historische Linguistik haben hyperkorrekte Bildungen eine wichtige Bedeutung, da man aus ihnen Rückschlüsse (‚indirekte Verweiskraft') auf historische Sprachzustände (Lautstände, -wandel, Lokalisierung von Quellen, regionale Verbreitung) ziehen kann (vgl. dazu Besch 1961; 1965; Löffler 2003).

Eine andere Form des Verstoßes gegen bestehende Normen stellen die Kontamination und das sog. blending dar. Beide Verfahren werden oft in die Nähe der Analogie gestellt, zeigen aber jeweils eigene Besonderheiten. Unter **Kontamination** versteht man die Überlagerung von zwei verschiedenen Wörtern – ein unbewusster Prozess, der häufig bei schnellem Sprechen, bei Müdigkeit oder unter Alkoholeinfluss abläuft, wie z.B. *das ging aber flogs/flox* (aus *flugs/fix* und *flott*). Solche Kontaminationen können aber auch systematisch auftreten (vgl. Hock/Joseph 1996, 167). Werden solche Formen bewusst gebildet, bezeichnet man dies mit dem engl. Begriff ‚**blending**' – ein Prozess, der eigentlich in den Bereich der Wortbildung gehört, z.B. *Brunch* (< engl. *brunch* < **breakfast** und **lunch**) (vgl. Hock/Joseph 1996, 165f.).

> **Weiterführende Literatur zu Analogie:** Becker (1990); Best (1973); Derwin/ Skousen (1989); Haspelmath (1996), (2002, Kap. 3); Hock/Joseph (1996, Kap. 5); Hogg (1980).

Regelumdeutung

Bei der Regelumdeutung wird eine sprachliche Struktur miss- bzw. anders verstanden und in eine andere (neue) Regel überführt. Diese Vorgänge bezeichnet man mit dem aus dem Englischen entlehnten Begriff ‚**Reanalyse**'. Reanalysen finden sich auf allen Ebenen der Sprache. Sie zeigen, dass die Sprachteilhaber bemüht sind, in wiederkehrenden sprachlichen Strukturen

Muster zu erkennen, also Transparenz herzustellen. Die Transparenz eines Musters kann in der Folge vorausgegangener Wandelprozesse verloren gegangen sein. Sprachteilhaber versuchen nun, in der intransparenten Form eine Funktion zu erkennen, und interpretieren eine (neue) Funktion hinein. Geschieht dies massenhaft, kann Sprachwandel entstehen – entweder, weil die Richtung der Reanalyse durch die strukturelle Disposition des Sprachsystems so nahe liegt, dass die Richtung des Wandels gleichsam vorgegeben ist, oder eine „Rückkopplung durch die Interaktionspartner" (J.E. Schmidt/Herrgen 2011, 27) kommt zur Wirkung, bei denen je individuelle Reanalysen zu vergleichbaren Ergebnissen führen.

So blieb z.B. das ‹e› des mhd. Diphthongs ‹ie› /iə/ nach der Monophthongierung von mhd. /iə/ zu /i:/ in der Schriftlichkeit aufgrund einer gewissen konservativen Eigenschaft von Schrift stehen, aber für die Sprachnutzer war es nicht mehr transparent. Da das ‹e› immer zusammen mit langem *i* (/i:/) ‹ie› steht, wurde es durch die Sprachnutzer umgedeutet (reanalysiert) als Längen- bzw. Dehnungszeichen von *i* ‹ie› (mhd. ‹liebe› /liəbə/ > nhd. ‹liebe› /li:bə/).

Reanalysen finden sich auch in der lexikalischen Semantik. Wörter, oft Komposita, die aufgrund mangelnder Transparenz als nicht mehr motiviert erscheinen, erhalten einen neuen Inhalt, d.h. sie werden umgedeutet und damit remotiviert. Bei *mūlwarf* (*mūl* ‚Erde' + *warf* ‚Werfer') wird das Kompositum bereits im späten Ahd. undurchsichtig. Durch Formengleichheit mit mhd. *mūl* (> nhd. *Maul*) wird es zum Nhd. hin umgedeutet zu ‚Tier, das etwas mit dem Maul wirft' (*Maulwurf*). Derartige Umdeutungen nennt man Pseudoetymologien bzw. **Volksetymologien**.

Reanalysen sind kein selten auftretendes Phänomen, sondern bestimmen einen Großteil der kognitiven Verarbeitung. Semantisch ambige bzw. polyfunktionale Einheiten, die kommunikative Vagheit erzeugen, stellen ein großes Potential für Missverstehen und Reanalysen dar. Da die Sprachteilhaber in aller Regel auf Basis des → **Kooperationsprinzips** handeln, funktioniert Kommunikation zumeist auch dann, wenn zwischen dem explizit Gesagten und dem von dem Sprecher Gemeinten eine Differenz besteht. Werden einzelne → **Konversationsmaximen** verletzt, etwa bei der Verwendung von rhetorischen Figuren, können → **Implikaturen** entstehen (vgl. Grice 1975; Rolf 2013), die Reanalysen begünstigen.

> *es frewd in Maria hertzen (,) da ir got gehorsam was*
> (Otto von Passau, Die vierundzwanzig Alten, Hs. Ba, 153,1; s. Kap. 5.4)

Die Konjunktion *da* kann in einer Übergangszeit im Frnhd. entweder temporal ‚als ihr Gott gehorsam war' oder kausal ‚weil ihr Gott gehorsam war' genutzt werden (vgl. dazu auch Rieck 1977, 76). Die Verwendung im obigen Satz ist ambig. Der Hörer/Leser des Satzes kann annehmen, dass hier nicht (nur) ein Zeitpunkt/-raum gemeint ist, sondern darüber hinaus auch auf ein kausales Verhältnis, d.h. eine Ursache-Wirkung-Beziehung, schließen (eine Ursache-Wirkung-Beziehung implikatieren). Hierdurch entsteht eine konversationelle Implikatur, die durch massenhaftes Vorkommen konventionalisiert wird und im konkreten Fall tatsächlich zur Reanalyse der ehemals temporalen Konjunktion *da* als kausale Konjunktion geführt hat.

Kognitive Prozesse auf der lexikalischen Ebene

Drei wesentliche kognitive Prozesse auf der lexikalischen Ebene sind **Metapher**, **Metonymie** und **Synekdoche**: Durch metaphorische, metonymische und synekdochische Prozesse können Um- oder Neudeutungen einer lexikalischen Einheit stattfinden. Der wesentliche Unterschied zwischen den Verfahren liegt dabei in der ‚Reichweite‘ der Neudeutung. Bei der Synekdoche findet eine ‚Neubenennung‘ durch einen quantitativ, → hyponymisch/hyperonymisch oder taxonomisch verknüpften Begriff statt, vermittels der Metonymie werden Sinn-Verschiebungen innerhalb des gleichen ‚frames‘ realisiert und bei der Metapher vollzieht sich eine ‚sprunghafte‘ Bedeutungsübertragung. Sowohl zwischen Synekdoche und Metonymie als auch zwischen Metonymie und Metapher gibt es jedoch fließende Übergänge innerhalb eines Kontinuums.

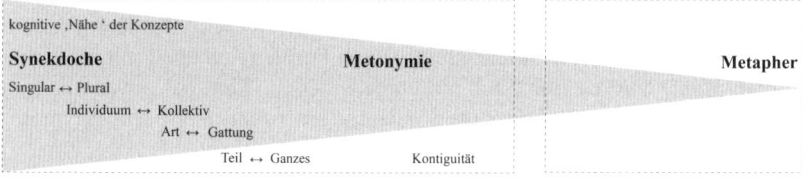

Bei der **Synekdoche** werden Möglichkeiten des Wechsels zwischen zwei Referenten ausgenutzt, die in einem Verhältnis der partiellen (inklusiven) Referenzidentität zueinander stehen wie Singular – Plural, Individuum – Kollektiv und Art – Gattung. Dabei wird entweder der Sinn eines Wortes durch das synekdochische Verfahren unterschritten (Plural für Singular, Kollektiv für Individuum, Gattung für Art) oder überschritten (Singular für Plural, Individuum für Kollektiv, Art für Gattung). Besonders häufig findet die sinnunterschreitende ‚Gattung für Art‘-Synekdoche Verwendung als Mittel der *variatio* in einem Textzusammenhang und damit auch als Mittel der Kohärenzstiftung (vgl. Nerlich/Clarke 1999). Im Überschneidungsbereich zur Metonymie befindet sich die Relation Teil – Ganzes (sinnunterschreitend *totum pro parte*, sinnüberschreitend *pars pro toto*), bei der die ‚Nähe‘ der beteiligten Konzepte besonders stark ist, da sie als Teil und Ganzes erfahrungsgemäß gemeinsam auftreten (z.B. *Segel* für *Schiff*, *Klinge* für *Schwert*). Der ‚Nährboden‘ für die **Metonymie** ist durch die Tatsache gegeben, dass Konzepte mental nicht isoliert, sondern in so genannten ‚frames‘ miteinander verknüpft abgespeichert sind. Mentale Konzepte entstehen aus den Erfahrungen des Individuums. Da Erfahrungen immer in einem spezifischen Kontext gemacht werden, spielen die ‚Umgebungsdaten' der Wahrnehmung auch bei der kognitiven Speicherung eine Rolle, d.h. erfahrungsgemäß häufig gemeinsam auftretende Gegenstände oder Sachverhalte werden auch gemeinsam abgespeichert. Das Verhältnis, in dem Konzepte zueinander stehen, die einem frame angehören, wird häufig als ‚Kontiguität' bezeichnet.

> „A frame unites and structures „encyclopedic" expectations, as far as they are based on [...] a horizon of contiguities connecting concepts or making up more complex concepts. The contiguity relations connect elements of a frame with each other as well as one element to the frame as a whole." (P. Koch 2004, 7)

Das metonymische Verfahren ermöglicht somit (u.a.) kognitive Ökonomie: Durch metonymisch motivierte Polysemie wird das Bedeutungsspektrum eines Wortes aufgefächert, so dass nicht für jeden Teilaspekt neue Ausdrücke gebildet werden müssen. Wie im Fall von *Goethe lesen* kann die Metonymie im Sinne eines ökonomischen Verfahrens auch als eine Art Ellipse gelesen werden: *Goethe lesen* statt *Die Werke Goethes* lesen (s. Kap. 6.6.2).

Die **Metapher** ist nicht nur eine rhetorische Stilfigur und damit ein ‚Sonderfall' des Sprechens, sondern stellt ein zentrales Verfahren menschlicher Sprachfähigkeit und damit auch menschlicher Kognition (vgl. Thagard 1999, 113) dar. Am metaphorischen Prozess beteiligt sind immer zwei Größen: ein Quell- (engl. *source*) oder Bildbereich (auch Spendebereich oder Herkunftsbereich genannt), der die Vorlage für die metaphorische Übertragung liefert, und ein Zielbereich (engl. *target*), auf den die Metapher angewendet wird. Die Zielgröße wird engl. *in terms of* (im Sinne) der Quellgröße gedacht (konzeptionalisiert), d.h. die Struktur, einzelne Aspekte, Eigenschaften und/oder Bewertungen, die der Quellgröße zugeschrieben werden, werden auf die Zielgröße übertragen und diese wird dadurch semantisch modifiziert.

source (Bildbereich)	——————→	target (Zielbereich)

Bsp.

| WERTVOLLES GUT/GELD | ——————→ | ZEIT |
| KRIEG | ——————→ | DISKUSSION |

Bei der Metaphorisierung treten Bild- und Zielbereich in Interaktion: Durch die ‚uneigentliche Verwendung' wird ein kognitiver Prozess angestoßen, bei dem das Gemeinte, also der Zielbereich, und das Gesagte, also die Quellgröße, auf Übereinstimmungen überprüft werden, inwiefern also eine Analogie zwischen Quelle und Ziel gezogen werden kann. Dies lässt sich u.a. auch daran festmachen, dass ein- und derselbe Quellbereich auf unterschiedliche Zielbereiche angewandt werden kann – und dabei unterschiedliche Aspekte des Quellbereichs im metaphorischen Prozess auf den Zielbereich übertragen werden.

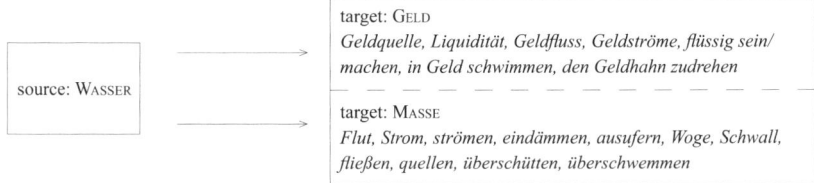

Während beim metaphorischen Konzept GELD IST WASSER eher Geld als Substanz metaphorisiert wird, die sich wie eine Flüssigkeit ‚bewegt‘, kann bei der Übertragung auf das Konzept MASSE je nach Kontext auch eine angenommene oder tatsächliche Bedrohung durch eine überwältigende Kraft suggeriert werden (*Flut*, *überschwemmen*), zudem ist im MASSE IST WASSER-Konzept MASSE auch als Patiens (das, womit etwas gemacht wird) verankert (*eindämmen*) (vgl. Liebert 1992).

Lesehinweis: Eine kognitivistische Auseinandersetzung mit Metapher und Metonymie als Konzeptualisierungsverfahren bietet Dirven (1993).

Weiterführende Literatur: Zur Synekdoche: Nerlich/Clarke (1999); Nerlich (2010). **Zur Metonymie:** Burkhardt (1996); P. Koch (2004). Zur kognitiven Metapherntheorie gibt es zahlreiche Publikationen in der Folge von Lakoff/Johnson (1980); weitere Literatur s. Kap. 6.

(3) Sprachwandel als biologisch-physiologisches Phänomen

Die Artikulation von Lauten ist bestimmt (und begrenzt) durch die physiologische Ausstattung des menschlichen Sprechapparates. Aufgrund seiner Anatomie bedarf es eines unterschiedlichen Energieaufwands bei der Artikulation der einzelnen Laute.

„Die Sprecher sind bestrebt, die Laute beizubehalten, zu deren Artikulation relativ wenig Anstrengung erforderlich ist, und die Laute als erste zu verändern oder ganz wegfallen zu lassen, deren Hervorbringung besonders viel Energie erfordert." (Boretzky 1977, 119)

Dieses Trägheitsprinzip lässt sich auch auf syntagmatische Prozesse wie Assimilationsprozesse (z.B. mhd. *zimber* /tsimbər/ > nhd. *Zimmer* [tsɪmɐ]) anwenden:

> „Befinden sich Sprechwerkzeuge einmal in Aktion, so sind sie bestrebt, beim Übergang von der Artikulation eines Lautes zum nächsten (im Sprechstrom) sich möglichst wenig von der einmal eingenommenen Position zu entfernen." (Boretzky 1977, 120)

Da jede Sprache einen gewissen Bestand an Lauten benötigt, um zu funktionieren, sind dem Prinzip Grenzen gesetzt. Hinzu kommt, dass der jeweilige andere am Sprechgeschehen Beteiligte – der Hörer – ein Interesse daran hat, möglichst ohne großen Aufwand zu verstehen, und auch der Sprecher will (in der Regel) verstanden werden. Artikulationsentlastung des Sprechers einerseits und Diskriminationsentlastung (durch den Sprecher für den Hörer) andererseits stehen sich als Prinzipien gegenüber.

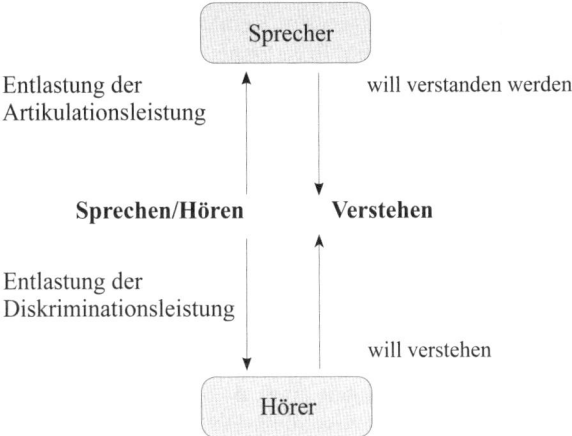

Unstreitig ist jedoch, dass es immer wieder Lautprozesse gibt, die auf solche Entlastungen hindeuten. Insbesondere Zentralisierungsvorgänge im Vokalismus (s. Kap. 4.3.2) sowie Spirantisierungs- und Affrizierungsprozesse (s. Kap. 4.3.5) oder Klitisierungen (s. Kap. 5.2.2) lassen sich so deuten.

Für den Bereich der Laute und ihrer Artikulation kann man für einen natürlich bedingten Sprachwandel eine gewisse Evidenz feststellen. Dies ist im Falle anderer sprachlicher Phänomene bzw. Ebenen weitaus schwieriger. In der Forschung, speziell im Rahmen der Natürlichkeitstheorie (vgl. insbesondere Wurzel 1984 u.ö.; Mayerthaler 1981), werden häufig bestimmte grammatische Formen (als optimal angesehene Kodierungen/Symbolisierungen, wie z.B. eine ikonische, transparente, uniforme Markierung) bzw. bestimmte

Wortstellungen im Satz als ‚natürlicher' als andere angesehen, insbesondere dann, wenn sie zudem weltweit in Sprachen häufiger vorkommen als andere. ‚Natürlich' ist hier aber nicht in einem biologisch-physiologischen Sinne zu verstehen.

(4) Sprachwandel als Phänomen menschlicher Kreativität (Spracharbeit)

Viele Sprachwandelerscheinungen sind Ergebnis bewusster (gewollter) Eingriffe in die Sprache. Die Gründe dafür sind vielfältig, z.B.:

- kreatives Spiel mit Sprache (in der Dichtung, Philosophie, der Jugendsprache, im Alltag, in der Werbung);

- normative Festlegung von bestimmten Varianten (etwa Orthographie), die auf den jeweiligen Konzepten von ‚Sprachrichtigkeit' basiert, und bewusste kreative Normverstöße;

- sprachpuristische Bemühungen zur ‚Reinhaltung' der Sprache etwa durch Tilgung von fremden Wörtern bzw. Ersatz durch deutsche Äquivalente;

- Verhüllung oder Verschleierung durch Bildung von Euphemismen.

Sprachwandelprozesse, die durch bewusste Eingriffe ausgelöst werden und damit durch einen hohen Grad an Intentionalität bestimmt sind, führten in der Forschungsdiskussion bisher eher ein Schattendasein, da sie zumeist nicht als Sprachwandel im strengen Sinne angesehen werden. Eine umfassende Sprachwandeltheorie muss aber auch solche Prozesse einbeziehen, die auf bewusste Einflussnahme auf Sprache zurückgehen. Diese sind durchaus nicht selten, sondern stellen einen der wesentlichen Anlässe für Sprachwandel dar. Die Einflussnahme kann man mit dem Begriff **Spracharbeit** fassen, verstanden als „sprachreflexive Praxis" (Hundt 2000, 6), und zwar in all ihren Facetten, von politisch-ideologischer Einflussnahme über wissenschaftliche Beschäftigung und Begleitung, vom spielerisch-kreativem Umgang mit Sprache bis hin zum kreativen Verstoß gegen Normen/Usus. Spracharbeit gehört zu den wesentlichen Aspekten einer Sprachgeschichte und ist zugleich ein universelles Prinzip menschlichen Sprachhandelns. Der Begriff geht zurück auf Georg Philipp Harsdörffer 1644 (zum Konzept von ‚Spracharbeit als sprachreflexive Praxis' s. Hundt 2000, bes. 32ff.; s. auch Gardt 1994; 1998; Wegera 2011b). Spracharbeit in diesem Sinne begleitet und beeinflusst unterschiedlich motiviert und in unterschiedlichem Maße die gesamte Sprachgeschichte. Spracharbeit findet zu jeder Zeit statt, kann aber nur dann im Sinne einer Sprachveränderung wirksam werden, wenn andere (möglichst viele oder wirkungsmächtige) Sprachteilhaber die Innovation zur Neuerung werden lassen.

Durch die Christianisierung und die Übernahme antiker Wissenskultur ist jede Art der klösterlichen Übersetzung in ahd. Zeit bereits stark durch Spracharbeit geprägt. Die Adaption der lateinischen Schrift an die deutschen Stammessprachen (s. Kap. 3.2) ist ein weiteres Feld dieser Bemühungen. Bereits im Ahd. gibt es auch metasprachliche Aussagen zu Sprachständen und Problemen, die man durch Spracharbeit zu lösen sucht.

> Diese fränkische Sprache allerdings ist roh und ungepflegt, ohne Zucht und nicht daran gewöhnt, durch Regeln der Grammatik im Zaum gehalten zu werden; dementsprechend schwierig ist sie auch in vielen Wörtern wegen der Anhäufung der Buchstaben oder wegen ihres sonderbaren Klanges schriftlich wiederzugeben. Denn zuweilen, wie ich glaube, verlangt sie in ihrer Klangform drei u u u: die ersten beiden als Konsonanten, wie mir scheint, während das dritte u Vokal bleibt. Manchmal aber konnte ich weder durch ein a, noch ein e, noch i, noch u, die Aussprache der Vokale sicherstellen: in solchen Fällen schien es mir angebracht, das griechische y einzusetzen; und auch dieses Zeichen scheut die Sprache zuweilen, wie sie sich überhaupt bei gewissen Lauten des öfteren nur unter Schwierigkeiten mit einem bestimmten Buchstaben verbindet. Entgegen dem lateinischen Gebrauch benutzt das Fränkische häufiger k und z, von denen die Grammatiker sagen, sie gehörten zu den überflüssigen Buchstaben. Aber wegen des Zischens an den Zähnen, wie ich glaube, wird in dieser Sprache manchmal z gebraucht, k dagegen wegen des Klanges im Rachen.
>
> Otfrid an Erzbischof Liutbert (zw. a.863 und 871): Text und Übersetzung nach Rainer Patzlaff, Otfrid von Weißenburg und die mittelalterliche versus-Tradition. Tübingen (1975, 3 und 5)

Doch bleiben solche Bemühungen oft auf einen kleinen Rezipientenkreis, etwa eine Schreibstube, eine Gruppe von Klöstern (im Rahmen des Austausches zwischen Klöstern) begrenzt. Lediglich einzelne herausragende Autoren erlangen mit ihrer Spracharbeit einen erkennbaren Einfluss auf die Schreibtradition, so die Regulierungen Notkers (um 1000 n. Chr.), die noch bis ins Mhd. hinein wirksam sind. Erst die Einführung des Druckwesens und dessen Entfaltung bringt hier eine neue Dimension, indem eine Art ‚Fern'-Orientierung und damit eine größere Breitenwirkung von Bemühungen einer Spracharbeit, insbesondere durch die Druckoffizinen, entsteht. Die Erarbeitung deutscher Grammatiken und Wörterbücher in der Frühen Neuzeit und die zunehmenden Regelungen bis hin zu den verschiedenen Festlegungen von Orthographie und Orthoepie lassen den Einfluss von Spracharbeit auf den Sprachwandel deutlich erkennen; aber es werden auch eine Verlangsamung natürlicher Sprachveränderungen und deren starke Einschränkung durch Standardisierung und Normierung sichtbar (s. Kap. 3.3.1 unter ‚Normierung der Orthographie'). In den Rahmen dieser Entwicklung gehören auch Lexikographen wie Dasypodius oder Campe, die zahlreiche Wortneuerungen anbieten, von denen sich nicht alle, aber dennoch zahlreiche im Lexikon durchsetzen.

Beispiele für wirkungsvolle Lehnübersetzungen bzw. -übertragungen durch Dasypodius:

aberwitzig	(< *phreneticus*)	*mißgeburt*	(< *abortus*)
brotkasten	(< *mactra*)	*nichtachtung*	(< *conniventia*)
druckerkunst	(< *chalkographia*)	*oberarzt*	(< *archiater, vel Archiatros*)
eidbruch	(< *perfidia*)	*rauchkammer*	(< *fumentarium*)
folterung	(< *quaestio*)	*schiffboden*	(< *caina*)
gottesverehrung	(< *religio, adoratio*)	*steinpflaster*	(< *lithostrotum*)
hochzeitlied	(< *fescenium, talassio*)	*theater*	(< *cavea*)
krampfader	(< *varix*)	*überredung*	(< *persuasio*)
lichtscheu	(< *lucifuga*)	*witterung*	(< *tempestas*)

aus: Petrus Dasypodius, Dictionarium Latinogermanicum, Straßburg 1536; nach West (1989)

Zur Spracharbeit gehören auch die Bemühungen der **Sprachpuristen**, deren Verdeutschungen sich, so merkwürdig sie auch teilweise erscheinen mögen, zum Teil ebenfalls durchsetzten, wie etwa die der Sprachgesellschaften des 17. Jh.s (bes. von Zesen, 1619–1689).

erfolgreich		nicht erfolgreich	
Anschrift	(< *Adresse*)	*Entgliederungskunst*	(< *Anatomie*)
Bücherei	(< *Bibliothek*)	*Zweistreit*	(< *Duell*)
Grundstein	(< *Fundament*)	*Lusthöhle*	(< *Grotte*)
Sprachlehre	(< *Grammatik*)	*Tageweiser*	(< *Kalender*)
Werkzeug	(< *Instrument*)	*Schriftrichter*	(< *Kritiker*)
Glücksspiel	(< *Lotterie*)	*Zeug*	(< *Materie*)

Verdeutschungsversuche von Zesens nach Harbrecht (1912/13); Jones (1995, 71f.)

Ähnliche Versuche finden sich um die Wende vom 19. zum 20. Jahrhundert. Der Allgemeine Deutsche Sprachverein gibt eine ganze Reihe von sog. Verdeutschungsbüchern zu allen Lebensbereichen heraus (zum Handel, zum Sport, zur Gastronomie (Speisekarten), zum Schulwesen, zur Amtssprache etc.). Entsprechend verhält sich heute der Verein Deutsche Sprache, der zahlreiche Alternativen für gebräuchliche Anglizismen vorschlägt.

Lesehinweis: Kirkness (1998) gibt einen Überblick über die Geschichte des Purismus in Deutschland.

Spracharbeit berührt sich dort mit **Analogie**, wo analoge Prozesse bewusst im Sinne einer Sprachveränderung umgesetzt und vorangetrieben werden. So stellt Gottsched (1762, 5 §) den „besten Schriftstellern eines Volkes", die „wegen der Schreibart und Sprache berühmt" sind, das Prinzip der Analogie zur Seite, um die Frage zu entscheiden, welche Variante als ‚beste' und damit als Standard gewählt werden sollte:

> „Wenn aber diese guten Scribenten dennoch in gewissen Stücken von einander abgehen: so muß die Analogie der Sprache den Ausschlag geben, wer von ihnen am besten geschrieben habe." (Gottsched 1762, Einleitung, I. Abschnitt 6 §).

Im Moment ihrer erstmaligen Verwendung sind manche **Synekdochen, Metonymien** und insbesondere **Metaphern** Produkte kreativen Umgangs mit Sprache. Seit der Antike werden diese drei Verfahren in der Rhetorik als rhetorische Figuren behandelt und zu den Tropen gezählt, bei denen ein Ausdruck durch einen anderen ersetzt wird. Dabei sind sie als Verfahren semantischer Innovation (s. Kap. 6.6.1) nicht auf rhetorische oder poetische Sprache beschränkt, sondern bieten den Sprachteilhabern Möglichkeiten zur Realisierung verschiedenster Intentionen – von der Benennung neuer Gegenstände und Konzepte über Euphemismenbildung zur Gesichtswahrung, Tabuvermeidung oder Verschleierung unliebsamer Tatsachen bis hin zum Ausdruck individueller Kreativität und Freude am Sprachspiel.

Sprachwandel und Spracherwerb

Geht man davon aus, dass Sprachwandel sich zunächst im Kopf jedes einzelnen Sprechers abspielt und sich durch ‚Entlehnung' auf andere (möglichst viele) Sprachteilhaber überträgt, dann ist jeder Wandel zugleich Spracherwerb, „denn Entstehung wie Ausbreitung einer Neuerung setzen ihre Aufnahme in das Sprachwissen von immer mehr Sprechern voraus" (Haas 1998, 846). Diese von Haas auf den Lautwandel bezogene Tatsache lässt sich auch auf die übrigen Bereiche der Sprache übertragen. Inwieweit sich Sprachwandel an kindlichen Erstspracherwerb koppeln lässt, ist jedoch bisher weitgehend unklar.

Seit Hermann Paul (1880) und dann verstärkt wieder durch die Generative Grammatik wird der Zusammenhang zwischen dem kindlichen **Erstspracherwerb** und Sprachwandel (bei Paul ‚Lautwandel') diskutiert. Auch wenn es als gesichert angesehen werden kann, dass nicht jedes Kind exakt die Sprache seiner frühen Bezugspersonen übernimmt und ähnliche sprachliche Besonderheiten bei allen Kindern einer Sprachgemeinschaft auftreten, bleibt doch die Frage unbeantwortet, wie solche individuellen Formen überindividuell in Form von Sprachwandel wirksam werden sollten und so zu sprachlichen Veränderungen der langue führen könnten (s. dazu auch Haas 1998, 845f.).

Durch die spezifischen Vorannahmen der Generativen Grammatik kommt dem Erst-spracherwerb in einem generativen Sprachwandelmodell eine besondere Rolle zu: Hier kann Sprachwandel so konzeptualisiert werden, dass im Erwerb eine neue, veränderte Grammatik (I-language) erworben wird, die sich von der Inputsprache in bestimmten Eigenschaften unterscheidet (vgl. bspw. Fuß 2016). Damit rücken in einer solchen Sprachwandelauffassung die sprachlichen Innovationen, d.h. die Andersartigkeiten der ‚neuen‘ I-language bzw. deren Entstehung, ins Zentrum. In einem solchen Sprachwan-delmodell wird aber nicht Sprachwandel, der darin besteht, dass Varianten durch eine größere Sprechergruppe bis hin zur ganzen Sprachgemeinschaft übernommen werden bzw. sich durchsetzen, betrachtet, sondern die Regularitäten, denen grammatischer Wandel generell unterliegt.

Der kindliche Spracherwerb lässt Formen deutlich hervortreten, die einem zeitgleich (oder später) ablaufenden Sprachwandel entsprechen können. So bilden Kinder z.B. häufig schwache Verbformen anstelle der (noch) allgemein gültigen starken (z.B. *er kommte*). Die regelmäßige, schwache Verbflexion wird im Spracherwerbsprozess durch die lernenden Kinder als Regel verstan-den und durch Regelerweiterung auf die kleine Gruppe der unregelmäßig flektierten starken Verben übertragen (übergeneralisiert). Damit bewirken Kinder zwar keinen Sprachwandel, die kindliche Sprache bildet aber einen seit über 1000 Jahren ablaufenden Wandel ab und nimmt ihn möglicherweise für die (noch) ‚falsch‘ gebildete Form vorweg.

Daraus kann man folgern – und dies gilt besonders für den Lautbereich –, dass durch den frühkindlichen Spracherwerb (mitunter) eine andere, eventuell auch größere Variabilität entsteht, die wiederum Voraussetzung für möglichen Sprachwandel bietet.

Zusammenfassung

Die zentrale Voraussetzung für Sprachwandel ist die grundsätzliche Va-riabilität von Sprache. Unter verschiedenen Varianten eines sprachlichen Phänomens kann sich eine Variante gegenüber einer anderen durchsetzen; neue Varianten können auftreten und andere verdrängen.

Sprachwandel ist ein komplexes Phänomen, das sich jeweils aus verschie-denen Motiven speist, die sich gegenseitig verstärken oder auch konterka-rieren können.

Die zentralen Dimensionen des Sprachwandels sind:

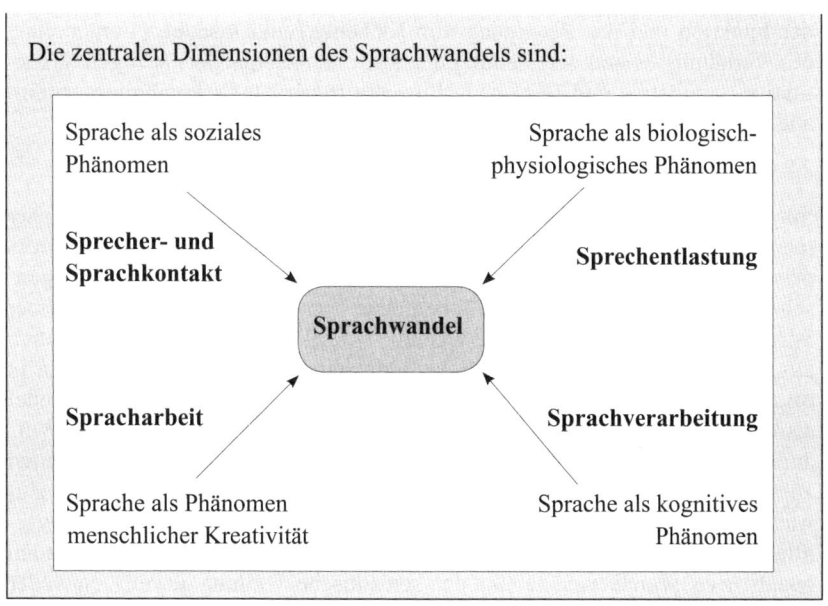

Weiterführende Literatur: Zum Sprachwandel allgemein (in Auswahl): Aitchison (2001); Albrecht/Lüdtke/Thun (1988); Best/Kohlhase (1983); Blank (1997); Boretzky (1977); Boretzky u.a. (1991); D. Busse (1991); Bynon (1981); Campbell (2004); Cherubim (1975); Coseriu (1974); Croft (2000); Dauses (1990); Dinser (1974); Gardt/Mattheier/Reichmann (1995); Haiman (2000); Hickey (2010); Kanngießer/Vogel (1999); Keller (2003), W. Koch (1970); Labov (1976/1978), (2001); Lass (1997); Lüdtke (1979a); McMahon (2002); Paul (1880); Ronneberger-Sibold (1980); J.E. Schmidt/Herrgen (2011); Schmidt-Radefeldt/Harder (1993); Trask (2010); Weinreich/Labov/Herzog (1968); Wurzel (1984). (Weitere Literatur jeweils unter den folgenden Kap.)

2.2 Typen von Sprachwandel

Für die Vielzahl sprachlicher Wandelphänomene gibt es in der Forschung eine Reihe unterschiedlicher Typologien. Viele Systematiken greifen die traditionelle Einteilung in Ebenen der Sprachbeschreibung wieder auf und unterscheiden zwischen phonologischem, graphematischem, morphologischem, syntaktischem, lexikalischem sowie pragmatischem Wandel. Die nachfolgende Typologie ist auf sprachliche Einheiten und auf das Ergebnis des jeweiligen Wandels sprachlicher Einheiten unter den Aspekten von **Quantität** (Veränderung der Anzahl von Einheiten), **Qualität** (Veränderung der Form bzw.

der Funktion und der Bedeutung von Einheiten) und **Relation** (Veränderung des Verhältnisses und der Stellung der Einheiten zueinander) bezogen. Quantitative, qualitative und relationale Prozesse treten häufig kombiniert miteinander auf.

2.2.1 Quantitativer oder inventarieller Sprachwandel

Sprachliche **Inventare** (der jeweilige Bestand an Graphien, Lauten, Morphemen, Lexemen und syntaktischen Konstruktionen) sind nicht fest, sondern prinzipiell veränderbar, eine Tatsache, die im Wortschatz besonders augenscheinlich wird. Grundsätzlich können neue Einheiten in jedes Inventar einer Sprache hinzukommen und es erweitern. Umgekehrt können Einheiten auch aus dem Inventar schwinden. Ein Teil der Sprachwandelphänomene kann in diesem Sinne als inventarieller Wandel verstanden werden, als ein Wandel also, der in quantitativer Hinsicht (Teil-)Inventare einer Sprache betrifft. Veränderungen hinsichtlich der Quantität können auch eintreten, wenn Einheiten zusammenfallen oder aufgespalten werden. Häufig treten Schwund bzw. Zuwachs auch als Folge anderer Wandelprozesse auf. Phänomene wie Polysemierung und Monosemierung (s. Kap. 6.6.2) zeigen neben qualitativen auch quantitative Wandelaspekte, da der semantische Umfang jeweils entweder ausgebaut oder reduziert wird.

(1) Schwund (Tilgung)

Sprachliche Einheiten können schwinden; am weitesten verbreitet und wohl auch am bekanntesten ist dieses Phänomen im Wortschatz. Wörter schwinden diachron massenhaft aus der Sprache, weil sie ,veralten', d.h. sie werden durch andere ersetzt, oder der durch sie bezeichnete Sachverhalt (etwa Dinge oder Handlungen) schwindet bzw. ist im Rückzug begriffen und mit ihm seine sprachliche Bezeichnung (s. Kap. 6.2). Schwinden können auch Graphien (wie z.B. mhd. ‹æ›, ‹ſ›), Interpunktionszeichen (wie z.B. die Virgel /), Phoneme (wie z.B. die ahd./mhd. Affrikate /kχ/ oder der mhd. bilabiale Frikativ /w/), Affixe (wie z.B. ahd./mhd. *a*-) oder Flexive (wie z.B. die Lokativmarkierung *-o*). In der Syntax kann Schwund kompletter syntaktischer Konstruktionen auftreten wie etwa der weitgehende Schwund von Genitiv-Objekten. Schwund kann auch durch Zusammenfall von Einheiten entstehen, wie z.B. nhd. kurzes /ɛ/ durch Verschmelzung von mhd. /ė/ /ɛ/ und /ä/; hier schwinden das kurze /ä/ und /ė/ aus dem Inventar der Kurzvokale (vgl. jeweils in Kap. 4).

(2) Zuwachs

Umgekehrt können **neue Elemente** zu einer Sprache hinzukommen. Dies geschieht häufig durch Entlehnung aus anderen Sprachen bzw. Varietäten. Auch hier ist der Zuwachs am auffälligsten und stärksten im Wortschatz. Aber auch

Flexionseinheiten (wie z.B. Plural-*s*), Derivationsaffixe (wie z.B. *-ier(en)*, *-(i)tät* etc.) oder Graphien (wie aktuell z.b. @) können im Laufe der Sprachentwicklung neu hinzukommen.

Neben Entlehnungen gibt es auch Zuwächse ohne Fremdeinflüsse. So entstehen aufgrund des Umlauts im Ahd. neue Vokale und neue Vokalgraphien: mhd. /ė/, /ä/, /ä:/, /ü/, /ü:/, /ö/, /ö:/, /öü/; ‹ä›, ‹æ›, ‹û›, ‹ô› etc. (s. Kap. 3.2.2). Zuwachs kann durch Teilung von Einheiten entstehen, wie etwa die Verschiebung von germ. /p/ zur Affrikate /pf/ bzw. zur Doppelspirans /ff/ im Rahmen der hochdeutschen Lautverschiebung (s. Kap. 4.3.5 unter ‚2. Lautverschiebung'). Zuwachs im Wortschatz entsteht auch massenhaft durch lexikalisierte Produkte von Wortbildungsprozessen (s. Kap. 6.4 und 6.5).

2.2.2 Qualitativer Sprachwandel

Sprachliche Elemente können hinsichtlich ihrer ausdrucksseitigen Form oder ihres Inhalts (Wortbedeutung oder grammatische Funktion) verändert werden. Diese Veränderungen können mit oder ohne Einfluss auf das jeweilige Inventar ablaufen.

(1) Wandel der Ausdruckseite (Oberfläche, Form)

Die formale Veränderung kann entweder paradigmatisch ablaufen, d.h. lediglich die Form eines einzelnen Elements verändert sich, oder syntagmatisch, d.h. mehrere miteinander verbundene (linear verkettete) Einheiten sind beteiligt bzw. von dem Wandel betroffen (zum Folgenden vgl. auch Boretzky1977, 84ff.).

Bei den **qualitativ-paradigmatischen** Veränderungen lassen sich wiederum drei Typen unterscheiden, die bisher besonders für den Lautbereich herausgearbeitet wurden:

1. Zusammenfall (merger) von Einheiten; hiervon sind häufig Laute, im Deutschen besonders die Nebensilbenvokale und einige Flexionsformen betroffen. Zum Teil haben solche Prozesse Auswirkungen auf das jeweilige Inventar, z.T. auf das gesamte strukturelle Gefüge wie beim Zusammenfall der Nebensilbenvokale (s. Kap. 4.3.2). Hierzu gehören in der Morphologie Synkretismen, also der Zusammenfall von Formen aufgrund von Nivellierungsprozessen (s. Kap. 5.2.1). In der Lexik führt formaler Zusammenfall zu → Homonymie, wie z.B. bei *Ton* ‚Klang' : *Ton* ‚Erde'.

2. Teilung (splitting) von Einheiten; hiervon sind ebenfalls häufig Laute betroffen. Laute können entweder in zwei verschiedene Laute aufgespal-

ten werden, von denen keiner dem Ausgangslaut entspricht (Aufspaltung; wie z.b. germ. */p/ in ahd. /pf/ und /ff/) oder dergestalt, dass ein Laut neu entsteht, während der Ausgangslaut weiterhin bestehen bleibt (Abspaltung). So wird z.b. der germ. Diphthong */ai/ im Frühahd. vor /r/, /w/ und germ. *h (/χ/) zu /e:/ verschoben, während der Diphthong in anderer Umgebung erhalten bleibt bzw. nur leicht verschoben wird (s. Kap. 4.3.1 unter ‚frühahd. Monophthongierung‘ und ‚ahd. Diphthongierung‘).

3. Verschiebung (shift) von Merkmalen von Einheiten; dieser Wandel kann in reiner Form auftreten – in dem Sinne, dass z.b. ein Laut komplett, d.h. in allen Wörtern und Lautumgebungen, zu einem anderen (z.t. vorher nicht existenten) verschoben wird. Häufiger findet nur eine Teilverschiebung statt, d.h. ein Laut wird nur in bestimmten lautlichen Umgebungen verschoben, in anderen nicht – oder es findet eine Kombination aus shift und splitting statt, wie etwa die Lautverschiebung von germ. */p/ zu /pf/ oder /ff/ in Abhängigkeit von der jeweiligen Lautumgebung (s. Kap. 4.3.5 unter ‚2. Lautverschiebung‘).

Die **qualitativ-syntagmatischen** Prozesse können in zwei gegensätzliche Typen unterteilt werden:

1. Kontraktion von Einheiten (**Systolisierung**); hiervon sind besonders Lautkombinationen und Lexeme in Kontaktstellung betroffen. Häufig finden auf der Lautebene qualitativ-syntagmatische Prozesse statt, wie z.b. die (totale) Assimilation (/mb/ zu /m/ in mhd. /kumber/ zu nhd. [kʊmɐ] *Kummer*) oder die Kontraktion (mhd. *gibet* zu *gīt*), s. Kap. 4.3.2.

Aufgrund der Festlegung des indoeur. Akzents auf die erste Silbe im Germ. ist auch die Silben- und Wortstruktur im Deutschen von starken Verdichtungsprozessen betroffen (s. Kap. 4.3.2); so entstehen durch Kopierungsprozesse (Apokopierung, Synkopierung) und Kontraktion ‚verdichtete‘ Wörter mit komplexen Konsonantenclustern, so z.b. germ. *harbista-*, ahd. *herbist(o)* > mhd. *herbest* > nhd. *Herbst*.

Auch die Verschmelzung von mehreren Einzelwörtern zu einer Einheit führt zu einer Verdichtung. Hierzu gehört z.b. die Klitisierung etwa von Verb und Pronomen, wie z.b. *gibt es* > *gibt's*. Klitika stellen zunächst lautliche Entwicklungen dar, die dann jedoch weiterentwickelt werden können bis hin zur Verdrängung der alten Struktur: mhd. *sages tu* > *sagestu* > *(du) sagst* (s.u. Kap. 5.3.4).

Die ‚Zusammendeutung‘ zweier Einheiten stellt eine Voraussetzung für Verschmelzungsprozesse dar. So können zwei oder mehrere Wörter, die häufig im Kontakt zueinander auftreten oder ein bestimmtes Syntagma bilden, zunehmend als eine Einheit aufgefasst, zu einem Wort univerbiert und gelegentlich weiterentwickelt werden, wie z.B. *der sunnen schīn* (‚der Schein der Sonne‘) > *der Sonnenschein* oder *des kuniges tuom* > *das Königtum.*

2. Expansion von Einheiten (**Diastolisierung**); hiervon sind besonders Morphologie und Syntax betroffen. In der Flexionsmorphologie kann die Entwicklung von einem flektierenden Sprachtyp zu einem analytischen Sprachtyp (s. Kap. 5.1 unter ‚synthetisch und analytisch‘) als diastolische Bewegung aufgefasst werden. Formen mit mehreren Funktionen innerhalb einer bestimmten Einheit, wie z.B. ahd. *hōrtīn* oder *herzōnō*, werden ‚aufgespalten‘, die verschiedenen Informationen auf mehrere Einheiten aufgeteilt, z.B. *hōrtīn* > *(sie) **mögen gehört**...*, *herzōnō* > *der Herzen.*

(2) Wandel der Inhaltsseite

Sprachliche Formen können einen Bedeutungs- oder Funktionswandel erfahren.

Bedeutungswandel (**semantischer Wandel**) kann durch Bedeutungsverschiebungen oder Veränderungen des Bedeutungsfeldes entstehen (s. dazu ausführlich Kap. 6.6.2).

Bedeutungsverschiebungen sind vor allem Veränderungen innerhalb der Bedeutungshierarchie zwischen einer speziellen Bedeutung und einer generalisierten Bedeutung. Bei den sog. Spezialisierungs- und Generalisierungsprozessen verändert sich v.a. der Bedeutungsumfang (die Extension) eines Wortes.

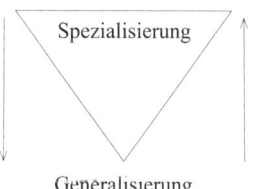

Ebene der Basiskonzepte

Lebewesen

Vogel

Nachtigall

Spezialisierung

Generalisierung

Das Bedeutungsfeld eines Lexems kann in seinem Umfang erweitert werden, indem das Wort – zumeist mit Hilfe von Metaphern oder Metonymien – auf neue, zusätzliche Referenten bezogen wird und dadurch eine semantische Anreicherung erfährt (Polysemierung). Die Reduktion des Bedeutungsfeldes (Monosemierung) stellt den gegenläufigen Prozess dar.

Lesehinweis: Blank (1997) entwickelt eine Theorie semantischen Wandels am Beispiel der romanischen Sprachen.

Funktionswandel einer sprachlichen Einheit kann etwa dadurch geschehen, dass eine lexikalische Einheit zunehmend grammatische Funktion erhält (Grammatikalisierung), dass eine grammatische Einheit eine (neue) andere grammatische Funktion erhält als ihre bisherige (Umfunktionalisierung) oder dass eine funktionslos gewordene Einheit eine neue Funktion erhält (Exaption). Alle diese Prozesse setzen eine Reanalyse (s.o. 36f.) voraus.

Der Begriff ‚**Grammatikalisierung**' bezeichnet traditionell den Wandel einer lexikalischen Einheit zu einer Einheit mit einer grammatischen Funktion. Hinter dieser Bezeichnung steht die Annahme, dass Sprachen grundsätzlich in zwei Subsystemen (oder Modulen) organisiert sind: dem Lexikon, das die Einheiten (Wörter) einer Sprache enthält, und der Grammatik. In anderen Modellierungen (vgl. v.a. Ch. Lehmann 2015) werden Grammatik und Lexikon allerdings nicht als zwei distinkte Teilsysteme, sondern als Pole eines Kontinuums betrachtet. Lexikalische Einheiten können sich vom lexikalischen Pol hin zum grammatischen Pol ‚bewegen', d.h. ihre lexikalischen Eigenschaften verlieren und grammatische Funktionen übernehmen. Als übergeordnete Eigenschaft lexikalischer Einheiten kann ihre Autonomie gelten (vgl. Ch. Lehmann 2015): Prototypische lexikalische Einheiten sind sowohl paradigmatisch als auch syntagmatisch autonom, d.h. sie können je nach kommunikativer Absicht frei gewählt werden, und ihre Auswahl ist nicht durch ihr syntagmatisches Umfeld gesteuert. Dazu kommt, dass sie ein ‚Eigengewicht' haben, insbesondere eine Eigensemantik. In einem Grammatikalisierungsprozess geht Autonomie stückweise verloren, d.h. die Bindung eines Zeichens an andere nimmt zu (Fixierung, Obligatorisierung) und seine Eigensemantik tritt in den Hintergrund (Desemantisierung); zu den Teilprozessen der Grammatikalisierung s. Ch. Lehmann (2015). Autonomiegrad und Grammatikalisierungsgrad eines sprachlichen Zeichens verhalten sich also gegenläufig zueinander.

Anstatt Kategorienbegriffe mit scharfen Grenzen zu nutzen, liegen hier an der Prototypentheorie orientierte Begriffsbestimmungen vor: Lexikalische und grammatische Zeichen verhalten sich wie Prototypen mit unscharfen Grenzen; es gibt Einheiten, die gewissermaßen im Zentrum stehen, d.h. die prototypischen Eigenschaften eines lexikalischen oder grammatischen Zeichens aufweisen. Um das Zentrum herum gruppieren sich jedoch in zahlreichen Abstufungen weitere Vertreter bis hin zu peripheren Vertretern, die im Laufe eines Grammatikalisierungsprozesses ggf. von der Peripherie des Lexikons in die Peripherie der Grammatik überwechseln.

Die Modellierung als Kontinuum mit zwei Polen ermöglicht es darüber hinaus, solche Prozesse als Grammatikalisierungen zu betrachten, bei denen eine bereits eher der Grammatik zugehörige Einheit noch weiter ‚in Richtung Grammatik' rückt, d.h. grammatischer wird, im Sinne der Prototypentheorie also dem Prototypen ähnlicher wird.

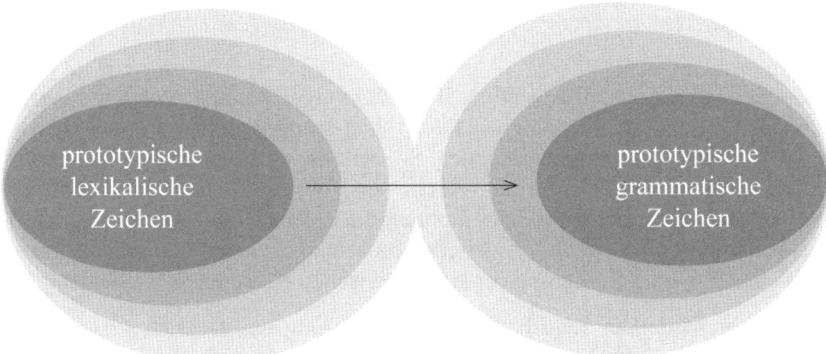

Zentrale Begleitprozesse der Grammatikalisierung sind zunächst Desemantisierung, d.h. der zunehmende Verlust der (lexikalischen) Bedeutung, und im Anschluss daran Dekategorialisierung, d.h. der zunehmende Verlust der morphosyntaktischen Eigenschaften. Für beide Prozesse kann die Grammatikalisierung des bestimmten Artikels als Beispiel dienen (s. Kap. 5.2.2).

Der **Verlauf** von Grammatikalisierungsprozessen wird zumeist mit vier Phasen beschrieben (etwa Ch. Lehmann 2015, 15):

- Syntaktisierung: Die freie (pragmatische) Verteilung von Lexemen wird durch eine zunehmende Fixierung syntagmatisch eingeschränkt. Dies geschieht in der Sprachverwendung bereits dann, wenn häufige Kontaktstellungen (→ Kollokationen), gleichförmige Verwendungen in bestimmten Syntagmen oder immer wiederkehrende Verwendungen eines Ausdrucks als Diskursmarker (z.B. als verweisendes, deiktisches Element) nach und nach eine bestimmte Abfolge ‚einspielen', die sich allmählich verfestigt.

- Morphologisierung: Zunehmender Übergang zum gebundenen Morphem, Affigierung. Diese Phase stellt den entscheidenden Schritt zum Übertritt in die Grammatik durch Übernahme einer grammatischen Funktion dar.

- Demorphemisierung: Abbau der lautlichen Struktur der → Affixe und gegebenenfalls phonetische Interaktion zwischen Affix und Stamm wie etwa beim i-Umlaut (s. Kap. 4.3.1).

- Reduktion und gegebenenfalls Schwund des Affixes.

Lesehinweis: Eine Einführung in die Grammatikalisierungstheorie findet sich in einem online-Skript von Ch. Lehmann (2011).

Weiterführende Literatur: Diewald (1997), (2000); Givón (1979); Heine (2003); Hopper/Traugott (2006); Ch. Lehmann (2015); Szczepaniak (2011).

Der Begriff ‚Grammatikalisierung' lässt sich im Weiteren auch auf die grammatische Funktionalisierung anderer nicht-grammatischer Einheiten wie Schriftzeichen oder Laute anwenden. So stellt die Festlegung der Großschreibung (s. Kap. 3.3.3) auf eine Wortart (und nur auf diese) eine Form der Grammatikalisierung eines Schreibprinzips dar, ebenso die vielfache Funktionalisierung des Lautwechsels zwischen nicht-umgelauteten und umgelauteten Vokalen z.B. zur Markierung der substantivischen Numerusunterscheidung.

Zuweilen wird dem Begriff Grammatikalisierung der Begriff ‚**Pragmatisierung**' zur Seite gestellt. Sprachliche Einheiten können im Diskurs losgelöst von ihrer Eigensemantik mit einer rein pragmatischen Funktion verwendet werden. Dies führt nicht automatisch zu Sprachwandel, enthält aber ein hohes Potential für sprachlichen Wandel. So mündet Pragmatisierung häufig ein in Grammatikalisierung wie z.B. bei der Grammatikalisierung des Demonstrativpronomens zum Definitartikel, der eine Phase der Pragmatisierung des Demonstrativums als anaphorisches Mittel vorausgeht (zur Positionsbestimmung der Pragmatisierung s. Diewald 2011). Bisher sind nur wenige Phänomene empirisch belastbar erarbeitet. Die historische Dimension wird besonders herausgestellt durch Autenrieth (2002) zur Entwicklung von *eben*.

Eine noch weitergehende Definition von Grammatikalisierung, die auch **Umfunktionalisierungen** auf der gleichen Ebene an Grammatizität als Grammatikalisierung bezeichnet, ist problematisch. So stellt z.B. die Umfunktionalisierung des ursprünglich aus einer Form des Substantivs *weile* grammatikalisierten temporalen *weil* zu einer kausalen Konjunktion keine (weitergehende) Grammatikalisierung im engeren Sinne dar, sondern eine (satz-)semantische Verschiebung, d.h. eine Umfunktionalisierung einer vorhandenen Struktur (Einheit) aufgrund einer Reanalyse. Geschieht dies bei sprachlichen Einheiten, die ihre ehemalige Funktion vollständig verloren haben, kann eine Refunktionalisierung stattfinden. Diese Form kann man im Anschluss an Lass (1990) als ‚Exaptation' (dt. auch ‚**Exaption**') bezeichnen. Diesen Begriff sollte man jedoch genau für solche Erscheinungen reservieren und nicht mit echten Grammatikalisierungsprozessen vermischen (zur Diskussion der Abgrenzung von Grammatikalierung und Exaption vgl. bes. Vincent 1995; Traugott 2004).

Solche Prozesse kommen weitaus häufiger vor als bisher angenommen. So kann z.b. die Reanalyse von ‹e› nach ‹i› (‹ie›, ehemals Diphthong /iə/) zum Dehnungszeichen auch als Exaption gedeutet werden: ‹e› hat nach der Monophthongierung nicht mehr die Funktion, einen Diphthongteil graphisch zu repräsentieren, die Struktur ist nicht mehr transparent und damit quasi frei für eine Refunktionalisierung.

2.2.3 Veränderungen der Relation

Die einzelnen sprachlichen Einheiten/Elemente stehen in bestimmten Relationen zueinander: oppositiv (paradigmatisch) oder distributionell (syntagmatisch).

Der Wandel einer Einheit kann so gestaltet sein, dass das strukturelle Gefüge des betroffenen Teilsystems einer Sprache verhältnismäßig gering beeinflusst wird. So bleiben z.B. Hebungs- und Senkungsprozesse bei den Vokalen (z.B. mhd. *māne* > nhd. *Mond*, mhd. *sunne* > nhd. *Sonne*) aufgrund sprachgeschichtlicher Prozesse im Nhd. auf einzelne Lexeme beschränkt und ziehen keine Umstrukturierung des Teilsystems nach sich. Dies geschieht jedoch,

* wenn gleichförmiger Wandel massenhaft auftritt und dadurch allmählich das Gefüge verändert wird; so hat sich z.b. der -*s*-Plural aus einer Entlehnungsnische zum produktivsten Pluralmarker der Gegenwart entwickelt (s. Kap. 5.2.5); oder

* wenn gleichzeitig mit dem einzelnen Wandel auch das Sprachsystem verändert wird, etwa indem eine neue Opposition in das Lautsystem integriert wird, wie z.B. bei der Ausbildung der Umlautvokale, durch die neue Lautoppositionen entstehen (s. Kap. 4.3.1).

Die **Distribution** von Elementen kann sich ändern, ohne dass die einzelnen Elemente selbst verändert werden bzw. ihr Inventar verändert wird. Dies betrifft besonders den Lautbereich, in dem bestimmte Laute bzw. Lautkombinationen nur in bestimmten Positionen im Wort/in der Silbe stehen können. So ist z.B. mhd. *t* vor *w* (*twingen*) im Nhd. nicht mehr vorhanden; am Wortende (final) sind im Ahd. /b/, /d/, /g/ noch möglich, im Nhd. sind sie in dieser Position aufgrund des Verlusts der Stimmhaftigkeit (Auslautverhärtung, s. Kap. 4.3.4) jedoch nicht mehr vertreten.

Von der **Umstellung** von Einheiten sind besonders Lautfolgen und die Syntax (Satztopologie) betroffen. Eine Veränderung der Kombination (Verkettung) von Einheiten (d.h. ihrer syntagmatischen Relation) hinsichtlich ihrer Abfolge beim Sprechen bzw. ihrer Folge von links nach rechts beim Schreiben unterliegt ebenfalls dem Wandel. So können sich z.B. die Wortstellung in den einzelnen Phrasen durch Umkehr der Serialisierung (→ rechtsserialisierend vs. linksserialisierend) oder die Satztopologie relativ zur Stellung des Verbs bzw. des Verbkomplexes (→ zentripetal vs. zentrifugal) verändern. Veränderung der syntagmatischen Relation findet sich auch etwa im Lautbereich bei Lautketten, wie z.B. bei der Metathese (*born* > *brunn*), im Bereich der Zusammen- bzw. Getrenntschreibung oder in der Wortbildung bei Zusammenbildungen (*rote Wangen* + *-ig* > *rotwangig*).

Zusammenfassung

Die Typologie sprachlichen Wandels nach den (Kant'schen) Kategorien Quantität, Qualität und Relation zeigt folgenden Aufbau:

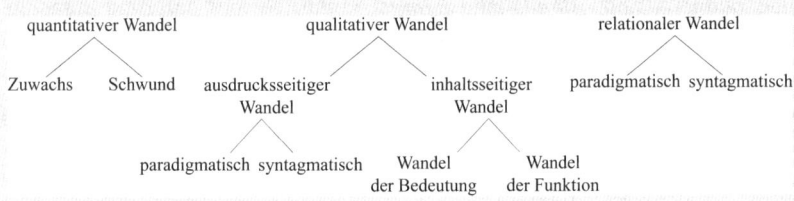

Die verschiedenen Wandeltypen verteilen sich ungleich auf die verschiedenen sprachlichen Ebenen und Bereiche. Quantitativer Wandel ist in erster Linie ein Phänomen großer Inventare wie dem Lexikon und dem Lautbereich. Relationaler Wandel findet sich als syntagmatischer Wandel besonders im Bereich der Topologie und damit in der Syntax, paradigmatischer relationaler Wandel besonders im Wortschatz. Qualitativer Wandel findet sich in allen Bereichen relativ häufig. Im Zentrum des Interesses stehen dabei die inhaltsseitigen Wandelerscheinungen in der Lexik und die funktionalen Wandelerscheinungen zwischen Lexik und Grammatik. Die verschiedenen Wandeltypen treten oft kombiniert auf, z.B. bedingt quantitativer Wandel häufig relationalen Wandel.

2.3 Typologischer Wandel

Sprachen können unter strukturellen Gesichtspunkten jeweils bestimmten Typen zugeordnet werden (vgl. dazu ganz allgemein Ineichen 1991). Dabei werden Sprachen nicht primär hinsichtlich ihrer historischen Verwandtschaft (genealogisch) zusammengefasst, sondern hinsichtlich gleicher oder ähnlicher Strukturen in Teilbereichen, wie z.b. der Satzgliedstellung, des Akzentverhaltens oder der → Informationsstruktur.

> **Lesehinweis:** Eine sprachtypologische Charakterisierung des Deutschen bietet Roelcke (2011, Kap. 25).

Eine Sprache gehört aber nicht zu jeder Zeit und in all ihren Teilbereichen zu einem bestimmten Typ. Strukturveränderungen können im Ergebnis auch zu typologischem Wandel führen. Das Deutsche hat auf mehreren sprachlichen Ebenen einen typologischen Wandel vollzogen. Die am tiefsten reichenden typologischen Veränderungen des Deutschen sind:

prosodisch – von einer eher silbenzählenden zu einer eher akzentzählenden Sprache (s. Kap. 4.1 unter ‚Sprachrhythmus und Isochronie')

morphologisch – von einem ehemals stark synthetischen zu einem gemischt analytisch-synthetischen Sprachbau (s. Kap. 5.1 unter ‚synthetisch und analytisch')

syntaktisch – tendenziell von einer Verbendstellung (OV-Folge) zu einer Verbzweitstellung (VO-Folge) im Hauptsatz (s. Kap. 5.4).

Viele der typologischen Veränderungen finden sich nicht isoliert nur im Deutschen, sondern in ähnlicher Form auch in anderen (germ./indoeur.) Sprachen. Seit Sapir (1921) werden einige dieser Veränderungen zusammenfassend als ‚drift' bezeichnet (vgl. dazu Roelcke 2000).

Die typologischen Wandelerscheinungen auf den verschiedenen sprachlichen Ebenen sind nicht isoliert zu betrachten, sondern hängen eng miteinander zusammen. In diesem Zusammenhang stellt sich die Frage, welche der typologisch relevanten Wandelerscheinungen primär ist, also als Auslöser für die anderen Wandelerscheinungen angesehen werden kann. Hierzu gibt es zwei prominente Erklärungsmodelle, die beide von einer Art ‚Dominoeffekt' ausgehen, sich aber darin unterscheiden, in welchem Wandelprozess sie den Ausgangspunkt des Dominoeffektes sehen.

Prosodischer Wandel > grammatischer Wandel

In der älteren Literatur (vgl. bereits bei Sapir 1921) wird der Ausgangspunkt für viele tiefgreifende Lautentwicklungen (wie auch für den grammatischen Wandel) in einem Vorgang von großer Tragweite gesehen: die Übernahme und **Festlegung des Akzents** auf die Stammsilbe im Germanischen (Initialakzent).

Im Indoeuropäischen und im frühen Germanischen ist der Akzent eines Wortes frei, d.h. er kann je nach Wortform auf jeder Silbe liegen, wie z.b. im Altgriechischen:

> *paideúo* (*ich erziehe*)   *paídeue!* (*erziehe!*)   *pepaideukénai* (*erzogen haben*)

Seit dem Germ. wird der Akzent festgelegt auf die Stammsilbe, z.B. ahd. *órdinunga*:

ór	*di*	*nun*	*ga*
Stammsilbe	1. Nebensilbe	2. Nebensilbe	3. Nebensilbe

Der Prozess der Akzentfestlegung wurde lange Zeit als innersprachliches Ereignis angesehen; es ist jedoch plausibler, wenn man sich diesen Wandel als ein Phänomen des Sprachkontakts des Germanischen mit einer Sprache mit festen Akzentverhältnissen vorstellt, und zwar als eine indirekte Übernahme über die Entlehnung großer Wortschatzteile aus einer bodenständigen (oder eng benachbarten) nicht-indoeuropäischen Sprache in das Germanische. Dabei wurden die entlehnten Wörter zusammen mit ihrem (Initial-)Akzent übernommen und so die alte freie Wortakzentuierung in einem viele Jahrhunderte andauernden Prozess überlagert und schließlich verdrängt (vgl. dazu d'Alquen 1988).

Durch die Festlegung des Akzentes auf die Stammsilbe wird diese gegenüber den nachfolgenden Silben privilegiert und gestärkt, wodurch eine Art Dominoeffekt entsteht, der zunächst zu einer Abschwächung der Nebensilben über ihre vokalische Uniformierung bis hin zum vielfältigen Schwund führt (s. Kap. 4.3.2). Die Privilegierung der Hauptsilbe und die damit verbundenen lautlichen Prozesse führen zu einer tiefgreifenden typologischen Veränderung der deutschen Wortstruktur von einer im Ahd. noch weitgehend intakten silbenzählenden hin zu einer eher akzentzählenden Sprache. Der Schwund der Nebensilben führt auch zu vielfältigen Störungen der Flexionsmorphologie und befördert deren Umbau (s. Kap 4.3.3.1 und 5.1). Die nun stärker analytisch organisierte Flexionsmorphologie beeinflusst die satztopologische Organisation. Diese wird nun nach der Stellung des finiten Verbs ausgerichtet, so dass sich eine Unterscheidung nach Satztypen etabliert (S: Subjekt; V: (finites) Verb; O: Objekt):

(S)VO   im Hauptsatz als Aussagesatz (Verbzweitstellung) und

VO   im Entscheidungsfrage- und Aufforderungssatz sowie im un-
         eingeleiteten Nebensatz (Verberststellung),

OV   im eingeleiteten Nebensatz (Verbletztstellung).

Syntaktischer Wandel > morphologischer Wandel/prosodischer Wandel

Ein jüngerer Erklärungsansatz geht aus von einem frühen typologischen
Wandel der deutschen Syntax von einer Objekt-Verb-Sprache (OV) zu einer
Verb-Objekt-Sprache (VO). Die jeweiligen Satztypen werden mit bestimmten
morphologischen und prosodischen Strukturen in Verbindung gebracht. So
wird der VO-Typ mit stärker analytischen Flexionsformen und dem akzentzählenden Typ in Beziehung gesetzt. Ein solches Erklärungsmodell geht dementsprechend von einem syntaktischen Stellungswandel aus, der morpho-
syntaktische, morphologische und schließlich prosodische Wandelerscheinungen bedingt.

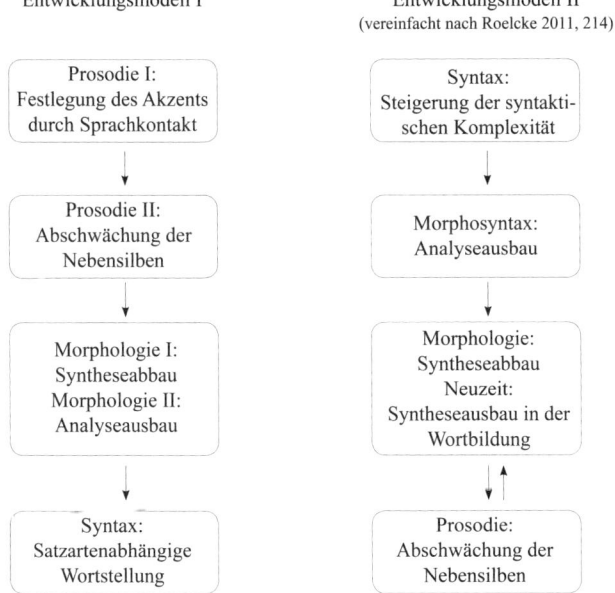

Abb. 2.4:   Modelle zum Ablauf des prosodischen, morphologischen und syntaktischen Wandels
            im Deutschen

Lesehinweis: Eine Darstellung des Erklärungszusammenhangs zu Entwicklungsmodell I findet sich bei Kaltenbacher (1999, bes. 215ff.).

Als möglichen Auslöser für den frühen Syntaxwandel hat Roelcke (2011, bes. 197ff.) die im Ahd. einsetzende, sich allmählich ausbreitende und sich im Gefolge des Druckwesens in der (Frühen) Neuzeit noch einmal verstärkende Literalität ausgemacht. Die höhere syntaktische Komplexität bedingt eine zunehmend feste und sich nach Satztypen ausdifferenzierende Verbstellung. Als Folge entstehen ein syntaktisch bedingter Ausbau der Analyse sowie eine Veränderung der Prosodie. Prell (2001, 219) spricht in diesem Zusammenhang von einer „,Akzentverschiebung' von der Morphologie auf die Syntax im Sinne einer progredienten Entfunktionalisierung der Nebensilben mit phonologischen Folgen."

Das bisherige Wissen um die zeitliche Abfolge der einzelnen Schritte spricht eher für das Entwicklungsmodell I, doch steht hier die Empirie noch am Anfang, insbesondere hinsichtlich des zeitlichen Verhältnisses und des Zusammenspiels von Analyseausbau und Syntheseabbau. Im Falle des Syntaxwandels ist es fraglich, ob es sich tatsächlich um einen typologischen Wandel handelt oder aber um die Durchsetzung eines bestimmten (varianten) Typs. Braunmüller (1982, 138ff.) stellt fest, dass bereits in den ältesten greifbaren germ. Belegen die SVO-Stellung mit rund 68% überwiegt (gegenüber 28% SOV und 4% VSO). Beide Satztypen stehen lange Zeit (zum Teil mit textsortenspezifischer oder stilistischer Funktion) nebeneinander und erst allmählich bildet sich eine dominante Struktur heraus. Im Nhd. sind die beiden Typen funktional distribuiert: VO ist der Regelfall im Hauptsatz (Aussagesatz), OV im Nebensatz. Welche der beiden Stellungstypen als Grundwortstellung für das Nhd. anzusehen ist, hängt ab von dem jeweiligen Syntaxmodell (vgl. dazu Roelcke 2011, 57ff.; Prell 2016).

Es ist zu vermuten, dass es sich um einen komplexen Wandel handelt, in dem prosodische, morphologische und syntaktische Prozesse von einem bestimmten Punkt der Entwicklung an zusammenwirken, sich gegenseitig verstärken und so typologische Veränderungen auf mehreren Ebenen hervorbringen. Roelcke (2016) schlägt entsprechend ein polyperspektivisches Modell vor, das den Sprachwandel mit sprachhistorischen Prinzipien (Sprachliche Synergetik, Kommunikative Effizienz) und dem (sozio-)kulturellen Umfeld (Kultur, Sprachkontakt, Literalisierung) verbindet.

Lesehinweis: Roelcke (2011, Kap. 6) bietet eine Übersicht über die historischen typologischen Entwicklungen des Deutschen.

Der typologische Wandel ist eingebunden in die **Sprachgeschichte** des Deutschen. Bereits die Auslöser des Wandels sind entweder durch Sprachkontakt oder durch die einsetzende Literalität, wahrscheinlich jedoch durch einen

Komplex aus mehreren aufeinanderfolgenden außersprachlichen Prozessen erklärbar.

Eine bedeutende Veränderung findet ab Mitte des 15. Jh.s statt. Die sich rasch durchsetzende, neue Technologie des **Buchdrucks** mit der Herausbildung eigener Druck-Schriften und Drucktraditionen besonders nach 1520 wird zum wesentlichen Träger einer Modernisierung in der sprachgeschichtlichen Entwicklung. Die zunehmende Professionalisierung im Druckwesen und die Orientierung an einem breiten Publikum beschleunigen zahlreiche sprachliche Wandelprozesse.

> „Hinzu kommen all jene Entwicklungen, die geeignet sind, die Bildung von Öffentlichkeit zu unterstützen und zu begleiten, wie der Auf- und Ausbau einer Infrastruktur (Postwesen ab ca. 1500), die zunehmende Alphabetisierung (eine Voraussetzung für die Teilhabe an öffentlichen Diskursen), vor allem aber ein allmählicher Wandel in der Bewertung der eigenen Muttersprache als zu pflegendes und zu entwickelndes Kulturgut der Deutschen." (Wegera 2011a, 25)

Sprachwandelprozesse werden ab jetzt öffentlichkeitswirksam von sprachreflektorischen und sprachlenkerischen Prozessen und Eingriffen begleitet und dadurch stark überlagert oder beeinflusst. Die in früheren Jahrhunderten meist nur isoliert und kleinräumig wirksame Arbeit an Sprache durch Einzelne mündet nun ein in einen zunehmend breiter werdenden öffentlichen Diskurs über Sprachrichtigkeit und ihre weitgehend präskriptive Umsetzung in Form von Grammatiken.

Der öffentliche Diskurs über Sprachrichtigkeit wird verknüpft mit dem Ziel eines Nationalstaats mit einer **Nationalsprache** – lange Zeit nur als Idee, später als Projekt und erst im 19. Jh. als politische Tat, „[…] wodurch die schriftsprachliche Entwicklung zunehmend beeinflusst wird, verzögert allenfalls durch eine konfessionell bedingte Divergenz im sog. Konfessionellen Zeitalter zwischen ca. 1550 und ca. 1650 mit Nachwirkungen in einigen Teilen des Sprachgebietes bis ins 18. Jh. insbes. in Kanzleisprachen" (Wegera 2011a, 27).

Von ca. 1500 an spaltet sich die Entwicklung des Deutschen in zwei verschiedene Wege auf: Auf der einen Seite entwickeln sich die verschiedenen regional gesprochenen Varietäten bis in die Neuzeit hinein weitestgehend ,natürlich'; sie unterscheiden sich in vielen Bereichen typologisch sowohl untereinander als auch von der Standardsprache (vgl. zuletzt Lameli 2013). Auf der anderen Seite laufen die verschiedenen regionalen Schreibsprachen allmählich zusammen und werden zunehmend zu einer normierten Schriftsprache entwickelt, die man mit Giesecke (2006, bes. 489ff.) durchaus als Kunstsprache, in jedem Falle aber als eine in hohem Maße homogenisierte Form bezeichnen kann, die dazu dient, eine räumlich möglichst weite Verständigung zu sichern (vgl. dazu J.E. Schmidt/Herrgen 2011, 19ff.).

Zusammenfassung

Die diachrone Entwicklung des Deutschen zeigt typologischen Wandel auf verschiedenen sprachlichen Ebenen: prosodisch, morphologisch und syntaktisch. Der ahd. ‚Ausgangs'-Typ ist ein silbenzählender Sprachtyp mit stark synthetischer Flexionsmorphologie und einer überwiegenden OV-Stellung in der Syntax. Das Nhd. ist ein akzentzählender Sprachtyp mit einer gemischt analytisch-synthetisch strukturierten Flexionsmorphologie und einer OV-VO-Verteilung.

Der Zusammenhang des Wandels der verschiedenen Ebenen ist bisher nicht abschließend geklärt. Es existieren zwei Modelle (vgl. Abb. 2.4), die von unterschiedlichen Ursachen ausgehen und unterschiedliche Abläufe annehmen.

Weiterführende Literatur: Zu Typologie allgemein: Altmann/Lehfeldt (1973); Comrie (1989), (2001); Croft (1990); Greenberg (1974); Humboldt (1830/35); Handbuch Sprachtypologie und sprachliche Universalien (2001); Ineichen (1991); Roelcke (2003), (2016); Song (2001). **Zum Deutschen und spezielle Untersuchungen:** Auer/Uhmann (1988); Auer (2001); Haider (2010); Hawkins (1986); Kaltenbacher (1994), (1999); Lang/Zifonun (1996); W.P. Lehmann (1978); Rein (1983); K.H. Schmidt (1998); Prell (2016); Primus (1997); Roelcke (1997), (2011); Shopen (2007); Szczepaniak (2007).

3 Schrift – Graphie – Orthographie

Eine der wesentlichen Voraussetzungen für den Wandel der Schrift bzw. des Schreibsystems führt zu den Anfängen der deutschen Schriftlichkeit zurück. Schriften und Schreibsysteme wurden nur in wenigen Gesellschaften neu entwickelt; ihre Verbreitung findet zumeist durch Entlehnung statt, wobei die Schriften an die jeweils neuen Sprachen angepasst werden müssen. Schriftgeschichte ist somit durch Schriftentlehnungen und Adaption von Schriftsystemen an andere Sprachen gekennzeichnet. Sie unterliegt zudem den jeweiligen technischen Gegebenheiten wie Beschreibstoffen (Pergament, Papier etc.) und Schreibwerkzeugen (Griffel, Feder, Druckstock etc.).

3.1 Schriftentlehnung

Die Grundlage aller modernen west- und mitteleuropäischen Schriftsysteme – mit wenigen Ausnahmen – ist das römische Schriftwesen mit den drei Schrifttypen **Römische Capitalis**, **Römische Unziale** und **Römische Halbunziale** (s. Abb. 3.1).

Die Schriftgeschichte des Deutschen ist entsprechend besonders in den Anfängen stark geprägt durch die **Entlehnung der lateinischen Schrift** im 8. Jh. und ihre Anpassung an die vordeutschen Stammessprachen.

Im Rahmen der Christianisierung wird Latein auch in den nicht-romanischen Ländern zur → lingua franca in den neu gegründeten Klöstern und Missionsstätten, aber auch vielfach in der sich herausbildenden Administration. Die Schriftlichkeit ist lateinisch und die verwendete Schrift stellt eine Mischung aus den drei o.g. Schrifttypen in verschiedenen Duktus dar. Der schreibkundige Klerus ist anhand der lateinischen Schrift alphabetisiert und schreibt bzw. vervielfältigt lateinische Texte. Erst allmählich und zunächst nur vereinzelt werden im deutschen Sprachraum seit dem 8. Jh. kleinere Texte in der Volkssprache geschrieben – und dies mit Hilfe der lateinischen Schriftzeichen (‚Buchstaben'). Diese ersten volkssprachigen Sprachzeugnisse sind pragmatischer Natur: Übersetzungshilfen in Form von Einzelwörtern am Rand oder im lateinischen Text (sog. Glossen) sowie Namen oder volkssprachige Rechtsbegriffe.

Capitalis   Unziale

Halbunziale

Abb. 3.1: Lateinische Schrifttypen
(Capitalis aus Mallon 1952, XII, Abb. 2; Unziale aus Wien, Österreich. Nationalbibl., Cod. 15216, fol. 2ʳ; Halbunziale aus Mallon 1952, XXIX, Abb. 3)

Der erste überlieferte Text mit größeren volkssprachlichen Anteilen ist ein lateinisch-lateinisch und ‚deutsch-deutsches' Synonymenverzeichnis aus dem Ende des 8. Jh.s, das nach dem ersten lateinischen Stichwort *Abrogans* (ahd. *dheomodi* ‚demütig') benannt ist. Einen deutlichen Schub erhält die volkssprachige Schriftlichkeit durch verschiedene Synodalbestimmungen (Frankfurt 794, Tours/Reims/Mainz 813) und durch ein Reichsgesetz aus dem Jahr 802. Diese verfolgen allesamt die Zielrichtung, „die Grundbegriffe des Glaubens müßten von allen verstanden und im Gedächtnis behalten werden [...] thaz mahtin alle farstantan ia in gehuhti gahapen" (Sonderegger 2003, 167).

Das **lateinische Alphabet** umfasst im 8./9. Jh. zum einen den Zeichenbestand der Capitalis:

A B C D E F G (< C) H I (K) L M N O P Q R S T V X (Y Z)
(Zur Erklärung der einzelnen Buchstaben s. Jensen 1969, 510ff.)

Das Zeicheninventar wird bereits in spätklassischer Zeit durch Schriftzeichen der Unzialschrift ergänzt und teilweise mit dieser vermischt.

ABCÒEFChIL.ϺNOPQRSTUX

Abb. 3.2: Alphabet in Unzialschrift nach Hilarius Ms., ca. 530 n. Chr. aus: Mallon (1952, 93)

Zum anderen steht der Zeichenbestand der Halbunziale zur Verfügung, der in einer Schriftreform im späten 8. Jh. zum Kernbestand der sog. **Karolingischen Minuskelschrift** wird.

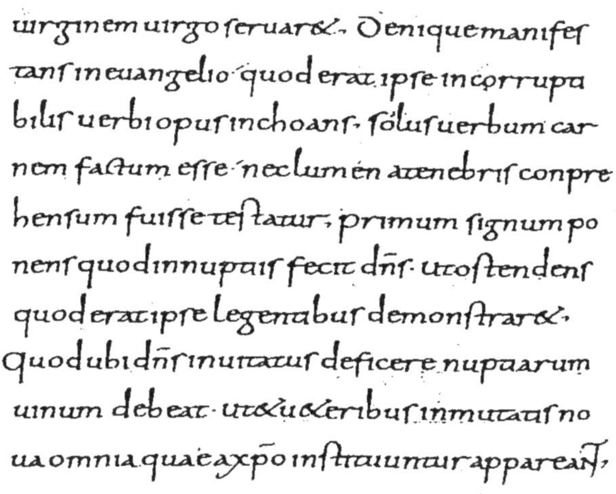

Abb. 3.3: Karolingische Minuskel; Evangeliar Kloster Weißenburg, aus Brekle (1994, 198)

Karolingische Schriftreform

Im ausgehenden 8. Jh. und in den ersten Jahrzehnten des 9. Jh.s entsteht im Karolingischen Reich eine Schrift, die allmählich die früheren lokalen/regionalen Schriften verdrängt – die Karolingische Minuskel. Ihre Herkunft ist nicht mit Sicherheit geklärt; als Entstehungsorte werden u.a. die Schreibschule von St. Martin in Tours (unter Abt Alkuin von York) und die Palastschule zu Aachen (mit den Schreibern Godescalc und Dagulf) genannt. Im Zentrum dieser Reform steht zunächst die Bemühung um die Herstellung einer ‚fehlerfreien' Vollbibel, doch stellen wohl auch Aspekte einer Verwaltungsreform ein wesentliches Motiv dar. Den Rahmen für die Reform bilden die Bemühungen Karls des Großen um eine Verbesserung des Schreibwesens, die u.a. durch die *admonitio generalis* (Allgemeine Ermahnung, 23. März 789) angestoßen wird.

Neben der Römischen Halbunziale fließen mehrere Elemente anderer fränkischer Minuskelschriften, so auch der Aachener Hofminuskel, in die neue Schrift ein. Daneben steht die um einige Unzialzeichen erweiterte Majuskelschrift der Capitalis weiterhin zur Verfügung und bildet zusammen mit der Minuskelschrift ein sog. duales Alphabet, das sich bis in die Gegenwart im Nebeneinander von Groß-/Kleinschreibung erhalten hat.

> **Lesehinweis: Zu den sprachgeschichtlichen Grundlagen (Latein und Volkssprachen; ‚karolingische Renaissance')** s. Meineke/Schwerdt (2001, 95–99); Sonderegger (2003, 164–189). **Zur Schriftgeschichte:** Coulmas (1999; s.v. uncial, roman alphabet, Carolingian reform); Haarmann (1990); Jensen (1969, 510–525).

Weiterführende Literatur: Allgemein: Bischoff (1965), (2009); Dürscheid (2006); Feldbusch (1985); Grubmüller (1998); Primus (2007); Schneider (1999); Scholz (1994); Tischler (1994). **Zur Geschichte der römischen Schriftentwicklung** Brekle (1994), (1995a), (1995b); Mallon (1952); Stiennon (1973).

3.2 Adaption der lateinischen Schrift

Die lateinische Schrift muss an die Lautverhältnisse der zunächst noch in verschiedene Stammessprachen unterschiedenen Volkssprache angepasst werden – ein Prozess, der über viele Jahrhunderte hinweg verläuft. Da das dominierende Latein für die Schriftlichkeit bis in die Frühe Neuzeit hinein als Orientierung dient, steht jeder Schreiber bzw. jede Schreibstube immer wieder vor der gleichen Herausforderung, mit dem Zeicheninventar einer fremden Sprache die volkssprachigen Lautverhältnisse angemessen wiederzugeben. Man kann davon ausgehen, dass es zwischen den Klöstern einen Austausch bezüglich der geleisteten Spracharbeit gab (durch direkte persönliche Kontakte bzw. indirekt durch kulturelle und kultische Bindungen, z.B. den Austausch von Texten wie Namenslisten). Die Ergebnisse bleiben weitgehend zwar nur in engen Grenzen wirksam, doch darf die Bedeutung dieser Spracharbeit nicht unterschätzt werden. Besonders hervorzuheben sind die ortho-graphischen Bemühungen von Einzelpersonen mit großer Wirkungsbreite wie Otfrid von Weißenburg und Notker von St. Gallen.

Das **Buchstaben-Inventar** des lateinischen Alphabets als Kernbestand des deutschen Buchstaben-Inventars erweist sich im Laufe der Geschichte als relativ stabil. Diejenigen Lautverhältnisse aber, für die das lateinische Alphabet kein Zeichen zur Verfügung stellt bzw. die die lateinische Schrift nicht abbildet, unterliegen einem Jahrhunderte währenden Adaptionsprozess. Dieser kann zeitweilig durch weitere Einflüsse unterstützt, aber auch gestört werden. So wirken noch andere Schreibtraditionen wie die älteren lokalen Runenschriften (z.B. þ für *th*) auf das ahd. Schreibsystem ein. Interessant sind in diesem Zusammenhang Dokumente, die auf eine Auseinandersetzung mit dem Schriftwesen bzw. mit dem Erlernen des Schreibens verweisen wie Alphabetverse, Alphabettraktate und Schriftmuster verschiedener Alphabete, die in einigen Klöstern bekannt waren (*de inventione linguarum*, überliefert in Handschriften aus St. Gallen, Freising, Reichenau und Mondsee), vgl. Abb. 3.4; mit Hinweisen zu den Namen der Buchstaben.

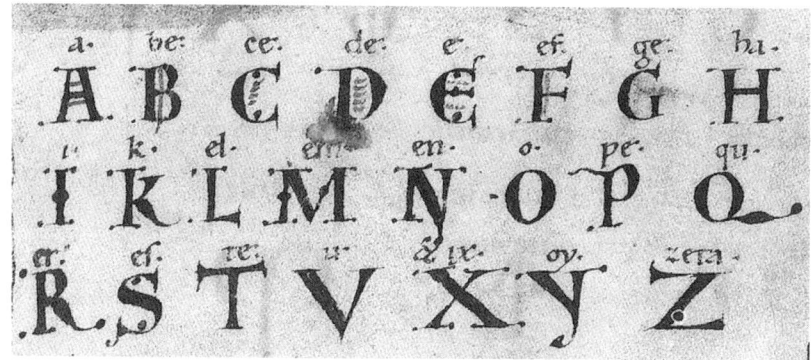

Abb. 3.4: Universitätsbibliothek Heidelberg, Cod. Sal. IX 39, 133^v (Ausschnitt); Ende 12. Jh.

3.2.1 Verfahren zur Erweiterung des Zeicheninventars

Den (ahd.) Schreibern stehen verschiedene Verfahren zur Verfügung, die durch das lateinische Alphabet nicht repräsentierten Laute wiederzugeben: die Zeichenwiederholung (Homosequenz, Doppelschreibung), die Zeichenkombination (Heterosequenz) und die Modifikation vorhandener Zeichen durch → Diakritika. Mit diesen Verfahren wird der 1:1-Bezug zwischen Lauten und Buchstaben weiter aufgegeben. Die neuen Zeichen sind aber insofern ökonomisch, als sie das vorhandene Zeicheninventar sekundär nutzen und keine völlig neuen Zeichen eingeführt werden.

- Die **Zeichenwiederholung** ist das Mittel der ersten Wahl zur Wiedergabe lautlicher Länge. Dies gilt für Vokale ‹aa, oo, ee, ii, uu›, aber bis ins Mhd. auch für Konsonanten (Geminaten, s.u.) ‹bb, pp, ff, gg, kk, hh, dd, tt, mm, nn, ll, rr, ss, zz› (leicht modifiziert ‹ck›). ‹uu› bzw. ‹vv› wird genutzt, um den bilabialen Frikativ /w/ wiederzugeben (vgl. engl. *double u*). Erst im Mhd. setzt sich die *w*-Schreibung als (→ Ligatur) durch.

Zeitraum	⟨w ~ vv⟩	⟨uu⟩	⟨uv⟩	⟨vu⟩	⟨v~u⟩
²11/¹12	~ 250	~ 1350	~ 180	~ 70	> 5
²12	~ 6600	> 10	15	> 10	20
¹13	~ 12000	–	> 5	> 5	> 10

Abb. 3.5: Schreibung von /w/ initial (am Wortanfang) im Mhd. (absolute Zahlen nach dem Material des mhd. Grammatik-Korpus)

- Die **Zeichenkombination** kann entweder linear oder vertikal als Superskript (Hochstellung) erfolgen. Konsonanten werden in der Regel linear kombiniert, Vokale können nach beiden Verfahren kombiniert werden. In der Regel werden zwei verschiedene Schriftzeichen miteinander kombiniert, seltener drei:

⟨ph, pf, ch, dt…⟩

⟨pph, ckk, chh…⟩, z.B. *epphil* (ZwBr), *fleckke* (OxBR), *frolichhe* (Kchr)

Verdopplung bereits kombinierter Zeichen ist vergleichsweise selten: ⟨phph, chch…⟩, z.B. *bicnuphphit*, *fachchí* (MüRB)

Vokale linear: ⟨ei, ai, au, aw, eu, ie, uo, ue, iu, ou…⟩

Vokale vertikal: ⟨ů, ú, î, ú, ă …⟩

Vokale kombiniert (linear + vertikal): ⟨åi, aů, ůe, åu…⟩

Zeichenkombinationen sind zunächst zumeist das Ergebnis von Versuchen, lautliche Merkmale wie ‚Stimmhaftigkeit' adäquater wiederzugeben; in der Folgezeit sind sie häufig Signale für zugrunde liegende Lautwandelprozesse wie Lenisierung, Fortisierung ⟨kg, bp, dt…⟩ oder Spirantisierung ⟨pf, kch…⟩ (zu den Lautwandelprozessen s. Kap. 4.3).

- Die **Zeichenmodifikation** mit Hilfe von Diakritika dient ebenfalls der genaueren lautlichen Repräsentation und ist häufig ein Signal für zugrunde liegende Lautwandelprozesse. Das Lateinische kennt bereits Möglichkeiten zur Markierung vokalischer Länge durch Akzente wie ⟨`⟩ (gravis), ⟨´⟩ (lenis) oder Apex ⟨ ⟩. Diese Art der Markierung konnte sich zwar im Lateinischen nicht allgemein durchsetzen, geriet aber nicht in Vergessenheit.

Eine auf Isidor zurückgehende Abhandlung aus dem 9. Jh. (*de accentibus*, St. Gallen, Stiftsbibl., Cod. Sang. 878, 315ff.) beschreibt zehn Akzente, die als Diakritika genutzt werden können, von denen aber manche kaum je benutzt wurden:

Oxéa ⟨ ⟩   Baria ⟨`⟩   Peréospomene ⟨^⟩   Macros ⟨–⟩   Bracin ⟨·⟩   Yfen ⟨ ⟩   Diastole ⟨ ⟩   Apostrofos ⟨'⟩   Dasia ⟨├⟩   Psile ⟨┤⟩

Modifikationen werden nahezu ausschließlich bei Vokalen vorgenommen, insbesondere für die Wiedergabe der Diphthonge und der im Ahd. neu entstandenen Umlautvokale. Die diakritische Modifikation erfolgt hier immer vertikal: Das modifizierende Element wird über dem Vokal als Superskript platziert: ‹á, â, í, i...›. Das nach unten modifizierte ‹j› (aus i = i-longa) ist aus dem Lateinischen entlehnt.

Diakritische Modifikation und Zeichenkombination können auch kombiniert auftreten; dabei kann das diakritische Element auf dem ersten oder zweiten Bestandteil der Digraphie stehen: ‹ëu, äu, äw, äi, äy, úe, öu, oü, aû, eü, eÿ, eů...›.

Zeichenkombinationen können – abhängig vom Schrifttyp und vielfach aus ästhetischen Gründen – fest miteinander verschmolzen werden zu Ligaturen. Nur wenige Ligaturen erreichen dauerhaft den Status eines eigenen Zeichens (allgemein dazu Rück 1988). Im Deutschen sind dies:

‹æ› entsteht in mhd. Zeit im Bairischen zur Wiedergabe des langen umgelauteten /a/ aus ‹a+e›. Es schwindet im Frnhd. wieder aus der deutschen Schriftlichkeit und wird durch ‹å› und später durch ‹ä› ersetzt.

‹ß› entsteht durch die häufige Kombination von ‹ſ› (sog. Schaft-s) und geschweiftem ‹ʒ› (‹ſʒ›). Es ist das einzige neue Buchstaben-Schriftzeichen, das sich nur im Deutschen entwickelt und im Inventar erhalten hat; es hat als deutsche Kulturleistung seinen Platz an der Schriftzeichen der Welt abbildenden Mauer der neuen Bibliothek in Alexandria gefunden (in der Schweiz wird heute kein ‹ß› mehr verwendet).

‹y› entsteht – neben der direkten Übernahme aus dem Griechisch-Lateinischen – aus der Kombination von ‹i+j› (Zwischenstufen ‹ij ~ ý ~ ÿ›). Im Nhd. steht ‹y› nur in Lehnwörtern und Namen (*Mayer*, *Bayern*).

Zu ‹w› (aus ‹vv ~ uu›) s.o.

3.2.2 Differenz von lateinischer Schrift und volkssprachigen Lautsystemen

Die Differenz des lateinischen Zeicheninventars und der zugrunde liegenden Laute der Volkssprache(n) betrifft insbesondere:

- die durch die 2. Lautverschiebung entstandenen Affrikaten (/pf/, /ts/ und /kχ/);

- die Diphthonge (/aɪ/, /ɔɪ/, /aɔ/ etc.);

- die Unterscheidung zwischen kurzen und langen Vokalen und Konsonanten (Quantität);

- die sich im Ahd. herausbildenden ‚Umlaute' (/ü/, /ö/, /ä/);

- die graphische Darstellung der Unterscheidung von /u/ und /v/, später auch /i/ und /j/.

71

Dabei werden die Probleme der verschiedenen Bereiche ganz unterschiedlich, vor allem unterschiedlich konsequent gelöst (zu den angesprochenen Lauten bzw. Lautprozesse s. Kap. 4.3).

Die **Affrikaten** werden linear durch Zeichenkombination wiedergegeben.

Die Affrikate /p^h/ ~ /pf/ wird durch ‹ph› bzw. ‹pf› linear symbolisiert, wobei ‹ph› (landschaftlich, zum Teil schreiberabhängig unterschiedlich) bis ins 14. Jh. dominiert und vereinzelt noch bis ins 16. Jh. belegt ist. Daneben bilden sich geringer belegte Varianten heraus (ahd. ‹pph, ppf›), die bis in die Frühe Neuzeit verwendet werden:

      mhd.   ‹ppf, pph, fph, phf, ffph, phph, fp›

      frnhd.   ‹pff, ppf, pfpf, ppff, pfp, ppfh, fph, fpf, pph, phf, bf, bff, bpf›

Seit dem 16. Jh. setzt sich die einheitliche Schreibung mit ‹pf› durch. ‹ph› bleibt danach weitgehend der Wiedergabe von /f/ in griechischen bzw. durch das Griechische beeinflussten Entlehnungen bzw. Bildungen vorbehalten (z.B. nhd. *Philosophie*).

Die Affrikate /ts/ wird mit ‹z, zz, tz› wiedergegeben. Im Laufe der Sprachgeschichte hat sich im Mhd. und Frnhd. auch hier eine große Variantenvielfalt herausgebildet:

      ‹zz, zc, zcz, zt, ztc, zts, zh, zch, c, cc, cz, czc, ccz, czh, czt, czz, ctz, czcz, tc, ts, tcz, tzc, ttz, tzz, tzt, tztz, sz, scz, htc›

Im Nhd. gilt eine distributionell geregelte Varianz von ‹tz› nach Kurzvokal (*Hitze*) und ‹z› nach Langvokal, Diphthong und nach Konsonant (*duzen, heizen, Holz*).

Die Affrikate /kχ/ wird mit ‹chk, h, cch, hc, cc, ck› wiedergegeben; im Mhd. und Frnhd. treten noch zusätzliche Varianten auf: ‹kh, ckh, kch, chk, gkch, gkh› (vgl. weiter unten im Kap.). Da dieser Laut im Laufe der Sprachentwicklung wieder auf den südlichen Alpenraum zurückgedrängt wird, erlischt diese Schreibung im Frnhd.

Die graphische Wiedergabe der **Diphthonge** der verschiedenen Stammessprachen bereitet ein großes Problem, obwohl Möglichkeiten der Diphthongschreibung aus dem Griechischen nicht unbekannt waren.

Abb. 3.6: St. Gallen, Stiftsbibl., Cod. Sang. 878, p. 321; zwischen etwa 829 und 849

Die Diphthonge werden zunächst linear, später vorübergehend im Mhd. und Frnhd. auch vertikal (z.B. ‹u̇›) umgesetzt, doch ist hier die Variantenbreite von Beginn an groß und wird bis ins 15. Jh. immens gesteigert, da die einzelnen Diphthonge in den verschiedenen Landschaften sehr unterschiedlich artikuliert werden und der Bestand an Diphthongen regional variiert:

bereits ahd.:

⟨ea, ei, ae, ai, au, ia, ie, io, iu, oa, oi, ua, ue, ui, uo, ye, yu⟩
(vgl. Ahd.Gr. I § 43ff.);

and.:

⟨io, eo, ia, ei, iu, eu, au⟩ (vgl. Klein 2000a);

Im Frnhd. ist die Variation am stärksten ausgeprägt (vgl. Frnhd.Gr. § L 26ff.):

/aɪ/: ⟨ei, ey, eÿ, eih, ej, ai, ay, aÿ, aih, æi, äi, ẚi, ẚy, äy…⟩

/aɔ/: ⟨au, aů, aû, ẚ, ẚ, av̊, aw, ou, ow, ov, o̊…⟩

/ie/: ⟨ie, î, ye, ÿe, ẙe…⟩

/ue/: ⟨ů, uo, ue, û, ůe, v̊, ü…⟩

/üe/: ⟨û, üe, ůe, ü, ue, úe…⟩

/ɔɪ/: ⟨eü, eû, eú, eẅ, eẘ, eů, eu, e̊u, eẅ, ew, ëu, åu, äu, æu, äw, aü, aů, åu, åw, aẘ, oi, oy, ôi, œi, öi, oů, oẘ, oü, oü, ôü…⟩.

Seit dem 16. Jh. findet eine Reduktion der Varianten statt (s.u. Kap. 3.3.3).

Die Markierung der **Quantität** ist bis in die Gegenwart nicht konsequent durchgesetzt worden, doch wurde ein systematischer Bezug zum → Silbenschnitt eingeführt. Während die relative Kürze eines Vokals unter bestimmten Voraussetzungen durch Doppelschreibung nachfolgender Konsonanten ausgedrückt werden kann (vgl. weiter unten unter ‚Doppelkonsonanz'), konnte sich eine konsequente Markierung der relativen Länge eines Vokals nicht durchsetzen. Die gegenwärtige, wenig systematische Markierung der Vokallänge ist ein Stück weit ein Zufallsergebnis aus den reanalysierten (umgedeuteten) Schriftzeichen ⟨h⟩, ⟨e⟩ (nach ⟨i⟩) und Resten älterer bzw. neu eingeführter Doppelschreibungen: *sehr, vier, Teer* neben unmarkierten Formen wie z.B. *der*.

Die **Verdopplung** von Schriftzeichen zum Ausdruck von relativer Länge eines zugrunde liegenden Lautes ist auch dem Latein nicht unbekannt, konnte sich aber bei den Vokalen – anders als bei den Konsonanten – nicht durchsetzen. Die Schreiber ahd. Texte markieren vokalische Länge entweder linear durch Verdopplung der jeweiligen Vokalzeichen (⟨aa⟩, ⟨ee⟩, ⟨ii⟩, ⟨oo⟩, ⟨uu⟩), so z.B. *saar* (Ahd. Benediktinerregel), *seegi* (Isidor), *miin* (Mondsee-Wiener Fragment), *stool* (Vocabularius St. Galli), *huuse* (Lex Salica) oder vertikal durch Diakritika. Es hat immer wieder Versuche gegeben, die Quantitätsmarkierung zu systematisieren. So modifiziert z.B. Notker (~ 1000) das bisher bestehende System der Markierung von Betontheit, indem er den Zirkumflex ⟨ ^ ⟩ nun zur Markierung von Vokallänge ⟨î, ê, â…⟩ und Diphthongen ⟨îe, îa, îo⟩ einführt. In Resten erhält sich dieses System bis ins Mhd., gerät dann aber wieder in Vergessenheit (s. dazu Gabriel 1969, Gärtner 1991). Solche Systematisierungsversuche gibt es auch in der Neuzeit immer wieder, sie finden jedoch zumeist wenig Anklang bei den Sprachnutzern und können sich demzufolge nicht durchsetzen.

Die Markierung konsonantischer Länge (Geminaten) wird durch Verdopplung der Konsonantenzeichen ausgedrückt (‹pp, bb, kk, gg, tt, dd, mm, nn, ll, rr›), vgl. weiter unten unter ‚Doppelkonsonanz'.

Die seit dem Ahd. verbreitete Vokalverdopplung wird im 14. Jh. besonders im Oberdeutschen wieder stärker genutzt. Im Mitteldeutschen finden sich Vokalverdopplungen unter oberdeutschem Einfluss seit dem 15. Jh., häufiger erst im 16./17. Jh. Die Ersetzung der Doppelschreibung etwa durch Vokal + ‹h› und die Festlegung auf die heutigen Schreibungen erfolgt schrittweise bis ins 19. Jh.; Schreibungen mit Doppelvokal bleiben im Nhd. eher eine Ausnahme. Selten genutzt sind heute ‹oo› nhd. *Moor, Soor, Boot, Moos* und ‹aa› nhd. *Haar, paar, Aal, Aas, Saal, Aar, Maat, Saat, Staat, Waage*; häufiger findet sich nur ‹ee› nhd. *Meer, See* etc., besonders bei Entlehnungen in finaler Position wie *Armee, Allee* etc. Nicht zur Markierung der Quantität genutzt werden ‹ii› und ‹uu›. Die Markierung der Vokallänge mit Doppelvokal hat sich in einigen Wörtern aus Gründen der graphischen Unterscheidung von → Homophonen durchgesetzt: *Moor* vs. *Mohr, Meer* vs. *mehr, Aas* vs. *aß* etc.

‹e› nach einem anderen Vokal als ‹e› und ‹i› ist neben ‹i› (‹y›) nur im Niederdeutschen, Westmitteldeutschen und im übrigen nördlichen Mitteldeutschen Zeichen zum Ausdruck vokalischer Länge (z.B. *jaer, raede* neben *rait*; heute noch in Orts- und Familiennamen wie *Soest, Troisdorf, Voigt* etc.). Belege finden sich seit dem 12. Jh. in Kölner Urkunden (1169) (vgl. Klein 1995). Nach der mitteldeutschen Monophthongierung von /ie/ (s. Kap. 4.3.5) wird das nun funktionslos gewordene ‹e› als Längenmarkierung von *i* reanalysiert und kann dann auch auf andere Wörter, die historisch keinen Diphthong /ie/ hatten, übertragen werden. ‹i› verliert dagegen seine Funktion als Längenzeichen. Im der niederdeutschen Schriftlichkeit bleibt ‹i› als Längenzeichen erhalten.

‹h› erscheint medial intervokalisch und dient häufig zur Hiatentlastung (s. Kap. 4.3.3.2) am Silbenschnitt nach einem Vokal und einer nachfolgenden Silbe; ‹h› kann an dieser Stelle auch als Aspirationszeichen stehen (*sä-en > sähen*). Diese Verwendung von ‹H› ist bereits in der lateinischen Schrift möglich (vgl. Meisenburg 1998, 46). Interessant ist in diesem Zusammenhang die Verwendung der Akzente Dasia und Psile aus dem Vademecum des Reichenauer Mönchs Walahfrid Strabo:

Dasia ist etwas, das man als Aspiration versteht, das ist da, wo der Buchstabe H für die Höhe gesetzt werden muss. Man schreibt ihn in derartiger Form ⊢: Psile ist etwas, das man als knappen Ausdruck oder schlicht versteht, das ist dort, wo der Buchstabe H nicht stehen muss. Man stellt es auf folgende Weise dar ⊣. Die Lateiner machten die Gestalt dieser beiden Akzente aus dem Buchstaben für Aspiration selbst. Wenn man sie zusammenfügt, erzeugt man dasselbe Zeichen für Aspiration.

übersetzt aus St. Gallen, Stiftsbibl., Cod. 878, p. 317; zwischen 829 und 849

Nach Langvokal kann ‹h› leicht als Längenmarkierung aufgefasst werden, insbesondere nach Synkope des folgenden Vokals (Schwa) wie in *stahel > Stahl*. Die vollständige Umdeutung als Zeichen zur Markierung der Länge eines vorhergehenden Vokals wird erleichtert durch das ‚Verstummen' von /x/ ‹h› in finaler Position (*sah* mhd. /sa:x/ >

frnhd. /sa:/) und durch die konsequente Schreibung von /x/ mit ‹ch› (mhd. *aht > acht*), eine Entwicklung, die ihren Abschluss im 16./17. Jh. findet. Das sog. Dehnungs-*h* kann nun auch analog auf historisch unbegründete Fälle, insbesondere aus Gründen der Morphemkonstanzschreibung, übertragen werden (s.u. Kap. 3.3.3).

Doppelte Konsonantenschreibung (kurz: Doppelkonsonanz) dient ursprünglich der Markierung konsonantischer Länge (Geminaten) intervokalisch nach Kurzvokal (*appel*, *akker*, *brugge* etc.). Mit der sich durchsetzenden Degeminierung seit dem Ahd. (s. Kap. 4.3.3.1) tritt diese Funktion zunehmend in den Hintergrund und die Doppelkonsonanz wird reanalysiert als Markierung der relativen Kürze des vorangehenden Vokals und entsprechend auf weitere Wörter übertragen, die historisch keine Geminate enthielten. Doch dieses System wird bis in die Neuzeit hinein nicht konsequent genutzt bzw. eingehalten. Bis in das späte Frnhd. tritt Doppelkonsonanz auch in anderen Umgebungen auf (z.B. *wortte*, *teuffell*, *ratt*, *volck*). Umgekehrt kann nach kurzem Vokal auch einfache Konsonanz stehen; alte Doppelkonsonanz wird an dieser Stelle häufig zu einfacher Konsonanz verkürzt. Erst allmählich wird das Prinzip der Doppelschreibung nach Kurzvokal konsequenter durchgesetzt.

> die I besondere Regel:
> Nach allen langen Selbstlautern setze man einfache, nicht aber doppelte Mitlauter.
> Z.E. in Schlaf, Schaf, Graf […]
>
> Die V Regel.
> Nach einem Mitlauter setze man keinen andern doppelten Mitlauter, sondern nur einen einfachen.
> Z.E. In werffen, schårffen, Hertzen […] Wercken […] sind alle ff, ck und tz überflüßig: weil man sie von der Aussprache nicht hôret […]
>
> die VI Regel:
> Nach kurzen Selbstlautern muß man doppelte Mitlauter schreiben: [...]
>
> Gottsched (1762): I. Theil, III. Hauptstück, 1 §

Die Verwendung von Doppelkonsonanten wird seit dem 18. Jh. in der Orthographiediskussion mit der graphischen Markierung des Silbenschnitts in Zusammenhang gebracht und zunehmend die nhd. gültige Verteilung eingerichtet: Das Prinzip der Doppelkonsonanz gilt nach kurzem Vokal bzw. zur Markierung des scharfen Silbenschnitts. Bei einsilbigen Formen gilt das Prinzip aber nur dann, wenn der Doppelkonsonant in einer mehrsilbigen Form desselben Lexems erscheint und dort als sog. Silbengelenkschreibung fungiert (*er schafft* wg. *schaf-fen*). In anderen Fällen steht nach Kurzvokal einfache Konsonanz (*Schaft*), s. dazu Eisenberg 1989; Butt/Eisenberg 1990; zu den Ausnahmen s. August 1991.

Der **Umlaut** (s. Kap. 4.3.1) wird seit dem Ahd. durchgeführt, seine konsequente Umsetzung in eigene Schriftzeichen erfolgt jedoch nur im Falle des Umlautes /a/ > /e/ (‹e›). Die Markierung der übrigen Umlaute unterbleibt z.T. bis ins Frnhd. Diese Nichtmarkierung von Umlauten, eine konservative Eigenschaft der Orthographie, führt zu komplizierten Verhältnissen, da eine lautliche Konkurrenz ‚umgelautet vs. nichtumgelautet' durch eine graphische Konkurrenz ,markierter Umlaut vs. unmarkierter Umlaut' überlagert wird.

Die verschiedenen Markierungen des Umlauts entwickeln sich landschaftlich unterschiedlich, und zwar im Oberdeutschen weit früher als im Mitteldeutschen. Für die neuen Vokale wurden keine neuen Zeichen eingeführt, sondern vorhandene Vokalzeichen modifiziert; sie wurden entweder mit anderen Vokalzeichen – zumeist ‹ ᵉ ›, seltener ‹ ⁱ › – überschrieben oder mit Diakritika versehen ‹ ˝ › ‹ " ›, im Mnd. auch / durch ‹o› und ‹u›, wodurch eine starke Variation bei den einzelnen Graphemen entsteht.

Der Umlaut von langem /a:/ wird seit dem 12. Jh. gelegentlich im Bairischen und in angrenzenden Gebieten durch die Ligatur ‹æ› repräsentiert; andere Zeichen wie ‹ê› und ‹å› finden sich selten. Der Umlaut von /aɔ/ kann wie /au/ selbst erst nach erfolgter Diphthongierung (s. Kap. 4.3.5) von /u:/ auftreten; vom 14. Jh. an findet er sich vereinzelt im Ostoberdeutschen: ‹æv›, ‹åu›, ‹eu›. Der Umlaut von /u/, /u:/ ist zuerst im 13. Jh. markiert belegt; im Ostoberdeutschen meist ‹ů› und im Alemannischen ‹u̇ ~ v̇›. Im Alemannischen wird der Umlaut von /u/ von dem Umlaut von /uo/ tendenziell graphisch unterschieden. Vereinzelt findet sich ‹ü› (für /ü:/ < /üə/). Die einzelnen Schreiber verhalten sich hinsichtlich der Markierung jedoch sehr unterschiedlich. Der Umlaut von /uo/ ist nur selten vertreten; er wird durch ‹u̇ ~ v̇› repräsentiert. Der Umlaut von /o/ findet sich im Ostoberdeutschen seit dem 13. und im Westoberdeutschen vereinzelt seit dem 14. Jh.; er wird in der Regel durch ‹ô› repräsentiert.

Im Mitteldeutschen werden bis ins 15. Jh. in der Regel nur die Umlaute von /a/ (‹e›) und – im Diphthongierungsgebiet – von /ou/ ~ /aɔ/ (‹eu›) markiert. Im 16. Jh. wird die Markierung des Umlauts im Ostmitteldeutschen und im Ripuarischen konsequenter durchgeführt. Gegen Ende des Jh.s deutet sich bereits ein weitgehend einheitliches System im gesamten deutschen Sprachraum an, das dann im 17. Jh. durchgesetzt ist: Alle Umlaute werden durch übergeschriebenes ‹ ᵉ › markiert; andere Varianten sind dagegen selten. Bei initialer Majuskel wird ‹e› nachgestellt. Bei initialem /ü/ (‹v ~ V›) fehlt die Markierung jedoch häufig noch in späterer Zeit. Somit dienen ‹å› ~ ‹Ae›, ‹åu›, ‹ů›, ‹ô› ~ ‹Oe› zur Wiedergabe der umgelauteten Vokale. Die Durchsetzung des Tremas ‹ ¨ › zur Markierung des Umlauts erfolgt spät. Noch im 19. Jh. konkurriert es in der Frakturschrift mit übergeschriebenem ‹ ᵉ ›.

Seit dem frühen Mhd. findet sich die Schreibung ‹**sch ~ ſch**› (auch ‹sh ~ ſh›) für /ʃ/ aus ‹sk›, verbunden mit einem Lautwandel (s. Kap. 4.3.5). Frühe mhd. Belege mit ‹sch› in initialer Position sind etwa schon bei Williram (*scheinet*) in der 2. Hälfte des 11. Jh.s belegt; der Anteil von ‹sch› steigt im Mhd. kontinuierlich an, doch noch im 14. Jh. finden sich rund 3% ‹sc›-Schreibungen (neben rund 10% ‹sh›-Schreibungen). ‹sch› erscheint zuerst vor Vokalen, ab der zweiten Hälfte des 12. Jh.s vor *r*, ab dem 13. Jh. zunächst vereinzelt vor *l*, ab dem 14. Jh. vor *w*. Vor Konsonant setzt sich die ‹sch›-Schreibung erst im 16. Jh. durch; vor /p/ und /t/ können sich ‹sch›-Schreibungen nicht durchsetzen und sind auch im Frnhd. selten belegt: *schpill*, *schtall*.

Zeitraum	‹sch ~ ſch›	‹sh ~ ſh›	‹sc ~ ſc›	‹sk ~ ſk›
²11/¹12	3%	1%	68%	28%
²12	48%	1%	51%	–
¹13	74%	2%	24%	–
²13	89%	3%	8%	–
¹14	87%	10%	3%	–

Abb. 3.7: Prozentualer Anteil der Schreibung von /ʃ/ am Wortanfang (initial) im Mhd. (nach dem Material des mhd. Grammatik-Korpus)

Die Verschriftung des dentalen Frikativs /ð/ (wie engl. *th*), der im Verlauf des Ahd. zu /d/ ,geschwächt' wird, erfolgt im Ahd. durch ‹th›, ‹dh›, im And. durch ‹đ›. Im Ahd. wird ‹th› allmählich durch ‹d› ersetzt, später bes. im Frnhd. jedoch wieder zur Schreibung von Fremdwörtern wie *Theater* zur Wiedergabe des griechischen Theta (Θ) genutzt und von da auch wieder auf deutsche Wörter übertragen (*That* für *Tat*).

Die heute noch übliche Schreibung ‹v› **für /f/** (nhd. *Vogel*) geht auf eine Spirantenschwächung (Lenisierung) des ererbten /f/ (/f₁/) im Ahd. zurück. Die Annahme einer stimmhaften Artikulation von /f₁/ wird durch die graphische Wiedergabe durch ‹v›, ‹u› und ‹w› nahegelegt. In heutigen Dialekten wird /f/ im Westmitteldeutschen und im nördlichen Thüringischen und Obersächsischen stimmhaft artikuliert, während es seit dem späteren Mhd. in den meisten Regionen wieder stimmlos wird. Dieses /f/ wird graphisch durch ‹f›, ‹v›, seltener durch ‹u› und vereinzelt (regional) durch ‹w› wiedergegeben, und zwar in Abhängigkeit von der lautlichen Umgebung:

Distribution von:	‹f›	‹v›	‹u›	‹w›
vor Liquid /l/ /r/	59%	35%	5%	<1%
vor /u/ /uo/ /ü/	71%	22%	6%	<1%
vor anderen Vokalen	5%	76%	18%	<1%

Abb. 3.8: Anteile der Graphien zur Wiedergabe von /f/ am Wortanfang (initial) im Mhd. (nach dem Material des mhd. Grammatik-Korpus)

Zum Nhd. hin geht die ‹v›-Schreibung zurück, kann sich aber aufgrund des konservativen Zuges der Schrift in einigen Fällen erhalten. In Fremdwörtern steht ‹v› häufig auch für labiodentales /v/ (*Villa*).

Das lateinische Erbe enthält neben den Buchstaben auch ein System von **Kürzelzeichen**. Von diesen werden in deutschsprachigen Texten aber nur drei intensiver genutzt. Das am häufigsten verwendete Kürzelzeichen ist, neben dem allerdings erst später genutzten Abkürzungspunkt, der sog. Nasalstrich (˜ oder ⁻ über einem Vokal- oder Nasalzeichen), der für ein *(e)n, ne,* seltener ein *(e)m* steht (segē, deñ, iṁer etc.), bei vñ für *d*, bei vṁ für *b* oder seltener für ein weiteres *m*. Besonders in Handschriften, seltener in Drucken, wird ein hoch- bzw. nachgestelltes *r*-Kürzel ‹'› verwendet, das für *r* bzw. *er* steht (*ja', wasse', kind'n, v'altet, od'* etc.).

Weiterführende Literatur: Zur Markierung der Quantität: Ramers (1999b); Rieke (1998); Voeste (2006), (2008b, 153ff.). **Zu Kürzelzeichen:** Capelli (2006); Dülfer/Korn (2006); Grun (1966).

3.3   Orthographie

3.3.1   Schreiben zwischen Tradition und lautlicher Angemessenheit

Prozesse der Anpassung der lateinischen Schrift an die Volkssprache werden begleitet durch ein stetes Bemühen um Sprachrichtigkeit. Betrachtet man die Entwicklung der graphischen Systeme des Deutschen vom 8. Jh. bis in die Gegenwart, zeigt sich, dass diese immer in einem Spannungsverhältnis eines doppelten Anspruchs an den Schreiber, später Drucker, oder ganz allgemein an den Hersteller eines Textes/eines Schriftstücks stehen.

„Einerseits leisten Schreiber Spracharbeit, indem sie versuchen, eine gewisse Lautadäquatheit der Schrift zu sichern, andererseits besteht seit den ersten Anfängen eine Orientierung an einem Vorbild. Dies ist zunächst und für lange Zeit das Latein; später folgen Konventionen und Schreibtraditionen einzelner Schreibstuben (Kanzleien) oder Druckereien (Offizinen), ein sog. Schreib-Usus, der etabliert werden kann zu landschaftlichen Schreibsprachen. Diese wiederum werden in einem allmählichen Vereinheitlichungsprozess standardisiert und das Ergebnis schließlich zur verbindlichen Norm erklärt. Von Beginn an wirken zwei unterschiedliche Ansprüche (Maximen) auf den Schreibprozess ein, erzeugen ein Spannungsgefüge zwischen (vermeintlicher) Richtigkeit und Angemessenheit der Schreibung und bedingen so konfligierende Optimierungsprozesse […]" (Wegera 2011b, 8f.):

,Schreibe, wie du es hörst, bzw. wie du sprichst'

vs.

,Schreibe so, wie es üblich ist, wie es richtig ist'.

Dabei werden verschiedene Faktoren entweder einzeln oder kombiniert wirksam, die Einfluss auf die graphische Variation haben können (vgl. Hartweg/ Wegera 2005, 123ff.):

- Sprachwandel:
  Schreiber können unterschiedlich auf für sie erkennbaren Wandel zugrunde liegender Lautsysteme reagieren und versuchen, ihn graphisch umzusetzen.

- Regionalität:
  Schreiber stammen aus verschiedenen Landschaften mit unterschiedlichen mundartlichen Gegebenheiten, die Niederschlag in der Schriftlichkeit finden können.

- Textsorte:
  Schreiber können sich in Abhängigkeit von der Textsorte (Textart) – etwa unter Berücksichtigung ihres Öffentlichkeitsgrades – jeweils mehr oder weniger an der gesprochenen (regionalen) Sprache bzw. an Vorbildern orientieren. Verschiedene Textsorten unterliegen zudem bestimmten Konventionen.

- (Sozial-)Biographie der Schreiber:
  Verschiedene Schreiber (auch der gleichen Region) orientieren sich in unterschiedlichem Maße – je nach sozialer Herkunft und Bildung – an der regionalen Sprache oder an Vorbildern bzw. sie verfügen über eine „verschieden differenzierte phonetische Beobachtungsgabe [...] mit ungleichem Systematisierungsvermögen" (Sonderegger 2003, 244).

- Kreativität der Schreiber:
  Schreiber können sich vorhandener Varianten in unterschiedlichem Maße bedienen. Sie können sich auf bestimmte Formen festlegen (lassen), d.h. einem Usus folgen, oder verschiedene Formen (selbst im gleichen Text), etwa aus stilistischen Gründen, einsetzen.

Während die Orientierung am Latein als Vorbild (bzw. an der in einer Schreibstube gepflegten lateinischen Schriftlichkeit) und die spätere Orientierung an einer Standardnorm jeweils relativ leicht nachvollziehbar und durchschaubar ist, besteht die Orientierung an Usus aus einem komplexen Gefüge von bestimmenden Handlungsmaximen. Haas (1994, 205) listet eine Reihe solcher Maximen auf:

„(1) Schreibe wie X, weil X ein angesehener Schreiber ist.

(2) Schreibe wie Y, weil Y politisch einflussreich ist.

(3) Wähle die Variante a, weil sie in einer vorbildlichen Region gilt.

(4) Wähle die Variante b, wenn du weisst, dass sie weiter verbreitet ist.

(5) Wähle Variante c, weil sie einheimisch ist.

(6) Wähle Variante d, weil sie systematischer ist.

(7) Wähle Variante e, weil sie älter ist.

usw."

Dieses Modell wird von Elmentaler (2003, 192) um den diachronen Aspekt der Schreiber(nach)folge erweitert. Wie verhält sich ein Schreiber gegenüber dem Schreibusus seines Amtsvorgängers? Erfolgt

„(1) eine Übernahme des Graphieninventars ohne quantitative Schwerpunktverlagerungen,

(2) eine Übernahme des Inventars, aber mit veränderten Frequenzanteilen einzelner Graphien,

(3) eine Erweiterung des Graphieninventars durch Import von Neuerungen aus anderen Schreiblandschaften oder Reaktivierung älterer Schreibungen,

(4) eine Reduktion des Graphieninventars durch Verzicht auf vom Vorgänger verwendete Graphien."?

Eine weitere, positiv bewertete, stilistisch begründete Variation ist Gegenstand mehrerer Darstellungen der jüngeren Zeit. Variation von Schreibungen gleicher Wörter im gleichen Text, oft in unmittelbarer Nachbarschaft können dem ästhetischen Prinzip der Variation (variatio delectat) bis zu seiner Ablösung durch das Prinzip der Morphemkonstanzschreibung im 16. Jh. unterliegen (vgl. Rössing-Hager 1988; Mihm 2000; Voeste 2008b, bes. 27ff.). Voeste betont „die Bedeutung des Variantenreichtums als Ausdruck sprachlicher Gewandtheit im 16. Jahrhundert" (2008b, 35) und führt eine Reihe von Beispielen aus ihrem Textmaterial an:

> Dje Türcken wenn ſy Eeweyber nemen / ſo ſy eyns worden ſeindt mit den eltern / oder negſten freundten / der ſelbigen **frawen** / wie vil einer der **frauen** zů einem heyrat gůt verſpricht (dann in dem ſelbigen ſeindt ſy vns gantz wider) alſo das ſy zůſagen dem vatter der **frawenn** / alſo vil […]
>
> Kaspar von Aufsess, Der Türcken heymligkeyt. […]. Bamberg bei Georg Erlinger 1523, f. Liiij^r nach Voeste (2008b, 38; Hervorhebung hinzugefügt)

Mit der Einführung und der raschen Durchsetzung der technischen Innovation des Buchdrucks mit beweglichen Lettern (s. Kap. 2.1) erfährt die graphische Entwicklung eine einschneidende Wende. Spracharbeit der Drucker und Offizinen erreicht nun eine immer breitere Öffentlichkeit und mündet in einen zunehmend breiter werdenden Diskurs über Sprachrichtigkeit und damit über das ‚richtige' Schreiben (Ortho-Graphie).

> Es wird aber bey diesem unserm itzigen Vorhaben zum Ziel gesetzet die Hochteutsche Sprache/ oder die rechte Hochteutsche Mundart / welche die Teutschen/ sonderlich aber das Teutsche Reich selbst/ in den Abschieden/ in den Canzeleyen/ Gerichten und Trůkkereyen bishero von Jahren zu Jahren angenommen und gebraucht hat […]. Aber weil die Hochteutsche Mundart communis Germaniæ Mercurius ist/ auch numehr eine durchgehende Kunstrichtigkeit darin hervor bricht/ und im gantzen Teutschen Reiche/ in Cantzeleyen/ dem Justitzwesen und anderen hohen negotis publicis von Jahren zu Jahren man zu dieser Mundart/ mit hinterlassung der Landrede/ sich angeschikket/ […] richten wir uns numehr in gantz Teutschland darnach/ und werden immer mehr und mehr/ nach Erforderung der Materi die Teutschen Worte durch ein Hochteutsches Geprege gůltig/ angenehm und mehr gångig gemacht.
>
> Justus Georg Schottelius, Ausführliche Arbeit Von der Teutschen HaubtSprache (1663, 174)

In einem langwährenden öffentlichen Diskurs werden zunächst Regelwerke entwickelt, die im 19. Jh. von Sammlungen von Einzelfestlegungen abgelöst werden, die schließlich 1901/02 in Folge der Zweiten Berliner Orthographischen Konferenz zu einer verbindlichen Rechtschreibung für das Deutsche Reich (einschließlich Österreich und die Schweiz) vereinigt werden.

Normierung der Orthographie

Nach zahlreichen kleinregionalen Versuchen in den verschiedenen deutschen Ländern besonders seit der Mitte des 19. Jh.s, eine einheitliche ‚Rechtschreibung' für das Druckwesen, für Verwaltung, Justiz und Schulen einzuführen, werden diese Bemühungen nach der Reichsgründung 1871 nun in einem weiteren Rahmen forciert. Ein erster Versuch einer Einigung im Rahmen einer gesamtdeutschen orthographischen Konferenz in Berlin (Erste Orthographische Konferenz) 1876 scheitert, weil sich zwei Lager unversöhnlich gegenüberstehen: die traditionalistische Richtung, die historische Schreibungen beibehalten und zum Teil (wieder) neu einführen möchte, und die ‚phonetische' Richtung, die dem Ideal einer 1:1-Entsprechung zwischen Laut und Graphie möglichst nahe kommen will. Eine zweite Konferenz (Zweite Orthographische Konferenz) 1901 ebenfalls in Berlin einigt sich auf wesentliche Eckdaten, wobei den von dem Gymnasiallehrer Konrad Duden 1872 und 1880 erarbeiteten Regelwerken eine besondere Rolle zukommt. Obgleich vieles ungeregelt bleibt und zahlreiche Kompromisse eingegangen werden, wird diese Orthographie 1902 vom Bundesrat(h) verabschiedet und auch von Österreich und der Schweiz übernommen. Trotz mehrerer Versuche einer Veränderung und zahlreichen kleineren Anpassungen hat das Regelwerk erst 1996/1998 eine einschneidende Reform erfahren, mit einer nach zahlreichen Protesten erneuten Überarbeitung 2004/2006 durch den Rat für deutsche Rechtschreibung.

> **Lesehinweis**: Veith (2000) gibt einen Überblick über die Orthographie-Diskussion seit dem 18. Jh.;
> zur weiterführenden Lektüre s. www.rechtschreibrat.com mit einer ausführlichen Bibliographie zur Rechtschreibung.

Lesehinweis: Eine Zusammenfassung der Orthographiegeschichte des Deutschen findet sich in Nerius (2007).

3.3.2 Vom Hörverstehen zum Leseverstehen

Etwas für andere aufschreiben bedeutet auch, Texte so abzufassen, dass sie gut rezipiert werden können. In einer vorwiegend von Mündlichkeit (Oralität) geprägten Kultur und Gesellschaft werden Texte stärker für das Vorlesen und Hören konzipiert, d.h. ihre Gestaltung ist stärker auf das Hörverstehen hin ausgerichtet. Entsprechend werden Texte bis in die Frühe Neuzeit hinein keineswegs ausschließlich, aber doch vornehmlich rhetorisch strukturiert (sog. **rhythmisch-intonatorisches Prinzip**). Texte besonders des religiösen Bereichs mit kultischer Bedeutung werden so für den Vortrag aufbereitet. Doch werden die Texte auch (vor-)gelesen, und so finden sich von Beginn an Unterstützungsstrategien für das Erfassen des Textes (vgl. Schecker 1993). Primus (2007) zeigt anhand der Karolingischen Minuskel den Zusammenhang von Schrift (Buchstabenformen) und dem Leseverstehen. Simmler (2003, 2473) weist darauf hin, „daß Handschriften (und später Drucke) in vielen Textsorten durchkomponierte Einheiten sind [...], in denen interpungierende, orthographische und hervorhebende Mittel zu Repräsentationstypen verbunden werden".

Lesehinweis: Raible (1991) beschreibt die Ansätze solcher Schrifttechniken seit dem Griechischen.

Die sich seit dem 16. Jh. im Rahmen der oben beschriebenen Entwicklungen allmählich herausbildende stärkere Schriftlichkeit und damit eine stärker skribale Kultur hat auch zur Folge, dass sich die Spracharbeit stärker auf das Leseverstehen hin ausrichtet. In der zuvor noch vorwiegend oralen Kultur stellen sich orthographische Fragen nicht so zwingend; es war wichtiger, das Hörverstehen des Vorgelesenen zu erleichtern. Insofern dienen Interpunktionszeichen, Versifizierung und auch Reim einerseits zur Entlastung im Hörverstehen und andererseits als Mnemotechniken des Vortragenden. Im Zuge der Ausbreitung skribaler Kultur und dem damit verbundenen ‚stillen Lesen' wird die Unterstützung des Leseverstehens noch wichtiger. Nach früheren Ansätzen, das stille Lesen durch die innere Struktur der Texte mit Hilfe von Kolumnentiteln, kleinen Resümees am Rande, Anmerkungen etc. zu unterstützen (vgl. Raible 1991), rücken jetzt Konzepte von Gleichmaß, Einheitlichkeit und satzlogischer Markierung in den Vordergrund. Strategien zur Erleichterung des Leseverstehens wie die geregelte Interpunktion und die geregelte Hervorhebung durch Majuskeln, vor allem aber der Grundsatz der Einheitlichkeit der Schreibung des jeweils gleichen Wortes zur Sicherung der besseren Wiedererkennung von Wörtern, sind Teil der Schriftentwicklung. Zahlreiche Veränderungen im Schriftlichen lassen sich dieser Motivation zuordnen; Nerius (2007, 28f.) spricht in diesem Zusammenhang von ‚**Erfassungsfunktion**'.

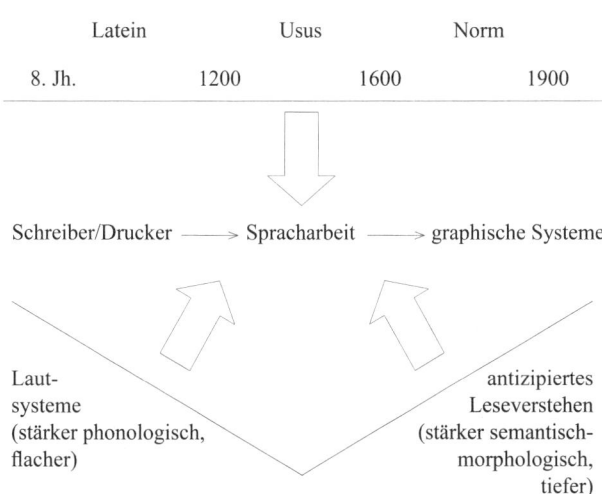

Abb. 3.9: Graphische Systeme als Ergebnis von Spracharbeit

Die Veränderung in der Schrift, die so entsteht, kann als zunehmende Grammatikalisierung der Schrift (vgl. Eisenberg 1989) verstanden werden, die sich von einem eher phonographisch orientierten (sog. ‚flachen‘) Schriftsystem zu einem neben der phonographischen Orientierung auch stärker semantisch orientierten (sog. ‚tiefen‘) Schriftsystem entwickelt (vgl. hierzu bes. Meisenburg 1998). Nach einer vorübergehenden Stärkung zunächst des phonographischen Prinzips durch Reduktion von Ligaturen und Abkürzungen im Druck des 16. Jh.s (vgl. Giesecke 1990) steht nicht mehr der adäquate Lautbezug im Vordergrund, sondern es treten andere Orientierungen hervor, deren Anwendung Auswirkungen auf die Grammatik, die Lexik und die Pragmatik hat. Diese Regularisierungen werden in der Forschungsliteratur häufig als ‚Prinzipien‘ bezeichnet. Dieser Begriff ist jedoch problematisch. ‚Prinzipien‘ der hier besprochenen Art sind „wesentlicher Ausdruck einer nachträglichen Systematisierung dessen, was die Sprachteilhaber beim Schreiben mittels Alphabetschrift getan haben" (Kohrt 1987, 516). Die ‚Prinzipien‘ sind nicht gleich gewichtig, einige sind peripher (vgl. Naumann 1990); das sog. morphologische Prinzip (vgl. weiter unten im Kap.) wird neben dem phonographischen als das bedeutsamste angesehen (vgl. Rahnenführer 1980) und nimmt an Gewicht gegenüber diesem in der jüngeren Schriftgeschichte des Deutschen zu. Damit wird die deutsche Schrift insgesamt → logographischer oder besser ‚morphographischer‘. Gegenüber einer Morphemschrift bzw. morphosyllabischen Schrift wie der chinesischen besteht allerdings der Unterschied, dass bei der Dekodierung im Leseprozess immer auch auf die lautliche Ebene rekurriert werden kann (vgl. dazu auch die Erkenntnisse der kognitiven Psychologie im Rahmen des sog. ‚dual route cascaded model of word recognition and reading aloud‘, s. u.a. Ziegler/Perry/Coltheart 2000).

Lesehinweis: Zum theoretischen Status orthographischer Prinzipien vgl. die kritische Darstellung von Kohrt (1987, 503ff.).

3.3.3 Strategien zur Unterstützung der Texterfassung

Wesentliche Elemente zur Unterstützung der Texterfassung wurden schon durch die karolingische Schriftreform grundgelegt, so

- die bereits zuvor verschiedentlich genutzte, nach der Reform aber häufigere und später konsequente Trennung von Worteinheiten durch **Spatien** (Wortgrenzenmarkierung durch Leerstellen) in der Tradition lateinischer juristischer Inschriften (vgl. Raible 1991, 19ff.).

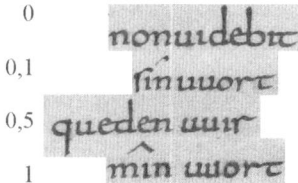

Abb. 3.10: Schrift ohne Spatien (scriptio continua) Universitätsbibliothek Carolina Rediviva zu Uppsala, Codex Argenteus Mk. 3, 27–32 (Ausschnitt); Schrift mit Spatien (scriptio discontinua) St. Gallen, Stiftsbibl., Cod.Sang. 56, p. 29 (Ausschnitt)

Busch/Fleischer (2015, 568; Abb. aus Busch et al. 2018) zeigen die recht unterschiedliche Handhabung dieses Prinzips im Ahd. und And. bis ca. 975.

0	nonuidebit
0,1	fin uuort
0,5	queden uuir
1	min uuort

- Die grundsätzliche Möglichkeit der kombinierten Verwendung unterschiedlicher Schrifttypen (**Majuskel** vs. **Minuskel**) geht ebenfalls auf die karolingische Reform zurück (s.o. Kap. 3.1 unter ‚Karolingische Schriftreform‘). Sie wird zunehmend als Möglichkeit der Makrostrukturierung von Texten genutzt.

- Bereits aus der Antike ist ein einfaches **Interpunktionssystem** bekannt, das im Laufe der Sprachgeschichte ausgebaut wird.

- Durch die stärkere Ausrichtung auf das Leseverstehen werden zusätzlich neue Strategien entwickelt, von denen das Prinzip der **Morphemkonstanz** als besonders wichtig gilt. ‚Morphemkonstanzschreibung‘ bezeichnet das Bestreben, Morpheme in unterschiedlichen Wortformen möglichst gleichförmig zu schreiben, d.h. z.B. ‹Hand› – ‹Hände› anstelle von [?]‹Hant› – [?]‹Hende›.

Lesehinweis: Nerius (2003) beschreibt die wichtigsten graphematischen Entwicklungstendenzen in der Geschichte des Deutschen.

Die tiefgreifende Veränderung der Schrift durch die konsequente Einführung von Spatien zwischen den einzelnen Worteinheiten und die damit verbundene Erleichterung der Dekodierung eines geschriebenen Textes führt aber zu dem Problem der Bestimmung, was als Worteinheit aufgefasst werden kann. **Zusammen- und Getrenntschreibung** von Worteinheiten schwanken entsprechend stark bis in die Neuzeit hinein und stellen auch heute noch ein wesentliches Problem der Orthographie dar. Gelegentlich wird hier die Schreiberintention sichtbar. Die Zusammengehörigkeit verschiedener Wörter zu einer ,gefühlten' Worteinheit wird durch einen Bindestrich oder durch Zusammenrückung ausgedrückt. Dies betrifft insbesondere Komposita, bei denen die Entwicklung von einer Kontaktstellung (etwa in einer Genitivkonstruktion) über eine lose Verbindung (graphisch als Bindestrich oder Doppelbindestrich umgesetzt) oder durch Zusammenrückung schließlich zur Zusammenschreibung führt. Besonders im 17. Jh. finden sich zahlreiche solcher Übergangsschreibungen (vgl. Wegera 2000; Voeste 2008a):

- Kontaktstellung (getrennte Schreibung): *Schutz Gott*;

- Kontaktstellung mit gruppeninitialer Großschreibung: *Sauer ampffer Wasser*, *Puls adern*;

- Binnenmajuskel durch Zusammenrückung: *LandGraff, EyßMeer*;

- Bindestrich/Doppelbindestrich: *Ober=Vormünderei, Liebes=Ohnmachten*;

- Kombination von Bindestrich + Getrenntschreibung: *Reichs=Tags Schluß*.

Durch die Einführung des dualen Systems mit **Majuskeln** und **Minuskeln** durch die karolingische Schreibreform stehen von Beginn an zwei Systeme zur Verfügung, die funktional auseinandergehalten werden. Majuskelschreibung bleibt zunächst als Absatz- oder Überschriftenmarkierung, später auch als Markierung von Strophen- bzw. Versanfängen der Makrostrukturierung von Texten vorbehalten und dient damit früh zur Markierung der „Sequenzierung der Informationen oberhalb der Wortebene" (Giesecke 1990, 76). Diese Markierung kann zu sog. Schmuckinitialen ästhetisiert werden.

Seit der Frühen Neuzeit wird zunehmend der Satzbeginn durch Majuskeln markiert, entweder ergänzend zu Interpunktionszeichen oder als alleiniges Gliederungssignal. Endgültig setzt sich die konsequente satzinitiale Großschreibung in Drucken im Verlauf des 16. Jh.s durch. Die Kennzeichnung eines reinen Sprecheinsatzes in einem längeren Satz durch Majuskeln ist dagegen rückläufig. Für die Kennzeichnung von Absätzen oder Neueinsätzen wird häufig ein neues Zeichen – die Alinea (¶) – verwendet.

Daneben erhalten Majuskeln die Funktion der Hervorhebung einzelner Wörter. Seit dem 13. Jh. – nach vereinzelten früheren Ansätzen – werden zunächst Eigennamen (geographische Namen und Personennamen), später Titel, Standes- und Amtsbezeichnungen (*Babst, Kayser* etc.), Kollektivbegriffe (*Christ, Mensch*) und sog. nomina sacra (nach 1500; vor allem *Gott*) zunehmend wortinitial mit Majuskel versehen. Das Prinzip der Hervorhebung erlaubt es jedoch, alle Substantive durch Majuskel hervorzuheben, so dass im 15. und 16. Jh. grundsätzlich jedes Substantiv großgeschrieben werden kann, wobei die Abstrakta jeweils in geringerem Umfang an der Großschreibung beteiligt sind als Konkreta.

Vom 15. Jh. an wird die Großschreibung auch von Adjektiven üblich, insbesondere von solchen, die von Eigennamen, Titeln oder Kollektivbegriffen abgeleitet sind (*Lutherisch, Kayserlich, Christlich* etc.). Dabei entsteht vorübergehend eine Art wortgruppeninitiale Großschreibung, bei der das Adjektiv mit initialer Majuskel, das nachfolgende Substantiv jedoch mit Minuskel oder Majuskel geschrieben werden kann (*Göttliche werck* neben *Göttliche Werck*; vgl. Wegera 1996). Eine besondere Rolle spielen Fremdwörter, die bei Adjektiven und Verben durchweg und bei den Substantiven bis ins frühe 17. Jh. einen jeweils prozentual größeren Anteil an Majuskelschreibung zeigen, da sie „mit ihrer Bedeutung eigens erlernt werden müssen und nicht wie alltägliche heimische Wörter gebraucht werden" (Bergmann 1999, 71).

Die zunächst semantische Motivation der Substantivgroßschreibung wird ansatzweise durch eine syntaktisch motivierte Großschreibung als Grenzmarkierung der Nominalphrase nach rechts (*das wasser der Sindflut*) erweitert (vgl. Maas 1995, 93). Diese wird jedoch nicht systematisiert, sondern durch die semantische und später wortartenbezogene Motivation überlagert (vgl. auch Günther 1999).

Lesehinweis: Bergmann (1999) gibt einen Überblick über die Entwicklung der Substantivgroßschreibung und ihre Motive.

Im 17. Jh. ist dieser Prozess so weit fortgeschritten, dass Grammatikographen auf ihn aufmerksam machen und die Großschreibung aller Substantive zu fordern beginnen und zugleich auf diese Wortart beschränken wollen (Stephan Ritter 1616, Johannes Girbert 1653). Diese Festlegung, die gegen Ende des Jh.s von anderen Grammatikern und Grammatiktheoretikern aufgenommen und festgeschrieben wird, verändert den wortinitialen Majuskelgebrauch von dem pragmatischen Verfahren der verfasser-/schreiberintendierten Hervorhebung als Mittel zur Steuerung der Texterfassung hin zu dem grammatisch-lexikalischen Prinzip der Markierung einer bestimmten Wortart. Welche Strategie das Leseverstehen besser unterstützt, sei dahingestellt; aus informationstheoretischer Sicht stellt die Beschneidung der Verfasser-/Schreiberintention jedoch einen Paradigmenwechsel dar. Die weitere Hervorhebung durch den Verfasser erfolgt nun häufiger durch andere Strategien, etwa durch Großschreibung weiterer Buchstaben eines Wortes (*GOtt, GOTT, HErr* etc.).

Die **Interpungierung** geht zurück auf die Antike und dient der rhetorischen Unterstützung des Vortrags. Es handelt sich zunächst um ein System aus drei relativ zur Zeile unterschiedlich positionierten Punkten: *comma* (*subdistinctio* = tiefgestellter Punkt), *colon* (*media distinctio* = Punkt auf der mittleren Höhe der Zeile) und *periodus* (*distinctio* = hochgestellter Punkt; so in Donatus, ‚ars maior' ~ 355 n. Chr. oder bei Isidor von Sevilla 570–636). Dieses System, das im Mittelalter durch Striche und Linien, verbunden mit Punkten, erweitert wird (vgl. Simmler 2003; Catach 1994), dient bis in die Frühneuzeit hinein überwiegend – wenn auch nicht ausschließlich – der Markierung von (Vor-)Lesepausen bzw. Sprechpausen, die zugleich auch Sinneinheiten gliedern können.

> Hoc quidem apud oratores· Ceterum apud poetas ubi in uerso post duos pedes sillaba remanet comma est· quia ibi post scansionem praecisio uerbi facta est· Ubi uero post duos pedes departe orationis nihil super est· colon est· Totus autem versus· periodus est.
>
> St. Gallen, Stiftsbibl., Cod. 878, p. 318; (zw. 829 und 849)
>
> (Das ist freilich bei den Rednern so. Im Übrigen steht bei den Dichtern ein Komma, wo in einem Vers nach zwei Versfüßen eine Silbe übrig bleibt, weil dort nach dem Skandieren ein Abschneiden des Wortes passiert. Wo aber nach zwei Versfüßen in einem Satzteil nichts übrig ist, steht ein Kolon. Ein ganzer Vers aber ist eine Periode.)

Mit der größeren Verbreitung von Schriftlichkeit durch den Druck wird ein detaillierteres System von ‚Satzzeichen' installiert, das die syntaktischen Informationen für das Leseverstehen privilegiert:

Die weit verbreiteten Zeichen Punkt und Virgel (/) dienen bis ins 15. Jh. weitgehend der o.g. Kennzeichnung von Sinneinheiten. Danach wird der Punkt (tief- oder hochgestellt) zunehmend konsequenter zur Kennzeichnung des Satzendes genutzt. Die Virgel wird dagegen vornehmlich zur Kennzeichnung von Teilsätzen bzw. Satzteilen verwendet. Hier konkurriert sie mit der Kleinform, dem Komma, die sich gegenüber der Langform zur Kennzeichnung von Teilsätzen zum Nhd. hin durchsetzt.

Der Doppelpunkt hat zunächst eine allgemeine (teil-)satztrennende Funktion (so bereits im 9. Jh.); er erscheint häufiger erst im 16. Jh. und erhält im 17. Jh. seine heute übliche Funktion der Ankündigung. In der Neuzeit erhält er zusätzlich die Funktion der Markierung eines Gegensatzes (etwa bei Spielergebnissen wie 3:1 ‚drei zu eins').

Der Strichpunkt hat eine dem Punkt ähnliche Unterteilungsfunktion und stellt eine Alternative zu ihm dar. Im 17. Jh. erhält er eine Gliederungsfunktion als sog. ‚Mittelzeichen' mit einer Funktion zwischen Punkt und Komma (daher auch ‚Semikolon'), doch konkurriert er häufig mit dem Komma.

Das Fragezeichen ist bereits im Ahd. bekannt, findet sich aber erst seit dem 16. Jh. häufiger.

Die Verwendung des Ausrufezeichens ist verhältnismäßig jung. Es wird seit dem 16. Jh. in Grammatiken erwähnt und zunächst unter dem Begriff ‚Verwunderungszeichen' gebucht. Seit dem 17. Jh. wird es zur Kennzeichnung von Ausruf, Wunsch, Verwunderung und des Nachdrucks als Ausrufezeichen verwendet (vgl. Hartweg/ Wegera 2005, 131f.).

Lesehinweis: Bisher beschränkt sich die Beschreibung der Interpunktion weitgehend auf einzelne Texte bzw. auf die Geschichte der grammatikographischen Regelungen zur Interpunktion (Höchli 1981; Rinas 2017). Voeste (2018) nimmt die außersprachliche (technische) Entwicklung in den Blick und untersucht Interpunktion als Teil der Professionalisierung im Setzerhandwerk im Kontext von Typographie und Druckproduktion. Trotz wichtiger neuerer Arbeiten wie Masalon (2014) und Kirchhoff (2017) steht eine umfassende diachrone empirische Darstellung der tatsächlichen Verwendung von Interpunktionszeichen noch aus. **Zur Geschichte der einzelnen Interpunktionszeichen:** Simmler (2003); Garbe (1984) bietet eine Textsammlung zur Geschichte der Interpunktion.

Eine Regelung erfährt auch die **Worttrennung** am Zeilenende. In mhd. Texten kann die Trennung ohne Markierung oder durch ein schräg gestelltes (einfaches oder doppeltes) Trennzeichen am Zeilenende nahezu an jeder Stelle im Wort erfolgen (genauere empirische Analysen stehen hier aber noch aus). Diese Art der Trennung ist auch für das Frnhd. belegt (*bi=stumb, menn=schlich, heyr=aten, gesch=opf, vera=cht*; vgl. V. Moser, Frnhd.Gr. I,1, 11). Seit dem 15. Jh. und dann bereits recht konsequent im 16. Jh. orientiert sich die Trennung an der Silbenstruktur, doch bleiben bis ins 18. Jh. und wohl darüber hinaus einige Schwankungen im Gebrauch bestehen (vgl. dazu Güthert 2005).

Seit dem 16. Jh. zeigen sich verstärkt Tendenzen, ein Wort bzw. ein Morphem, das in unterschiedlichen Wortformen auftaucht, möglichst gleichförmig zu schreiben: **Morphemkonstanzschreibung** (auch Stammkonstanzschreibung; vgl. Nerius 2003; Ewald 1997 spricht in diesem Zusammenhang von einem morphemidentifizierenden Prinzip). Dies führt einerseits zu einem raschen Rückgang graphischer Varianten und andererseits zu grundlegenden orthographischen Neuregelungen:

Die **Reduktion von Varianten** zur Durchsetzung einer bestimmten konstanten Schreibung von einem Wort/Morphem ist wohl die wesentlichste Neuerung im Rahmen der Morphemkonstanzschreibung im 16. Jh. (vgl. dazu auch Hartweg/Wegera 2005, 127f.). Graphische Variation erhält sich jedoch noch längere Zeit, z.T. bis in das späte Frnhd. Allerdings findet sich meist zugleich eine zumindest tendenzielle Festlegung der Verteilung (Distribution) je nach Stellung im Wort.

- ⟨i⟩ und ⟨j⟩ werden seit dem 12. Jh. variierend verwendet (*jar ~ iar, irren ~ jrren* etc.). Die Trennung der beiden Graphien nach ihrer Stellung in einem Wort ist zunächst nur eine Tendenz und wird erst seit dem 15. Jh. strenger eingehalten: ⟨j⟩ wird zunehmend initial und ⟨i⟩ medial und final verwendet (auch nach Präfixen; *jar*, aber *geiagt*; *jrren*, aber *bis*). Von der Mitte des 17. Jh.s an wird zwischen ⟨i⟩ für den Vokal und ⟨j⟩ für den Konsonanten unterschieden. Die Variante ⟨y⟩ konkurriert im Mhd. mit ⟨i⟩ und ⟨j⟩ (*yamer, såyen, kynd, ym, dyeb*) und bleibt im Wortinneren bis ins 17. Jh. erhalten. In einigen Fällen wird ⟨y⟩ zur graphischen

Unterscheidung von Lexemen noch in der 2. Hälfte des 18. Jh.s genutzt: *sein* (Possessivpronomen) und *seyn* (Verb) werden gelegentlich graphisch auseinander gehalten (vgl. Nerius 2003, 2468).

- ‹u› und ‹v› werden zunächst entsprechend der lat. Tradition sowohl zur graphischen Repräsentation des Vokals /u/ als auch des Konsonanten /f/ verwendet. Dabei steht ‹v› überwiegend initial und ‹u› medial und final, jeweils sowohl für den Vokal als auch für den Konsonanten (*vns*, aber: *darumb; vater*, aber: *zuuor*). Von der Mitte des 17. Jh.s an findet zunehmend eine Trennung der Vokalgraphie ‹u› und der Konsonantengraphie ‹v› statt. Als Majuskel ist ‹V› allerdings über das 17. Jh. hinaus belegt und repräsentiert häufig auch /ü/ bzw. /ü:/ (*Vbel*).

- ‹s› und ‹ſ› werden im Verlauf des Mhd. distributionell weitgehend festgelegt: ‹s› ist zu Beginn des Mhd. insgesamt nur marginal belegt, und zwar initial häufiger als in den übrigen Positionen. Während ‹s› medial durch das gesamte Mhd. hindurch nur spärlich belegt ist, nimmt der Anteil in initialer Position kontinuierlich leicht und in finaler Position kontinuierlich stark zu und erreicht im 14. Jh. in finaler Position einen Anteil von über 90%.

Zeitraum / Stellung	²11/¹12	²12	¹13	²13	¹14
- initial	> 5%	> 5%	> 5%	8%	14%
- medial	> 1%	1%	> 1%	1,5%	1,5%
- final	1,5%	17%	28%	56%	91%

Abb. 3.11: Prozentuale Anteile von ‹s› (gegen ‹ſ›) im Mhd. (gerundet nach dem Material des mhd. Grammatik-Korpus)

- ‹ß›, im Übergang vom Mhd. zum Frnhd. aus der Ligatur von ‹ſʒ› entstanden, repräsentiert ursprünglich das stimmlose /s/; später wird es allgemein konkurrierend mit ‹s› verwendet. Im 16. Jh. bildet sich eine festere Verteilung von ‹s› und ‹ß› heraus, die allmählich festgeschrieben wird und die im Rahmen der letzten Orthographiereform eine neuerliche Änderung erfahren hat (s. Kap. 3.2.1).

- Die zahlreichen graphischen Varianten zur Wiedergabe der Diphthonge werden zum Nhd. hin bis auf wenige Reste abgebaut. Es variieren nhd. noch ‹eu› und ‹äu› (mit einer geregelten Verteilung von ‹äu› als Umlautmarkierung von *au*; s.u. zum morphologischen bzw. etymologischen Prinzip) und ‹ei› und ‹ai›.

- Die Kürzelzeichen für Nasal und *(e)r* werden zunehmend gemieden.

Im Zuge der Reduktion der Varianten werden variante Formen aber in einer Reihe von Fällen positiv genutzt, um → Homophone graphisch zu unterscheiden wie *Waise* vs. *Weise*, *Saite* vs. *Seite*, *heute* vs. *Häute*, *den Leuten* vs. *das Läuten* etc.

Eine wichtige Entwicklung im Rahmen der Morphemkonstanzschreibung ist das sog. **morphologische Prinzip** (gelegentlich auch ‚etymologisches Prinzip‘ genannt), das besagt, dass etymologisch zusammengehörige Wortstämme möglichst gleich geschrieben werden sollen. Im Bereich des Vokalismus hat dies Auswirkung auf die Wiedergabe des Umlauts von /a/, /a:/ und /aɔ/ ‹au›, der als ‹ä› bzw. ‹äu› wiedergegeben wird (nicht als ‹e› bzw. ‹eu›). Im Bereich des Konsonantismus betrifft dies besonders den Auslaut; dort bleiben – entgegen der sog. Auslautverhärtung (s. Kap. 4.3.4) von /d/, /b/, /g/ zu /t/, /p/, /k/ – die Schreibungen mit ‹d›, ‹b›, ‹g› aus der jeweils erweiterten Form erhalten: ‹Rad› (gesprochen [ra:t]) wg. ‹Räder› (gesprochen [rä:der]). Aus Gründen der Morphemkonstanz bleibt auch die Schreibung mit Doppelkonsonanz im Auslaut erhalten bzw. wird sie im 18. Jh. weitgehend konsequent durchgesetzt (*Blatt* wg. *Blätter*). Das Dehnungs-*h* erscheint auch redundant nach Dehnungs-*e* in Fällen wie *stiehlt, befiehlt, sieht* (wg. *stehlen, befehlen, sehen*). Die etymologisch motivierte Konstanzschreibung setzt aber die jeweils synchrone morphologische Durchsichtigkeit des Zusammenhangs der verschiedenen Formen voraus. So wird z.B. heute *Eltern* nicht mehr intuitiv auf *älter* bezogen und entsprechend abweichend geschrieben.

Wie die Sprechsilbe phonotaktischen Regularitäten unterliegt, so unterliegt auch die Schreibsilbe gewissen graphotaktischen Regularitäten (vgl. bes. Butt/Eisenberg 1990; Voeste 2008b). Besonders an den Silbenrändern werden seit dem 16. Jh. Buchstabencluster entlastet und im Nhd. am linken Rand auf maximal vier Konsonantenzeichen (‹schl›, ‹schr›, ‹schm›, ‹schn›) begrenzt, z.B. nicht *Schplitter*, *Schtraße* etc. (vgl. Duden-Grammatik 2009, 92; dazu auch Primus 2010). Historische Schreibungen, die entweder der graphischen Variation dienten – wie *frauenn* – oder graphischer Ausdruck lautlich bedingter Kompromissschreibungen waren (wie *wegkh*), werden durch die Spracharbeit besonders der Druckereien vereinfacht. Am rechten Rand bleiben nur vereinzelt umfangreichere Cluster wie in *Herbst* oder in flektierten Formen wie in *verdeutscht* erhalten.

3.3.4   Orthographische Norm und graphematische Variation

Orthographische Systeme sind immer bewusste Festlegungen und Vorschriften bestimmter als richtig bzw. ‚recht' empfundener Schreibungen und Schreibregeln. Ewald (2011, 5) beschreibt Orthographie

> „als Norm der Schreibung, als ein (in einer bestimmten Zeit und einer bestimmten Sprachgemeinschaft geltendes) Gefüge von Regeln, die als Leitgrößen richtigen (normgerechten) Schreibens fungieren und die Beschaffenheit der Schreibung (und zwar aller Teilbereiche der Schreibung, einschließlich der Interpunktion) maßgeblich prägen."

Die gegenwärtige orthographische Norm ist in den durch den Rat für deutsche Rechtschreibung herausgegebenen Amtlichen Regeln (2006/2018) festgeschrieben; diese stellen das offiziell verbindliche, normsetzende „Referenzwerk für die deutsche Rechtschreibung" in den Bereichen Laut-Buchstaben-Zuordnung, Getrennt- und Zusammenschreibung, Schreibung mit Bindestrich, Groß- und Kleinschreibung, Zeichensetzung und Worttrennung am Zeilenende dar. Das Regelwerk zielt darauf ab, die Einheitlichkeit in der Orthographie zu sichern, und gilt für den gesamten öffentlichen Sprachgebrauch; Verstöße werden etwa im schulischen Kontext sanktioniert.

Neben den Regeln – dem „Herzstück der Orthographie […] – als dasjenige, was die Rechtschreibung einer Sprache *überhaupt* konstituiert" (Kohrt 1990, 107), die nicht nur die übergreifende(n) Regel(n) abbilden, sondern z.t. auch Einzelfestlegungen und komplexe Setzungen inklusive Beispielen dokumentieren, bietet das Wörterverzeichnis eine Orientierung zu einzelnen Wortschreibungen und spezifischen Teilregeln (sog. ‚doppelte Kodifikation der Norm'; Kohrt 1990).

Getrennt- und Zusammenschreibung bei *kennen lernen / kennenlernen*

Grundregel: § 34 (4) Verbindungen aus zwei Verben werden getrennt geschrieben.

> In § 34 E7 – hierauf wird auch im Wörterverzeichnis verwiesen – wird die Zusammenschreibung bei übertragener Bedeutung im Sinne von „Erfahrung mit etwas oder jmdm. haben" (RfdR 2006/2018, 37) allerdings explizit erlaubt, so dass beide Formen der gültigen Regelung entsprechen. Die Zusammenschreibung wird zudem von 85% der Studierenden als die alleinige regelgerechte Variante eingeschätzt (vgl. Lemke/Schuttkowski 2017).

Das kodifizierte Regelwerk bildet zwar den festen Kern der deutschen Orthographie, bestehende Regeln und Wortschreibungen sollen jedoch regelmäßig an den Sprachgebrauch bzw. an sich wandelnde Gebrauchsnormen, Lese- und Schreibgewohnheiten der Sprachteilhaber angepasst werden. In diesem Zusammenhang erlaubte Variantenschreibungen bieten zwar individuelle Gestaltungsspielräume; sie beziehen sich allerdings häufig auf Einzelfälle, die keine Verwendung finden (und wieder getilgt werden) oder – wie die amtliche Einführung der Majuskel von ß (2017) zeigt – deren typographische Umsetzung umständlich ist. Zudem werden Regeln so z.t. durch Neumotivierungen überlagert, wie z.B. die Rückführung von *schnäuzen* (< *Schnauze*), oder nicht konsequent durchgesetzt, wie z.B. die Laut-Buchstaben-Zuordnung bei Fremdwörtern wie in *Ketchup/Ketschup* [tʃ], aber: **Ketschap* [a], die nur über das Wörterverzeichnis zu erschließen und „wegen der Vielgestaltigkeit fremdsprachiger Schreibgewohnheiten" nicht auf „handhabbare Regeln" zurückzuführen ist (RfdR 2006/2018, 16). Die teilangepasste Variante wurde nach ihrer Aufnahme in der 2017 veröffentlichten Fassung des Wörterverzeichnisses inzwischen wieder zurückgenommen.

Gerade die graphische Integration komplexer Komposita wie *data analysis model* stellt jedoch eine große Herausforderung für Sprachnutzer dar; ihre graphische Erschließung ist nur bedingt mit Hilfe der Amtlichen Regeln möglich, vgl.

Data Analysis Model	Großschreibung
Data-Analysis-Model	Bindestrichschreibung
Data Analysis-Modell	z.T. angepasste Versionen mit deutschem Determinatum und Bindestrichschreibung
„data analysis"-Modell	Markierung der fremdsprachigen Formen durch
‚data analysis'-Modell	Anführung
Data-Analysis-Modell	integrierte Schreibungen
Datenanalysemodell [...]	

Trotz der Öffnung für Varianten zeigt sich der konservative Zug der gültigen Norm z.B. im Umgang mit Genderformen. So legen die Amtlichen Regeln in § 106 (1) zum Schrägstrich nur indirekt die Verwendung des Schrägstrichs als Kennzeichen der Doppelformen durch Beispiele wie *Schüler/Schülerinnen* nahe, andere Formen werden hingegen nicht aufgeführt. Der Wunsch nach sprachlicher Eindeutigkeit auch in Form von Sprachhandlungen ist jedoch häufig gekoppelt an gesellschaftliche Fragestellungen wie die Entscheidung, die Geschlechter auch im Schriftsprachgebrauch sichtbar zu machen. Alternative Zeichenverwendungen und kreative Formen können daher als bewusste Regelverstöße angesehen werden und sind damit Ausdruck gegenwärtiger Spracharbeit:

Paarformeln	*Schülerinnen und Schüler, Schüler/-innen, Schüler/innen*
Binnen-I/Binnenmajuskel	*SchülerInnen*
Klammern	*Schüler(innen)*
Gender Gap	*Schüler_innen, Schüler*innen, Schüler.innen*
	Schüler_, Schüler*, Schüler., SchülerX
Umschreibungen	*Studierende, Kollegium*
[...]	

Weiterführende Literatur: Allgemein: Dürscheid (2006). **Zur Orthographie und orthographischen Prinzipien allgemein:** Eisenberg/Günther (1989); Ewald (2011); Fuhrhop (2006), (2007); Garbe (1978); Herberg (2006); Mentrup (2007); K. Müller (1990); Munske (1984), (1997), (2005a); Nerius (2007); Primus (2010); Scheuringer/Stang (2004); Sitta (2006); Stetter (1990); Thomé (1992); Voeste (2008a), (2008b). **Zur Interpunktion:** Besch (1981); Bredel (2007), (2011); Eisenberg (2006); Garbe (1984); Günther (2000); Höchli (1981); Kirchhoff (2017); Masalon (2014); Parkes (1992); Rinas (2017); Simmler (2003); Stolt (1990). **Getrennt- und Zusammenschreibung/Worttrennung:** Busch/Fleischer (2015); Fuhrhop (2007); Güthert (2005); Herpel (2015); Jacobs (2005); Solling (2012); Voetz (2006). **Zur Großschreibung:** Bergmann/Götz (2009);

Bergmann/Nerius (1998); Kaempfert (1980); Maas (1995); Malige-Klappenbach (1955); Meisenburg (1990); Mentrup (1979), (1980); Moulin (1990); Risse (1980); Szczepaniak/Barteld (2016); Walz (1989); W. Weber (1958); Wegera (1996). **Zum morphologischen Prinzip:** Bergmann/Ewald (2004); Garbe (1980); Geilfuß-Wolfgang (2007); Hatz (1986); Ruge (2004). **Zu einzelnen Schriftzeichen:** E. Horn (1894); Michel (1959); Schulze (1967).

3.4 Graphische Systeme und ihre Entwicklung

Schriftzeichen können zu abstrakten Einheiten zusammengefasst werden. Die unterste Abstraktionsebene stellt die Zuordnung der verschiedenen typographischen und schreibtechnisch bedingten Varianten zu definierten Zeichen (Buchstaben, Interpunktionszeichen) dar, z.B. i, *i* und *ı* können ‹i› zugeordnet werden. Diese Einheiten bezeichnet man in Anlehnung an die strukturalistische phonologische Terminologie als **Graphe**. Graphe können auf einer weiteren Ebene zu abstrakten Einheiten zusammengefasst werden. Die wichtigste Funktion ist die der Bedeutungsunterscheidung im Schriftlichen. Diese Einheiten bezeichnet man, ebenfalls in Anlehnung an die phonologische Terminologie, als **Grapheme**, ihre Varianten als **Allographe**. Die am häufigsten vertretene Variante wird in der Regel als Klassenvertreter angesetzt, z.B. können ‹i› und ‹j› Allographe des Graphems ‹i› sein, das man als ‹i›, aber auch mit seinen jeweiligen Allographen darstellen kann (‹i, j› oder ‹i ~ j›).

Grundsätzlich kann zwischen solchen Graphemen, die minimale Einheiten darstellen, und solchen, die nicht minimal sind, unterschieden werden. In jüngerer Zeit wird im Anschluss an Heller (1980) nur der erste Typ als Graphem im engeren Sinne (Graphographem) bezeichnet, der zweite Typ als Phonographem. So enthält z.B. das Wort *schief* [ʃiːf] sechs graphische Einheiten ‹s+c+h+i+e+f›, von denen hier aber zwei nicht minimal sind, sondern Kombinationen aus zwei (*ie*) bzw. drei (*sch*) Elementen darstellen, die jedes für sich jeweils auch ein Graphem repräsentieren. Die sinnvolle Unterscheidung ist jedoch begrifflich problematisch, da der Begriff ‚Phonographem' einen grundsätzlich anderen Lautbezug als bei den übrigen Graphemen suggeriert. Historisch gesehen besteht der Unterschied der beiden Typen lediglich zwischen dem in der Regel ererbten einfachen Zeicheninventar des lateinischen Alphabets und den Zeichen, die durch das lateinische Alphabet nicht unmittelbar abgebildet werden und die nach den oben unter Kap. 3.2 dargelegten Verfahren zur adäquaten Wiedergabe lautlicher Einheiten geschaffen wurden. Besser geeignet erscheint eine Unterscheidung in **einfache** (Monographeme) und **komplexe Grapheme** (Di- oder Trigrapheme). Damit kann ‹sch› in einem bedeutungsunterschiedenen Paar wie *schief* vs. *tief* als minimal angesehen werden.

Die Grapheme und ihre Varianten lassen sich zu Inventaren zusammenstellen. Graphemsysteme für komplette historische Synchronschnitte darzustellen, ist jedoch schwierig und wurde bisher auch nur exemplarisch durchgeführt (vgl. dazu die entsprechenden Kapitel im Handbuch Sprachgeschichte 2000). Die Ergebnisse einzelner Untersuchungen sind zudem zunächst nur von begrenztem Aussagewert, da sie jeweils individuelle Lösungen von Schreibern/ Schreibstuben etc. und weniger ein allgemein gültiges System abbilden. Sinnvoller ist es deshalb, zu zeigen, welches der minimale und welches der maximale Inventar-Rahmen zu einer bestimmten Zeit an einem bestimmten Ort ist, der von Schreibern bzw. in Schreibstuben, später in Kanzleien oder Druckoffizinen, (aus-)genutzt wird.

Niederdt. Glaube (1150-1200)		Leidener Williram (~1105)				
⟨i⟩ {i, ī}	⟨u⟩ {iu, ü, ǖ, u, ū}	⟨i⟩ {i, ī}	⟨ii⟩ {ī}	⟨iu⟩ {iu}	⟨u⟩ {ü, ǖ, u, ū}	⟨uu⟩ {ǖ, ū}
⟨e⟩ {ē, eo, e, ä, ai̯, ai}	⟨o⟩ {ö, ȫ, o, ō}			⟨ie⟩ {ē, eo}		⟨uo⟩ {ȫ, ō}
		⟨e⟩ {e, ä, ai̯}	⟨ee⟩ {ai̯}		⟨o⟩ {ö, äu̯, o, au̯}	⟨oo⟩ {äu̯, au̯, ō}
⟨a⟩ {a, ā, äu̯, äu, au̯, au}		⟨ey ~ ei⟩ {ai}	⟨eu⟩ {ä, e}		⟨oy ~ oi⟩ {äu}	⟨ou⟩ {au}
		⟨a⟩ {ǟ, a, ā}	⟨aa⟩ {ǟ, ā}			

Abb. 3.12: Vokalsysteme ‚Niederdeutscher Glaube' und ‚Leidener Williram' nach Mihm (2001, 580 und 584; in Spitzklammern stehen die jeweiligen Graphien, in geschweiften Klammern stehen alle (etymologisch) abgeleiteten Laute, die von dem jeweiligen Schriftzeichen vertreten werden können)

So zeigt die in Abb. 3.12 dargestellte Analyse von Vokalgraphemen aus Mihm (2001) in einer Handschrift des 12. Jh.s (Niederdeutscher Glaube) ein Inventar von nur 5 Vokalzeichen, das damit eine starke Orientierung an der lateinischen Schriftlichkeit aufweist. Dabei wird jeweils von den tatsächlichen Lautwerten abstrahiert bzw. wird diesen ein Graphem zugewiesen; d.h. ein Schriftzeichen wird für verschiedene Laute generalisiert (Mihm bezeichnet diese Systeme als ‚lautabstrahierend'). Eine frühere Handschrift des gleichen Jh.s (Leidener Williram) zeigt dagegen eine weit stärkere Bemühung um eine lautadäquate Wiedergabe und verfügt damit über ein differenzierteres Inventar von Vokalgraphemen mit zahlreichen Allographen und tendenzieller Unterscheidung von Kurz- und Langvokal (Mihm bezeichnet solche Systeme als ‚lautdifferenzierend').

In einer grundsätzlich phonographisch organisierten Schrift stehen die Schriftzeichen in einer Beziehung zu Lauten. Schriftzeichen (Grapheme) und Laute (Phoneme) stehen aber, wie oben gezeigt, in großen Teilen nicht in einem 1:1-Verhältnis (vgl. auch Nerius 2007, 120ff.). Das graphische System und das Lautsystem stellen vielmehr relativ unabhängige, eigenständige Systeme dar, die unterschiedlichen Regeln folgen und sich auch unabhängig voneinander entwickeln (können), zugleich aber interdependent sind. Durch die Spracharbeit der Schreiber/Drucker können die beiden Systeme/Ebenen immer wieder mehr oder weniger stark aufeinander bezogen werden und beeinflussen sich so stetig aufs Neue.

Hieraus ergibt sich ein zentrales Problem der historischen Sprachforschung: Methodologisch werden historische Lautverhältnisse aus der überlieferten Schriftlichkeit ermittelt. Die Zuordnung eines Schriftzeichens zu einem (vermuteten) Laut erfolgt in der Regel reflektiert oder unreflektiert etymologisch über einen Wortkörper, d.h. unter Rekurs auf zuvor ebenfalls erschlossene Laute. „Der dauernde Sprung von Lautung auf Schreibung und von letzterer auf die Lautung ist die Bedingung der Möglichkeit laut- und graphiehistorischen Arbeitens und wird dementsprechend von allen Forschern bewußt oder versteckt vollzogen" (Frnhd.Gr., 14).

Lesehinweis: Kohrt (1998) bietet eine forschungskritische, methodologisch strenge Darstellung zur historischen Graphematik und Phonologie.

Aus einem graphischen Befund kann nicht unmittelbar auf das zugrunde liegende Lautinventar geschlossen werden. Mit entsprechendem Vorbehalt sind Inventarübersichten zu historischen Texten zu lesen, wie sie seit Moulton (1970) in Handbüchern immer wieder dargeboten werden. Vielmehr ist für jeden einzelnen Schreiber bzw. Text auf der nächsthöheren Ebene für jede Schreibstube, Kanzlei oder Druckoffizin und auf einer weiteren Ebene für jede Schreib-Landschaft zu ermitteln, mit welchem Inventar jeweils gearbeitet wird und wie sich das jeweilige graphische System zu dem (vermuteten) Lautsystem (Phonemsystem) verhält.

Allerdings ist die Erarbeitung solcher graphischen Inventare und Systeme Voraussetzung für die Lautbestimmungen, etwa um zu zeigen, welche (anhand weiterer Erschließungsmöglichkeiten vermuteten) Laute jeweils einem graphischen Zeichen zugeordnet werden (können) und welche nicht, bzw. um aus abweichenden kombinierten bzw. modifizierten graphischen Zeichen Rückschlüsse auf genauere lautliche Verhältnisse ziehen zu können.

Bei der Analyse und Darstellung der beiden Systeme kann man diese jeweils aus zwei Blickrichtungen aufeinander beziehen:

1. aus der **lautlichen** Perspektive: Welche graphischen Einheiten werden jeweils benutzt, um ein Phonem wiederzugeben (= graphisches Zeichenfeld)?
    Beispiel: velare Konsonanten und /h/ des Mhd. (nach Häufigkeit im Material des mhd. Grammatik-Korpus; fett = dominierende Variante)

/g/ ‹**g ~ gg** › gh ~ k ~ c ~ gk ~ kg ~ cg ~ G›

/k/ ‹**k ~ c** ~ ck ~ kk ~ g ~ ch ~ cc ~ cg ~ kg ~ kh ~ gk ~ ckk ~ q ~ K ~ C ~ Q›

/kχ/ ‹**ch ~ kch** ~ kh ~ h ~ chk ~ hc ~ chh ~ chg ~ gch ~ cch›

/x/ ‹**ch ~ h** ~ hh ~ g ~ gg ~ chg ~ gch ~ gh ~ hg ~ c ~ cg ~ hh ~ chh ~ hch ~ chch ~ hc›

/h/ ‹**h ~ ch** ~ hg ~ H›

/j/ ‹**j ~ i** ~ y ~ J›

/ks/ ‹x ~ k+s›

Diese Zeichenfelder stellen keine Grapheme dar, sie enthalten aber Grapheme verschiedener Art.

Das Zeichenfeld zu mhd. /k/ z.B. enthält das Graphem ‹k ~ c›, die stellungsbedingten Grapheme ‹g› (final), ‹q› (in Verbindung mit /u/ als /kv/), ‹Q› (initial in Verbindung mit /u/ als /kv/), ‹K ~ C› (initial meist bei Eigennamen) und die komplexen Grapheme ‹ch›, ‹cg ~ kg ~ gk›, ‹kh› und ‹ck ~ kk ~ ckk ~ cc›. Die komplexen Grapheme resultieren aus Versuchen, den zugrunde liegenden Laut genauer abzubilden: ‹cg ~ kg ~ gk› zeigt die Annäherung von /k/ und /g/ und kann unter etymologischem Aspekt entsprechend auch für /g/ angesetzt werden; ‹kh› signalisiert die Aspiration von /k/. Gelegentlich stellen sie (umgedeutete) Reste einer ehemals genaueren Lautmarkierung dar wie ‹ck ~ kk ~ ckk ~ cc› als Markierung der im Mhd. bereits weitgehend degeminierten ehemaligen Geminate /k:/.

2. aus der **schriftlichen** Perspektive: Welche unter etymologischen Gesichtspunkten oder aus anderen Vorannahmen ermittelten Phoneme werden jeweils durch ein Graphem und seine Allographe repräsentiert?

⟨k⟩	/k/ /g/		⟨gh⟩	/g/ /x/
⟨c⟩	/k/ /g/ /x/		⟨cg⟩	/g/ /k/
⟨ck⟩	/k/ /k:/		⟨G⟩	/g/
⟨kk⟩	/k/ /k:/		⟨h⟩	/h/ /x/ /kχ/
⟨cc⟩	/k/ /k:/		⟨hh⟩	/x/
⟨kg⟩	/k/ /g/		⟨chg⟩	/kχ/ /x/
⟨kh⟩	/k/ /kχ/		⟨gch⟩	/kχ/ /x/
⟨gk⟩	/g/ /k/ /		⟨hg⟩	/h/ /g/ /x/
⟨ckk⟩	/k/ /k:/		⟨cg⟩	/g/ /k/ /x/
(⟨x⟩)	(/ks/)		⟨chh⟩	/x/ /kχ/
⟨q⟩ ⟨Q⟩ (+u)	/k/ (/kw/)		⟨hch⟩	/x/
⟨K⟩	/k/		⟨chch⟩	/x/
⟨C⟩	/k/		⟨hc⟩	/x/ /kχ/
⟨ch⟩	/x/ /kχ/ /k/ /h/		⟨H⟩	/h/
⟨kch⟩	/kχ/		⟨j⟩ ⟨J⟩	/j/
⟨chk⟩	/kχ/		⟨i⟩	/j/ (+Vokal /i/)
⟨cch⟩	/kχ/		⟨y⟩	/j/ (+Vokal /i/)
⟨g⟩	/g/ /k/ /x/		⟨jh⟩	/j/
⟨gg⟩	/g/ /g:/			

Es ist, wie oben dargelegt, von begrenzter Bedeutung, Graphemsysteme oder Diasysteme zu einzelnen historischen Synchronschnitten des Deutschen aufzustellen. Neben den zahlreichen individuellen oder usuellen Varianten kann aber gezeigt werden, wie der kommunikationssichernde Kern der graphischen (Buchstaben-)Zeichen durch die Sprachgeschichte hindurch beschaffen ist:

Vokale (Monophthonge)

⟨i⟩ ⟨y⟩[1]	⟨u^Uml⟩	⟨u ~ v⟩	explizit ‚lang':	⟨ie⟩	⟨iu⟩ ⟨ue⟩ ⟨ui⟩		
⟨e⟩	⟨o^Uml⟩	⟨o⟩		⟨ee⟩			⟨oo, oe, oi⟩
⟨a^Uml⟩		⟨a⟩		⟨œ⟩			
				⟨aa, ae, ai⟩			
			Vokal + ⟨h⟩ wie ⟨eh⟩ etc.[2]				

Vokale (Diphthonge)

⟨io⟩	⟨ia⟩	⟨ie⟩	⟨ue^Uml⟩	⟨uo⟩
⟨eo⟩	⟨iu⟩			
⟨ei⟩	⟨ai⟩	⟨eu ~ew⟩	⟨au^Uml⟩ ⟨au ~aw⟩	⟨ou, ow⟩

Abb. 3.13: Overall-Darstellung zum Kernbestand Vokalgrapheme (jeweils frequenteste Varianten ohne Fremdgraphien), systematisch geordnet nach den vermuteten Lautwerten. ^Uml bedeutet eine beliebige Modifikation zur Markierung des Umlauts; fett = lat. Erbe; kursiv = nhd. nicht mehr gebräuchlich, außer evtl. in Namen wie *Voigt, Soest, Duisburg, Mayer* etc. [1] ⟨y⟩ nhd. nur in Fremdwörtern wie *Dynamo*. [2] nach ‚Verstummen' von /h/ in finaler Position (dazu auch ⟨ieh⟩ *sieh*, ⟨eih⟩ *zeih!*)

Konsonanten

⟨p⟩	⟨pp⟩	⟨t⟩ ⟨tt⟩ ⟨dt⟩	⟨k~c⟩ ⟨kk~ck⟩ ⟨qu⟩ ⟨x⟩
⟨b⟩	⟨bb⟩ ⟨ꝧ⟩[3]	⟨d⟩ ⟨dd⟩ ⟨đ⟩[3]	⟨g⟩ ⟨gg⟩
⟨pf⟩	⟨ph⟩[4]	⟨z~tz~zz~cz⟩ ⟨tsch⟩	⟨kch⟩
⟨f~ v⟩	⟨ff⟩		
	⟨w⟩ ⟨s~ſ⟩ ⟨ss~ſſ~ß⟩ ⟨z⟩ ⟨zz⟩ ⟨sch⟩ ⟨j⟩ ⟨ch~hh⟩		⟨h⟩
⟨m⟩	⟨mm⟩	⟨n⟩ ⟨nn⟩ ⟨ ̄ ⟩[5]	⟨ng⟩
	⟨r⟩ ⟨rr⟩	⟨ ' ⟩[6]	
	⟨l⟩ ⟨ll⟩		

Abb. 3.14: Overall-Darstellung zum Kernbestand Konsonantengraphien (jeweils frequenteste Varianten ohne Fremdgraphien), systematisch geordnet nach den vermuteten Lautwerten (fett = lat. Erbe; kursiv = nhd. nicht mehr gebräuchlich). [3] nur and. [4] ⟨ph⟩ nhd. nur noch in Fremdwörtern für /f/ wie *Alphabet*. [5] Nasalstrich zumeist als Ersatz für ⟨n⟩ über einer anderen graphischen Einheit, meist ⟨e⟩. [6] Kürzelzeichen für ⟨er⟩

Zusammenfassung

Die lateinische Schrift wird seit dem 8. Jh. zur Niederschrift volkssprachiger Texte in den deutschsprachigen Raum entlehnt. Durch die notwendigen Adaptionsprozesse, die die Schriftentwicklung durch ihre Geschichte hindurch begleiten, entstehen neue Schriftzeichen vor allem durch Kombination und Modifikation der lateinischen Schriftzeichen. Die Spracharbeit an der Schrift wird zunächst stärker geprägt durch die Orientierung an der lateinischen Orthographie einerseits und der lautadäquaten Wiedergabe der Volkssprache andererseits. Seit dem Spätmittelalter, dann verstärkt nach der Durchsetzung des Druckwesens, werden zunehmend Strategien zur Texterfassung beim ,stillen' Lesen bestimmend für die Schriftlichkeit. Dadurch wird das Schriftsystem weniger phonologisch (flach) und stärker semantisch (tief) ausgerichtet. Die leitenden Prinzipien, die den Strategien zur Erleichterung des Leseverstehens zugrunde liegen, werden zunehmend reflektiert, standardisiert und schließlich 1901/02 normiert.

Da die Schriftlichkeit immer in einem Spannungsgefüge zwischen Vorbildorientierung und Lautsystem steht, dem sich jeder einzelne Schreiber stellen muss, ist es schwierig, die diachrone Entwicklung graphischer Systeme darzustellen. Der Spannrahmen lässt sich vorerst in einer Overall-Darstellung, die alle Grapheme mit ihren wichtigsten Allographen abbildet, wiedergeben. Genauere Darstellungen der diachronen graphischen Entwicklung sind erst nach einer breit angelegten Aufarbeitung vieler graphischer Einzelsysteme (von Einzeltexten, Schreibern, Druckern und Offizinen) möglich.

Weiterführende Literatur: Überblick: Günther (1988), (1999); Handbuch Schrift und Schriftlichkeit (1996); Handbuch Sprachgeschichte (2000), Nr. 34, 72, 80, 90, 100, 111, 125; Kohrt (1985); Maas (1992); Neef (2005); Primus (2010). **Graphembegriff:** Althaus (1980); Heller (1980); Kohrt (1985), (1998). **Erschließung von Lauten:** Besch (1965); Russ (1986); Simmler (1979); Singer (1965). **Vorbildliche Analysen:** Elmentaler (1993); Glaser (1985); Maas/McAlister-Hermann (1982/1984); Meurders (2001); Wiesinger (1996).

4   Prosodie – Laute – Silben

4.1   Ursachen des Lautwandels

Laute unterliegen in besonderem Maße diachronen Veränderungen. Hierbei spielt die artikulatorische Entlastung als Ursache eine große Rolle – vor allem beim Wandel von Lauten, die bei der Artikulation einen größeren Energieaufwand erfordern – hin zu Lauten, deren Artikulation mit geringerem Energieaufwand verbunden ist. Dieses Prinzip ('Trägheitsprinzip', vgl. Boretzky 1977, 119f.) steht in einem Spannungsverhältnis mit den Hörerinteressen, für die das diskriminierende Hören wichtig ist (vgl. Kap. 2.1).

Das Trägheitsprinzip wirkt nicht monokausal, sondern ist immer auch von anderen, oft einzelsprachlich wirksamen Faktoren begleitet. Im Deutschen ist der Lautwandel stark bestimmt durch den Wandel der **Silbenstruktur**.

Bis ins Ahd. ist die Silben- bzw. Wortstruktur noch mehr oder weniger regelmäßig silbisch mit einer wenig komplexen Folge von Konsonant (bzw. nur wenige Konsonanten umfassende → Cluster) und Vokal (CV bzw. VC) aufgebaut (silbenisochron). Durch die Privilegierung der (ersten) Stammsilbe und die Schwächung der übrigen Silben werden Prozesse der Nivellierung, Kopierung (Aus- und Abfall) und Verdichtung in Gang gesetzt, die vereinzelt bereits im Ahd., verstärkt dann seit dem Übergang vom Ahd. zum Mhd. und im Frnhd. zu einer starken konsonantischen Clusterbildung führen:

ahd. *her.bis.to* > mhd. *her.best* > (fr)nhd. *Herbst*

Das Deutsche in seiner gegenwärtigen Standardform entspricht damit typologisch einer Sprache mit vorherrschender Isochronie einer höheren Einheit, die als → 'Fuß' bzw. von Auer (1993; 1994) als 'phonologischer Stamm' (= Wortstamm + nicht wortwertige Präfixe) bezeichnet wird. Szczepaniak (2007) bezeichnet diese Einheiten als 'Wort'.

Sprachrhythmus und Isochronie

Die auf Aristoteles zurückgehende Vorstellung, dass Sprache nicht nur in Form der Versmetrik, sondern dass auch die Sprache der (alltäglichen) Prosa rhythmisch sein kann, wird in der Forschung heute unter verschiedenen Gesichtspunkten diskutiert. Die Rhythmizität von Sprechen/Hören und Sprache, d.h. die regelmäßige Wiederkehr rhythmischer Einheiten in gleichmäßigen zeitlichen Abständen (Isochronie), wird auf regelmäßige Muskelbewegungen zurückgeführt (vgl. Allen 1975; Lehiste 1977; Lenneberg 1972). Im Anschluss an Pike (1945) unterscheidet Abercrombie (1967) zwei sprachliche Rhythmustypen, die er auf unterschiedliche Muskelbewegungen zurückführt (chest-pulses und stress-pulses).

Chest-pulses, periodisch wiederkehrende (rekurrente) Muskelbewegungen, bilden die Grundlage für silbenzählende Sprachen, die gekennzeichnet sind durch Silbenisochronie. Stress-Pulses, rhythmische Muskelbewegungen zur Produktion betonter Silben, bilden die Grundlage für gleichmäßige Akzentintervalle (sog. → Fußisochronie) bei akzentzählenden Sprachen wie dem Englischen.

Sprachen können dem einen oder anderen Typ mehr oder weniger streng folgen, also primär ‚silbenzählend‘ oder ‚akzentzählend‘ sein. Obgleich diese strenge Unterteilung in zwei universell gültige Sprachrhythmustypen häufig kritisiert wurde und Rhythmus heute als ein komplexes Phänomen begriffen wird, bildet sie doch die Grundlage bestimmter Einsichten in den Zusammenhang von Sprachrhythmus und phonologischen Einheiten (Silbe, Wort). Wird das phonologische System gestört (wie dies im Deutschen geschehen ist), kann auch ein Wandel der Isochronie und damit ein typologischer Wandel eintreten.

Sprecher nicht-akzentzählender Sprachen, wie etwa Sprecher des Japanischen, lösen die Clusterstruktur des Deutschen häufig durch Resilbifizierung auf. Dies geschieht zumeist auf der Ebene der parole; auf diese Weise resilbifizierte Formen können aber auch in das Lexikon übernommen werden (vgl. Dohlus 2008):

dt. *Takt*   jap. *takuto*
dt. *Arbeit*   jap. *arubaito*
dt. *(Zeit)geist* jap. *(tsaito)gaisuto*

Weiterführende Literatur: Auer (1993), (2001); Auer/Uhmann (1988); Dauer (1983), (1987), Donegan/Stampe (1983); Grzeszczakowska-Pawlikowska (2007, bes. 7–56); Nübling/Schrambke (2004); Szczepaniak (2007); Völtz (1991).

Im Laufe der deutschen Sprachgeschichte lassen sich zahlreiche Lautwandelprozesse identifizieren, die – entsprechend diesem typologischen Wandel – nicht mehr bezogen auf die prosodische Einheit ‚Silbe‘, sondern in hohem

Maße wortbezogen ablaufen. Dazu zählen insbesondere Prozesse zur Stärkung des rechten Wortrandes, der medialen Konsonantenschwächung und der Entlastung der Silbengrenze bei mehrsilbigen Wörtern (s. Kap. 4.3.4). Zugleich erfolgen Entwicklungen, die die Isochronie durch quantitative Prozesse wie etwa Vokaldehnung, Vokalkürzung und Degeminierung (neu) herstellen. Inwieweit hierzu auch die Prozesse der mitteldeutschen Monophthongierung und der nhd. Diphthongierung zu rechnen sind, ist vorerst noch unklar.

Der typologische Wandel wird allerdings nicht als ursprünglicher Antrieb verstanden, dem die einzelnen Prozesse im Sinne einer Optimierung folgen. Vielmehr wird dieser atelisch als eine Folge der Akzentfestlegung und der damit verbundenen Störung und schließlich der Auflösung der alten Silbenstruktur gesehen. Die Wandelprozesse werden als Reaktion, im Sinne von Reparaturleistungen zur Verbesserung der neuen Silben- bzw. Wortstruktur, gewertet.

4.2   Arten des Lautwandels

Lautwandel kann auf verschiedenen Ebenen stattfinden, die es zu unterscheiden gilt:

(1) Phonetischer Wandel

Phonetischer Wandel liegt dann vor, wenn das Ergebnis eines Lautwandels keine phonologische Relevanz hat, d.h. dass keine → distinktiven Merkmale eines Lautes verändert wurden. Es entstehen keine neuen Phoneme, sondern Phone, die zu Allophonie führen.

z.B. mhd./frnhd. /n/+/g/ > Allophonie [ng ~ ŋg] [ringən ~ riŋgən]

Phonetischer Wandel ist historisch nicht unmittelbar beobachtbar, kann aber als Hypothese aus phonemischen Prozessen rekonstruiert werden, die wiederum in aller Regel aus ihren graphischen Umsetzungen erschlossen werden müssen.

(2) Phonemischer Wandel

Phonemischer Wandel liegt dann vor, wenn das Ergebnis eines Lautwandels phonologische Relevanz hat, d.h. wenn ein distinktives Merkmal bzw. mehrere distinktive Merkmale verändert wurden. Phonemische Veränderungen können Auswirkungen auf den Umfang des Lautinventars haben. Phonemischer Wandel kann entweder syntagmatisch oder paradigmatisch erfolgen:

- **syntagmatisch**: Veränderungen in Bezug auf die Lautumgebung bzw. die Silben-/Wortstruktur wie Assimilation, Dissimilation, Metathese, Epithese, Epenthese, Hiatentlastung, Kontraktion (s. jeweils unter Kap. 4.3), → Haplologie, → Ersatzdehnung.

Syntagmatischer Wandel kann Auswirkungen auf die Silben- bzw. Wortstruktur haben, wie z.B. Stärkung des Silben-/Wortrandes, Prozesse an der Silbenkontaktstelle oder Prozesse zur Herstellung von Isochronie.

Der wohl wichtigste **syntagmatische** Lautwandeltyp ist die Assimilation (in Vokalismus und Konsonantismus). **Assimilation** bezeichnet eine teilweise (partielle) oder vollständige (totale) Angleichung von Lauten, wie z.B. mhd. *kamb* > nhd. *Kamm*. Neben der sog. Nahassimilation (Kontaktassimilation) wie in *Kamm* gibt es Fernassimilation, wie z.B. bei Umlautungen, bei denen der Vokal der nachfolgenden Silbe die Qualität des vorangehenden Vokals verändert, wie z.B. ahd. *blatir* > mhd. *bleter* (s. Kap. 4.3.1). Die assimilatorische Wirkung kann von einem vorangehenden Laut ausgehen und sich auf nachfolgende Laute beziehen wie in *Kamm* (progressive Assimilation) oder von einem nachfolgenden Laut auf vorangehende wie bei der Umlautung (regressive Assimilation). Assimilation kann auch durch beide Laute gleichermaßen bewirkt werden (gegenseitige/reziproke Assimilation), wie z.B. bei der Herausbildung des velaren Nasals /ŋ/ aus der Folge /n/+/g/ (*lang* /laŋ/). Bei der sog. beidseitigen Assimilation werden Laute durch ihre lautliche Umgebung von beiden Seiten beeinflusst (vgl. auch Akers 1931).

Lesehinweis: Guentherodt (1983) gibt einen Überblick über die vielfältigen Möglichkeiten von Assimilationen in den deutschen Dialekten.

Eine besondere Form der Assimilation stellt die Verschmelzung zweier gleicher oder sehr ähnlich artikulierter Konsonanten nach Synkope eines dazwischenliegenden *e* dar, so etwa im Gen. Sg. *hauses* > *hauss* > *haus* oder in der 3. Sg. Präs. Ind. *redet* > *redt* > *ret* ~ *red*. Diese Erscheinung wird zumeist als **Ekthlipsis** bezeichnet.

Seltener und nicht regelmäßig sind dagegen Prozesse der **Dissimilation**. Bei gehäuftem Auftreten von Nasalen bzw. Liquiden in einem Lexem werden /r/ oder /n/ durch /l/ bzw. umgekehrt /l/ durch /r/ oder /n/ ersetzt (mhd./frnhd. *prior > priol, samenen > samelen, pfellel > pfeller, klobelouch > knobelouch, kliuwel > kniuwel* etc.; vgl. Penzl 1969, 93; W. Horn 1900; Guentherodt 1983).

- **paradigmatisch**: Veränderungen hinsichtlich des Verhältnisses zu anderen Phonemen des (Teil-)Inventars durch Zusammenfall (merger), Teilung (splitting), Verschiebung (shift) oder Schwund (Tilgung), s. jeweils unter Kap. 4.3.5;

Die wichtigsten **paradigmatischen Prozesse** sind die Zentralisierung bei den Vokalen und die Schwächung konsonantischer Stärke bei den Konsonanten.

Sonorität/Konsonantische Stärke

Die Sonorität eines Lautes basiert auf den phonetischen Eigenschaften der Lautheit und der Intensität sowie dem Grad an Offenheit (Mundöffnungsgrad): Je lauter, offener und intensiver ein Laut ist, desto höher ist sein Sonoritätsgrad. Der Sonoritätsgrad steht in einem umgekehrt proportionalen Verhältnis zur Konsonantischen Stärke: Je sonorer ein Laut ist, desto schwächer ist seine Konsonantische Stärke ausgeprägt und umgekehrt. Entsprechend lassen sich Sonorität und Konsonantische Stärke skalieren:

zunehmende Sonorität   →   zunehmende Konsonantische Stärke

/a/	/e/	/i/	/ə/	/r/	/l/	/m/	/v/	/f/	/b/	/p/
	/o/	/u/				/n/	/z/	/s/	/d/	/t/
						/ŋ/		/x/	/g/	/k/

Vokale   Liquide   Nasale   Frikative   Plosive

Sonoritätsskala nach Vennemann (1986, 36), erweitert um /ə/, vgl. Szczepaniak (2007, 31)

Der Sonoritätsgrad bzw. der Grad an Konsonantischer Stärke wird für die Bewertung der Silbenstruktur (Grad der Wohlgeformtheit) herangezogen (vgl. dazu die Präferenzgesetze von Vennemann 1986).

Literatur: Ladefoged (2001); Löhken (1997); Restle/Vennemann (2001); Schmitt (1931); Szczepaniak (2007, 30ff.); Vennemann (1986). **Zum Ahd.:** Frey (1988, bes. 216).

Bei den Vokalen besteht eine starke Tendenz zur **Zentralisierung**, die bei den Nebensilbenvokalen zur völligen Nivellierung zu einem zentralen Laut mit geringer Sonorität /ə/ führt. Im Stammvokalismus lassen sich ebenfalls zahlreiche Prozesse von Senkung und Hebung mit Zentralisierungstendenzen gegenüber weniger ausgeprägten gegenläufigen Prozessen ausmachen (s. Kap. 4.3.5).

Bei den Konsonanten sind insbesondere eine ausgeprägte Tendenz zur Frikativisierung von Plosiven sowie die Tendenz zur Nivellierung der Stimmhaftigkeitsrelation zu beobachten (s. Kap. 4.3.5).

Weiterführende Literatur: Allgemein: Boretzky (1977); T.A. Hall (2000); Penzl
(1971), (1975); Russ (1978), (1982); Szczepaniak (2007); Szulc (1987), (2002).
Inventare und Systeme: Cercignani (1979); Fourquet (1954a), (1954b), (1963,
86ff.); Garbe (2000); Klein (2000a); Lerchner (2003); Moulton (1970); Niebaum
(2000); Paul, Mhd.Gr. §§ L 2f.; Simmler (1976), (2000a), (2000b); Trost (1939);
Valentin (1962), (1969); Voyles (1976); Wolf (2000); Wurzel (1970, bes. 194ff.).

4.3 Lautwandelprozesse

4.3.1 Ahd. Assimilationsprozesse und ihre Folgen

Lautwandelprozesse sind stark durch die jeweilige prosodische Struktur ge-
prägt. Da sich die Silbenstruktur des Ahd. von der späteren Struktur unterscheidet, finden hier auch andersartige Prozesse als in der Folgezeit statt. Im
Vorahd. und Ahd. gibt es im Vokalismus noch häufiger kombinatorische
Wandelprozesse, bei denen sich die Nebensilben und die Stammsilbe gegenseitig beeinflussen (Fernassimilation). Diejenigen Prozesse, die seit Jacob
Grimm als ‚Umlaut‘ bezeichnet werden (i-Umlaut, a-Umlaut), stellen solche
Ausgleichsprozesse zwischen Stamm- und Nebensilbenvokalen dar, wobei die
assimilatorische Wirkung regressiv vom Nebensilbenvokal ausgeht.

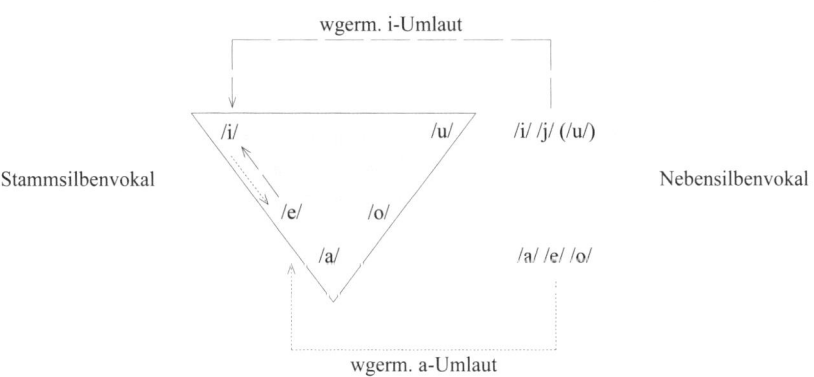

Bereits in vorahd. Zeit findet sich die Assimilation von germ. */e/ zu vorahd.
*/i/ (ahd.–nhd. /i/) vor */i/, */j/, später auch */u/ der Folgesilbe (sog. germ.
i-Umlaut), vgl.

    lat. *ventus* ≅ got. *winds* ≅ ahd. *wint*.

Vor */a/, */e/, */o/ der Folgesilbe bleibt das germ. */e/ dagegen erhalten, so noch nhd. *helfen* < ahd. *helfan*, aber nhd. *du hilfst* < ahd. *hilfis*.

Umgekehrt, wenn auch später und nicht konsequent, wird germ. */i/ > vorahd. */e/ durch */a/, */e/, */o/ der Folgesilbe (außer vor Nasalverbindungen) partiell assimiliert (sog. germ. a-Umlaut), z.B.

lat. *lingere* ≅ ahd. *leccon* > nhd. *lecken*.

Germ. */u/ wird vor */a/, */e/, */o/ der Folgesilbe zu */o/, während es vor */i/, */j/, */u/ der Folgesilbe */u/ bleibt (das später zu /ü/ umgelautet wird). Aus diesem Grund gibt es im Nhd. ein Nebeneinander von Formen wie:

voll (ahd. *fol*) neben *füllen* (got. *fulljan*; ahd. *fullen*).

Vgl. dazu Paul, Mhd.Gr. §§ L 7f., und Ahd.Gr. I §§ 51f.

Ahd. i-Umlaut

Die bekannteste und für das Deutsche wichtigste dieser assimilatorischen Entwicklungen stellt der ahd. i-Umlaut dar.

Vor /i/, /i:/, /j/ der Folgesilbe (gelegentlich auch in der übernächsten Silbe) wird zuerst der Stammvokal /a/ zu /e/ verschoben (→ palatalisiert).

$$gasti \longrightarrow gesti$$

Das /i/ der Nebensilbe wirkt auf das /a/ der Stammsilbe ein, das durch eine Hebung und Entrundung teilweise an /i/ assimiliert wird. Durch diese Annäherung entsteht ein neuer Vokal /ė/, der artikulatorisch zwischen ahd. /i/ und /ɛ/ liegt. Dieser auch graphisch zuerst abgebildete ‚Umlaut' wird als **Primärumlaut** bezeichnet. Später – aber noch in ahd. Zeit – folgen die übrigen Vokale, die Diphthonge /ou/ und /uo/ sowie der Umlaut von /a/ vor bestimmten Konsonantenverbindungen, die den Umlaut zunächst verhindert (gehemmt) haben wie *ht* (sog. **Sekundärumlaut**), wie z.B.

mahtig	>	*mähtic*	*nāmi*	>	*næme*	*loufit*	>	*löuft*
ubil	>	*übel*	*hūsir*	>	*hiuser*	*suoʒi*	>	*süeʒe*
lohhir	>	*löcher*	*rōti*	>	*ræte*			

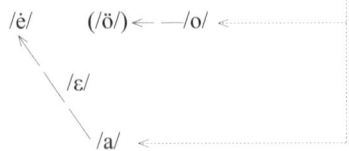

Stammsilbenvokal /i/   (/ü/) ← — — /u/ ← ···· /i/ /j/ (/u/) Nebensilbenvokal

/ė/   (/ö/) ← —/o/ ←

/ɛ/

/a/ ←

Der Umlaut führt über eine Allophonphase zu neuen Phonemen. In der Forschungsliteratur umstritten ist die Frage, wann genau die Phonologisierung stattfindet. Umstritten ist auch, ob es sich bei der Entwicklung der verschiedenen Umlaute um eine gleichzeitige Entwicklung handelt, die sich lediglich zeitlich unterschiedlich in der Schriftlichkeit niederschlägt (und somit auch die Unterscheidung in Primär- und Sekundärumlaut hinfällig ist), oder ob es sich um eine zeitlich gestaffelte Entwicklung handelt. Aufgrund der Vielzahl der betroffenen Laute und ihrer jeweiligen lautlichen Umgebung ist auf jeden Fall mit einer graduellen Entwicklung mit zeitlich unterschiedlichen Phonologisierungsprozessen zu rechnen, die ihre volle Entfaltung wohl erst im Übergang zum Mhd. erfahren haben (vgl. dazu ausführlich Szczepaniak 2007, 181ff.).

Das Ergebnis dieser Prozesse besteht nicht nur in einer partiell durchgeführten Assimilation von Neben- und Stammsilbenvokal, sondern stellt für die betroffenen Stammvokale zugleich ein Lautsplitting dar (vgl. Russ 1978, 56), z.B.

```
ahd.            /u/
              /     \
mhd.   /u/            /ü/
```

Damit wird das vokalische Inventar zum Mhd. hin stark erweitert:

ahd.

/i/ /i:/		/u/ /u:/
/e/ /e:/		/o/ /o:/
	/a/ /a:/	
/ia ~ io/ /iu/		/uo/
/ei/		/ou/

mhd.

/i/ /i:/	/ü/ /ü:/		/u/ /u:/
/è/			/o/ /o:/
/e/ /e:/	/ö/ /ö:/		
/ä/ /ä:/			/a/ /a:/
/ie/		/üe/	/uo/
/ei/		/öü/	/ou/

Abb. 4.1: Vokalisches Inventar vor und nach den i-Umlautprozessen

Diese Anreicherung des Inventars der Stammsilbenvokale steht in einem scharfen Gegensatz zu der Nebensilbenuniformierung (s. Kap. 4.3.2). Beide Prozesse zeigen deutlich die **Profilierung der Stammsilbe** (vgl. auch Szczepaniak 2007, 188).

Vokale der Stammsilbe			Nebensilbenvokal
/i/ /i:/	/ü/ /ü:/	/u/ /u:/	
/è/			
/e/ /e:/	/ö/ /ö:/	/o/ /o:/	
/ä/ /ä:/		/a/ /a:/	: /ə/
/ie/	/üe/	/uo/	
/ei/	/öü/	/ou/	

(fett: Umlautvokale)

Die besondere Bedeutung des ahd. i-Umlauts geht jedoch über die reine Lautentwicklung hinaus. Die durch Lautwandel entstandene Alternation von nicht-umgelautetem und umgelautetem Vokal wird unterschiedlich systematisiert und funktionalisiert, d.h. die Vokalalternation bei gleichen Wörtern wird zu verschiedenen Funktionen grammatikalisiert.

Neben anderen Pluralmarkierungen wird diese Alternation als eine weitere Möglichkeit zur Numerusunterscheidung genutzt, wie z.b.

> nhd. *Gast* : *Gäste*, *Loch* : *Löcher*, *Garten* : *Gärten* etc. (s. Kap. 5.2.5).

Bis ins Mhd. hinein dient der Umlaut auch zur Kasusunterscheidung bei den i-Stämmen:

> mhd. *die kraft* : *der kreft* Gen./Dat. Sg. (s. Kap. 5.2.1).

Im Präteritum dient der Umlaut zur Modusunterscheidung der starken Verben:

> nhd. *du kamst* : *kämst*, *ich wurde* : *würde* etc. (s. Kap. 5.3.6).

Vielfach ist der Umlaut als grammatische Markierung auch redundant, so bei der Numerusmarkierung (*Löch-er*, *Gäst-e*) und bei der zusätzlichen Markierung der Person in der Verbflexion,

> nhd. *ich fahre* : *du fährst* / *er fährt*,

oder zur zusätzlichen Markierung der Gradation bei einigen (wenigen) Adjektiven:

> nhd. *schwach* – *schwächer* – *am schwächsten*
> (aber: *matt* – *matter* – *am mattesten*).

Auch in der Wortbildung bleibt der Umlaut redundant:

> nhd. *Haus* : *Häuschen*, *Hund* : *Hündin*, *Grund* : *gründlich*, *laufen* : *Läufer* etc.

Lesehinweis: Eine ausführliche Darstellung der durch den Lautprozess ‚Umlaut‘ ausgelösten Kettenreaktion findet sich bei Sonderegger (1979, 297–319).

Frühahd. Monophthongierung und Ahd. Diphthongierung

Die Monophthongierung (Monophonematisierung) von Vokaldiphthongen kann als Assimilation gedeutet werden. Diese Assimilation betrifft die beiden Bestandteile des Diphthongs und wird durch die Lautumgebung (hier: den folgenden Konsonanten) gesteuert. Bereits im Frühahd. (7./8. Jh.) werden die germ. Diphthonge */ai/, */au/ und */eu/ in Abhängigkeit von ihren Folgekonsonanten verändert: */ai/ wird vor /r/, /w/ und germ. *h* (/χ/) zu /e:/, z.B. got. *saiws* gegen ahd. *sēwes* ‚See‘. Germ. */au/ wird seit dem 8. Jh. vor /t/, /d/, /s/,

/ʒ/ sowie vor /r/, /n/, /l/ und germ. *h* (/χ/) zu /o:/, z.B. got. *auso* gegen ahd. *ōra* ‚Ohr‘. In den übrigen Fällen bleiben die Diphthonge als solche zwar erhalten, werden aber im Ahd. ebenfalls verändert: Der Diphthongteil /a·/ in /ai/ wird zu /e/ > /ei/ und in /au/ zu /o·/ > /ou/; das /e·/ in /eu/ wird zu /i·/ > /iu/; der Diphthong /iu/ wird dann im Spätahd. zu /ü:/ monophthongiert.

Dieses Lautsplitting hat Folgen für die Stammbildung der starken Verben der I. bzw. II. Ablautreihe (s. Kap. 5.3.1), die dadurch in jeweils zwei Subklassen unterteilt werden:

*   Verbstämme der Ablautreihe I, die auf /r/, /w/ oder /χ/ enden, bilden bis ins Frnhd. die Sg. Prät.-Form mit /e:/ (*dēh* zu *dīhen*), die übrigen mit /ei/ (*reit* zu *rīten*).

*   Verbstämme der Ablautreihe II, die auf /t/, /d/, /s/, /ʒ/ oder /χ/ enden, bilden die Sg.-Form des Prät. mit /ō/ (*bōt* zu *bieten*), die übrigen mit /ou/ (*bouc* zu *biegen*).

Dieser Unterschied wird im Frnhd. weitgehend aufgehoben (s. Kap. 5.3.1).

Die ahd. Diphthongierung von germ. */ē₂/ zu /ea ~ ia/, später /ie/, und von germ. */ō/ zu /ua ~ uo/, später /ue/, wird als phonologischer Schub gedeutet, ausgelöst durch die Entstehung der neuen langen Monophthonge /ē/ und /ō/ als Ergebnis der Monophthongierung.

Weiterführende Literatur: Zum westgerm. a- und i-Umlaut: Paul, Mhd.Gr. §§ L 6ff. **Zum ahd. i-Umlaut** (die Literatur zum Umlaut ist sehr umfangreich; es werden nur wenige zentrale und einige neuere Arbeiten angeführt): Ahd.Gr. I § 51; Paul, Mhd.Gr. § L 16; V. Moser, Frnhd.Gr. I,1. §§ 16f.; Antonsen (1964); Buccini (1992); Fourquet (1952); Iverson/Salmons (1996); Kratz (1960); Lasatowicz (1980); Liberman (1991); Lüssy (1983); Marchand (1956); Meineke/Schwerdt (2001); Moulton (1970); Penzl (1949), (1983), (1994); Ronneberger-Sibold (1990a); Schulte (1998); Smith (1999); Szczepaniak (2007, 80ff.); Twaddell (1938); Valentin (1969); Vennemann (1972a), (1986); Voyles (1991), (1992); R. Wiese (1987). **Zur frühahd. Monophthongierung und zur ahd. Diphthongierung:** Ahd.Gr. I § 53; van Coetsem (1975); Dal (1951, 115f.); Durrell (1977); Morciniec (1981); Moulton (1970); Penzl (1947); Rauch (1967); Ronneberger-Sibold (1989); Schweikle (1964); Valentin (1969).

4.3.2   Auflösung der ahd. Silbenstruktur

Durch die Privilegierung der Stammsilbe als akzenttragende Silbe und die ‚Abwertung‘ der Nebensilben treten sehr früh auffällige Veränderungen im Bereich der Nebensilbenvokale auf. Infolge der Festlegung des Akzents auf die erste Silbe werden die Nebensilben und damit die Nebensilbenvokale frei für natürlich ablaufende Prozesse. „Es dürfte also gerade im Bereich des schwachtonigen Vokalismus eine Sache der Sprachökonomie sein, daß die aufzubringende Artikulationsenergie in Richtung auf den Zentralvokal verringert wurde" (Wolf 1981, 61). Vergleicht man ahd. Wortformen mit ihren nhd. Entsprechungen, fällt auf, dass viele Formen heute kürzer sind und dass an Stelle des ahd. Vokals ein ‹e› steht, das lautlich als [ə] artikuliert wird (bzw. in Verbindung mit *r* als vokalisiertes *r* [ɐ]).

ahd.	*finstarnissi*	mhd.	*finsternisse*	nhd.	*Finsternis*
	ordinunga		*ordenunge*		*Órdnung*
	nemamēs		*(wir) nemen*		*(wir) néhmen*
	vordarōsto		*(der) vorderste*		*(der) vórderste*

Im Mhd. sind die Nebensilben gegenüber dem Ahd. (außer bei einigen Wortbildungssuffixen, vgl. weiter unten im Kap.) bereits abgeschwächt bzw. ganz geschwunden. Dieser Prozess wird mit verschiedenen Begriffen wie Vereinheitlichung, Abschwächung, Reduktion, Neutralisierung, Ausgleich oder **Uniformierung der Nebensilbenvokale** bezeichnet.

Lesehinweis: Eine knappe Beschreibung dieses Prozesses findet sich bei Becker (2000).

Der Prozess erfolgt in drei Etappen:

1. **Kürzung** der Langvokale in den Nebensilben zu Kurzvokalen im Ahd. (außer teilweise bei ‹iu› [iu ~ ü:]);

2. Abschwächung aller Nebensilbenvokale durch Zusammenfall der Phoneme in einem zentralen Laut /ə/ (**Zentralisierung**) und dessen graphische **Uniformierung** mit ‹e› (seltener ‹i›) in der Schrift im Spätahd. und im Mhd.;

3. **Tilgung** der abgeschwächten Nebensilbenvokale durch Abfall von *-e* (Apokope) und Ausfall von *-e-* (Synkope) im Mhd. und Frnhd.:

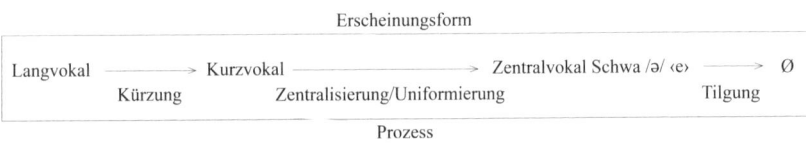

(vgl. dazu auch Szulc 1987, 88ff.)

(Gemeinahd.) Nebensilbenabschwächung

Die Vokale der – nicht akzenttragenden – Nebensilben werden bereits im späten Ahd., dann aber verstärkt im Übergang zum Mhd., allmählich einheitlich durch ‹e› wiedergegeben, wie z.B.

ahd.	*ubil*	*tagas*	*gebu*	*hano*	*lebēn*
mhd.	*übel*	*tages*	*gebe*	*hane*	*leben*

Erste ‹e›-Schreibungen finden sich bereits im 8. Jh. z.B. in der St. Galler Vorakte; die Durchsetzungsphase liegt zwischen dem 10. und dem 12. Jh. Zunächst wird ehemaliges ‹i› durch ‹e› und ‹u› durch ‹o› wiedergegeben, anschließend werden alle Vokalzeichen zu ‹e› uniformiert. Der zugrunde liegende Lautprozess kann als **Zentralisierung** beschrieben werden, d.h. alle Vokale fallen in einem zentralen Laut /ə/ (Schwa, auch Indifferenzvokal genannt) zusammen. Zum jeweiligen Stand der Abschwächung der Artikulation lassen sich lediglich mehr oder weniger plausible Vermutungen anstellen. Der Prozess setzt bei den Vor- und Mittelsilben bereits früher ein als bei den Endsilben (vgl. dazu Valentin 1978, der die Graphien allerdings zu direkt mit den Lauten in Verbindung bringt; s. auch Szczepaniak 2007, 87ff.).

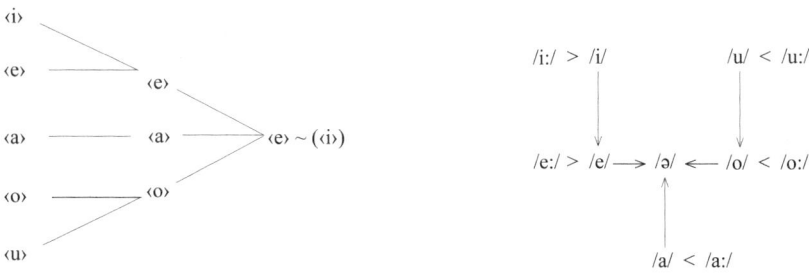

graphische Entwicklung   lautliche Entwicklung

(in Anlehnung an Moulton 1970)   (in Anlehnung an Becker 2000)

Die räumliche Ausbreitung dieser Erscheinung ist wohl vom Fränkischen dominiert. So konstatiert Moulton (1970, 510) „volle Abschwächung im größten Teil des deutsch-niederländischen Sprachgebietes, dagegen stufenweise immer ausgedehntere Erhaltung der vollen unbetonten Vokale (besonders in Endsilben), je mehr man sich der südlichen Sprachgrenze nähert".

Die weitere Entwicklung im Mhd. ist bisher nicht zufriedenstellend aus den Handschriften beschrieben worden, doch es zeigen sich bereits graphematische Sonderentwicklungen, die andere Vokale als ‹e› (z.T. ohne dass dies lauthistorisch motiviert wäre) einsetzen, deren Interpretation und lautliche Bewertung schwierig ist. Der Prozess der Uniformierung verläuft bis ins 17. Jh. je nach Landschaft und nach grammatischen Phänomenen recht unterschiedlich. So ist die Graphie ‹i›, die in einzelnen Landschaften (etwa im Thüringischen) zeitweilig dominant wird, etwa in der Form der 1./3. Sg. (*sollti*), im Westoberdeutschen, in *-er* (*manchir*) und *-es* (*gotis*) im Ostmitteldeutschen und im Superlativsuffix *-est* (*-ist*) im gesamten Sprachgebiet bis ins 16. Jh. belegt. Die Graphie ‹o› ist etwa in *-ent* (*mohtont*), *-et* (*verzwiflot*) und im Superlativsuffix (*ältost*) im Westoberdeutschen bis ins 15. Jh. belegt. Die Graphie ‹u› ist besonders lange in der Form des Part. Präs. *-ende* (*wartunde*) belegt, im Ostoberdeutschen bis ins 17. Jh.

Einen Sonderfall stellt ahd. ‹iu› dar, das im Oberdeutschen von der Reduktion verschont blieb. Der ahd. Diphthong /iu/ wird zum Mhd. hin zu /ü:/ monophthongiert. Als Flexiv der Adjektivflexion (Nom./Akk. Pl. Neutr. und Nom. Sg. Fem.) wird ‹iu› im Fränkischen (Mitteldeutschen) bereits im Ahd. (9. Jh.) von ‹u› über ‹o›/‹a› zu ‹e› (*goutiu > guotu > guoto ~ guota > guote*) abgeschwächt. Im Oberdeutschen dagegen hält sich ‹iu› bei gleichzeitiger gelegentlicher Ausdehnung auf den Akk. Sg. der Fem. und auf den Nom. Pl. der Mask. und Fem. bis in die 2. Hälfte des 15. Jh.s (vgl. Gr.d.Frnhd. VI §§ 44–46).

Die Vereinheitlichungsprozesse verlaufen bei den Präfixen anders als bei Flexiven, Derivationssuffixen und dem Stammnebensilben-*e*. Die Vokale der Präfixe entwickeln sich über eine *i*-Phase (9./10. Jh.) zu ‹e›, allerdings sind auch hier Reste alter Schreibungen bzw. andere Schreibungen als ‹e› bis in die Frühneuzeit belegt. ‹i› in *bi-* (*bisitzen*) schwindet im 14. Jh., in *int-* (*intbrant*) im 15. Jh. und in *ir-* (*irlaubt*) im 16. Jh.; ‹o› in *vor-* (*vorachten*) und ‹u› in *zu-* (*zustört*) halten sich bis ins 16. Jh. Die Vokale der Präfixe werden jedoch (außer in *be-* und *ge-*) nicht weiter zu /ə/ abgeschwächt, sondern behalten ihre *e*-Qualität (/ɛr-/, /fɛr-/, /tsɛr-/, /ɛnt-/, aber: /bə-/, /gə-/).

Während die Vokale der Flexive und die Stammnebensilbenvokale uniformiert werden, bleiben bei den Derivationssuffixen die ‚vollen' Vokale in der Regel erhalten. Eine Abschwächung findet sich nur beim ursprünglich mitteldeutschen Diminutivsuffix *-chen* (< *-chīn*, z.B. *lämmechīn > Lämmchen*), im Ableitungssuffix mhd. *-er* (< *-ære*, z.B. *jagære > Jäger*) und im (heute nicht mehr produktiven) Adjektivsuffix *-en* (< *-īn*, z.B. *gülden*). In den anderen Fällen ist der volle Vokal bewahrt. In Fällen, in denen im Mhd. vorübergehend eine gelegentliche Schwächung eingetreten ist, wie bei *-ec*, *-eclich*, *-echeit*, *-eht*, *-esch*, setzt sich die ‚volle' Form spätestens im Frnhd. (wieder) durch: *-ig* bereits im Mhd., *-iglich*/*-igkeit* spätestens im 17. Jh. und *-icht* im 18. Jh. Die im Mhd. nicht mehr produktiven vokalischen Ableitungssuffixe wie *-i*, *-o*, *-eo*, *-ī* werden zwar zu /ə/ ‹e› abgeschwächt, aber in der Folgezeit vielfach durch deutlichere Konkurrenten wie *-heit*, *-lich* u.a. ersetzt (*sconi > schoene > Schönheit*, *ziari > ziere > zierlich* etc.). In dieser formalen Trennung von uniformierten abgeschwächten und erhaltenen vollen Vokalen kann eine Tendenz zur deutlicheren strukturellen Trennung von Flexions- und Derivationsmorphemen im Deutschen gesehen werden (so W. Fleischer 1966, 78ff.). Löhken (1997, 141) und etwas abweichend Szczepaniak (2007, 155ff.

und 173f.) zeigen, dass der volle Vokal besonders in Derivationsaffixen mit phonologischem Wortstatus erhalten bleibt. So bleiben die vollen Vokale in der Struktur Konsonant – Vokal – Konsonant – (Konsonant) CVC(C) erhalten bzw. es werden vorübergehende Abschwächungen zu /ə/ wieder rückgängig gemacht (Suffixe wie *-heit* (regional selten *-het*), *-keit*, *-lich* (selten *-lech*), *-haft*, *-sam*, *-bar*, *-los*, *-icht*, *-nis*, *-schaft*, *-tum*, *-sal*, *-ling*, *-rich*, aber: *-chen*). Hierzu gehören insbesondere Derivationssuffixe, die durch Grammatikalisierung aus ehemals freien Lexemen entstanden sind wie *-heit*, *-schaf(t)*, *-tum*, *-lich*, *-bar*, *-haft*, *-sam* (s. Kap. 6.5). Erhalten bleibt der volle Vokal auch bei (mhd.) zweisilbigen Suffixen wie *-inne*, *-unge*. Dagegen werden vokalisch anlautende, nicht wortwertige Derivationssuffixe wie ahd. *-ida*, *-il*, *-ī*, *-īn* zu /ə/ abgeschwächt: *-(e)de* (*gibārida* > *Gebärde*), *-el* (*seckil* > *Säckel*), *-e* (*wuosti* > *Wüste*), *-(e)n* (*guldīn* > *golden*), regional und vorübergehend auch *-ec*, *-esch*.

Die folgende Darstellung gibt neben einem Eindruck über die zahlreichen graphischen Varianten von *-ig* im Mhd. die Verteilung von ‹i› und ‹e› wieder:

-*ig*-Variante / Sprachraum	bair.	bair.-ostalem.	ofrk.	alem.	mfrk.	rhfrk.-hess.	omd.	insg.
-*ec*	0,0	0,8	0,0	0,3	0,0	9,4	9,6	2,2
-*ech*	0,8	0,0	0,0	0,0	0,0	0,0	0,0	1,5
-*eg*	0,0	0,0	0,0	0,0	0,0	1,7	0,0	0,3
-*ek*	0,8	0,0	0,0	0,0	0,0	0,0	0,0	0,3
-*ic*	15,5	25,4	27,0	19,1	0,8	44,0	58,0	24,1
-*ich*	60,5	29,9	10,7	12,0	97,2	2,7	1,6	36,1
-*ig*	15,5	25,9	52,5	68,0	2,0	41,9	4,3	27,8
-*ik*	6,8	17,9	9,8	0,6	0,0	0,3	20,7	6,7
-*yk*	0,0	0,0	0,0	0,0	0,0	0,0	3,7	0,3

Abb. 4.2: aus Klein/Solms/Wegera (Mhd.Gr. III, § A 67; sortiert nach Nebensilbenvokal)

Synkope und Apokope

Abschwächung und Uniformierung stellen nicht den Abschluss der Entwicklung, sondern nur eine ihrer Etappen dar. Seit dem späteren Ahd. bzw. dem Frülmhd. setzt die Tilgung der abgeschwächten Nebensilbenvokale ein. Dabei muss zwischen zwei Tilgungstypen, der Synkope und der Apokope, unterschieden werden.

Als **Synkope** wird der Ausfall von *-e-* /ə/ (etwa in mhd. *ordenunge* > nhd. *Ordnung*) bezeichnet. Betroffen sind besonders einige Präfixe und Flexionsendungen. Die Synkope in den Präfixen *be-*, *ge-* wird in den oberdeutschen Dialekten meist generell durchgeführt. Von den betroffenen Wörtern haben sich aber nur einige Formen bis ins Nhd. erhalten, so mhd. *gelücke*, *geloube*, *gelīche*, *genāde*, *beleiben* > nhd. *Glück*, *Glaube*, *gleich*, *Gnade*, *bleiben* etc.

Für die Synkope in den Flexionsendungen gelten eine Reihe von fördernden wie auch hemmenden Faktoren, so die lautliche Umgebung, die Silbenzahl des Stamms, die Funktionalität des jeweiligen Flexivs und die – allerdings anhand des graphischen Befunds nicht immer zu bestimmende – Silbenlänge. Bei den Verben spielt darüber hinaus der Wechsel des Stammvokals gegenüber dem Infinitiv eine Rolle (*gesendet*, aber *gesandt*). Die verschiedenen Flexionsendungen sind unterschiedlich stark von der Synkope betroffen. Bei den Substantiven tritt sie selten bei *-er* und *-ens* auf, häufig bei *-es* und *-en*, bei den Verben seltener bei *-en* und häufig bei *-et* (zu den Verhältnissen im Nhd. s. bes. Becker 1990, 175ff.).

Die Synkope spielt eine zentrale Rolle bei der Umstrukturierung der Silben- bzw. Wortstruktur. Durch die Uniformierung und die anschließende Synkope werden die silbisch aufgebauten Wörter ‚verdichtet' und an den Rändern werden Konsonantencluster ausgebildet. Im Stamm wird *-e-* /ə/ bei mehrsilbigen Lexemen in zweiter Silbe häufig getilgt, so mhd. *maget, obez, dienest, houbet* > nhd. *Ma**g**d, O**b**st, Die**ns**t, Hau**p**t* etc. In Fällen wie mhd. *segenen, ordenen, atemen* > nhd. *se**g**nen, or**d**nen, at**m**en* unterbleibt die Tilgung dann in der Regel in den Flexionsendungen.

Als **Apokope** wird der Abfall des finalen *-e* /ə/ (mhd. *ordenunge* > nhd. *Ordnung*) bezeichnet. Die Apokope hat – anders als die Synkope – eine starke Auswirkung auf die Flexionsmorphologie, da das flexivische *-e* weitgehend verschwindet (s. Kap. 5).

Bei den Substantiven betrifft dies:

> Plural-*e*,
> Gen./Dat. Sg. und Gen. Pl. verschiedener Flexionsklassen

Bei den Verben betrifft dies:

> 1. Sg. Präs./Prät. Ind./Konj.,
> 2. Sg. Prät. Ind.,
> 3. Sg. Präs. Konj.,
> 3. Sg. Prät. Ind./Konj. und Imp. Sg.

Bei den Adjektiven betrifft dies:

> starke Flexion:

> > Dat. Sg./Gen. Pl. (aller Genera),
> > Nom./Akk. Pl. Mask./Neutr.
> > Akk./Dat./Gen. Sg. Fem.

> schwache Flexion:

> > Akk. Sg. Neutr./Fem.

Apokope tritt außerdem bei den Suffixen mhd. *-unge, -inne, -liche, -nisse* und *-ære* > nhd. *-ung, -in, -lich, -nis, -er* ein und ganz allgemein nach bestimmten Konsonanten, nach Langvokal oder Diphthong, so z.B. mhd. *spæte, vorhte, herze, reine, meie, lære* etc. > nhd. *spät, Furcht, Herz, rein, Mai, leer* etc.

Die Apokope von *-e* geht vom Oberdeutschen aus, wo sie in einzelnen Texten des 14. Jh.s in bestimmten Funktionen bereits zu 100% durchgeführt ist. Im Mitteldeutschen ist die Apokope bis zum Ende des Mhd. weitgehend auf bestimmte Phänomene wie etwa das Dat.*-e* beschränkt und tritt ansonsten noch sehr selten auf. Die Ausdehnung der Apokope in den mitteldeutschen Raum erfolgt dann im Frnhd. Die Entwicklung des Abbaus setzt sich bis ins 16. Jh. fort und führt im Oberdeutschen zu einem weitgehenden Verlust aller finalen *-e*. Die genaue Entwicklung ist bisher noch nicht zufriedenstellend beschrieben. Genauere Zahlen liegen lediglich für die *-e*-Apokope in einzelnen Funktionen für das Mhd. und Frnhd. vor. Die Zahlen bei Lindgren (1953, bes. 178) zur *-e*-Apokope insgesamt zeigen ein vorläufiges und zu wenig differenziertes Bild der Entwicklung (s. dazu die Zahlen zur Apokope im Dat. Sg. und im Pl. unter Kap. 5).

Sprachraum / Apokope %	bair.	ofrk.	schw.	obal.	ndal.	böhm.	rhfrk.	omd.
10	1200	1300	1300	1325	1325	1350	1400	–
50	1275	1375	1375	1400	1425	1400	1425	–
90	1375	1425	1425	1425	1450	–	–	–

Abb. 4.3: Prozentuale Anteile der Apokope (nach Lindgren 1953, 178)

Im 16. Jh. ändert sich die Situation insofern, als das Ostmitteldeutsche, wo die Apokope in vielen Fällen nur geringfügig durchgeführt worden war, zur impulsgebenden Region avanciert. Von hier aus setzt eine teilweise Restituierung des *-e* (etwa des Pl.*-e*) ein. Diese wirkt sich zunächst in den angrenzenden mitteldeutschen Gebieten aus, im 17. Jh. schließt sich das Westoberdeutsche an und im 18. Jh. das Ostoberdeutsche (vgl. dazu Gr.d.Frnhd. III § 95; Frnhd.Gr. § L 40).

In den heutigen Dialekten ist die *-e*-Apokope außer in Teilen des Niederdeutschen und Ostmitteldeutschen zumeist durchgeführt. Die Funktionen, die das *-e* früher innehatte, werden vielfach durch andere Mittel abgedeckt, so etwa die Unterscheidung zwischen Sg. und Pl. durch Vokalwechsel (z.B. ostfränkisch Sg. [tɪːʃ] – Pl. [fɪʃ]; südfränkisch *hunt – hint*), durch Akzentuierung (,rheinischer Akzent'), wie z.B. *Stein* [ʃda:²n] vs. *Steine* [ʃda·¹n] (vgl. J.E. Schmidt 1986, 136), oder durch Wechsel der Stammgestalt (z.B. oberhessisch *doɐk – doɐ* ,Tag') (vgl. Schirmunski 2010, 477ff.).

Kontraktion

Eine besondere Art der Verdichtung von Wörtern (durch Zusammenziehung) stellt der syntagmatische Lautwandel Kontraktion dar, bei dem ein Konsonant, der intervokalisch zwischen einem kurzen Stammvokal und einem Nebensilbenvokal steht, bei gleichzeitiger Verschmelzung der beiden Vokale zu einer neuen Lautform (Diphthong oder Langvokal) getilgt wird. Dieser Lautwandel betrifft damit neben dem Nebensilbenvokalismus und dem Stammsilbenvokalismus auch den Konsonantismus (vgl. Rein 1983). Zugleich ist die Kontraktion abhängig von einer lexemspezifischen und grammatischen Steuerung, d.h. bestimmte Lexeme sind anfälliger für Kontraktionen als andere, bestimmte grammatische Positionen zeigen häufiger kontrahierte Formen als andere. Kontraktionsformen erscheinen seit dem Spätahd., werden jedoch im Mhd. sehr frequent, häufig auch als analoge Bildungen zu anderen Kontraktionsformen. Die Kontraktion ist ein Phänomen der gesprochenen Sprache und wird nur gelegentlich in der Schriftsprache zum Nhd. hin beibehalten, wie etwa *Getreide* (< ahd. *gitragida*). In den meisten Fällen unterliegen die kontrahierten Formen der Morphemkonstanzschreibung (s. Kap. 3.3.3) und schwinden wieder aus der Schriftlichkeit.

Neben /h/ (*sihet* > *sēt*), /b/ (*gibit* > *gīt*), /d/ (*quedit* > *quīt*) unterliegt besonders intervokalisches /g/ im Mhd. zahlreichen Kontraktionsprozessen:

-ege- > ‹-ei-› ~ ‹-e-› /e:/ ~ ‹-ai-› ~ ‹-ay-›, ‹-a-› /a:/ ist am häufigsten betroffen: *gegen* > *gein* ~ *gen* ~ *kein* etc.; *legen, legt, gelegen* > *leit* etc.; *regenen* > *rainen* ~ *rayne* ~ *ran*; *gesegenen* > *gesenen*; *egeslich* > *eislich*; *phlegen* > *pleyn*; *wegen* > *weyn*; *slege* > *slei*; *belegen* > *beleit*.

-ige- > ‹-i-› /i:/, ‹-ey-› /aɪ/ ist häufig bei *(ge)liget* > *leit* ~ *lit*; ansonsten in *geswigen* > *geswein*; *Sigebrecht* > *Sebrecht*; *Sigefrid* > *Seyfrit* ~ *Sifrid*; *Sigebot* > *Seibot*.

-age- > ‹-ei-› ~ ‹-ai-› ~ ‹-ay-›, ‹-a-› /a:/ ist ebenfalls sehr häufig: *sagen, saget, gesaget* > *seit, geseit* etc.; *tragen, traget* > *treit* etc.; *maget* > *meid* ~ *maid* ~ *mat*; *slagen* > *slain* ~ *sla*; *wagen* > *wayn* ~ *wan*; *klagen* > *kleit*; *zagen* > *zeit*; *hagen* > *hain*; *jagen* > *jeit*; *getragede* > *getreide*.

-oge- > ‹-oi-› ~ ‹-oy-›, ‹-ai-›, ‹-a-› /a:/, ‹-o-› /o:/ findet sich in wenigen Wörtern, aber mit zahlreichen Varianten: *voget* > *voit* ~ *vait* ~ *fod* ~ *vad*; *zogete* > *czoyte*; *ungezogenlich* > *ungezonlichen*.

Vokalepenthese

Die vokalische Epenthese wird auch als Sprossvokal, Anaptyxe oder Svarabhakti bezeichnet. Es handelt sich um die Einfügung eines Vokals in einen Konsonantencluster, insbesondere zwischen /r/, /l/ oder /w/ + Konsonant. Diese Erscheinung findet sich häufig in einigen gegenwärtigen Dialekten (wie z.B. südfränkisch *hålef* (*halb*), *warǝm* (*warm*) etc., vgl. Schirmunski 2010, 463f.). Die Vokalepenthese stellt eine artikulatorische Entlastung dar und ist als parole-Phänomen bei den o.g. Konsonantenkombinationen allgegenwärtig. So kann eine Aussprache von nhd. standardsprachlich *Werk* durchaus [vɛʀᵊk] lauten (insbesondere bei uvular artikuliertem [ʀ]).

Im Ahd. erscheinen in medialer Position im hochdeutschen Raum zwischen /r/, /l/ und /x/ und zwischen /l/ und /w/ sowie im Oberdeutschen zwischen /r/, /l/ und verschiedenen Konsonanten gelegentlich Sprossvokale: *durch > duruh ~ durah, farwa > farawa ~ farowa, wurm > wurum* etc. Das Problem für eine sichere Bewertung ist die geringe Festigkeit der Erscheinung, die „sich häufiger in älteren Denkmälern, aber auch da sehr ungleichmäßig" findet; in den meisten Denkmälern des Ahd. sind Sprossvokale „nur selten oder gar nicht" belegt (Ahd.Gr. I § 69). Es ist durchaus möglich, dass es sich hierbei nicht um eine Lautentwicklung im Sinne eines Wandels (Resilbifizierung, vgl. Szczepaniak 2007, 98ff.) bzw. einer Optimierung der Silbenstruktur handelt, sondern dass in diesen Fällen ein Gleitlaut als Erscheinung der parole, der in der gesprochenen Sprache bei der Artikulation bestimmter Lautkombinationen als natürlich angesehen werden kann, lediglich graphisch aufgewertet wird, indem auch der Gleitlaut, über dessen Lautwert wir eigentlich nichts wissen, wie ein Vollvokal schriftlich wiedergegeben wird. Das gewählte Schriftzeichen entspricht dabei häufiger dem nachfolgenden und seltener dem vorangehenden Vokalzeichen (*forhta > forahta*, nhd. *Furcht*), variiert aber auch stark, was zusätzlich für eine graphische Deutung spricht (*forahta ~ forohta*).

Weiterführende Literatur: Zum Prozess der Nebensilbenuniformierung: Becker (2000); Löhken (1997); Moulton (1970, 509ff.); Sonderegger (2003, 250ff.); Szczepaniak (2007, 87–98 und 155–181); Szulc (1987, 88ff.); Valentin (1978); Weitere ältere Literatur in Ronneberger-Sibold (1989) unter dem Stichwort ‚Neutralisation' (Reduktion). Die Entwicklung seit dem 14. Jh. ist in den Bänden der Gr.d.Frnhd. I.1 und I.3 detailliert beschrieben. **Zum Schwa-Laut in der Gegenwartssprache:** Becker (1998); R. Wiese (1986). **Zu Synkope und Apokope:** Paul, Mhd.Gr. §§ L 51–59; Frnhd.Gr. §§ L 38–40; Becker (1990); Besch (1967, Karte 79 und 255f.); (2012); W. Fleischer (1966); Herbers (2011); Issatschenko (1974); Klein (2000b), (2005a); Lindgren (1953); Löhken (1997); Martens (1975); Marynissen (2009); Moulton (1970, 509ff.); Raffelsiefen (2000); Schirmunski (2010, 206–224, 463f.); Sonderegger (2003, 256ff.). **Zur Kontraktion:** Michels, Mhd.Gr. § 170; Paul, Mhd.Gr. §§ L 51–59; Frnhd.Gr. §§ L 38–40; W. Fleischer (1966); Issatschenko (1974); Klein/Büthe (2011); Martens (1975); Rein (1983). **Zur Epenthese:** Ahd.Gr. I § 69; Galton (1956), Reutercrona (1920).

4.3.3 Umbau der Silbenstruktur

Im Gefolge der oben beschriebenen Kopierungs- und Kontraktionsprozesse wird die ehemalige Silbenstruktur gestört und vielfach zerstört. Zahlreiche Lautwandelprozesse der Folgezeit lassen sich als Reparatur- und Optimierungsprozesse im Rahmen der Silbenumstrukturierung beschreiben. Hierzu gehören auch quantitative Prozesse wie die Dehnung in offener Tonsilbe

(= Silbe, die auf einen Vokal endet), Kürzung und Degeminierung (= Kürzung von langen Konsonanten nach einem betonten Vokal), Prozesse an der Silbenkontaktstelle bei mehrsilbigen Wörtern und Prozesse an den Wort- bzw. Silbenrändern, insbesondere die sog. Auslautverhärtung.

4.3.3.1 Prozesse der Silbenisochronie

Neben dem Kontrast zwischen betonten und unbetonten Silben spielt die zeitliche (möglichst gleichmäßige) Abfolge betonter Silben (s. Kap. 4.1 unter ‚Sprachrhythmus und Isochronie‘) eine wichtige Rolle. Durch die quantitativen Prozesse wird ein Gleichmaß der Silbe erreicht (man bezeichnet diese auch als gleich ‚schwer‘): Der → Silbenreim besteht entweder aus einem langen Vokal (oder Diphthong) $\bar{V}$ oder aus einem Kurzvokal und einem (kurzen) Konsonanten VC. Um dies zu erreichen, können kurze Vokale gedehnt und lange Konsonanten gekürzt werden. Diese Entwicklungen wurden jedoch nicht konsequent, sondern nur tendenziell durchgeführt.

(1) Dehnung der Stammvokale

Mhd. kurze Vokale in sog. offener Tonsilbe werden seit frühmhd. Zeit ‚gedehnt‘. Unter Dehnung versteht man den Prozess der Veränderung der relativen Kürze in relative Länge bei der Artikulation von Vokalen. Diese Entwicklung geht vom mitteldeutschen Nordwesten aus und greift von da aus auf die übrigen hochdeutschen Landschaften aus:

> z.B. mhd. *rede* /rɛ.də/ > nhd. *Rede* [reː.də]

Da die graphischen Längenbezeichnungen zunächst nur unvollständig und unregelmäßig verwendet werden, ist die jeweilige Bewertung der Vokalquantität schwierig. In heutigen Dialekten ist die Dehnung z.T. weitergehend durchgeführt, z.T. haben sich mehr Ausnahmen erhalten als in der Standardsprache; in großen Teilen des deutschen Sprachgebiets ist sie gar nicht durchgeführt (vgl. Schirmunski 2010, 229ff.; Wiesinger 1983c).

Die Dehnung erfolgt nicht konsequent. Häufig unterbleibt sie vor /ʃ/ ‹sch› (z.B. *waschen*) und /x/ ‹ch› (z.B. *machen*). Nicht gedehnt wird vor ehemaligen Geminaten (vgl. weiter unten im Kap.), da hier keine offene Silbe vorliegt (z.B. /bit-tən/).

Andererseits erfolgt Dehnung auch gelegentlich in sog. geschlossener Tonsilbe (= Silbe, die auf einen Konsonanten endet) bei einsilbigen Lexemen:

> z.B. mhd. *vil* /fil/   nhd. *viel* /fiːl/
>
>   *spil* /ʃpil/   *Spiel* /ʃpiːl/

In etymologisch verwandten Wörtern und in Flexionsparadigmen kann die Dehnung ebenfalls in geschlossener Silbe erfolgen. Es handelt sich hierbei um einen analogen Ausgleich von Stammallomorphie,

z.B.   mhd.   /ta.ges/ – /tak/

Dehnung zu   /ta:.gəs/, aber: /tak/

analoge Dehnung zu   nhd.   /ta:.ges/ – /ta:k/

(2) Kürzung

Im Gegenzug werden seit dem Mhd. (etwa seit Mitte des 12. Jh.s besonders im Ostmitteldeutschen, Ostfränkischen und Niederhessischen) lange Vokale gekürzt, und zwar vor mehrfacher Konsonanz (ehemaligen Geminaten und einigen Konsonantenclustern, wie Nasal, Velar, *r* + Konsonant und vor /x/ oder /xt/) und gelegentlich bei Einsilblern vor stimmlosem Plosiv, so etwa mhd. *hāt, jāmer, dāhte*; nhd. *hat, jammer, dachte* (regelmäßig gekürzt werden Vokale in Derivationssuffixen wie *-līch > -lich*). Die Kürzung in geschlossener Silbe ist unregelmäßig und auf bestimmte Landschaften begrenzt; im Oberdeutschen ist sie selten (zu den heutigen Dialekten s. Wiesinger 1983c; Schirmunski 2010, 229ff.).

(3) Degeminierung (Degemination, Konsonantenkürzung)

Das Germ. kennt noch lange Konsonanten (auch: Konsonantendopplung, Geminaten). „Ein langer Konsonant unterscheidet sich von seiner kurzen Entsprechung dadurch, daß seine Artikulation auf zwei Silben verteilt ist […], d.h., daß z.B. beim Verschlußlaut die Pause […] gedehnt wird" (Szulc 1987, 93f.), z.B.

urgerm. *biđjan(an)* > westgerm./vorahd. *biddjan* > ahd. *bitten* /bit.tən/

Die langen Konsonanten sind wohl durch Assimilation bzw. Ekthlipsis entstanden (vgl. urgerm. *fulnaz*, got. *fulls*, ahd. *voll*; urgerm. *spenanan*, ahd. *spinnan*; s. dazu Szulc ebd.). Im Westgerm. werden zusätzlich zu den älteren Geminaten Konsonanten (außer */r/) nach Kurzvokal vor */j/ gedehnt (sog. westgerm. Konsonantendehnung); vgl. dazu Simmler 1974. Damit gibt es im Vorahd. nicht nur zahlreiche Geminaten; es besteht darüber hinaus eine ausgewogene Opposition von kurzen und langen Konsonanten (Geminatenkorrelation).

Dieses System wird im Ahd. vielfach gestört. Die Opposition kurzer Konsonant vs. langer Konsonant wird früh überlagert durch eine Opposition → Lenis vs. → Fortis (Druckstärkenkorrelation). Diese Entwicklung verläuft über eine Zwischenstufe: stimmlose Lenis : geminierte Fortis:

/p/ : /p:/ > [b ~ p] : [p: ~ p] mit einer komplementären Verteilung von [p:] nach Kurzvokal und [p] nach Langvokal bzw. Diphthong

Eine der Ursachen, zumindest aber ein stark beschleunigendes Element für die Störung und die anschließende Degeminierung, ist die Frikativisierung der Plosive im Rahmen der 2. Lautverschiebung (s. Kap. 4.3.5 unter ‚2. Lautverschiebung'). „Das ausgewogene, wenn auch ungleichmäßig belastete Konsonantensystem des Vorahd. wurde durch die 2. Lautverschiebung grundlegend umgestaltet" (Reiffenstein 1965, 63). Die Opposition /p/ : /p:/ z.b. wird aufgehoben durch die Verschiebung von medial intervokalisch /p/ zu /f:/, so dass jetzt eine theoretische Opposition /p:/ : /f:/ entsteht, die aber nicht ausgebaut wird. Ein wenig anders verhält es sich mit /t/, das medial intervokalisch zu /s:/ ‹ȥȥ› verschoben wird, so dass auch hier eine gestörte Opposition eintritt: /t:/ : /s:/. Da jedoch /d/ (anders als /b/ und /g/) in weiten Teilen des Oberdeutschen zur Fortis /t/ verschoben wird, entsteht im Oberdeutschen eine neue Opposition /t/ : /t:/. Diese wird aber durch die außersprachliche Entwicklung wieder zurückgeführt. Reiffenstein (1965) vermutet hier fränkischen Einfluss, der die Fortisierung und damit eine Rekonstruktion der alten Opposition von Simplex und Geminate hindert – eine Entwicklung, die nach Reiffenstein im Oberdeutschen angelegt war.

Im Ahd. setzt bereits früh eine Kürzung der konsonantischen Länge (Degeminierung) ein, zunächst bei den Obstruenten. „Im Spätalthochdeutschen gab es also, phonologisch gesehen, außer tt bei den Geräuschlauten keine Geminaten mehr" (Reiffenstein 1965, 69). Wie weit dieser Prozess im Mhd. bereits fortgeschritten ist und auf Liquide und Nasale übergegriffen hat, ist noch nicht gänzlich erhellt, doch lassen sich noch zahlreiche Geminaten insbesondere bei den Sonorlauten nachweisen (vgl. etwa Simmler 2000c). Da es jedoch nur eine überschaubare Zahl von eindeutigen Minimalpaaren zwischen langer und kurzer Konsonanz gibt, dürften die gedehnten Konsonanten bereits überwiegend Allophonstatus innegehabt haben [bitˑtən ~ bitən]. Im Auslaut findet sich im Ahd. bereits eine weitgehende Degeminierung, die sich auch graphisch in Form von Einfachkonsonanzschreibung niederschlägt. Im Inlaut bleibt die Schreibung doppelter Konsonanten weiter bestehen, wird aber zunehmend monophonematisch artikuliert ‹bitten› /bitən/.

In den meisten schweizerdeutschen Dialekten und in einigen südbairischen Reliktgebieten haben sich die Geminaten erhalten.

Weiterführende Literatur: Zu Dehnung und Kürzung: Fix (1995); Klein (1995); Ramers (1999b) mit einer abweichenden Erklärung der Kürzung, die nicht von dem Folgekonsonanten ausgeht; Russ (1982, 124); Szczepaniak (2007, 233ff.); Szulc (2002, 150ff.); Wiesinger (1983c). **Zur Degeminierung:** Ahd.Gr. I §§ 91ff.; Paul, Mhd.Gr. §§ 71f.; Maas (1999, 206–216); Ramers (1999a, 111–123); Reiffenstein (1965); Reis (1974); Russ (1969); Simmler (2000b, 1325f.); Vennemann (1991, 1995).

4.3.3.2 Prozesse an der Silbenkontaktstelle

Besonders zahlreich sind die Prozesse an der Kontaktstelle von Silben in mehrsilbigen Wörtern. Es handelt sich um Vereinfachungsprozesse, bei denen ein vorhandener Konsonantencluster durch Assimilationsprozesse reduziert wird. Die vereinfachte Konsonanz wird dadurch ambisilbifiziert und fungiert als Silbengelenk, d.h., der jeweilige Konsonant gehört sowohl zur ersten als auch zur folgenden Silbe, so z.B. nhd. /m/ in *Kummer* (zur Doppelschreibung von Konsonanten an dieser Stelle s. Kap. 3.2.2):

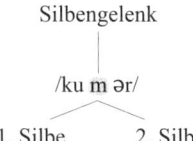

Lesehinweis: Zum Silbengelenk s. Eisenberg (in Duden 2009 § 92ff.).

Betroffen von den Prozessen sind neben den Konsonantenclustern auch → biphonematische Einheiten wie Diphthonge. Bei den Konsonanten sind insbesondere die Sonanten bzw. Kombinationen aus Obstruenten und Sonanten von solchen entlastenden Assimilationsprozessen betroffen. Des Weiteren finden hier auch Prozesse statt, die die Kontaktstellen von Silben bei der Aufeinanderfolge von zwei Vokalen entlasten (Hiatentlastung). Im weiteren Sinne könnte man auch die mediale Degeminierung in diesen Zusammenhang bringen.

/b/ > /m/ (nach /m/)

/b/ (bzw. /p/ im Auslaut) nach /m/ wird zunächst in medialer Position, später analog dazu auch final an /m/ assimiliert. /m/ ‹mm› durch Assimilation von /b/ an vorausgehendes /m/ findet sich im Mhd. und Frnhd. häufig besonders im Mitteldeutschen: *kummer < kumber, ammet < ambet, tummer < tumber, zimmer < zimber, krümme < krümbe, lemmer < lember, wamme < wambe, um(me) < umbe.* Analog wird später auch /mp/ im Auslaut zu /m/ assimiliert: *kamm < kamp, lamm < lamp.*

lember > lemmer

analog: *lamp > lamm*

Hier zeigt sich ein Konfligieren von zwei Entwicklungstendenzen: Verstärkung des rechten Wort- bzw. Silbenrandes (s. Kap. 4.3.4) und Vereinfachung des Konsonantismus an der Silbenkontaktstelle.

/n/ > /m/ (nach /m/)

Die Assimilation von ‹mn› zu ‹mm› gehört ebenfalls in diesen Zusammenhang, ist aber vergleichsweise selten (*gesammet < gesamnet, verdammung < verdamnunge*).

/ng/ /n#k/ > /ŋ/

Die Lautfolge /ng/ bzw. /n/ vor /k/ wird durch eine artikulatorische Assimilation velarisiert, was im Ergebnis im Frnhd. zu einem neuen Phonem /ŋ/ führt: /langə/ > /laŋə/. In der nhd. Standardaussprache bleibt /k/ nach /ŋ/ bestehen, während /g/ mit /n/ gemeinsam zum velaren Nasal /ŋ/ verschmilzt (/baŋk/, aber: /baŋ/), vgl. Penzl 1968b. Während die Assimilation und die damit verbundene Phonemisierung von /n/ in der nhd. Standardsprache durchgeführt ist, wurde die Assimilation mundartlich nicht überall durchgeführt und wird auch umgangssprachlich nicht in jeder Region realisiert. Dies hat in der Forschungsdiskussion zu kontroversen Beurteilungen des velaren Nasals geführt (zu den heutigen Dialekten s. Russ 1982, bes. Karte 9, 106; zum Problem des velaren Nasals im Nhd. s. Wurzel 1970, 204ff.; Vennemann 1970). Hier scheint zumindest vielfach in der parole die Verstärkung in finaler Position artikulatorisch wirksam zu sein /laŋk/ (‚lang‘).

/nd/ > /n/

Die Assimilation von /n+d/ > /n/ ‹nn› bzw. zu der velarisierten Form /ŋ/ (/hon/ bzw. /höŋ/ *Hunde*, /hinə/ *hinten*) findet sich nur in einigen bes. westmitteldeutschen und niederdeutschen Dialekten und hat wohl verschiedene Ursachen (vgl. Werlen 1983). Ihre Ergebnisse sind nicht in die Standardsprache eingegangen.

Hiatentlastung

Bei zwei an Silbengrenzen aufeinandertreffenden Vokalen ist die artikulatorische Unterbrechung häufig auch auditiv wahrnehmbar, z.B. *sä-en*. Diese Unterbrechung bezeichnet man als Hiat(us) (lat. *hiatus* ‚Kluft‘, vgl. Bußmann 2008). Zur artikulatorischen Entlastung (auch Hiat-Tilgung oder Hiat-Überbrückung) entstehen Lautbrücken zwischen den beiden Vokalen, die graphisch insbesondere mit ‹w›, ‹j› oder ‹h› wiedergeben werden; im Niederdeutschen häufig auch ‹g›, z.B. mnd. *nēger* (*näher*), vgl. Lasch, Mnd.Gr. § 226.

w und *j* schwinden intervokalisch nach langem Vokal oder Diphthong zum Nhd. hin außer in ein paar niederdeutschen Wörtern wie *Boje*, *Möwe* und in wenigen anderen Wörtern wie *ewig*, *Löwe*. Zur Hiatentlastung wird hier zunächst häufig *h* eingefügt, so finden sich Belege wie mhd. *gesehet* (*gesæjet*), *wehet* (*wæjet*); *vornehet* (*vernæjet*). *h* schwindet allerdings intervokalisch im Frnhd. ebenfalls (es wird heute nur in der sog. Überlautung (‚höchste Deutlichkeit‘) gefordert); graphisch bleibt ‹h› in dieser Position zumeist erhalten. So wird aus mhd. *blüejen*, *kræjen* > nhd. *blühen*, *krähen*, aber: *sæjen* > *säen* (vgl. Penzl 1969, 90).

Auch ‹w› statt ‹j› findet sich in mhd.: *blouwe ~ bluwe* (*bliujen*); *mewen* (*mæjen*); *krāwe* (*kræje*), *frūwe* (*vrüeje*). In *ewe* schwindet ‹w› zunächst häufig (mhd. *ē*) und wird im Frnhd. durch /h/ als Hiatentlastung ersetzt (*ewe > Ehe*); so auch in *ruowe* (*Ruhe*), *frower* (*froher*), *ruowig* (*ruhig*), *strowes* (*Stroh*), *zewe* (*Zehe*). Medial (gelegentlich final) nach Liquid wird /w/ durch /b/ ersetzt (mhd. *varwe, swalwe, mürwe* > nhd. *Farbe, Schwalbe, mürbe*). Die Schreibungen mit ‹w› bleiben im Alemannischen teilweise bis ins 17. Jh. erhalten.

Weiterführende Literatur: Zur Ambisilbifizierung: Becker (1998); Eisenberg (1997), (1999); Lenerz (2002); Restle (2003); Spiekermann (2000), (2002); Szczepaniak (2007, 240–247). **Zur Assimilation:** Akers (1931); Guentherodt (1983); Vennemann (1972b). **Zur Velarisierung:** Adamus (1965); Askedal (1981); Issatschenko (1963); Penzl (1968b); Russ (1982, Karte 9, 106); Stark (1974); Vennemann (1970); Wurzel (1970).

4.3.4 Prozesse am rechten Wortrand

Durch einige Prozesse wird der rechte Wortrand verstärkt; wesentliche Prozesse sind hierbei insbesondere die sog. Auslautverhärtung und die t-Epithese. Die Stärkung des rechten Randes kann als Prozess zur Optimierung der Wortstruktur verstanden werden (vgl. Szczepaniak 2007, 249ff.) – oder einfach als natürliche Sprecherleichterung (vgl. Key/Richardson 1972), besonders bei Apokope des finalen Vokals (-*e*).

(1) Auslautverhärtung

Die sog. Auslautverhärtung, die im Deutschen Plosive und Frikative betrifft, stellt eines der meistdiskutierten Phänomene der Lautlehre, insbesondere hinsichtlich ihrer lautgeschichtlichen Entwicklung, dar. Gemeint ist mit dem Begriff, dass ein stimmhafter Konsonant in finaler Stellung (‚im Auslaut') seine Stimmhaftigkeit (partiell) verliert. Besonders auffällig ist der Prozess bei den Plosiven:

/b/ > /p/   /g/ > /k/   /d/ > /t/

Die neuere Forschungsliteratur zur Auslautverhärtung in der Gegenwartssprache (Standard und Dialekte) zeigt, dass besonders in nicht abgefragten, künstlichen Aussprachesituationen eine komplette ‚Entstimmlichung' kaum stattfindet, sondern dass sich die Aussprache von stimmhaften und stimmlosen Obstruenten lediglich annähert.

Der Verlust der Stimmhaftigkeit von *b, d, g* in finaler Position ist ein Prozess, der ebenfalls – zumindest in einem indirekten – Zusammenhang mit der Nebensilbenabschwächung und dem Abbau der Nebensilben gesehen werden kann. Durch den prosodischen Wandel, insbesondere durch Apokope, gelangen zunehmend stimmhafte Konsonanten aus der medialen in finale Position, wo sie tendenziell stimmlos artikuliert werden. Welche Bedeutung der Apokope in diesem Prozess tatsächlich zukommt, bleibt offen. Sicher zu sein scheint, dass Apokope für die Entstehung von Auslautverhärtung nicht notwendig ist, aber doch auslösend und verstärkend wirken kann.

Parker (1980; 1981) und Shannon (1987) beschreiben den Prozess von Entstimmlichung in finaler Position folgendermaßen: Parker geht von einer Silbenstruktur CVCV aus, wobei der zweite Konsonant stimmlos ist (I), aber in stimmhafter (intervokalischer) Umgebung zur Stimmhaftigkeit tendiert (II). Der anschließende Vokal neigt dann zur Zentralisierung (Schwa) (III) und anschließend zur Apokope (IV). Der nun finale Konsonant wird stimmlos (V): „Hence speakers devoice the stop, voiceless final stops being perceptually more salient than voiced ones" (Shannon 1987, 549).

I	C [-voi]	V́	C [-voi]	V
II	C [-voi]	V́	C [+voi]	V
III	C [-voi]	V́	C [+voi]	ə
IV	C [-voi]	V́	C¬ [+voi]	
V	C [-voi]	V́	C¬ [-voi]	

z.B.: -tV > -dV > -də > -d¬ > -t¬

Abb. 4.4: Prozess der Entstimmlichung: nach Shannon (1987, bes. 549 und 525); dabei gilt: C = consonant; V = vovel, voi(ced) = stimmhaft

Der Lautprozess findet bereits im Ahd. einen graphischen Niederschlag, indem sporadisch ‹p›, ‹t› und ‹k› anstelle von ‹b›, ‹d› bzw. ‹g› geschrieben wird (vgl. Vaught 1979). Die drei Plosive verhalten sich in ihrer diachronen Entwicklung aber unterschiedlich:

Am frühesten und stärksten vertreten findet sich ‹t› final als Signal für zugrunde liegende Auslautverhärtung. Bereits im späten 11. und frühen 12. Jh. liegt der Anteil bei über 80% und steigt im Laufe des 12. Jh.s auf nahezu 100%.

Finale ‹k›-Schreibung als Signal für zugrunde liegende Auslautverhärtung ist ebenfalls bereits im Ahd. belegt und im Frmhd. mit über 20% vertreten; danach steigt die ‹k›-Schreibung sprunghaft bis zur 1. Hälfte des 13. Jh.s an; in einigen Texten bis auf nahezu 100%.

Die Auslautverhärtung von /b/ zu /p/ ist ein Wandelprozess, der erst in der Schriftlichkeit des Mhd. deutlicher sichtbar wird. Im Frmhd. liegt in aller Regel noch ‹b›-Schreibung vor (vgl. auch Ahd.Gr. I § 136, Anm. 1). ‹p› als Signal für zugrunde liegende Auslautverhärtung erscheint häufiger erst in der 2. Hälfte des 12. Jh.s, um dann ebenfalls sprunghaft anzusteigen (wobei kaum je ein Anteil von 100% erreicht wird).

Im späten 13. und 14. Jh. nimmt der Anteil von ‹p›, ‹t›, ‹k› im Auslaut prozentual zugunsten von ‹b›, ‹d›, ‹g› (scheinbar) wieder deutlich ab. Dieser Sachverhalt wird in der Forschungsliteratur häufig mittelbar mit zugrunde liegenden Lautprozessen gleichgesetzt. Nach dieser Vorstellung würde sich bis ins Mhd. hinein zunehmend die Stimmlosigkeit des Auslauts durchsetzen, die – mehr oder weniger abrupt – im 14. Jh. einer (neuerlichen) Zunahme der Stimmhaftigkeit weicht, um im Nhd. dann wieder als (sekundäre) orthoepische Regel eingeführt zu werden. Abgesehen davon, dass solche kurzfristigen Ausschläge in einer natürlich ablaufenden Sprachentwicklung eher unwahrscheinlich sind, ergeben sich wichtige Hinweise auf eine weniger lautlich bedingte als vielmehr eine primär morphologisch-orthographische Entwicklung bei einer weiterhin konstanten artikulatorischen Tendenz zur Stimmlosigkeit des Auslauts.

Bei der Beschreibung des Prozessverlaufs wurde bisher nicht konsequent unterschieden zwischen den Schreibungen von stimmlosen Konsonanten, die immer schon bzw. über längere Zeit in finaler Position stehen, und solchen, die erst sekundär durch Apokope des auslautenden -e in finale Position gelangen. Bei dem beobachtbaren starken prozentualen Rückgang der ‹p›-, ‹t›-, ‹k›-Schreibungen in finaler Position im 14. Jh. gegenüber der 2. Hälfte des 13. Jh.s besonders im Ostoberdeutschen handelt es sich nicht um einen Rückgang von ‹p›-, ‹t›-, ‹k›-Schreibungen, sondern um eine Zunahme von ‹b›-, ‹d›-, ‹g›-Schreibungen aufgrund dieser sekundären Finalstellung.

die tage /ta:gə/ > Apokope: *die tag* /ta:k/,

geschrieben in der Regel *tag* (nicht: *tak)

In **sekundärer Finalstellung** wird kaum mit ‹p› und ‹k› und vergleichsweise selten mit ‹t› geschrieben; vielmehr bleiben die Schreibungen mit ‹b›, ‹d›, ‹g› weitgehend erhalten.

	Graphie verweist auf Auslautverhärtung		primäre Finalstellung	sekundäre Finalstellung
/b/ >	‹p›	/p/	52%	2%
/g/ >	‹k›	/k/	57%	4%
/d/ >	‹t›	/t/	94%	23%

Abb. 4.5: Anteile der graphischen Umsetzung der Auslautverhärtung in primärer und sekundärer Finalstellung in Texten der 1. Hälfte des 14. Jh.s (nach dem Material mhd. Grammatik-Korpus)

Nur rund 2% der Belege mit etymologisch begründetem /b/ in sekundärer Finalstellung zeigen ‹p›-Schreibung, während das ehemalige mediale ‹b› zu rund 98% erhalten bleibt.

Nur knapp 4% der Belege mit etymologisch begründetem /g/ in sekundärer Finalstellung haben ‹k›-Schreibung. Im Ostoberdeutschen, Ostfränkischen und im Übergang zum alemannischen Raum mit niedrigen bzw. stark zurückgehenden ‹k›-Schreibungen im 14. Jh. (gegenüber der 2. Hälfte des 13. Jh.s) zeigt sich der Zusammenhang besonders deutlich: Bei /g/ in sekundärer Finalstellung findet sich keine ‹k›-Schreibung in den bairischen und bairisch-alemannischen Texten; im Ostfränkischen finden sich 1,4% und im Alemannischen rund 7%.

Bei den Dentalen wird die sekundäre Auslautstellung häufiger als im Falle der Labiale und Gutturale durch Auslautverhärtung mit ‹t› markiert, doch sind die Prozentanteile jeweils deutlich unter den Fällen mit ‹d› in primärer Finalstellung. Nur durchschnittlich 23% der Belege mit etymologisch begründetem /d/ in sekundärer Finalstellung zeigen ‹t›-Schreibung.

Die (scheinbare) Zunahme von Schreibungen mit ‹b›, ‹d›, ‹g› kann nicht ohne Weiteres als Beleg für einen Rückgang der Auslautverhärtung herangezogen werden. Da alle Obstruenten in finaler Position im Nhd. tendenziell stimmlos artikuliert werden, stellt sich lediglich die Frage, wann die Plosive in sekundärer Finalstellung ebenfalls ihre Stimmhaftigkeit einbüßen. Hinzu kommt die Tendenz zur Morphemkonstanzschreibung (s. Kap. 3.3.3), die mögliche zugrunde liegende Lautwandelprozesse überdecken kann. Inwieweit hier auch Lenisierungsprozesse eine Rolle spielen, ist noch nicht hinlänglich geklärt. Der Befund des Rückgangs von ‹p›, ‹t›, ‹k› in finaler Position deckt sich jedenfalls z.T. mit dem Gebiet der seit dem 12. Jh. belegbaren Lenisierung.

(2) t-Epithese

Auch die Epithese, die Anfügung von /t/ in finaler Position besonders nach /n/ oder /s/, stellt eine Stärkung des rechten Randes dar:

mhd.	*ieman/nieman*	nhd.	*jemand/niemand*
	habich		*Habicht*
	obez		*Obst*
	palas		*Palast*
	selbes		*selbst*
	saf		*Saft*

Besonders nach *n* vor *l*, regelmäßig bei *-lich*: *hoffen+lich > hoffentlich*

Umgangssprachlich ist die Epithese weiter verbreitet als in der Schriftsprache: *ebent*, *anderst*.

Die t-Epithese (auch Dentalepithese) tritt als Erscheinung besonders seit der Frühen Neuzeit auf (vgl. die zahlreichen Beispiele bei Szczepaniak 2007, 249ff.). In einigen Fällen festigt sich das *t* bereits früher (zur Entwicklung in den Derivationssuffixen *-scaf* und *-ach* s. Klein/Solms/Wegera, Mhd.Gr. III §§ S 55 und S 182).

Weiterführende Literatur: Fortis und Lenis bzw. zur Auslautverhärtung: Alexander (1983); Auer (2002); A. Braun (1988); Brockhaus (1995); Ezawa (1972); Fourakis/Iverson (1984); Goblirsch (1994a), (1994b); Greisbach (2001); T.A. Hall (1992); Inozuka (1991); Iverson/Salmons (2007); Knetschke/Sperlbaum (1987); Kohler (1979); Kyes (1988); Lombardi (1991, bes. 48ff.); Lotzmann (1975); Manaster-Ramer (1996); Meinhold/Stock (1963); Mihm (2004, bes. 153ff.), (2007); O'Dell/Port (1983); Piroth et al. (1991); Port/O'Dell (1985); Reiffenstein (2002); Wurzel (1970, 259ff.). **Zur t-Epithese:** Szczepaniak (2007, 249ff.).

4.3.5 Paradigmatische Lautwandelprozesse

Die meisten paradigmatischen Lautwandelprozesse scheinen häufig durch artikulatorische Entlastung bzw. gegenläufige Prozesse der Rezipienten-entlastung durch Verbesserung der Lautkontraste verursacht. Inwieweit auch sie zumindest teilweise als Folgen der silbischen Umstrukturierung – mit anderen Worten als Optimierungsprozesse im Rahmen der neuen Wort-/Silbenstruktur – anzusehen sind, ist noch nicht abschließend beantwortet.

(1) Senkung und Hebung

Durch Senkung hoher Vokale wie /i/, /ü/, /u/, zu /e/, /ö/, /o/ und durch Hebung tiefer Vokale wie /a:/ zu /o:/ findet sich auch im Inventar der Stammsilben eine Tendenz zur Zentralisierung. Da damit jedoch oppositive Kontrastverhältnisse aufgegeben werden, bleiben diese Prozesse nur begrenzt wirksam. Senkung findet sich eher bei Kurzvokalen, Hebung eher bei Langvokalen.

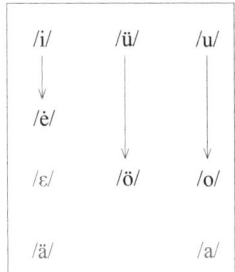 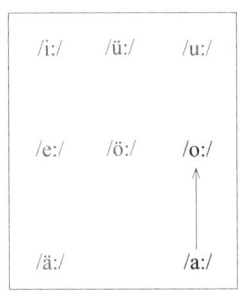 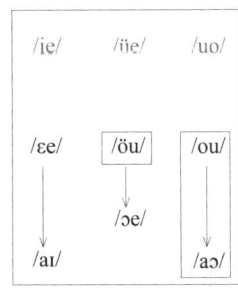

Die älteren Senkungen von germ. */i/ > */e/ und */u/ > */o/ (sog. Brechung) stellen streng genommen keine echten Senkungsprozesse im Sinne einer Zentralisierung dar, auch wenn sie es im Ergebnis sind; es handelt sich vielmehr um Teilassimilationen unter dem Einfluss des Vokals der Folgesilbe (s. Kap. 4.3.1).

Die Tendenz zur Senkung und Hebung ist in ihrer vollen Konsequenz nur in einigen Dialekten durchgeführt (vgl. Wiesinger 1983e, bes. Karten 59.1 und 59.2). In der nhd. Standardsprache ist die Senkung lediglich bei einer größeren Zahl von Lexemen eingetreten, ohne das vokalische Inventar nachhaltig zu verändern, so z.B.:

mhd.	*sunne*	nhd.	*Sonne*	mhd.	*münech*	nhd.	*Mönch*

vrum	*fromm*	*künec*	*König*
sun(e)	*Sohn*	*künnen*	*können*
sumer	*Sommer*	*wünne*	*Wonne*

Die Hebung von /a:/ zu /o:/ ist dialektal fast im gesamten Sprachgebiet belegt; in der nhd. Standardsprache z.B.:

mhd.	*māne*	nhd.	*Mond*
	wāc		*Woge*
	quāt		*Kot*
	māhe		*Mohn*

Die Senkung ist seit dem 12. Jh. im westlichen Mitteldeutschen und im 14./15. Jh. im weiteren Mitteldeutschen belegt. Die Formen werden im 16. Jh. unter oberdeutschem Einfluss aber wieder bis auf wenige Fälle aus der Schriftlichkeit verdrängt. Die mhd. Diphthonge *ei* und *ou* werden im Oberdeutschen (außer im Alemannischen) zu /aɪ/ und /aɔ/ gesenkt; der mhd. Diphthong *öu* wird – in Gebieten, in denen er nicht zu /aɪ/ entrundet wird – zu /ɔɪ/ zumindest teilgesenkt (Weiteres s. Hartweg/Wegera 2005, 138f.; zu den heutigen Dialekten s. Wiesinger 1983e). Reihenhebung von /e:/, /ö:/, /o:/ zu /i:/, (/ü:/), /u:/ ist insbesondere in Teilen des Niederdeutschen und Mitteldeutschen erfolgt (/ʃni:/ ‚Schnee', /bi:s/ ‚böse', /du:d/ ‚tot').

(2) e-Verschmelzung

Eine besondere Form der vokalischen Entwicklung stellt die sog. e-Verschmelzung dar. Aufgrund des i-Umlauts (s. Kap. 4.3.1) entsteht neben dem alten ererbten /ɛ/ (germ. e_2) zunächst ein zweites, sehr geschlossenes /è/ (sog. Primärumlaut) und später das sehr offene /ä/ (durch sog. Sekundärumlaut). Den fünf verschiedenen mhd. *e*-Lauten (kurz: geschlossenes /è/ wie in *gèste*, /ɛ/ wie in *hèrze*, /ä/ wie in *nähte* (Pl. von *naht*) und lang: /e:/ wie in *lēren* und /æ:/ wie in *swære*) stehen in der nhd. Standardsprache nur noch drei gegenüber: kurzes /ɛ/, langes /e:/ und /ä:/ (IPA: /ɛ:/); zur Beschreibung dieses Prozesses s. Sanders (1972).

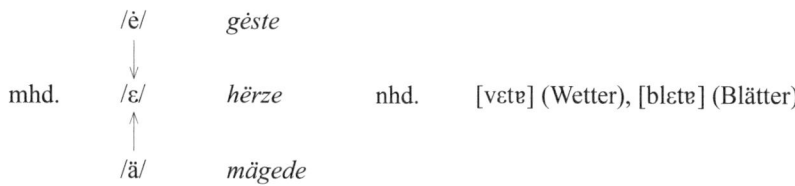

Bei den Kurzvokalen führt der Zusammenfall der drei sehr nahe beieinander liegenden Qualitäten der vorderen Öffnungsgrade zu einer Profilierung des Kontrasts. Zugleich wird die artikulatorische Ausgeglichenheit des Systems der Kurzvokale, das vom Ahd. zum Mhd. gestört wurde, wiederhergestellt.

ahd.		spätahd./mhd.			nhd.		
/i/	/u/	/i/	/ü/	/u/			
		/e/					
/ɛ~e/	/o/	/ɛ/	/ö/	/o/			
					/i/	/ü/	/u/
/a/		/ä/	/a/		/ɛ/	/ö/	/o/
and.		spätand./mnd.					
/i/	/u/	/i/	/ü/	/u/	/a/		
		/e/					
/ɛ~e/	/o/	/ɛ/	/ö/	/o/			
/a/		/a/					

In den Dialekten bleiben dagegen mehrere Öffnungsgrade bei vorderen kurzen Vokalen die Regel (vgl. Wiesinger 1983a, 1067, bes. Karte 54.1; Russ 1982, 144ff., bes. 145; Hinderling 1978).

Der nhd. Langvokal /ä:/ geht nicht ausschließlich auf mhd. /ä:/ ‹æ› zurück, sondern hat Entsprechungen in mhd. /ä:/ wie auch in /e:/ und (gedehntem) /ä, /ɛ/ (vgl. Hartweg/Wegera 2005, 139f.; Sanders 1972; Russ 1982, 155; Hinderling 1978; Szulc 1984):

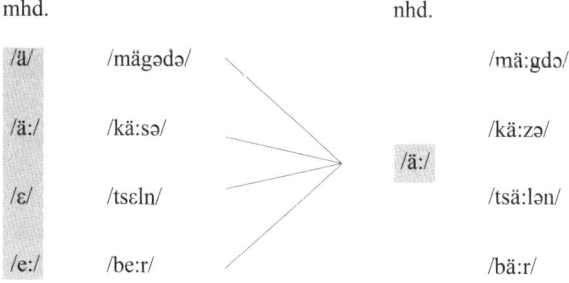

(3) Entrundung/Rundung

Bei den vorderen Vokalen unterscheidet man (je nach Lippenstellung) zwischen gerundeten und nicht gerundeten Vokalen. Als +vorne und +rund gelten /ü/, /ü:/, /ö/, /ö:/; als +vorne und –rund gelten /i/, /i:/, /e/, /e:/. Die Verschiebung von gerundeten zu nicht gerundeten Vokalen bezeichnet man als ‚Entrundung‘ (Delabialisierung), die Verschiebung in die entgegengesetzte Richtung als ‚Rundung‘ (Labialisierung).

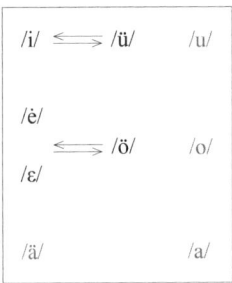 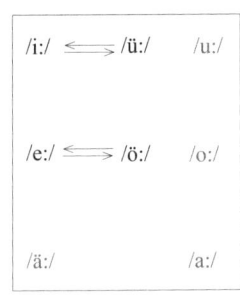 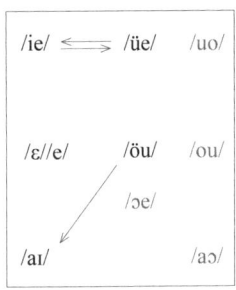

Entrundung als Lautprozess gilt allgemein als natürlicher Prozess, der auch in anderen Sprachen häufig auftritt (vgl. Russ 1982, 175). Im Deutschen kann die Entrundung zudem als Fortsetzung des Lautprozesses des Umlauts angesehen werden:

/i/	<	/ü/	<	/u/
+vorne		+vorne		-vorne
-rund		+rund		+rund

Der Lautwandel – zuerst im 12. Jh. im Bairischen belegt – umfasst seit dem Frnhd. den größten Teil des hochdeutschen Sprachgebietes; im Niederdeutschen ist Entrundung auf wenige kleine Randgebiete beschränkt (vgl. dazu Wiesinger 1983d, bes. Karte 58.1 zu mhd./mnd. /ü/). In Entrundungsgebieten sind die gerundeten vorderen Vokale komplett mit den nicht gerundeten zusammengefallen, ebenso die Diphthonge /oü/ mit /aı/ und /üe/ mit /ie/. Rundung hat sich nur in kleineren Gebieten erhalten, so u.a. im Hochalemannischen, Osthessischen, Ostfränkisch-Hennebergischen, nördlichen Moselfränkischen, Nordhessisch-Nordthüringischen, Ripuarischen. Weit verbreitet ist Rundung im Niederdeutschen.

In die nhd. Standardsprache wurden indes nur wenige Lexeme mit durchgeführter Entrundung aufgenommen, z.B.:

mhd.	*küssen*	nhd.	*Kissen*
	nörz		*Nerz*
	stroüfen		*streifen*
	spriutzen /sprü:tsen/		*spritzen*

Der Prozess der **Rundung** (/i/, /i:/, /è/, /e:/, /ie/ > /ü/, /ü:/, /ö/, /ö:/) wird häufig als Gegenteil der Entrundung abgehandelt; beide Prozesse unterscheiden sich jedoch grundlegend. Die Erklärungen der Rundungserscheinungen sind komplexer, da es sich um verschiedene Prozesse handelt, die sich auf den ersten Blick einer natürlichen Entwicklung nicht nur zu entziehen scheinen, sondern dieser sogar entgegenwirken. Syntagmatisch gesehen handelt es sich jedoch ebenfalls um Entlastungen und damit um natürliche Prozesse, insofern als Entrundung das Ergebnis assimilatorischer Prozesse sein kann, die durch die lautliche Umgebung bedingt sind: So wird /e/ > /ö/ besonders nach /v/ ‹w› und vor bestimmten Konsonanten, insbesondere vor Labial, gerundet; /i/ > /ü/ ebenfalls nach /v/ ‹w›, vor bestimmten Konsonanten, insbesondere Nasalen bzw. Nasalverbindungen.

mhd.	*zwelf*	nhd.	*zwölf*
	wirde		*Würde*
	helle		*Hölle*
	vinf		*fünf*
	leffel		*Löffel*
	riffel		*Rüffel*
	leschen		*löschen*
	triegen		*trügen*

Rundung tritt wenig konsequent seit dem 13. Jh. in großen Teilen des Oberdeutschen auf. Im Alemannischen geht die Rundung allerdings über das ansonsten übliche Maß hinaus, was auf eine eigenständige Entwicklung hindeutet (zur genauen Entwicklung im Frnhd. s. Hartweg/Wegera 2005, 138). Die konsequente Entrundung in zahlreichen Dialekten und die Beibehaltung der vorderen runden Vokale in anderen Dialekten und in der Standardsprache belegt das Konfligieren zweier Prinzipien.

In Dialekten, die Entrundung zeigen, setzt sich die natürliche Entwicklung der Entlastung durch. Die dadurch entstehende Lücke an Kontrastmöglichkeiten wird aber zumeist durch neue Vokale/Diphthonge ausgeglichen, wie z.B. im Oberhessischen (vgl. R.D. Hall 1973). Im größten Teil des Oberhessischen gibt es keine gerundeten vorderen Vokale; das Inventar zeigt aber eine Ausdifferenzierung der Vokale, die sowohl bei den kurzen als auch bei den langen Vokalen zwei verschiedene Phoneme /o/ und /ǫ/ bzw. /o:/ und /ǫ:/ unterscheiden. In Teilen des Oberhessischen findet sich zusätzlich eine Erweiterung um /ä:/, so dass eine ausgeglichene Kontrastreihe vorhanden ist:

/i:/	/u:/
/e:/	/o:/
/ė:/	/ǫ:/
/ä:/	/a:/

(vgl. R.D. Hall 1973, 36 zu Atzenhain)

In Dialekten mit gerundeten vorderen Vokalen sowie in der nhd. Standardsprache wird der bereits im Spätahd. funktionalisierte Gegensatz von vorderen gerundeten und vorderen nicht gerundeten Vokalen weiter ausgebaut:

[bi:nə] ‚Biene' vs. [by:nə] ‚Bühne'

[bɪtə] ‚Bitte' vs. [bʏtə] ‚Bütte'

[se:nə] ‚Sehne' vs. [sø:nə] ‚Söhne'

[ʃtɛkə] ‚stecke!' vs. [ʃtœkə] ‚Stöcke'

[laɪçtɐ] ‚leichter' vs. [lɔɪçtɐ] ‚Leuchter'

(4) Mitteldeutsche Monophthongierung

Im Mhd. werden die Diphthonge /ie/, /uo/ und /üe/ zum Nhd. hin zu den langen Vokalen /i:/ ‹ie›, /u:/ und /ü:/ verschoben: *liebe guote brüeder > liebe gute Brüder*. Dieser Lautwandel beginnt um 1100 im Westmitteldeutschen (deshalb ‚mitteldeutsche' Monophthongierung). Das Oberdeutsche führt die Monophthongierung nur in einigen wenigen Fällen durch (z.B. *nimmer < niemer, immer < iemer*); ansonsten bleiben die Diphthonge (außer im Nordbairischen) erhalten. Im Nordbairischen, Nürnbergischen, Oberhessischen und in Teilen des Moselfränkischen ist die ursprüngliche Monophthongierung wieder einer Diphthongierung gewichen (vgl. u.a. Wiesinger 1983b).

Der Wandel von Diphthongen zu Monophthongen (Monophthongierung) kann als eine besondere Form der Assimilation angesehen werden: Die verschiedenen vokalischen Bestandteile werden zu einem Vokal assimiliert und damit monophthongiert, z.B. /i+ə/ > /i:/.

(5) Nhd. Diphthongierung

Die mhd. langen Vokale /i:/, /u:/ und /ü:/ (‹iu›) werden zum Nhd. hin zu /aɪ/ ‹ei/ai›, /aʊ/ ‹au› und /ɔɪ/ ‹eu/äu› diphthongiert: *mīn niuwes hūs > mein neues Haus*. Die Diphthongierung wird häufig als Entlastungsprozess für die durch die mitteldeutsche Monophthongierung entstandene starke funktionale Belastung der oberen Kurzvokale gedeutet. Dieser Lautwandel geht zurück auf das Spätahd. (erste schriftliche Belege im 12. Jh. in Kärnten und Südtirol). Heute umfasst das mundartliche Diphthongierungsgebiet nahezu den gesamten hochdeutschen Sprachraum. Im Alemannischen und Teilen des Mitteldeutschen fand die Diphthongierung nur in finaler Position und im Hiatus statt (zur Entwicklung und Ausbreitung s. Hartweg/Wegera 2005, 134ff. und die dort angegebene Literatur; zu den heutigen Dialekten s. Wiesinger 1983b, bes. Karte 55.1). Es ist umstritten, ob die Verbreitung des Lautwandels von einem Entstehungszentrum im Südosten nach Norden erfolgte (Monogenese) oder ob es sich bei der Diphthongierung um eine parallele Entfaltung an verschiedenen Orten handelt (Polygenese).

Monogenese vs. Polygenese

Monogenese bedeutet, dass eine bestimmte sprachliche Form an einem bestimmten Ortspunkt/ in einer Region entstanden ist und sich von da aus **wellenförmig** ausbreitet. Polygenese bedeutet, dass eine sprachliche Form mehr oder weniger gleichzeitig aufgrund gleicher oder ähnlicher Dispositionen an mehreren/vielen Ortspunkten auftritt und sich **parallel entfaltet**.

Im Fall der Diphthongierung (vgl. Abb. 1.2) – wie in vielen Lautentwicklungen – ist die Frage, ob es sich um eine mono- oder eine polygenetische Entwicklung handelt, weiterhin offen, da sich lediglich die Ausbreitung der Digraphie, also der Schreibungen mit Diphthongzeichen, beobachten lässt.

Diese Ausbreitung z. B. der Digraphie ‹au›, die eine monogenetische Deutung nahelegt, gibt nur die Ausbreitung in der Schriftlichkeit wieder und zeigt nicht zwingend auch die Ausbreitung des Lautes. Dieser kann gleichzeitig an verschiedenen Orten entstanden sein, ohne dass sich dies auch jeweils zugleich in der Schrift hätte niederschlagen müssen, da sich die Schreibusus verschiedener Schreibregionen unterschiedlich konservativ verhalten können.

Lesehinweis: Lüdtke (1968) problematisiert die ältere Auffassung der nhd. Diphthongierung als monogenetischen Prozess.

Die durch die nhd. Diphthongierung neu entstandenen Diphthonge fallen zum Nhd. hin mit den mhd. Diphthongen /ɛe/, /öü/, /ou/, die zu /aɪ/, /ɔɪ/, /aɔ/ gesenkt werden, zusammen. Der schreibsprachliche Zusammenfall findet seit dem 15. Jh. statt.

Sprachraum %	bair.	ofrk.	schwäb.	böhm.	sfrk.	omd.
10	1200	1300	1450	–	1500	1475
50	1275	1375	1475	1425	–	1500
90	1350	1425	–	–	–	–

Abb. 4.6: Entwicklung der nhd. Diphthongierung, nach Lindgren (1961, 48; die Jahreszahl gibt an, wann der jeweilige prozentuale Anteil im angegebenen Sprachraum erreicht ist)

Der lautliche Zusammenfall in der nhd. Standardsprache erfolgt sekundär erst in der Neuzeit durch Orientierung der Aussprache an der Schrift. In Dialekten mit durchgeführter Diphthongierung bleiben die Diphthonge verschiedener Herkunft so gut wie überall unterschieden; z.t. werden die neuen Diphthonge auch weiterentwickelt (etwa neu monophthongiert).

Weiterführende Literatur: Zu Senkung/Hebung: Frnhd.Gr. § L 33; W. Horn (1905); J. Müller (1904); Wiesinger (1983e). **Zu Rundung/Entrundung:** Frnhd.Gr. § L 36; Henzen (1924); Wiesinger (1983d). **Zur e-Verschmelzung:** Hinderling (1978); Sanders (1972); Schmitt (1931). **Zur Diphthongierung/Monophthongierung:** Frnhd. Gr. §§ L 31f.; Jones (1979); Lindgren (1961), (1968); Penzl (1974); Russ (1982, 161ff.); Szulc (2002, 146ff.); Trost (1958), (1981); Wiesinger (1970, Bd. I, 69–198), (1983b), (2008); Wrede (1895).

(6) Frikativ(is)ierung

Die Tendenz zur Frikativisierung, auch Frikativierung (früher war der Begriff ‚Spirantisierung' üblich) von Plosiven ist eine starke Entwicklungstendenz, die auch als typologischer Wandel beschrieben wird (vgl. Roelcke 2011, 83ff. und 179). Die Frikativisierung lässt sich als Tendenz seit den sog. Lautverschiebungen beschreiben. Dies zeigt sich besonders deutlich im Kernstück der 2. oder (alt-)hochdeutschen Lautverschiebung – der Verschiebung der stimmlosen Plosive zu Affrikaten.

---

2. Lautverschiebung (Kernstück)

Die 2. oder hochdeutsche Lautverschiebung trennt das Hochdeutsche von den übrigen westgermanischen Sprachen. Dieser Prozess vollzog sich vermutlich in vorahd. Zeit zwischen dem 5.–7./8. Jh.

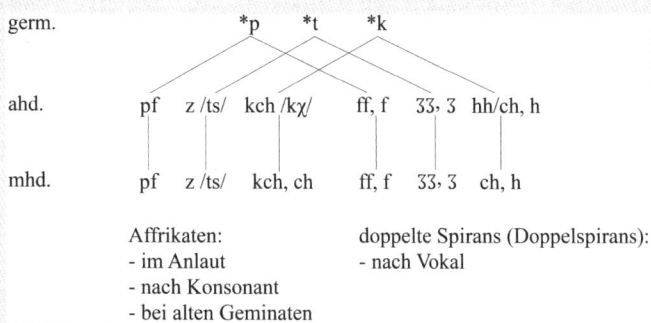

germ.			*p	*t	*k			
ahd.	pf	z /ts/	kch /kχ/		ff, f	ȝȝ, ȝ	hh/ch, h	
mhd.	pf	z /ts/	kch, ch		ff, f	ȝȝ, ȝ	ch, h	

Affrikaten:
- im Anlaut
- nach Konsonant
- bei alten Geminaten

doppelte Spirans (Doppelspirans):
- nach Vokal

Die Verschiebung erreicht im Norden die ‚Benrather Linie' (Benrath ist ein Ortsteil von Düsseldorf). Nördlich von dieser Hauptlinie ist die Lautverschiebung – mit Ausnahme der Verschiebung /k/ > /x/ (sog. Uerdinger Linie oder *ik-ich*-Linie) und der noch weiter nördlich verlaufenden *sik-sich*-Linie – nicht durchgeführt. Im hochdeutschen Raum ist die Verschiebung je nach Teilprozess und Laut unterschiedlich weit vorangekommen. Im Westen sind die verschiedenen Verschiebungslinien aufgefächert (sog. Rheinischer Fächer, vgl. Abb. rechts aus: Wolf 1983, Karte 61.2). Am konsequentesten ist die Verschiebung zu den so genannten Doppelspiranten (Frikative: *ff*, *ss* ‹ȝȝ›, *hh*); sie deckt das gesamte

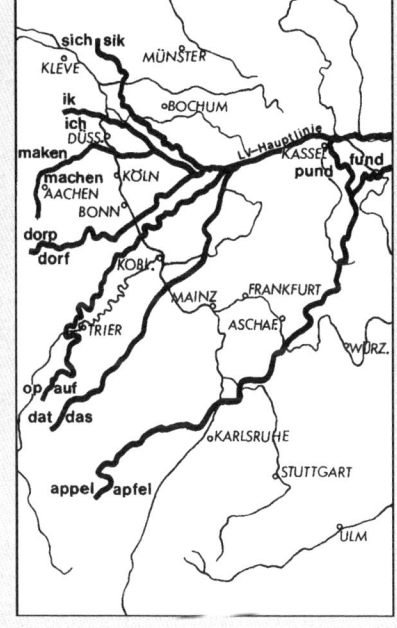

hochdeutsche Gebiet ab. Von den neu entstandenen Affrikaten (/pf/, /ts/ und /kχ/) ist /ts/ am weitesten verschoben; /pf/ ist in den verschiedenen Stellungen im Wort unterschiedlich weit verschoben; /kχ/ bleibt auf das Oberdeutsche beschränkt und wird seit dem Mhd. wieder zurückgedrängt (vgl. Paul, Mhd.Gr. §§ L 59–62).

Lesehinweis: Zu den verschiedenen Erklärungsmodellen s. Schwerdt (2002). Zur Verbreitung in den heutigen Dialekten Wolf (1983).

Man kann auch die Entstehung von Affrikaten (Affrizierung) als einen (nicht abgeschlossenen) Frikativisierungsprozess ansehen. Die Tendenz zur Frikativisierung setzt sich in der Lautentwicklung des Ahd. und Mhd. fort; diese Prozesse werden in ihrem ganzen Ausmaß sichtbar, wenn man jeweils die kleinregionalen Entwicklungen mit einbezieht:

Die im Vorahd. noch nicht verschobenen /p/ und /t/ werden weiter verschoben.

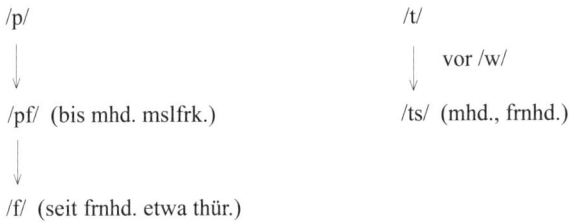

Abb. 4.7: Weiter- bzw. Restverschiebung von /p/, /t/

/p/ > /pf/

/p/ wird noch bis in die mhd. Zeit (in einem kleineren Raum im Westmitteldeutschen) zu /pf/ verschoben. In nachmhd. Zeit wird das /pf/ in Teilen des Sprachgebiets zu /f/ weiter verschoben (etwa thüringisch *fērd*), was allerdings nur einen geringen Niederschlag in der frnhd. Schriftlichkeit findet. Im Verlauf des 15. Jh.s setzt sich in der Schriftlichkeit ‹pf› auch in Gebieten ohne zugrunde liegende Lautverschiebung durch. Medial und final, besonders nach Liquid, ist /p/ ‹p, (pp)› in Teilen des Mitteldeutschen weitgehend erhalten geblieben. Einige Lexeme ohne Verschiebung sind auch in die nhd. Standardsprache aufgenommen worden, wie z.B. *Knüppel, klappern, strampeln, stolpern* etc.

/tw/ > /zw/ (bzw. /kw/ ‹qu›)

Initial wird /t/ vor /w/ zur Affrikate /ts/ ‹z› verschoben. Dies geschieht zunächst im Oberdeutschen und Westmitteldeutschen. Der Lautwandel beginnt im Oberdeutschen bereits in mhd. Zeit, doch ist die Verschiebung von /t/ zu /ts/ im Mhd. vielfach noch nicht durchgeführt. Noch ausschließlich mit /t/ belegt sind mhd. etwa *twang, (ge)twerg, twerh, twingen*; neben vielfach *twähen* findet sich vereinzelt *zwahen* und neben *twelen* findet sich *zwelen*. Im Ostmitteldeutschen ist /k/ vor /w/, geschrieben ‹kw› oder ‹qu›, im 14. Jh. belegt. In die nhd. Standardsprache sind teils die Formen mit *t*, teils die ostmitteldeutschen Formen mit *k* eingegangen, so etwa mit /ts/ ‹z›: *zwingen, Zwerg, Zwerchfell, zwängen* etc., mit /k/ ‹qu›: *Qualm, Quirl, Quark, quer, quengeln* etc.

/kχ/ > /k/

Im Fall von /kχ/ findet eine gegenläufige Entwicklung statt: Die Affrikate wird wieder zugunsten des Plosivs zurückgedrängt.

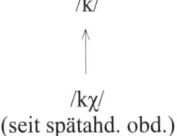

/k/

↑

/kχ/
(seit spätahd. obd.)

Die im Ahd. im gesamten Oberdeutschen verbreitete Affrikata /kχ/ ist bereits im Spätahd. rückläufig. Im 14. Jh. findet sie sich lediglich im Mittelbairischen, Südbairischen und Hochalemannischen. Nach dem 14. Jh. schwindet sie auch im Mittelbairischen, doch sind die Schreibungen ‹ch, kch, chk, kh› initial hier noch bis ins 16. Jh., in Handschriften bis ins 17. Jh. belegt, wobei der jeweils exakte Lautwert nicht zu bestimmen ist. Die Artikulation in den verschiedenen Regionen lässt sich weder aus der Überlieferung noch unter Bezugnahme auf die heutigen Mundartverhältnisse rekonstruieren (vgl. V. Moser, Frnhd.Gr. § 149, Anm. 1).

/b/ > /w/ bzw. /v/

/b/ wird besonders intervokalisch dort, wo es im Mhd. noch überwiegend Verschlusslaut ist, seit dem 12. Jh. vielfach zum bilabialen Frikativ /w/ bzw. zum labiodentalen Frikativ /v/ verschoben.

Im Mittelfränkischen ist westgerm. */b/ nach Vokal und Liquid medial zum labiodentalen Frikativ /v/ verschoben, final zu stimmlos /f/. Für das übrige Mitteldeutsche und Elsässische wird für /b/ postvokalisch bzw. nach Liquid eine Artikulation als bilabialer Frikativ angenommen.

Im Bairischen zeigt auch der Anlaut eine Tendenz zur Frikativisierung von /b/ zu /w/ bzw. eine Annäherung beider Artikulationen zu einem Laut zwischen /b/ und /w/. Dieses Problem wurde auch in historisch zeitgenössischen Reflexionen beschrieben:

Nota informacionem cancell. Austrie. Wer disen breif iemer gelese, der merche und verste, daz nach der gewonheit dez land ze Payrn an manigen stetten ain lindes b gesetzet ist für ain zwivalt w. und hin wider ain zwivalt w für ein lindes b. Darumb nach bezaichnuzze der worten und dez sinnes begreiffe das ain ieglicher vernúnftiger leser.

Notiz an einer Ausfertigung einer Urk. Tirol vom 26. Jan. 1363; zit. nach Jellinek (1913, 39)

Graphischer Ausdruck dieser Verschiebung sind die Schreibungen mit ‹w› statt /b/ bzw. auch umgekehrt ‹b› statt ‹w›, wie z.B. *was* (*bas*), *walde* (*balde*), *beiz* (*weiz*), *burchers* (*wuocher*) im Mhd. und Frnhd.

/g/ > /x/ bzw. /j/

Die Frikativisierung von postvokalisch /g/ (medial und final) ist seit dem Mhd. belegt. Besonders im Frnhd. wird /g/ (z.B. /wa:gən/) in großen Teilen des Hochdeutschen frikativisiert, entweder in Richtung des stimmlosen velaren Frikativs /x/ (/wa:xən/) oder des stimmhaften palatalen Frikativs /j/ (/wa:jən/).

Im Mittelfränkischen ist /g/ medial und final als Frikativ /x/ (< germ. */g/) erhalten. Hier findet sich eine weitgehende Zeichenvermischung im Schriftlichen.

/d/

/d/ verhält sich abweichend. Im Rahmen der 2. Lautverschiebung entsteht /d/ aus einem germ. Frikativ */þ/ (germ. *brōþar > brōthar > brōdar/ ,Bruder'); das aus */đ/ entstandene /d/ wird in Teilen des Deutschen zu /t/ verschoben.

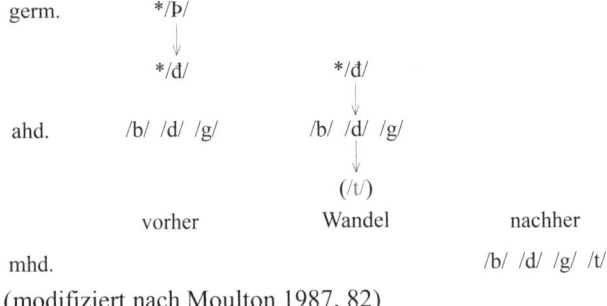

(modifiziert nach Moulton 1987, 82)

Anders als /b/ und /g/ wird /d/ in medialer und finaler Position nicht frikativisiert. In Dialekten und umgangssprachlich im Nhd. kann es ausfallen oder – wie auch /t/ – an seine Umgebung assimiliert bzw. partiell assimiliert werden (vgl. Schirmunski 2010, 372ff.).

(7) Lenisierung

Im zentralen Teil des hochdeutschen Sprachgebietes werden die Fortes /p/, /t/, /k/ zu /b/, /d/, /g/ lenisiert (**binnenhochdeutsche Konsonantenschwächung**). Lediglich *k* bleibt initial vor Vokal weitgehend erhalten (vgl. dazu Lessiak 1933; Szulc 1987, 158f.). Im Bairischen findet diese Entwicklung konsequent nur in initialer Position statt, während medial die Opposition geregelt nach der Vokallänge erhalten bleibt.

/p/ > /b/   /t/ > /d/   (/k/ > /g/)

Die Lenisierung von /p/ zu /b/ betrifft nur wenige Lexeme, da /p/ in großen Teilen des Lenisierungsgebietes zu /pf/ verschoben ist. Im Oberdeutschen wird auch das durch die 2. Lautverschiebung aus westgerm. */b/ entstandene /p/ (z.B. bairisch *pild* ‚Bild') lenisiert.

Die partielle Assimilation von /b/ > /p/ vor Dental bei gleichzeitiger -e-Synkope (mhd. *houbet* > spätmhd./frnhd. *haupt*, nhd. *Haupt*) stellt hier einen phonotaktisch begründeten gegenläufigen Prozess zur Lenisierung dar.

Die Lenisierung von /t/ zu /d/ tritt im Oberdeutschen bereits früh auf, im Ostmitteldeutschen erst im 15./16. Jh. Im Hochalemannischen bleibt die Opposition Fortis vs. Lenis bestehen bzw. wird sie wieder aufgebaut. Im Westmitteldeutschen wurde die Verschiebung von germ. */d/ zu ahd. /t/ nicht durchgeführt, so dass hier keine Lenisierung eintritt.

Der oberdeutsche – besonders westoberdeutsche – Prozess von /d/ > /t/ vor /r/ und gelegentlich vor Vokal wirkt der Lenisierung entgegen. In die nhd. Standardsprache sind Wörter wie *Traube, traben, tausend* eingegangen.

Die Lenisierung von /k/ zu /g/ ist insgesamt seltener. Im Oberdeutschen wird /k/ aus westgerm. */g/ bereits im Spätahd. wieder zu /g/. Im Mitteldeutschen wird /k/ medial regelmäßig, initial nur vor Konsonant lenisiert (/glaen/ ‚klein', aber /karən/ ‚Karren'); nur im Ostmitteldeutschen wird /k/ auch initial vor Vokal lenisiert.

Im gesamten zentralen Hochdeutschen werden so die Fortes aufgegeben und spielen nur noch abgeschwächt phonotaktisch im Auslaut (Stichwort: Auslautverhärtung s. Kap. 4.3.4) eine Rolle. Da die nhd. Orthoepie sich stark am Niederdeutschen orientiert, ist diese Lenisierung, die einen starken typologischen Wandel beinhaltet und eine hinsichtlich der Sonoritätskurve ganz andere Silbenstruktur bedingt, nicht in die Standardsprache übernommen worden. Typologisch gehört die Lenisierung in den großen Bereich der Aufhebung der Stimmhaftigkeitsrelation, die in den meisten Fällen zu einer Annäherung von stimmhaften Lenes und stimmlosen Fortes bis hin zur Verschmelzung führt und ein Gegenstück zur sog. Auslautverhärtung darstellt.

Lesehinweis: Zu Lenisierungen im Niederdeutschen und zur Mittelbairischen Konsonantenschwächung s. Simmler (1983).

Die Opposition Fortis vs. Lenis der nhd. Standardsprache zeigt keine regelhaften Beziehungen von mhd. Fortis und nhd. Lenis bzw. umgekehrt. Die jeweiligen Entsprechungen stellen mehr oder weniger zufällige Ergebnisse eines Selektionsprozesses dar, deren Ergebnisse spätestens im 19. Jh. nach der Schrift ausgesprochen werden (graphogene Phoneme, vgl. Szulc 1995).

mhd. /t/ > nhd. /d/			mhd. /d/, /b/ > nhd. /t/, /p/		
mhd.	*tam*	nhd. *Damm*	mhd.	*don*	nhd. *Ton*
	tunkel	*dunkel*		*drum*	*Trumm*
	tunst	*Dunst*		*dosen*	*tosen*
	trache	*Drache*		*bicken*	*picken*
	tiutsch	*deutsch*		*bredigen*	*predigen*
	tichten	*dichten* etc.		*berle*	*Perle* etc.

(Beispiele nach Russ 1982, 27ff.)

(8) Palatalisierung

Im gesamten hochdeutschen Sprachraum wird ererbtes /s/ vor Konsonant zu /ʃ/, geschrieben ‹sch›, verschoben. Für das vormhd. /s/ wird eine stark → apikale Artikulation [š ~ ž] in Richtung palato-alveolarem [ʃ] vermutet (vgl. Paul, Mhd.Gr. § L 121). Die Bewegung verläuft im Mhd. zunächst über einen Allophonstatus.

Im Mhd. wird dieser Prozess ausgehend vom Alemannischen verstärkt. Es wird vermutet, dass es sich dabei um eine Ausweich-Verschiebung in Richtung auf eine palato-alveolare Artikulation gegenüber dem neuen, durch die hochdeutsche Lautverschiebung aus /t/ entstandenen /s/ ‹ʒ› handelt. Dies geschieht jedoch nur vor folgendem Konsonant und nicht auch vor Vokal, da gleichzeitig ein neues /ʃ/ (aus /s+k/) vor Vokal, vor r + Vokal und final nach Vokal entsteht, das eine weitere Verschiebung von /s/ verhindert bzw. überflüssig macht.

Nach /r/ wird /s/ räumlich weit verbreitet mit einem Schwerpunkt im Schwäbisch-Alemannisch zu /ʃ/ verschoben. In die nhd. Standardsprache sind nur wenige Lexeme mit verschobenem /ʃ/ nach /r/ aufgenommen worden, so *Kirsche*, *Hirsch*, *barsch*, *Bursche* etc., aber *Vers*, *Ferse*, *ernst*, *Durst* etc. Zur graphischen Umsetzung von /ʃ/ s. Kap. 3.2.2.

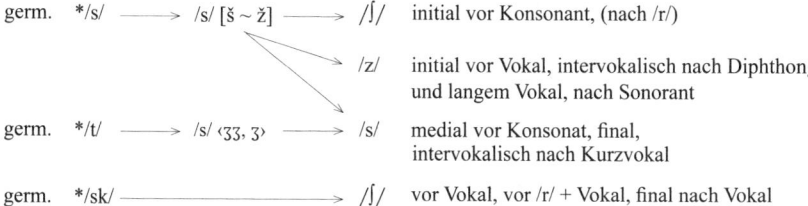

Der **velare Frikativ /x/** wird durch artikulatorische Assimilation nach vorderen Vokalen und Sonorlauten zu [ç] palatalisiert und erhält in der nhd. Standardaussprache den Status eines komplementär distribuierten Allophons [x ~ ç]. Diese Entwicklung wird erst für das Frnhd. angenommen, doch kann die Assimilationswirkung auch für frühere Zeiträume nicht ausgeschlossen werden.

Damit entsteht eine Palatalisierung sowohl aus dem Dentalbereich heraus (nach hinten) als auch aus dem Velarbereich (nach vorne):

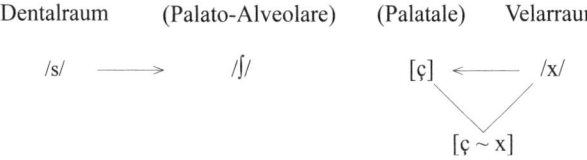

In einigen Dialekten wird [ʃ] zum Allophon von /x/ (vgl. dazu auch Wurzel 1970, 198f.), so dass dialektales [ʃ] und standardsprachliches [ç] umgangssprachlich in einem Spannungsverhältnis stehen, was zu zahlreichen hyperkorrekten Artikulationen führt (/kɪrʃə/ ,Kirche' neben /kɪrçə/ ,Kirsche' etwa im Rheinland).

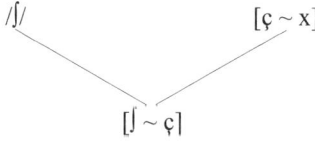

(9) Alveolares und uvulares [r ~ R]

Im Nhd. gibt es eine breite Variation der Artikulation von /r/ mit regionalen Besonderheiten bis hin zur Frikativisierung zu /x/ (/baxt/ *Bart*) und zur Assimilation (/baːt/). Diese geht vermutlich historisch weit zurück. Lange wurde eine ausschließliche bis vorwiegende alveolare Artikulation bis in die Frühe Neuzeit hinein vermutet, doch spricht vieles für eine weit frühere uvulare

Artikulation, wie sie für das Bairische bereits von Kranzmayer (1956 § 50) und für das Fränkische von Michels, Mhd.Gr. § 125, angenommen wird (s. auch Weinhold, Mhd.Gr. § 144). Penzl (1961) führt eine Reihe von Argumenten für das Nebeneinander von alveolarer [r]- und uvularer (lingualer) [ʀ]-Artikulation bereits im Ahd. an, wobei er neben der unterschiedlichen Herkunft von /r/ vor allem die Auswirkungen von /r/ auf den Lautwandel seiner Umgebung hervorhebt (ähnlich auch Runge 1974). Auch der häufige Abfall von /r/ nach langem Vokal, insbesondere nach /a:/ und Reime wie bairisch *bart : hat*, lassen eine weite Verbreitung der uvularen Artikulation vermuten. Da aber weder eine regionale Verteilung der beiden Artikulationsweisen (wie sie in den heutigen Dialekten beobachtet werden kann) noch eine positionsbezogene noch eine historisch-etymologische Verteilung nachweisbar ist, kann für die diachrone Entwicklung der Artikulation von /r/ nur eine ganz allgemeine offene Form einer Entwicklung [r ➲ ʀ] (= [r] offen hin zu [ʀ]) angesetzt werden.

Übersicht über die Lautinventare und die wichtigsten Lautwandelprozesse

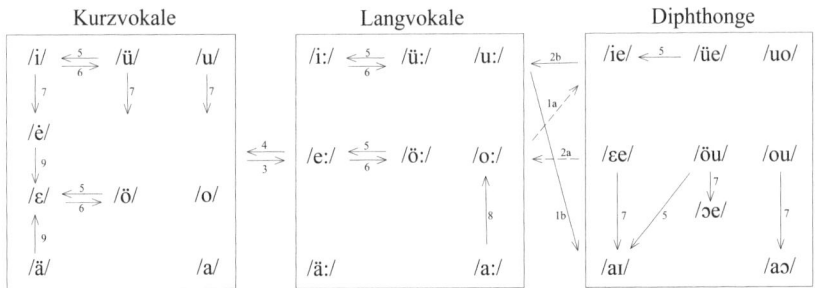

Prozesse:

1 Diphthongierung	3 Dehnung
1a althochdeutsche Diphthongierung	4 Kürzung
1b neuhochdeutsche Diphthongierung	5 Entrundung
	6 Rundung
2 Monophthongierung	7 Senkung
2a (früh)althochdeutsche Monophthongierung	8 Hebung
2b mitteldeutsche Monophthongierung	9 e-Verschmelzung

Die Phoneme werden zwischen Schrägstriche / / gesetzt. Die verwendeten Lautzeichen orientieren sich so weit wie möglich an den Schriftzeichen.

Konsonanten

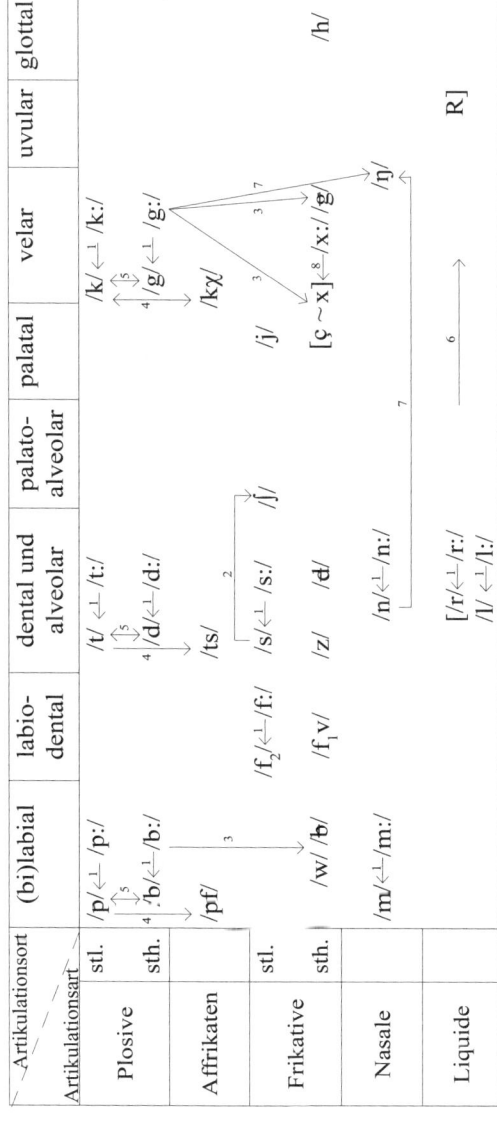

Wichtige konsonantische Lautwandelprozesse:

1. Degeminierung
2. Palatalisierung /s/ > /ʃ/
3. Frikativisierung
4. Affrizierung und Re-Affrizierung
5. Nivellierung der Stimmhaftigkeitsrelation
6. Entwicklung uvulares [R]
7. Velarisierung von /n/ (‹vor ‹g› oder /k/)
8. Palatalisierung [x > ç]

Weiterführende Literatur: Konsonantenschwächung: Simmler (1983). **Zur Palatalisie-rung**: Frings (1942); Mayer (1929); Penzl (1968a); Russ (1978); Schulze (1967); Trost (1958); Zacher (1971). **Zu *sch***: Hollander (1947); Joos (1952); Penzl (1968a). **Zu *ch***: Dietrich (1953); Griffen (1977); T.A. Hall (1989); Issat-schenko (1973); Leopold (1948); Mitzka (1972). **Zur Lenisierung**: Goblirsch (1994c); Kranzmayer (1956); Lessiak (1933); Mitzka (1954), (1967); Simmler (1983); Szulc (2002, 162–165); Zabrocki (1965). **Zu *r***: Docherty/Foulkes (2002); T.A. Hall (1993); Meyer-Eppler (1959); Penzl (1961); Richter (1979); Runge (1974).

Zusammenfassung

Im Bereich der Laute stellt die artikulatorische Entlastung eine wesentli-che Bedingung für den Lautwandel dar. Die Entlastungsrichtungen sind jedoch in starkem Maße von der Umstrukturierung der Silben- bzw. der Wortstruktur abhängig. Im Deutschen findet – bedingt durch die Festle-gung des Akzents im Germanischen – eine Störung der alten Silbenstruk-tur statt, indem die Stammsilbe privilegiert wird und die Nebensilben stark geschwächt werden.

Die Schwächungsprozesse in den Nebensilben bestehen in der Kürzung alter Vokallänge in den Nebensilben und der anschließenden lautlichen (und graphischen) Angleichung der meisten Nebensilbenvokale. Dies führt zu einer kompletten Zentralisierung der Vokale zu /ə/ und einer graphisch formalen Angleichung zu ‹e›. Seit dem Mhd. und insbesondere dann im Frnhd. erfolgen zusätzlich tiefgreifende Kopierungen der Nebensilbenvo-kale (Synkope und Apokope). Im Gegenzug werden die Stammvokale durch Ausbau des Inventars gestärkt.

Die Entwicklung führt zu einer hohen Verdichtung der Wortkörper mit teilweise komplexen Konsonantenclustern. Die Neustrukturierung verläuft über Prozesse der Angleichung des Silbengewichts (Isochronie), der Ent-lastung der Silbengrenze im Wortinneren bei mehrsilbigen Lexemen (Entwicklung der Ambisilbifizierung) durch zahlreiche Assimilations- und Entlastungsprozesse sowie der Stärkung des rechten Wortrandes durch Prozesse wie Auslautverhärtung und t-Epithese.

Artikulatorische Entlastungsprozesse sind zumeist durch die Lautumge-bung bedingt. So finden sich vokalische Zentralisierungsprozesse häufig in Abhängigkeit von der konsonantischen Umgebung. Aufgrund der kom-munikativen Bedeutung der Stammsilbenvokale ist der Wandel hier jedoch begrenzt, da immer auch ein genügend starker Lautkontrast erforderlich ist.

Im Bereich des Konsonantismus findet bereits in vorahd. Zeit und dann im Ahd. ein struktureller Wandel von einer Korrelation von einfachem Konsonant vs. Geminate zu einer Korrelation von Fortis vs. Lenis statt. Die Degeminierung, verursacht bzw. begünstigt durch die starke Tendenz zur Frikativisierung der Plosive, wird im Ergebnis zusammen mit der Vokaldehnung zur Neustrukturierung der Silbe genutzt.

Bei den meisten konsonantischen Prozessen handelt es sich vor allem um Schwächungsprozesse der konsonantischen Stärke: Frikativisierung, Nivellierung der Stimmhaftigkeitsrelation (Lenisierung), Palatalisierung und Entwicklung des uvularen *r*.

5 Flexion – Morphosyntax – Syntax

5.1 Umbau des grammatischen Systems

Die oben in Kap. 2 und 4 thematisierte Festlegung des Akzents auf die Stammsilbe und die dadurch ausgelösten Wandelprozesse führen zusammen mit anderen Faktoren zu einer tiefgreifenden typologischen Veränderung auch im Bereich der Flexionsmorphologie. Diese wandelt sich im Deutschen von einer im Ahd. noch stark synthetischen Struktur zu einer gemischt synthetisch-analytischen Struktur bei grundsätzlicher Zweiteiligkeit zentraler Einheiten (Satz, NP, evtl. auch Prädikat) im Nhd. (zu ‚drift' s. Kap. 2.3).

---

synthetisch und analytisch

Bezeichnungen wie synthetisch (flektierend, agglutinierend, inkorporierend), analytisch und isolierend beziehen sich auf die Organisation von lexikalischen und grammatischen Informationen und ihr Verhältnis zueinander in einer Sprache. Sie werden seit dem 19. Jh. – zuerst bei August W. Schlegel und Wilhelm v. Humboldt – zur **typologischen** Unterscheidung von Sprachen genutzt.

Als **synthetisch** (synthetischer Sprachbau, synthetische Formen etc.) bezeichnet man Sprachen/Formen, die lexikalische und grammatische Informationen in einer sprachlichen Einheit (in der Regel einer Wortform) miteinander kombinieren. Dies geschieht entweder durch (Stamm-)Modulation (Umlaut, Ablaut, Akzentierung u.a.), wie z.B. in *Garten* : *Gärten* oder *sprech(en)* : *sprach*, oder durch Affigierung, wie z.B. in *Kind* : *Kind-er*. Sprachen mit synthetischen Formen werden unterteilt in:

Agglutinierende Sprachen, wie z.B. das Türkische, zeichnen sich dadurch aus, dass die einzelnen Morpheme jeweils nur eine Bedeutung tragen (monosem) und unmittelbar aneinandergereiht werden, wie z.B. türk. *odalarımızda* (*oda* = ‚Zimmer', *-lar* = Plural ‚die Zimmer', *-ımız* = ‚unseren', *-da* = ‚in'; dt. ‚in unseren Zimmern').

Flektierende Sprachen, wie z.B. Latein, zeichnen sich dadurch aus, dass die einzelnen Morpheme nicht eineindeutig sind, sondern zur Mehrdeutigkeit (Polysemie) und formal zur Fusionierung tendieren, so dass die Grenze zwischen Stamm und Flexionsendung ist nicht immer erkennbar ist, z.B. lat. *cura – curae – cura-m – cura-rum*.

In **inkorporierenden** Sprachen, wie z.b. in den Sprachen der Inuit, werden syntaktische Beziehungen im Satz durch das Ineinanderfügen lexikalischer und grammatischer Elemente ausgedrückt, z.b. Inuktitut *Iglulingmit Mittimatalingmuarumavunga* („Ich möchte von Iglulik nach Mittimatalik gehen (fahren etc)"; E. Nowak 2008, 32).

Als **analytisch** bezeichnet man Sprachen/Formen, die grammatische Informationen (ganz oder teilweise) mit Hilfe freier Morpheme ausdrücken (meist entstanden durch Grammatikalisierung, wie im Deutschen etwa Artikel oder Hilfsverben u.a). **Isolierende Sprachen**, wie z.b. das Chinesische, können als extreme Form dieses Typs angesehen werden: Sie trennen lexikalische und grammatische Informationen strikt.

Das Deutsche zeigt wie viele andere (europäische bzw. indoeurop.) Sprachen einen Wandel von einer ehemals dominant synthetischen (stark flektierenden) Struktur zu einer stärker analytischen Struktur. Allerdings lassen sich auch Prozesse beobachten, die zur Neuausbildung bzw. zur Stärkung synthetischer Formen führen. Es erscheint deshalb sinnvoll, von isolierenden, flektierenden, agglutinierenden oder inkorporierenden Potentialen einer Sprache auszugehen (vgl. Wurzel 1992). Das Deutsche wird in der Regel als gemischt flektierend-synthetisch und analytisch bezeichnet, doch verfügt es besonders in der Wortbildung über ein erhebliches Agglutinationspotential (*farb + echt, farb + -lich*).

Der Umbau des Flexionssystems (→ Flexion) verläuft nicht geradlinig und nicht nur in eine ‚Richtung', sondern ist von immer neuen Reparaturversuchen mit vielen kleinregionalen Ergebnissen und gelegentlichen Sackgassen begleitet und wird stark durch sprachgeschichtliche Faktoren wie Entlehnungen, Sprachvorbilder, Normierungsprozesse etc. beeinflusst.

Die beiden wesentlichen Entwicklungslinien in der **Substantivflexion** sind

- der Abbau der flexivischen Kasusmarkierungen, die sog. **Kasusnivellierung** (s. Kap. 5.2.1), eng verbunden mit dem Ausbau eines Artikelsystems (s. Kap. 5.2.2) und

- der Ausbau der Numerusmarkierung, die sog. **Numerusprofilierung** (s. Kap. 5.2.5); beide Begriffe nach Hotzenköcherle (1962).

Die Kasusinformation durch Flexionsendungen bei den Substantiven wird weitgehend aufgegeben und stattdessen überwiegend durch Substantivbegleiter (Artikel etc.) geleistet (s. Kap. 5.2.2). Die Numerusinformation mit Hilfe von Affixen wird dagegen stark ausgebaut. Dabei werden nicht nur die älteren Pluralmarker beibehalten, sondern es werden in einem vielschichtigen Prozess neue geschaffen und zuvor wenig genutzte aktiviert (s. Kap. 5.2.5).

Das analytische Potential führt zu einer Veränderung der **Nominalphrase**, die nun in der Regel aus mindestens zwei Bestandteilen (Artikel bzw. allgemeiner: Determinativ und Substantiv) besteht. Die beiden Bestandteile können jetzt als linke und rechte Klammer fungieren und weitere Bestandteile (Attribute) aufnehmen. Dies führt zu einigen weiteren Wandelprozessen, die die Satzstruktur betreffen (s. Kap. 5.4). Die Reorganisation der Nominalphrase ermöglicht durch Rahmenbildung eine zunehmende Komplexität: Die ‚gerahmte' Nominalphrase kann beinahe beliebig komplexe Attributstrukturen aufnehmen (Tendenz zur Nominalisierung).

Die wesentlichen Entwicklungslinien bei den **Verben** sind

- der weitgehende Rückgang der starken Verben zugunsten der schwachen Flexion (s. Kap. 5.3.1),

- der Ausbau der Tempusunterscheidung (Tempusprofilierung) bei den verbliebenen starken Verben (s. Kap. 5.3.1),

- die Vereinheitlichung der verschiedenen besonderen Verben (s. Kap. 5.3.3 und 5.3.6),

- der Formenausgleich bei den Personalendungen (s. Kap. 5.3.4 und 5.3.5) und die Tendenz zur konsequenten Nutzung eines Subjektpronomens (s. Kap. 5.3.7),

- die Herausbildung analytischer Verbformen durch verschiedene Grammatikalisierungsprozesse (s. Kap. 5.3.6).

Zwischen der Uniformierung bzw. dem Abbau der Nebensilbenvokale (vgl. Kap. 4.3.2) und der Herausbildung analytischer Formen besteht ein enger Zusammenhang. Dabei ist das **Wechselspiel** der beiden Erscheinungen nicht überzeugend geklärt und herausgearbeitet. Es ist sicher zu einfach, einen kausalen Zusammenhang von phonologischer Störung und (funktionalistischen) Ersatzbildungen herzustellen. Die späteren Ersatzformen waren jeweils (wenn auch in anderer Funktion) bereits vorhanden und konnten sich nach der Nebensilbenabschwächung bzw. in ihrem Verlauf (partiell) durchsetzen. Inwieweit der Verfall etwa der Kasusmarkierungen die Grammatikalisierung der Artikel beeinflusst hat, indem er sie förderte oder beschleunigte, oder ob ein bereits funktionierendes System lediglich durch Reanalyseprozesse stärker grammatikalisiert wurde und dann seinerseits den Verfall der Kasusmarkierungen beschleunigte, wird wohl kaum befriedigend zu klären sein (zum Problem s. u.a. Härd 2003, 2571).

Die analytische Formenbildung bei den Verben ermöglicht die für den deutschen Satz typische Verbstellung, die Verbalklammer: Bei analytisch gebildeten Verbformen nehmen der finite und infinite Bestandteil des Verbalkomplexes jeweils typische, feste Positionen im Satz ein, die eine Klammerstruktur innerhalb des Satzes bilden, in die sich der restliche Teil des Satzes einfügt. Diese seit dem Ahd. mögliche Satzklammer wird – insbesondere ab der Frühen Neuzeit, d.h. in der Phase, in der sich eine überregionale einheitliche Schriftsprache etabliert – zunehmend zu einem Satzrahmen ausgebaut und ermöglicht komplexe syntaktische Strukturen durch

- die Herausbildung und Profilierung von Haupt- und Nebensatz, resultierend aus einer weitgehenden Festlegung der jeweiligen Stellung des Verbs, und damit die Möglichkeit zur Bildung hypotaktischer Strukturen,

damit verbunden

- die weitgehende Entlastung des Nachfelds in der Schriftlichkeit, sowie

- die Herausbildung der Klammerstruktur im Nebensatz durch Konjunktionen und die Bestandteile des Verbkomplexes (s. Kapitel 5.4).

Die syntaktischen Wandelprozesse, die zu einer Zunahme syntaktischer Komplexität führen, sind im Zusammenhang mit der Etablierung einer eigenständigen Schriftsprache zu sehen, die sich zunehmend von den gesprochenen Varietäten entfernt.

5.2 Substantive und Nominalphrase

Der Umbau des Flexionssystems der Substantive beginnt bereits in vorahd. Zeit und ist im Ahd. schon deutlich sichtbar. Einen Schub erhält die Entwicklung dann durch die weitere Nebensilbenabschwächung im Übergang vom Ahd. zum Mhd. und im weiteren Fortgang durch die -e-Apokope vom Spätmhd. an bis ins 16. Jh. (s. Kap. 4.3.2).

Im Germanischen setzen sich die einzelnen Flexionsformen des Substantivs zusammen aus einer Wurzel und einem stammbildenden Element (dem sog. Thema), die zusammen den Stamm bilden, sowie einem Flexionselement, so bei gotisch *dag-a-ns* (Akk. Pl. von *dags* ‚Tag‘):

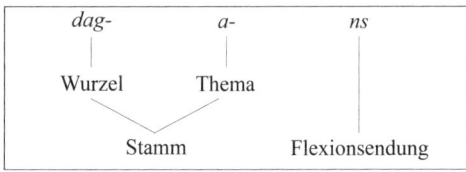

Das Thema kann entweder durch einen Vokal (*-a-*, *-i-*, *-ō-*, *-u-*) oder durch Konsonanten (*-n*, *-r*, *-nt*) gebildet werden. Nach diesem Thema werden die Substantive in so genannte Stammklassen unterteilt. Eine kleine Gruppe von Substantiven weist kein Thema auf (athematisch), sondern wird direkt aus der Wurzel gebildet: sog. Wurzelnomen, wie z.B. *man*.

Die Einteilung der **Stammklassen** rekurriert auf das Indoeuropäische; sie ist im Germanischen (Gotischen) noch gut erkennbar, aber im Ahd. bereits durch Abschwächung und Verkürzung der alten Endsilben weitgehend aufgegeben. Im Mhd. sind die meisten Stammklassen aufgrund der Vereinheitlichung der Nebensilbenvokale kaum noch erkennbar.

Die ehemaligen vokalischen Stammklassen sind:

a-, ja- und wa-Stämme:	dazu gehören Mask. wie ahd. *tag* (got. Dat. Sg. *daga*), *hirti* (got. Dat. Sg. *hair-ja*), *sē(w)* und Neutr. wie *wort* (got. etwa Nom. Pl. *waúrda*), *künne*, *knie(w-)*
i-Stämme:	dazu gehören Mask. wie *gast* (ahd. noch im Pl. *gesti*, *gestio*, *gestim*) und Fem. wie *kraft* (im Ahd. noch *krefti* im Gen./Dat. Sg. und im Pl. *krefti*, *kreftio*, *kreftim*)
u-Stämme:	dazu gehören Mask. wie ahd. *sunu* (got. *sunus*), Fem. wie *hant* (got. *handus*) und Neutr. wie ahd. *fihu*
ō-, jō- und wō-Stämme:	dazu gehören Fem. wie ahd. *geba* ('Gabe'), *sunta* ('Sünde'), *brāwa* ('Braue')
ī(n)-Stämme:	ahd. Fem. *hōhīn* ('Höhe')

Ehemalige konsonantische Stammklassen:

n-Stämme: (alle Formen außer Nom. Sg. bzw. bei den Neutr. Nom./Akk. Sg. zeigen *-n*)	dazu gehören Mask. wie ahd. *boto*, Fem. wie *zunga* und die Neutr. *herza*, *ōra*, *ouga*, *wanga*
er-Stämme:	dazu gehören die Verwandtschaftsbezeichnungen ahd. Mask. *fater* und *bruo-der* und die Fem. *muoter*, *swester* und *tohter*
Wurzelnomen (athematisch)	dazu gehören die Mask. *man* und die Fem. *brust* und *naht*
Partizipialstämme bzw. nt Stämme	dazu gehören Mask. auf *-nt* wie ahd. *heilant* ('Heiland')
iz-/az-Bildungen (ehem. es-/os-Stämme)	wie ahd. Neutr. *lamb* ('Lamm'; Pl. *lembir* (*-ir* < *-iz*))

Abb. 5.1: Substantive nach historischen Stammklassen

Im Ahd. sind Themavokal und Flexionsendungen zumeist zu einer neuen Einheit verschmolzen (vgl. Ahd.Gr. I §§ 192ff.). Durch den Ausgleich der Nebensilbenvokale hin zum Mhd. schwinden dann die ehemaligen vokalischen Kasus- und Numerusunterschiede zusätzlich (1). Bei mehrsilbigen Substantiven, die auf Vokal enden, werden die ‚neu' entstandenen /ə/ ‹e› nun als zum Stamm gehörig reanalysiert, so dass eine Grenzverschiebung zwischen Stamm (als dem Unveränderlichen) und Flexionsendung (als dem Veränderlichen) stattfindet (2):

		ahd.	(1) mhd.	(2)
Sg.	Nom.	geb-*a* - - -	geb-*e* - - - ⇒	gebe-Ø
	Akk.	geb-*a*	geb-*e*	gebe-Ø
	Dat.	geb-*u*	geb-*e*	gebe-Ø
	Gen.	geb-*a*	geb-*e*	gebe-Ø
Pl.	Nom.	geb-*a*	geb-*e*	gebe-Ø
	Akk.	geb-*a*	geb-*e*	gebe-Ø
	Dat.	geb-*ōm*	geb-*en*	gebe-*n*
	Gen.	geb-*ōno*	geb-*en*	gebe-*n*

Kasus- und Numerusinformationen werden im Ahd. häufig noch durch eine einzige Flexionsendung ausgedrückt (→ Portmanteau-Morpheme). So bedeutet z.B. das Endungs-*um* in *tagum* zugleich ‚Dativ' und ‚Plural'. Durch die Uniformierung der Nebensilbenvokale im Übergang vom Ahd. zum Mhd. wird auch dieses System weitgehend aufgelöst und weicht einer **seriellen Markierung** von Numerus- und Kasusinformation im Plural, d.h. dass Numerus- und Kasusinformation nacheinander getrennt markiert sind:

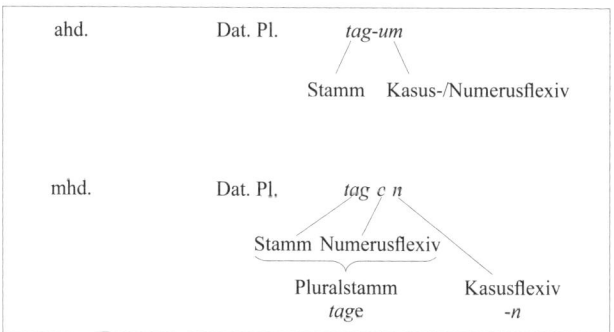

Die Folge dieser getrennten Markierung ist, dass es im Singular nun (außer dem Genitiv-*(e)s*) keine numerusspezifischen Markierungen mehr gibt; die flexivische Numerusinformation wird ausschließlich im Plural markiert. Eine

Ausnahme stellt der Gen. Sg. der Mask./Neutr. dar, bei dem das Flexiv *-(e)s* zugleich die Informationen Sg. + Gen. + nicht-feminin beinhaltet.

Weiterführende Literatur: Zu Substantiven allgemein: Gr.d.Frnhd. III; Paul, Dt.Gr. II; Paul, Mhd.Gr. §§ M 4ff.; Becker (1994); Bojunga (1890); Hotzenköcherle (1962); Kern/Zutt (1977); Klein (1987); Kürschner (2008); Ljungerud (1955); Molz (1902), (1906); Pavlov (1995); Rettig (1972); Stopp (1974); Stopp/Moser (1967); Suchsland (1969); Wegener (1985), (1995), (2005); Wegera (1987); Wilmanns, Dt.Gr. III.

5.2.1 Abbau der Kasusmarkierung

Bereits im Ahd. wird ein Teil der gering besetzten ehemaligen Flexionsklassen (Stammklassen) an die Klassen mit zahlreichen Lexemen angenähert – ein Prozess, der sich über das Mhd. bis in die Frühe Neuzeit hinein fortsetzt. Dabei wird die Vielfalt der Endungen deutlich reduziert. Große Klassen sind die maskulinen/neutralen a-Stämme (Typ *tac*), die i-Stämme (Typ *gast*, *kraft*) und die femininen ō-Stämme (Typ *gebe*, nhd. *Gabe*). So fallen z.B. bei den **Maskulina** die ehemaligen ja-Stämme (Typ *fride*), die u-Stämme (Typ *sun*, nhd. *Sohn*), die er-Stämme (Typ *fater*), die nt-Stämme (Typ *friunt*, nhd. *Freund*) und die Wurzelnomina (*man*) mit den a-Stämmen (bzw. den weitgehend ähnlich flektierenden mask. i-Stämmen) im Singular zu einem gemeinsamen

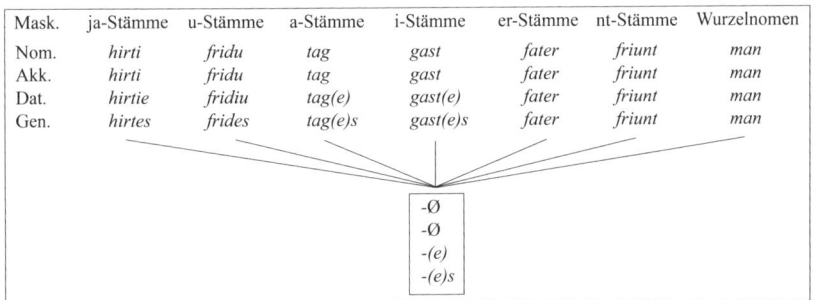

Mask.	ja-Stämme	u-Stämme	a-Stämme	i-Stämme	er-Stämme	nt-Stämme	Wurzelnomen
Nom.	*hirti*	*fridu*	*tag*	*gast*	*fater*	*friunt*	*man*
Akk.	*hirti*	*fridu*	*tag*	*gast*	*fater*	*friunt*	*man*
Dat.	*hirtie*	*fridiu*	*tag(e)*	*gast(e)*	*fater*	*friunt*	*man*
Gen.	*hirtes*	*frides*	*tag(e)s*	*gast(e)s*	*fater*	*friunt*	*man*

-Ø
-Ø
-(e)
-(e)s

Flexionsschema zusammen:

Es bildet sich ein einheitliches Muster heraus, bei dem der Dat. häufig (noch) durch *-e* und der Gen. durch *-(e)s* markiert ist. Die Attraktion für die Angleichungsprozesse der verschiedenen Klassen geht dabei nicht von Klassen mit bereits komplett endungslos flektierten Substantiven, sondern von dem Hauptmuster im Singular aus, das bereits bei einer Reihe von Stammklassen gleichlautet: -Ø, -Ø, *-(e)*, *-(e)s*. Dieser Prozess der Klassenreduktion ist im Ahd. bereits weit fortgeschritten und reicht bis ins Frnhd. hinein.

Bei den **Feminina** sind die ō- und i-Stämme historisch unterschiedlich strukturiert. Während die ō-Stämme im Ahd. hinsichtlich der Singular-Kasus bereits weitgehend nivelliert sind, weisen die i-Stämme noch eine deutliche Distinktion Nom./Akk. ≠ Dat./Gen. auf (*kraft/kraft* vs. *krefti/krefti*).

Die ō-Stämme zeigen im Singular seit dem Ahd. Ausgleichsentwicklungen in zwei verschiedene Richtungen. Neben der Tendenz zur **Nivellierung** sämtlicher Kasusendungen durch Ausgleich zu *-a* (Dat. Sg. *gebu* zu *geba* und damit *geba* in allen Sg.-Kasus) entsteht ein anderer Typ mit einer Distinktion von Nom./Akk. ≠ Dat./Gen. durch Ausgleich des Genitivs (*geba*) an den Dativ *gebu* (später beide Kasus *gebo*). Dieses Muster findet einen strukturellen Rückhalt im Muster der femininen i-Stämme und darüber hinaus auch bei den (wenigen) neutralen n-Stämmen. In diesen Prozess werden dann im Mhd. vorübergehend auch die ‚schwachen' Feminina (n-Stämme) einbezogen:

Fem.:	ō-Stämme		i-Stämme		(neutr. n-Stämme)
Nom.	*geba*		*kraft*		*herza*
Akk.	*geba*	so auch:	*kraft*	so auch:	*herza*
Dat.	*gebu* > *gebo*		*krefti*		*herzen*
Gen.	*gebu* > *gebo*		*krefti*		*herzen*

Abb. 5.2: Distinktionstyp Nom./Akk. ≠ Dat./Gen.

Dieses Distinktionsmuster kann sich nicht durchsetzen, sondern wird später durch die komplette Nivellierung aller Kasusmarkierungen abgelöst (s.u.).

Bei den **Kasusmarkierungen im Plural** finden ebenfalls Kürzungs- und Ausgleichsprozesse statt:

Dat. Pl. *m* > *n*				Gen. Pl. *-ōno* > *-ōn*			
frühahd.		spätahd.	mhd.	frühahd.		spätahd.	mhd.
tag-um	>	*tag-on*	> *tag-en*	*geb-ōno*	>	*geb-ōn*	> *geb-en*
geb-ôm	>	*geb-on*	> *geb-en*	*han-ōno*	>	*han-ōn*	> *han-en*
kreft-im	>	*kreft-en*	> *kreft-en*	*herz-ōno*	>	*herz-ōn*	> *herz-en*
				zung-ōno	>	*zung-ōn*	> *zung-en*

(1) Abbau der Kasusmarkierung *-(e)* im Dat. Sg. der Mask./Neutr. und im Dat./Gen. der ehemaligen fem. i-Stämme

Mitte des 12. Jh.s hat sich in der Substantivflexion die Abschwächung der Nebensilbenvokale zu /ə/ ‹e› weitgehend durchgesetzt. Fast zeitgleich setzt ausgehend vom Bairischen eine weitergehende Erosion durch Apokope der Flexionsendung *-e* ein. Dies geschieht (1) bei den Substantiven im Dativ Singular der Maskulina und Neutra, (2) im Genitiv und Dativ Singular der femininen i-Stämme und (3) im Genitiv-Plural der Neutra.

(1) Abb. 5.3 zeigt die Entwicklung der Apokope im Dativ Singular der Maskulina und Neutra:

Sprachraum		obd.				md.		
						wmd.	hess.-thür.	
Zeitraum	bair.	bair.-alem./ schwäb.	ofrk.	alem.	mfrk.	rhfrk.-hess.	omd.	
^{2}12	0-5	0-5	–	0-5	0		0	
^{2}13	30-40	20-30	–	5-10	0-5	0-5	5-10	
^{2}14	90-100	90-100	50-60	0-5	5-10	5-10	0-5	
^{2}15	90-100	90-100	90-100	90-100	60-70	70-80	20-30	
^{2}16	100	90-100	90-100	100	90-100	90-100	50-60	
^{2}17	90-100	90-100	90-100	90-100	90-100	70-80	20-30	

alle relativen Angaben in %

Abb. 5.3: Prozentualer Anteil der Apokope von Dat.-*e* bei ehemaligen maskulinen und neutralen a-Stämmen (Zahlen aus den mhd. und frnhd. Grammatik-Korpora); jeweils 2. Jahrhunderthälfte

(2) Im Dativ und Genitiv der ehemaligen femininen i-Stämme schwindet das -*e* bereits im Verlauf des Mhd. weitgehend. Der Anteil des Dativ-*e* verringert sich von rund 90% am Ende des 11. Jh.s auf knapp 20% in der ersten Hälfte des 14. Jh.s. Der Anteil des Genitiv-*e* verringert sich nahezu konstant in 20%-Schritten pro Jh. von annähernd 100% Ende des 11. Jh.s ebenfalls auf rund 20% in der ersten Hälfte des 14. Jh.s. Der Umlaut des Stammvokals im Dativ und Genitiv Singular der ehemaligen femininen i-Stämme spielt bereits im Mhd. keine große Rolle mehr und tritt nur noch relativ selten auf. Im Mhd. existieren verschiedene Übergangsmuster der femininen i-Stämme nebeneinander:

Sg.	ahd.		mhd. I	mhd. II	mhd. III		nhd.
Nom.	kraft-Ø	>	kraft-Ø	kraft-Ø	kraft-Ø	>	Kraft-Ø
Akk.	kraft-Ø	>	kraft-Ø	kraft-Ø	kraft-Ø	>	Kraft-Ø
Dat.	kreft-i	>	kreft-e	kreft-Ø	kraft-e	>	Kraft-Ø
Gen.	kreft-i	>	kreft-e	kreft-Ø	kraft-e	>	Kraft-Ø

(3) Das Kasus-*e* im Genitiv Plural der ehemaligen neutralen a-Stämme (*kind-e*) wird apokopiert. Bereits in der 2. Hälfte des 14. Jh.s sind über 99% der -*e* in dieser Position getilgt.

(2) Abbau der Kasusmarkierung -*(e)n*

Auch -*(e)n* wird im Verlauf des Frnhd. weitgehend aufgegeben, und zwar bei den Feminina vollständig und bei den Maskulina bis auf eine zunächst kleine Restgruppe (vgl. unten). Bei den Neutra bleibt lediglich das Unikum *Herz* mit -*(e)n* im Dativ und -*(e)ns* im Genitiv Singular übrig.

Bei den **Feminina** ist das Formeninventar durch Grenzverschiebung zwischen Stamm und Flexionsendung und durch Zusammenfall der Flexionsendungen im Mhd. auf eine endungslose und eine Form -*(e)n* reduziert.

Im Verlauf des Mhd. und dann verstärkt im Frnhd. entstehen drei verschiedene Ausgleichsmuster:

	Ausgleichsmuster 1 (dialektal, bair.)	Ausgleichsmuster 2 (nhd. Standardsprache)	Ausgleichsmuster 3 (mittelfränkisch, bes. mhd.)	
Nom.	*zunge-n*	*Zunge-Ø*	*zunge-Ø*	*gebe-Ø*
Akk.	*zunge-n*	*Zunge-Ø*	*zunge-Ø*	*gebe-Ø*
Dat.	*zunge-n*	*Zunge-Ø*	*zunge-n*	*gebe-n*
Gen.	*zunge-n*	*Zunge-Ø*	*zunge-n*	*gebe-n*

Ausgleichsmuster 1:
Eine Form des Ausgleichs stellt die analoge Übernahme des -*(e)n* aus den übrigen Kasus in den Nominativ Singular der ehemaligen n-Stämme dar. Dieser Prozess, der der Tendenz zur deutlichen Profilierung des Numerusunterschiedes zuwiderläuft, kann sich zum Nhd. hin nicht durchsetzen. Im Bairischen bilden Dialekte, bei denen das -*n* in den Nom. Sg. übertragen wurde, z.T. eine „potenzierte Endung" aus, z.B. /biksn/ ‚Büchse' – Pl. /biksɐn/ (vgl. Schirmunski 2010, 494).

Ausgleichmuster 2:
Die andere – gegenläufige – Entwicklung stellt die Tilgung von -*(e)n* in den → obliquen Kasus nach dem Vorbild des Nominativ Singular dar, die sich zum Nhd. erfolgreich durchsetzt. Hier ist die Entwicklung des Akkusativs in mhd. Zeit (insbesondere im Mittelfränkischen) bereits weit fortgeschritten.

Ausgleichsmuster 3:
Einen dritten Weg geht zunächst das Mittelfränkische (und ein Teil des übrigen Mitteldeutschen). Unter dem Einfluss des benachbarten östlichen Mittelniederländischen findet sich hier ein Ausgleich, bei dem sowohl ehemalige ō-/jō-Stämme als auch ehemalige n-Stämme ein neues Muster bilden, das eine Distinktion zwischen Nom./Akk. (-Ø) und Dat./Gen. (-*(e)n*) aufweist. Nach einem Höhepunkt in der ersten Hälfte des 13. Jh.s nimmt der Anteil von -*(e)n* jedoch wieder leicht ab (vgl. Klein 2005b).

Bei den **Maskulina** wird die Gruppe mit -*(e)n*-Flexion fortschreitend aufgelöst. Eine große Zahl ehemals schwach flektierter Substantive entwickelt sich zu einem hybriden Typ, indem das -*n* der obliquen Kasus analog in den Nominativ übernommen und der Genitiv zusätzlich durch das -*s* der übrigen Maskulina und Neutra markiert wird:

	mhd.	Prozesse	nhd.
Nom.	*galge-Ø*	*galge-n* ←	*Galgen-Ø*
Akk.	*galge-n*	*galge-n* ⌉	*Galgen-Ø*
Dat.	*galge-n*	*galge-n* ⌋	*Galgen-Ø*
Gen.	*galge-n*	*galge-n* ⌟ + *s*	*Galgen-s*

Dieser Übergang vollzieht sich im 16./17. Jh. in relativ kurzer Zeit. Betroffen hiervon sind u.a. mhd. *balke, boge, bräte, brunne, velse, vlecke, galge, garte, grabe, häke, huoste, kaste, kuoche, kolbe, krage, knoche, mage, nacke, rase, rieme, schatte, schinke, snupfe, spate, stolle, tropfe, zapfe, zinke* (vgl. Bojunga 1890, 71f.).

Wenige Substantive des Typs *Name* (und das Neutrum *Herz*) vollziehen diese Entwicklung nur teilweise: Während der Genitiv Singular ein zusätzliches -*s*-Flexiv erhält, wird das -*n* der übrigen Kasus nicht in den Nominativ übernommen.

Nom.	*Name-Ø*	*Herz-Ø*
Akk.	*Name-n*	*Herz-Ø*
Dat.	*Name-n*	*Herz-en*
Gen.	*Name-ns*	*Herz-ens*

Die wenigen Substantive stellen seither eine Sondergruppe dar, die sich jedoch allmählich den übrigen angleicht (vgl. *der Funke* neben *der Funken*).

Bei einer kleinen Gruppe bleibt die schwache Flexion erhalten und ist bereits im Mhd., verstärkt dann im Frnhd., wieder produktiv (vgl. Durrell 1990). Vielfach wird hier eine neuerliche semantische Motivierung für die Gruppe angenommen, doch Köpcke (2000b) zeigt, dass der Prototyp dieser Gruppe mehrere Merkmale aufweist; er ist mehrsilbig, hat -*e* (Schwa) im Auslaut und trägt Penultimabetonung sowie das semantische Merkmal ‚+menschlich'. Nachdem im Mhd. besonders Bezeichnungen für Angehörige von Völkern etc. (Typ *Provenzāl*) ‚schwach' gebildet wurden, werden im Frnhd. vorwiegend Substantivierungen lateinischer Partizipien auf -*ns*, -*ntis*, -*tus*, -*ndus* in diese Klasse aufgenommen: -*ant* (*Adjutant*), -*ent* (*Quotient*), -*at* (*Advokat*), -*and* (*Doktorand*) und ebenso lateinische Bildungen auf -*ta* (*Prophet*), -*ista* (*Sozialist*); weiterhin substantivierte Adjektive aus dem Griechischen auf -*oph* (*Philosoph*), -*aph* (*Paragraph*), -*nom* (*Astronom*) sowie eine größere Zahl von Fremdwörtern unterschiedlicher Herkunft wie *Zar, Kalif, Husar, Heiduck* etc. (vgl. dazu die Listen bei Paul, Dt.Gr. II § 88). Zusätzlich wechseln einige im Mhd. noch nicht ‚schwach' belegte Substantive wie *Diamant, Elefant, Gigant* auf dem Weg der analogen Übertragung in diese Gruppe (vgl. Paul, Dt.Gr. II § 89). Die Nähe zur (schwachen) Adjektivflexion ist offensichtlich (vgl. B. Wiese 2000), wobei die deadjektivischen → Konversionen vom Typ *der Schöne* zur Stabilisierung der Gruppe beitragen. Dieser Zusammenhang wird bereits für die frühe Produktivität der schwachen Flexion (ursprünglich handelt es sich um mask. → nomina agentis) angenommen, vgl. dazu Weinhold, Mhd.Gr. § 456 unter Verweis auf Osthoff (1876).

In der nhd. Standardsprache bleibt als eindeutiges Kasus-Flexiv im Singular dominant nur noch das Genitiv-*s* der starken Maskulina und Neutra übrig. Man könnte erwarten, dass auch dieses Kasus-Flexiv der Tilgung unterliegt. Tatsächlich zeigt das Frnhd. eine solche Entwicklung. Besonders im Bairischen vor 1500 fällt das Genitiv-*s* teilweise bis zu 50% ab. Diese Erscheinung kann sich aber zum Nhd. hin nicht durchsetzen, sondern wird durch die Normierung des Genitiv-*s* gehindert und rückgängig gemacht. Stabilisierend wirkt sich möglicherweise auch die Tatsache aus, dass der Genitiv zunehmend auf seine Attributfunktion spezialisiert wird und die Objektfunktion in den Hintergrund tritt (s. Kap. 5.2.3).

Die oben beschriebene **Nivellierung der Kasus** betrifft alle Substantivklassen, allerdings in jeweils unterschiedlichem Maße. Von diesem Umbau sind die Feminina, die zum Nhd. in der Standardsprache im Singular alle flexivischen Kasusmarkierungen verlieren, am stärksten betroffen. Die Nivellierung der Kasusmarkierungen bedeutet jedoch keineswegs den vollständigen Verlust der Kasusinformation. Die distinktive Leistung des Kasussystems ist im Nhd. durch Substantivbegleiter (teilanalytisch) gesichert und ansatzweise durch die Satztopologie gestützt.

Lesehinweis: Wurzel (1992) bietet einen Überblick über die Veränderungen im substantivischen Flexionssystem vom Ahd. zum Nhd. und die jeweiligen typologischen Potentiale.

Weiterführende Literatur: Zu den Kasus allgemein: van der Elst (1984); Helbig (1973); McLintock (1966); Møller (1937); Neumann (1961); Reiffenstein (1969); Shrier (1965). **Zum Genitiv:** Appel (1941); Bettelhäuser (1976); Debrunner (1940); Lindgren (1954); Nordmeyer (1961); Rausch (1897); Shapiro (1941); Weier (1968); Winter (1966). **Zum Dativ:** Behaghel (1900), (1909); Böckelmann (1905/1912); Maydorn (1911). **Zur schwachen Substantivflexion:** Antonsen (1973); D. Bittner (1987), (1991); Köpcke (1995), (2000a), (2000b); Palbre (1985); Ronneberger-Sibold (2016); Wurzel (1985), (1991).

5.2.2 Herausbildung des Artikelsystems

Die Auslagerung von Kasusinformationen auf Substantivbegleiter ist verschränkt mit der Herausbildung von Definitheit als Nominalkategorie, die analytisch mit Hilfe des Definitartikels (‚bestimmt', *der, die, das*) bzw. des Indefinitartikels (‚unbestimmt', *ein-*) ausgedrückt wird. Ein Referent (d.h. ein

Objekt, auf das sprachlich Bezug genommen wird) ist definit, wenn er im Text/Diskurs vorerwähnt (1), wenn er daraus erschließbar ist (2) oder wenn er allgemein bekannt ist. Wird ein Diskursreferent hingegen neu eingeführt, dann wird seine Indefinitheit durch den unbestimmten Artikel markiert:

---

(1) <DE ONAGRO> **(E)in tiēr** heizzit **onager** daz iſt **ein taneſil** der nerbellot nīh, uuār uber daz fūter eiſchoie. únde án demo zuenzigostimo táge mércin ſorbéllot er zuelf ſtúnt tágeſ. zuelf ſtunt nāhteſ. dar magmin ana uuizzen. daz denne nāht. únde tāc ebinlanc ſínt. **Ter ónager** bezéichenet tén fīēnt der tac undiu naht bezeichenet di dir rēhto uuerchon ſulin. tágeſ unde náhteſ. (Phys 32ʳ)

(Von dem Wildesel) Ein Tier heißt Wildesel, das ist ein Waldesel, der schreit nicht, nur wenn er das Futter verlangt; aber an dem zwanzigsten Tage im März dann brüllt er zwölfmal am Tage [und] zwölfmal nachts. Daran kann man erkennen, dass dann Nacht und Tag gleich lang sind. Der Wildesel bezeichnet den Feind, der Tag und die Nacht bezeichnen die, die in rechter Weise tätig sein sollen am Tage und in der Nacht.

nach Heinz Mettke (Hrsg.): Älteste deutsche Dichtung und Prosa […]. Frankfurt a.M. (1976, 261)

(2) **Ein scaf** er stántan gisah · thaz was zem ópphere gimah / er sáh iz thar wérnon · in brámon mit **then hórnon.** (Otfrid, Evangelienbuch (V), 55v,4f)

Ein Schaf er stehen sah, das war zum Opfer (als Opfergabe) geeignet; er sah es [sich] dort abmühen in Dornen (einem Dornengestrüpp) mit den Hörnern.

Für die Markierung von Indefinitheit/Definitheit bildet sich im Ahd. durch Grammatikalisierungsprozesse ein System aus zwei verschiedenen Artikeln heraus: Der bestimmte (definite) Artikel bildet sich durch Umfunktionalisierung des anaphorisch gebrauchten Demonstrativpronomens (ahd. *ther, thiu, thaz*) heraus. Später wird der unbestimmte (indefinite) Artikel für Singularformen aus dem Numeral (*ein, eine, eines*) mit vorausweisender (kataphorischer) Funktion grammatikalisiert (ausführlich dazu vgl. Szczepaniak 2011, 63ff.). Das Indoeuropäische (so auch das Lateinische) kannte kein Artikelsystem. Auch das Gotische war im Prinzip artikellos, nutzte aber – wie z.B. auch das Lateinische – Demonstrativa, um auf vorher Genanntes zurückzuverweisen (anaphorisch). Durch den Verweis auf etwas (bereits) Bekanntes „schwächt sich die [→] deiktische Kraft der Demonstrativa ab, sie bekommen primär identifizierende Funktion." (Besch/Wolf 2009, 156). Die Ursache für diese Entwicklung wird in der Notwendigkeit gesehen, „einen kohäsiven und kohärenten Text zu produzieren, die systematisierte sprachliche Mittel hervorbrachte, um explizit auf Bekanntes oder Unbekanntes zu verweisen" (ebd.). Die westgermanischen Sprachen zeigen eine gemeinsame Tendenz zum Ausbau solcher Systeme.

Die Grammatikalisierung des Demonstrativpronomens zum **Definitartikel** vollzieht sich weitgehend bereits im Ahd. (vgl. Flick 2017). Schon im 9. Jh. finden sich zahlreiche Belege für die Verwendung von *ther, thie, thaz* bezogen auf identifizierbare Größen (wie Personen(gruppen), Orte) mit einer geschwächten deiktischen und demonstrativen Funktion:

In mense autem sexto missus est angelus gabriel a deo in **civitatem** galileae cui nomen nazareth ad uirginem disponsatam uiro cui nomen erat ioseph de domo dauid. Et nomen uirginis maria et ingressus **angelus** ad eam dixit.	In themo sehsten manode gisentit uuard engil gabriel fon gote in **thie burg** Galileę thero namo ist nazareth zi thiornun gimahaltero gommanne themo namo uuas ioseph fon huse dauides. Inti namo thero thiornun maria inti ingangenti **ther engil** zi iru quad.
Lat.	Ahd.

Tatian, III, Lucas 1, 26ff.; St. Gallen, Stiftsbibl., Cod. Sang. 56, p. 28, 3ff.; (2. Viertel d. 9. Jh.s)

Die Referenten von *ther engil* und *thie burg* sind eindeutig identifiziert (durch Vorerwähnung im Fall des Erzengels Gabriel bzw. die genaue Bezeichnung der gemeinten Stadt Nazareth; hier mit ‚Burg‘ übersetzt), so dass explizites sprachliches Zeigen nicht mehr notwendig ist. Diese Verwendung des ehemaligen Demonstrativums wird im Laufe des Ahd. von Konkreta auf Abstrakta wie *Recht, Gewalt, Glaube* etc. übertragen (vgl. Flick 2017).

Die Grammatikalisierung von *ein* zum **Indefinitartikel** erfolgt in mehreren Stufen seit dem Ahd. (vgl. Szczepaniak 2016):

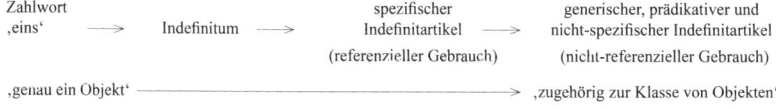

Abb. 5.4: Grammatikalisierung von ‚ein‘ zum indefiniten Artikel; nach Szczepaniak (2011, 80)

Die Grammatikalisierung beschränkt sich jedoch nicht nur auf den Wechsel der Wortart (Zahlwort > Artikel bzw. Demonstrativpronomen > Artikel), sondern hat Auswirkungen auf die gesamte Struktur der Nominalphrase. Die Markierung der Kasus durch Flexionsendung und flektiertes Artikelwort ist ein Stück weit redundant; durch den Abbau der Kasusmarkierung am Substantiv wird das grammatische ‚Gewicht' zunehmend stärker von den Flexionsendungen am Substantiv weg auf die Substantivbegleiter verlagert und die Determinativposition wird in der prototypischen Nominalphrase im Deutschen obligatorisch. Dadurch wird die Möglichkeit einer nominalen Rahmenbildung eröffnet (s. Kap. 5.2.7).

> **Lesehinweis:** Besch/Wolf (2009, 154–157) bieten eine kurz gefasste Darstellung zur Entstehung des Artikelsystems. Eine empirische Untersuchung der Grammatikalisierung des Definitartikels bietet Flick (2017).

Betrachtet man die **Verteilung der Kasusinformation** im Zusammenspiel von Artikel und Nomen in den verschiedenen Flexionsklassen des Nhd., lassen sich die Distinktionsmuster gut ablesen:

starke Maskulina			Neutra			schwache Maskulina			Feminina		
Nom.	*der*	*Mann*	Nom.	*das*	*Kind*	Nom.	*der*	*Bote*	Nom.	*die*	*Frau*
Akk.	*den*		Akk.			Akk.	*den*		Akk.		
Dat.	*dem*		Dat.	*dem*		Dat.	*dem*	*Bote-n*	Dat.	*der*	
Gen.	*des*	*Mann-es*	Gen.	*des*	*Kind-es*	Gen.	*des*		Gen.		

Bei den Feminina wird in der nhd. Standardsprache nur noch zwischen dem Subjektkasus und dem Objektkasus Akkusativ einerseits und den beiden Objektkasus Dativ und Genitiv andererseits unterschieden: Nom. = = Akk. ≠ = Dat. = = Gen. Eine mittlere Entwicklung zeigen die Neutra: Nom. = = Akk. ≠ = Dat. ≠ ≠ Gen. Die deutlichste Distinktion zeigen die Maskulina, die alle vier Kasus unterscheiden, wobei eine → Redundanz im Genitiv Singular besteht und bei den sog. schwachen Maskulina der Nominativ in doppelter Weise gegenüber den anderen Kasus distinktiv markiert ist:

st. Maskulina: Nom. ≠ = Akk. ≠ = Dat. ≠ ≠ Gen.

sw. Maskulina: Nom. ≠ ≠ Akk. ≠ = Dat. ≠ = Gen.

(≠ ≠: Artikel + Flexiv sind distinktiv markiert;
≠ =: nur der Artikel ist distinktiv markiert)

Die heutigen Dialekte zeigen eine ähnliche, in Teilen aber weitergehende Entwicklung. Nominativ und Akkusativ können in bestimmten Regionen auch bei den Maskulina zusammenfallen (*ich seh der Mann* etwa im Hessischen).

Der Dativ bleibt aber zumeist markiert. Der Genitiv existiert in den Dialekten dagegen nur noch rudimentär (vgl. Schirmunski 2010, 495ff.).

Verschmelzungsformen aus Präposition und Artikel

Während die Ausbildung des Artikelsystems die Tendenz zur analytischen Formenbildung verstärkt, neigt ein Teil der Artikelformen in einer bestimmten syntaktischen Konstellation wiederum zu einer Art synthetischer Formenbildung: In der Kombination ‚Präposition + Artikel' werden beide Einheiten vielfach zu einer Hybridform verschmolzen. Die Verschmelzungsformen aus Artikel und Präposition sind in einem Grammatikalisierungsprozess begriffen, der auch im heutigen Nhd. noch nicht abgeschlossen ist und daher von Nübling (2005) als „Grammatikalisierungsbaustelle" bezeichnet wird: „Die deutsche Präposition-Artikel-Enklise ist ein Paradebeispiel für Grammatikalisierung im Vollzug" (ebd., 106), wobei sich ein – sowohl nach Sprachräumen als auch nach beteiligten Präpositionen und Artikeln – stark ausdifferenziertes Bild ergibt. Die (vorläufig) am weitesten in der Grammatikalisierung fortgeschrittenen Verschmelzungsformen in der Standardsprache sind *im, am, zum, beim, vom, zur, ins* und *ans*, die in bestimmten Verwendungskontexten bei semantischer Definitheit des Substantivs erforderlich sind, so insbesondere in Verbindung mit Unika (*zur Sonne blicken*), aber auch bei Substantiven, die durch ein nachgestelltes Genitivattribut o.ä. eindeutig identifiziert sind (*im Haus seiner Mutter, am Rande der Veranstaltung*) etc. Für eine genaue Aufschlüsselung der obligatorischen Verwendungen von Verschmelzungsformen vgl. Nübling (2005, 109ff.). Die Entstehung dieser Formen wurde bisher meist als stufenweiser phonetischer Verschmelzungsprozess der betroffenen Präposition und des Definitartikels beschrieben (vgl. Christiansen 2016), dessen Ausgangspunkt in Verschleifungen beim Sprechen im Allegro-Stil gesehen wurde. Die Entstehung etwa von *im, am* oder *vom* ist jedoch weder plausibel als Abfolge von Lautwandelprozessen modellierbar (vgl. Nübling 1992), noch sind für die dabei anzunehmenden Zwischenstufen Belege vorhanden. Die Entstehung der Formen geht vermutlich eher von klitischen Formen von *ze* mit dem Definitartikel aus. Die hochfrequente Präposition *ze* zeichnet sich im Ahd. (und Mhd.) dadurch aus, dass sie vermehrt proklitische Formen ausbildet, auch mit den Formen des Definitartikels (vgl. auch Ahd.Gr. I § 287, Anm. 2):

ílta in thia búrg in **zen** *liutin* (Otfrid II 14,86)

Thie síechun quamun álle tho **zemo** *ábande* (Otfrid III 14,55)

Er léitit mit gilústi thih **zer** *héimwisti* (Otfrid IV 5, 35)

Aus diesen proklitischen Formen aus Präposition und Definitartikel hat sich wahrscheinlich durch Reanalyse ein Artikelrest-Affix entwickelt, das von der pronominalen Flexion gestützt wird.

belegte ahd. Verschmelzungsform-Typen der Präposition *ze*		proklitisches *z'* + Definitartikel → Ausfall von *d*	ambige Struktur der proklitischen Form	gestützt durch starke (pronominale) Flexion
Dat. Pl.	*zen*	*z'den*	*z'en* ~ *ze-n*	*-(e)n*
Dat. Sg. mask./neutr.	*zem*	*z'dem(o)*	*z'em(o)* ~ *ze-m(o)*	*-(e)mo*
Dat. Sg. fem.	*zer*	*z'der(u)*	*z'er(u)* ~ *ze-r(u)*	*-(e)ru*

Die Verschmelzungsformen, die aus dem Mhd. belegt sind (vgl. Waldenberger 2009, 46ff; Klein/Solms/Wegera, Mhd.Gr. II, § P 53 und passim), und die der o.g. nhd. Kerngruppe sind plausibel als Ergebnisse der Agglutinierung dieses Artikelrestes an die Präposition herleitbar, z.B. *an-m(e)*, *in-m(e)*, *von-m(e)*, Assimilation von *n* an *m* > *am(e)*, *im(e)*, *vom(e)*. Die Zwischenstufen der Assimilation sind im Mhd. belegt, z.B. *in me ~ inme ~ imme ~ ime ~ im* (vgl. Waldenberger 2009, 50). Bei *bī-m(e)* und der Vollform der Präposition *zu* (*zu-m* und *zu-r*) erfolgt lediglich eine Agglutinierung des Artikelrestes.

Klitisierung

Klisen entstehen durch phonetische ‚Verschleifungsprozesse‘, bei denen die Wortgrenze zwischen häufig in Kollokation vorkommenden Verbindungen aufgehoben wird, die damit zu einer prosodischen Einheit verschmelzen (z.B. *das gibt es/gibt's nicht*). Meist verliert ein Teil dieser Verbindung dabei an phonetischer Substanz und wird zu einem Klitikon, das in dieser Form selbständig nicht mehr frei vorkommen kann (und damit gewissermaßen einen Zwischenstatus zwischen freiem und gebundenem Morphem inne hat). Man unterscheidet Proklise (Verschmelzung einer Einheit mit dem folgenden Wort) und Enklise (Verschmelzung mit dem vorausgehenden Wort). Die Klitisierung ist in erster Linie ein Phänomen der gesprochenen Sprache (Verschleifung durch schnelles Sprechen, Allegro-Stil), wird aber auch aus informellen Gesprächssituationen auf die Schriftlichkeit übertragen (in der gebundenen Sprache der Dichtung geschieht dies häufig aus metrischen Gründen). Vor der Standardisierung der Graphie sind graphische Reflexe von Klitisierungsphänomenen häufig zu beobachten, so etwa bei der Negation (z.B. bereits ahd. *nintriatun* aus *ni* + *intriatun*; mhd. *nu enwelle got*, vgl. Paul, Mhd.Gr. § S 143) und bei den Personalpronomina (z.B. mhd. *mirz* (*mir ez*), *haste* (*hāst du*), vgl. Klein/Solms/Wegera, Mhd.Gr., §§ P30, P74 und passim).

> **Weiterführende Literatur:** Anderson (2005); Nübling (1992); Somers Wicka (2009).

Auch wenn die Verschmelzungsformen im Mhd. zahlreicher werden und an einer breiten Palette von Präpositionen belegt sind, bleibt ihre Verwendung im Vergleich zu den Vollformen marginal (siehe Tabelle, hier exemplarisch anhand des Artikels *dem*).

	Verschmelzungsformen	Präpositionen + bestimmter Artikel	Anteil Verschmelzungsformen
[2]12	7	936	0,75%
[1]13	95	1040	9,13%
Iw, Nib, Parz, Tris	19	207	9,18%
[2]13	69	1832	3,77%
[1]14	105	3282	3,20%

Abb. 5.5: Anteil der Verschmelzungsformen an den Formen Präp. + *dem* (aus Waldenberger 2009, 61)

Im Mhd. sind Verschmelzungsformen ein vornehmlich einzeltextspezifisches Phänomen: Während sich einige wenige der untersuchten Texte des mhd. Grammatik-Korpus als recht ‚verschmelzungsfreudig' erweisen, sind in den meisten Texten nur einzelne Verschmelzungsformen belegt. Besonders häufig sind Verschmelzungen aus der Dat.-Sg.-Mask.-Form des bestimmten Artikels *dem* mit den hochfrequenten Präpositionen *an, in* und *von*. Neben *dem* können im Mhd. auch *den, daz, des* und *der* mit einer Präposition verschmelzen. Insgesamt treten in der mhd. (wie auch später in der frnhd.) Schriftlichkeit mehr Verschmelzungsvarianten auf, als im Standard-Nhd. möglich sind (z.B. *bim* (WÖst), *hinders* (Parz), *ummen* (Erlös) etc.). Die weitere Grammatikalisierung der Formen besteht vornehmlich darin, dass die Verschmelzungsform die Funktion der Definitheitsmarkierung übernimmt und damit eine Obligatorisierung erfährt. Die Entwicklung zum Nhd. hin ist als Variantenauswahl zu beschreiben: Im nhd. Standard sind nur die wenigen oben genannten Präpositionen mit dem Definitheitsmarker verknüpft. In den Dialekten bzw. umgangssprachlich sind Verschmelzungsformen z.T. weitaus präsenter als im Standard; für das Ruhrdeutsche (z.B. *annen, innen, auffem Wagen*) stellt Nübling (2005, 124) fest, dass sie „flektierenden Präpositionen sehr nahe" kommen (vgl. auch Schiering 2005).

5.2.3 Funktionswandel des Genitivs

Der Genitiv schlägt im Verlauf der deutschen Sprachgeschichte einen Sonderweg ein: Während noch im Mhd. Nominalphrasen im Genitiv polyfunktional waren, sind zum Nhd. einige Funktionen in den Hintergrund getreten bzw. zum Teil sogar geschwunden.

Genitiv-Belege aus NikP

- Genitivobjekt:
  *ſo d' mēſch gedenket **d' mínne*** (40ra,17)
  (wenn der Mensch der Liebe gedenkt)

  *Ir enwiſſent **wes** ir bíttent.* (37rb,2f.)
  (ihr wisst nicht, worum ihr bittet)

- Temporaladverbial:
  *Ir ſint d' h're d' mich **d' andren nacht** fûrte.* (43rb,10)
  (Ihr seid der Herr, der mich in der vergangenen Nacht führte)

- Teil einer Prädikativkonstruktion:
  *daz wir ledig werdē **aller ſchulde**.* (47rb,3)
  (das wir aller Schuld(igkeit) ledig werden)

- genitivus partitivus:
  *da hein wir **ſo vil luſtes** vñ **vnmeſſiger frôden** vñ **ſûſſikeit** ī̄ne* (48rb,3)
  (darin hatten wir so viel Lust und unmäßiger Freude und Süße)

Der Genitiv ist bis auf wenige Ausnahmen aus dem System der Objektmarkierung geschwunden (Genitivobjekte sind im Nhd. nur noch in Resten erhalten, z.B. *jmds. gedenken*). Genitivische Adverbiale sind nur noch marginal, größtenteils als lexikalisierte Einheiten, erhalten (z.B. *seinerzeit, jederzeit*). Wie Pittner (2009) zeigt, ist die Verwendung von Nominalphrasen im Genitiv in prädikativer Funktion dagegen noch recht vital (*anderer Ansicht/der festen Überzeugung sein* etc.). Mit dem Funktionswandel einher geht ein Stellungswandel des Genitivattributs, der in Kap. 5.2.7 beschrieben wird. Eine sprachgeschichtlich relativ junge und ebenfalls vitale Verwendung des Genitivs ist die des regierten **Kasus nach sekundären Präpositionen**, d.h. nach Präpositionen, die entweder aus anderen Wortarten in die Klasse der Präpositionen übergetreten sind, wie z.B. Präpositionen aus Richtungsadverbien (v.a. die Gruppen auf *-seits* und *-halb*, z.B. *diesseits, oberhalb*), aus Adjektiven, v.a. auf *-lich* (z.B. *anlässlich, einschließlich*), aus Partizipialadjektiven (z.B. *während, ungeachtet*) und aus Substantiven (z.B. *kraft, mangels*), oder solchen, die als komplexe Präpositionen sekundär entstanden sind, wie z.B. *anhand, anstatt* etc. Der prototypische Kasus für sekundäre Präpositionen im Standard-

Nhd. ist, wie Di Meola (2004) zeigt, der Genitiv. Dies scheint im Mhd. noch nicht der Fall zu sein, wenn auch der Anteil der Genitivrektion bei dieser Gruppe von Präpositionen im Mhd. wesentlich höher ist als bei den primären Präpositionen (vgl. Waldenberger 2009, 44ff.). Di Meola (2004, 177ff.) beschreibt die Tendenz sekundärer Präpositionen zur Genitivrektion als Begleiterscheinung ihrer Grammatikalisierung. Dieser Wandel geht mit einem Wandel der syntaktischen Umgebung einher, der eine Differenzierung von freier (lexikalischer) und gebundener Verwendung als Präposition ermöglicht. Bei Präpositionen aus Partizipialadjektiven beispielsweise findet diese Differenzierung durch zwei Prozesse statt: 1) Bei präpositionaler Verwendung wird die grammatikalisierte Form auf die pränominale Position fixiert. 2) Darüber hinaus weicht bei der Verwendung des ehemaligen Partizipialadjektivs als Präposition in der Regel die Kasusrektion ab: In freier Verwendung bestimmt das Verb, aus dem das Partizipialattribut gebildet ist, den Kasus der eingebetteten NP (z.B. *den Vertrag betreffend*, hier Akkusativ), als Präposition regiert *betreffend* den Genitiv (*betreffend des Vertrages*).

Damit spiegelt sich ein Unterschied in der Funktion auch in einem Unterschied der syntaktischen Struktur wider (s. ebd., 179). Die Tendenz einzelner sekundärer Präpositionen weg vom Genitiv hin zum Dativ wiederum ist nach Di Meola (2004) ein Zeichen der Verfestigung der präpositionalen Verwendung: Wenn eine sekundäre Präposition zum Dativ tendiert, d.h. zum prototypischen Kasus nach Präpositionen im Deutschen insgesamt, ist ihre Grammatikalisierung als Präposition so weit fortgeschritten, dass eine ikonische Differenzierung nicht mehr notwendig erscheint.

Bei der attributiven Verwendung von Nominalphrasen im Genitiv ist ebenfalls ein Sonderweg zu beobachten: In pränominaler Stellung von **Genitivattributen** wird z.T. auch an feminine Substantive (Eigennamen und einige Verwandtschaftsbezeichnungen) ein -s angefügt, d.h. auch an Substantive, in deren Flexionsparadigma normalerweise kein Genitiv-*(e)s* vorkommt (vgl. dazu – mit unterschiedlichen Deutungen – Wurzel 1991; Eisenberg 2000; Neef 2006).

Großmutters Garten, aber: *der Garten meiner Großmutter*

Sarahs Garten

Solche Verwendungsweisen finden sich auch vereinzelt schon im Mhd.:

her were racheli͏̈ kint (RBib, A 1ᵛ,4)
(er wäre Rachels Kind)

Möglicherweise hat hier eine Reanalyse der Attributkonstruktion stattgefunden, nach der -*s* als Possessivmarker aufgefasst wird. Das Genitivattribut ist – zumindest im Standard-Nhd. – die prototypische Form der Possessivmarkierung an ‚vollen' Nominalphrasen (d.h. sofern keine pronominale Form gewählt wird). Von relativ geringer Bedeutung sind in der Schriftlichkeit die in den heutigen Dialekten und auch in der Umgangssprache üblichen Ersetzungen des Genitivattributs durch einen (eigentlich verstärkenden) possessiven Dativ: *dem Vater sein Haus*. Von größerer Bedeutung dagegen sind besonders im Frnhd. die ebenfalls in heutigen Dialekten sowie umgangssprachlich üblichen Ersetzungen des Genitivattributs durch Präpositionalgefüge (*von* + Dativ: *das Haus von/vom Vater*), deren Anteil im Verlauf des Frnhd. jedoch in der Schriftlichkeit stark rückläufig ist.

Lesehinweis: J. Fleischer/Schallert (2011, 83ff.) fassen die Entwicklung des Genitivs – auch in den Dialekten – zusammen. Pittner (2014) diskutiert die Frage des Genitivschwunds in der Gegenwartssprache differenziert nach den Funktionen des Genitivs.

5.2.4 Ausweitung des Funktionsspektrums der Präpositionen/ der Präpositionalphrase

Zum Teil werden – wie oben für die *von*-Umschreibung dargestellt – Präpositionalphrasen genutzt, um den Funktionsverlust des Genitivs auszugleichen. Da durch die Kasusnivellierung das System der flexivischen Kasusmarkierungen gestört ist (vgl. Kap. 5.2.1), die u.a. zur Kennzeichnung des Objektstatus dienten, liegt es nahe, auch bei der Realisierung von Objekten die Herausbildung ‚neuer‘, analytischer Formen anstelle der z.T. in Synkretismen aufgegangenen synthetischen Kasusobjekte zu erwarten; Präpositionalobjekte scheinen eine solche Möglichkeit der analytischen Formbildung darzustellen. Betrachtet man einzelne Verben, bei denen ein Rektionswandel weg vom Genitivobjekt stattgefunden hat, liegt diese Vermutung nahe (z.B. *sich jmds./etw. freuen* > *sich über jmdn./etw. freuen*). Die Frage, ob entsprechend im Verlauf der deutschen Sprachgeschichte die Zahl präpositionaler Objekte zugenommen hat, ist auf empirischer Basis noch nicht beantwortet. Betrachtet man die mhd. Pendants von Verben, die im Nhd. ein Präpositionalobjekt aufweisen, dann wird deutlich, dass das Rektionsverhalten der Verben in Sprachstadien ohne Standardisierung stark von Variation geprägt war, die allerdings auch im Nhd. – häufig diastratisch oder diaphasisch verteilt – z.T. noch existiert. Die Festigkeit der Verbindung Verb + Präposition, die üblicherweise mit dem Konzept ‚syntaktisches Objekt‘ verbunden ist und auch für Präpositionalobjekte als Definitionskriterium herangezogen wird (‚Obligatorik‘), muss also relativiert werden:

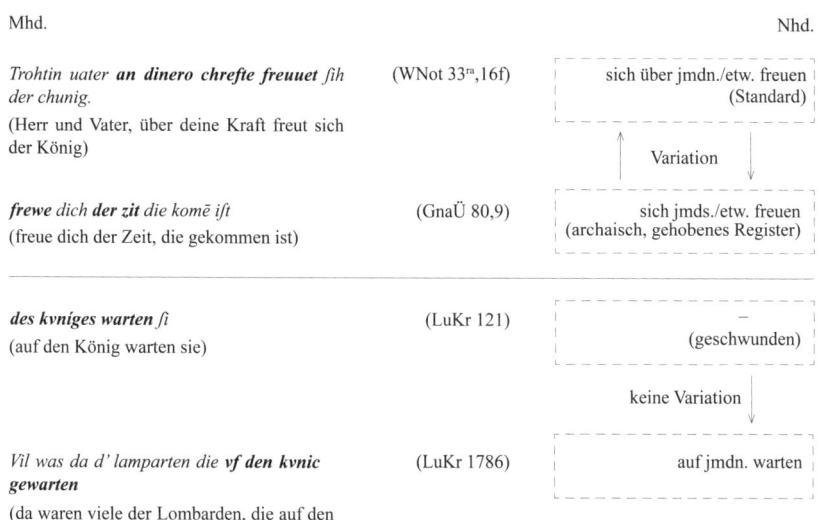

Mhd.		Nhd.
Trohtin uater **an dinero chrefte freuuet** *fih der chunig.* (Herr und Vater, über deine Kraft freut sich der König)	(WNot 33ra,16f)	sich über jmdn./etw. freuen (Standard)
frewe dich **der zit** *die komē ift* (freue dich der Zeit, die gekommen ist)	(GnaÜ 80,9)	sich jmds./etw. freuen (archaisch, gehobenes Register)
des kvniges warten fi (auf den König warten sie)	(LuKr 121)	– (geschwunden)
Vil was da d' lamparten die **vf den kvnic** *gewarten* (da waren viele der Lombarden, die auf den König warteten)	(LuKr 1786)	auf jmdn. warten

Auch für das Nhd. wird noch angenommen, dass „das Präpositionalobjekt im Vergleich etwa zum Akkusativ- oder Dativobjekt eher ein randständiger Vertreter der Kategorie" (Hundt 2001, 167) sei. Obgleich hier empirische Untersuchungen noch weitgehend ausstehen, kann doch festgehalten werden, dass es keine eingleisige Entwicklung weg von Kasus- hin zu präpositionalen Objekten gibt; so sind zahlreiche ahd. und mhd. Verben, die noch ein Genitivobjekt erfordern, lexikalisch geschwunden oder ersetzt, so dass sich die Frage nach der Ersetzung eines synthetischen durch einen analytisch gebildeten Objekttyp jeweils nicht stellt. Die Frage nach einem Wandel hin zu einem Präpositionalobjekt ist damit lediglich bezogen auf ein jeweils spezifisches Verb zu beantworten und kann als Grammatikalisierungsprozess (vgl. dazu Hundt 2001; Rostila 2005) beschrieben werden. Die Grammatikalisierung von Präpositionalobjekten stellt in erster Linie eine Fixierung der Verbindung einer spezifischen Präposition und eines Verbs dar (Obligatorisierung). In der Tendenz kann wohl davon ausgegangen werden, dass die Zahl der Präpositionalobjekte im Laufe der deutschen Sprachgeschichte zugenommen hat.

Weiterführende Literatur: Zum Artikel: Abbott (2004); Himmelmann (1997), (2001); Leiss (1994); Oubouzar (1992), (1997), (2000); Philippi (1997); Szczepaniak (2011, 63ff.). **Zur Klise:** Lindqvist (1994); Nübling (1992), (2005); Szczepaniak (2011, 85ff.). **Zu Präpositionen:** Waldenberger (2009); Wich-Reif (2008). **Zum Genitiv und zur Genitivumschreibung:** Donhauser (1998); Kolvenbach (1973); Leiss (1990); Lenz (1996), (1997); Rausch (1897); Schmid (2004); Schrodt (1992); Weise (1898); Wich-Reif (2016); Zifonun (2003).

5.2.5 Ausbau der Numerusmarkierung

Nachdem die ahd. Portmanteau-Morpheme weitgehend aufgelöst und zu *-e* bzw. *e*-haltigen Flexiven uniformiert waren, fiel dem *-e* eine wichtige Funktion für die Numerusmarkierung zu: Alle ehemaligen maskulinen a- und alle ehemaligen maskulinen und femininen i-Stämme markieren nun den Plural durch *-e*. Darüber hinaus wird *-e* als Numerusmarker auch ansatzweise analog auf andere Substantive übertragen wie die ehemaligen neutralen a-Stämme (Typ: *kint*; s.u. unter *-e*-Plural).

Diese Entwicklung von *-e* zum zentralen Pluralmarker wird aber durch die im Spätmhd. verstärkt einsetzende *-e*-Apokope konterkariert. Infolge dieser Störung werden nun andere – im Ahd./Mhd. nur gering genutzte – Numerusmarkierungen aktiviert, besonders der *-er*-Plural und der morphologische Umlaut des Stammvokals. Diese werden dann seit dem 16. Jh. zum Teil wieder durch das restituierte *-e* verdrängt. Zum größeren Teil bleiben die ersatzweise eingeführten Pluralmarkierungen aber neben *-e* erhalten und vergrößern so das Inventar zur Markierung des Numerus.

Bei der Pluralbildung zeigt sich eine deutliche Steuerung durch das Genus: *-er* bleibt auf Neutra und – in geringerem Maße – Maskulina begrenzt; *-(e)n* wird zur dominierenden Numerusmarkierung der Feminina und *-e* zur dominierenden Numerusmarkierung der Maskulina/ Neutra. Die heutigen Unikate bzw. Ausnahmeformen wie feminin *-Ø*^{Uml} (*Mütter, Töchter*), neutral *-e*^{Uml} (*Flöße*), *-Ø*^{Uml} (*Klöster*) sowie feminin *-e* (bei *-nis* und *-sal*) sind Reste ehemals (im Frnhd.) weit umfangreicherer Gruppen (vgl. dazu Wegera 1980).

(1) -e-Plural

Nachdem sich das Plural-*e* im Mhd. zur wichtigsten Pluralmarkierung entwickelt hat, wird es zunächst ansatzweise auch auf Neutra übertragen, die zuvor keine Pluralmarkierung hatten (mhd. Singular *das kint* : Plural *diu kint*). In der 1. Hälfte des 14. Jh.s finden sich bereits Pluralformen im Nom. wie *buoch-e, ding-e, element-e, houbet-e, iar-e, capitell-e, kind-e, maz-e, meil-e, pferd-e, pfund-e, red-e* (*rad*), *schiff-e, werck-e,* (*vor-*)*wort-e, wiltbred-e* u.a. Damit hätte im Mhd. die Möglichkeit bestanden, dass sich das Plural-*e* (neben *-en*) zur zentralen Pluralmarkierung entwickelt. Diese Umstrukturierung wird durch die sich allmählich – ausgehend vom Ostoberdeutschen – ausbreitende **Apokope**, die auch das Plural-*e* erfasst, gestoppt. Das *-e* schwindet bis zum Höhepunkt der *-e*-Apokope im 16. Jh. in Teilen des deutschen Sprachgebiets bis zu 100% (vgl. die entsprechenden Tab. in Gr.d.Frnhd. III §§ 68ff.). Allerdings bleibt es im Ostmitteldeutschen zu über 80% erhalten und wird von dort aus seit dem 16. Jh. in einem länger andauernden Prozess bis ins 18. Jh. hinein in den übrigen Sprachgebieten wieder weitgehend restituiert (zum genauen Ablauf und zur Sonderrolle des Ripuarischen vgl. ebd. § 95).

Sprachraum / Zeitraum	obd.				md.		
	bair.	schwäb.	alem.	ofrk.	rip.	hess.	omd.
²12	0-5	0-5	0	–	0	0	0
²13	30-40	10-20	0-5	–	0	0	0-5
²14	80-90	90-100	0-5	40-50	5-10	0-5	0-5
²15	90-100	90-100	90-100	70-80	0-5	40-50	10-20
²16	80-90	90-100	100	50-60	50	10-20	5-10
²17	80-90	90-100	30-40	0	80	0	0-5

alle relativen Angaben in %

Abb. 5.6: Prozentualer Anteil der Apokope des Plural-*e* bei ehemaligen maskulinen a- und i-Stämmen (Zahlen aus den mhd. und frnhd. Grammatik-Korpora)

In den heutigen Dialekten ist die -*e*-Apokope außer in Teilen des Ostmitteldeutschen und Niederdeutschen nicht rückgängig gemacht. Zum Teil wurden neue Arten der Pluralmarkierung entwickelt (vgl. Schirmunski 2010, 206ff.).

Zusammenfassend lässt sich die Entwicklung des -*e*-Plurals in verschiedenen Etappen darstellen:

	Uniformierung der Nebensilben-Vokale	Analogie	-e-Apokope	Nutzung anderer Pluralmarker	Restituierung von -e
Prozess	a e $\rightarrow$ -e i	-Ø > -e	-e > -Ø	Umlaut -er -s	-Ø > -e
Beispiel	*die gesti > die gest-e die taga > die tag-e die krefti > die kreft-e*	*diu kint > diu kind-e die vogel > die vogel-e*	*tag-e > tag-Ø*	*die Kind > die Kind-er die Wald > die Wäld-er die Stück > die Stück-er die Tag > die Täg-Ø les balcons > die Balkon-s*	*die Tag-e die Balkon-e die Stück-e* aber: *die Kind-er die Wäld-er*
trifft zu auf	ehem. mask. a-Stämme; ehem. mask. und fem. i-Stämme	ehem. neutr. a-Stämme; mehrsilbige Lexeme	alle Klassen mit -e-Plural	zahlreiche Mask. u. Neutr. franz. Entlehnungen	zahlreiche Mask. u. Neutr.
Zeitstufe	spätahd./ frühmhd.	spätmhd.	spätmhd./ frnhd.	frnhd.	seit dem 16. Jh.

Abb. 5.7: Entwicklung der Numerusmarkierung -*e*

(2) -*er*-Plural

Der -*er*-Plural entsteht durch einen Reanalyse-Prozess aus dem ehemaligen Stammbildungssuffix -*ir*-. Bei einer kleinen Gruppe neutraler Substantive vom Typ *kalb* wird bereits im Vorahd. das ehemalige Stammbildungssuffix -*ir*- im Singular getilgt, während es im Plural erhalten bleibt (*chalb-ir-e*). Hier setzt die Reanalyse und Refunktionalisierung (Exaption) von *-ir* als Plural-marker an. Im Ahd. finden sich noch vereinzelte Belege mir *-ir-* (bzw. *-ar-*) im Singular: Dat. Sg. *chalbire*, Gen. Sg. *rindares*.

Entscheidend für die Reanalyse ist allerdings der Zeitpunkt, an dem das Plural-*ir* zum ersten Mal analog auf andere Neutra (ehemalige neutrale a-Stämme) übertragen wird. Die ersten Belege für diese Übertragung *feldir*, *harir* finden sich bereits im ,Abrogans'; in späteren ahd. Texten finden sich *-er*-Plurale bei *hol* (,Höhle'), *rad, grab, loub, krūt, bret*, seltener *holz, loh* (,Loch'), *bant* (,Band'), *feld, hūs, abgot*, später im Ahd. auch gelegentlich *tier, welf* (,Welpe'), *swīn, (smal)noz* (,Schaf'), *tal, kar* (,Gefäß'), *lid* (,Glied'). Deutlich ist der Bezug dieser Lexemgruppe zur bäuerlichen Alltagswelt (,Hühnerhofgruppe').

Für die weitere Entwicklung ist es wichtig, dass sich eine genügend große Reihe von Substantiven mit *-ir-* (> *-er*)-Plural herausbildet, so dass ein **Schema** und damit ein gewisse Attraktion für analoge Übertragungen auf andere Neutra entstehen kann. Die lang andauernde Konkurrenz von *-er* und nicht markierten Plural-Bildungen zeigt, wie langsam ein solcher Prozess vonstatten gehen kann. Erst vom Spätmhd. an wird nun der bis dahin noch vergleichsweise gering genutzte *-er*-Plural allmählich zunehmend bei den ehemaligen neutralen a-Stämmen eingesetzt. Aber sowohl die so flektierte Lexem-Gruppe wie auch die Verwendungshäufigkeit von *-er* als Numerusmarkierung wächst im Mhd. nur langsam an.

Als Reparaturleistung für apokopiertes Plural-*e* wird der *-er*-Plural allerdings im Laufe des Frnhd. bei den Neutra und – in geringerem Maße – bei den Maskulina produktiv. Seit dem 16. Jh. wird der *-er*-Pl. zwar allmählich wieder durch *-e*-Pl. ersetzt, doch bleibt er besonders im Oberdeutschen zunächst weiterhin produktiv. So tritt *-er*-Plural im 17./18. Jh. in der Schriftlichkeit auch bei *(Ge-)Bein, Seil, Stück, Kreutz, Kleinod, Lobgesang, Beil* und zahlreichen anderen Substantiven auf (vgl. Nerius 1964, 152ff.). Gürtler (1913, 81) erwähnt für die Durchsetzung des *-er*-Plurals im 18. Jh. noch *gewand, gras, wurm, -mal*. Neu sind im 18. Jh. außerdem *complimenter, döchter* (< *docht*), *flösser, gemälder, geschwätzer, (g)treider, gewichter, gichter, hirner, rester, stöcker, sträusser, werker, hundsfötter, diebesklüfter, feuerbränder, präsenter, kameler, kapitäler, losamenter, kabinetter*. Damit scheint der Höhepunkt der Verwendung des *-er*-Plurals zumindest in der öffentlichen Schriftlichkeit erreicht zu sein. Während ein Teil der Lexeme mit *-er*-Plural sich noch heute mundartlich belegen lässt, schwinden die meisten Formen aus der Standardsprache wieder. Seitdem ist die Plural-Bildung mit *-er* kaum noch produktiv in dem Sinne, dass neue Substantive mit *-er*-Plural versehen werden.

Ein sprachhistorisch interessanter Fall ist die Übertragung des *-er*-Plurals auf **Maskulina**, die die klare Genuszuordnung von *-er*-Plural zu Neutra stört (erste mask. Belege finden sich im 15. Jh.). Zumeist handelt es sich um Lexeme, die ursprünglich Neutra waren, wie z.B. (*ab*)*götter*, *leiber*, *böswichter*, *reichtümer*, *geister*. Die Plural-Bildung *männer* taucht im 15. Jh. auf und steht in auffälliger kontextueller Nähe zu *weiber*. Auch *wälder* steht zunächst häufig im Kontext von *felder*. Dies zeigt, dass die Übertragung von Neutra auf Maskulina nicht unmittelbar durch die -*e*-Apokope bedingt ist, gleichwohl aber begünstigt wird. Die Übertragungswege sind zumeist derart, dass ehemalige Neutra entweder anfälliger für -*er*-Plural sind oder (wahrscheinlicher), dass sie ihre Plural-Bildung beim Genuswechsel beibehalten (vgl. dazu Molz 1902, 242ff.). In einigen Fällen spielt eine lokale Analogie durch die häufige Kontextnähe bestimmter neutraler -*er*-Plurale eine Rolle. Dass die -*e*-Apokope hierbei nur sekundär verstärkend bzw. begünstigend wirkt, kann man auch daran sehen, dass frühe Übertragungen auf Maskulina nicht nur im stark apokopierenden Oberdeutschen, sondern auch im weniger stark apokopierenden Mitteldeutschen vorkommen.

Für die nhd. Standardsprache gibt Augst (1975, 39ff.) ca. 100 Substantive an, die mit -*er*-Plural flektiert werden, dabei einige mit semantischer Trennung von Plural-Bildungen mit -*e* (wie *Tücher* : *Tuche*, *Schilder* : *Schilde* etc.) und einige, die deutlich regionalen Charakter haben. Die tatsächliche Anzahl in der Standardsprache ist also niedriger. Gering ist die Zahl der Maskulina mit -*er*-Plural: Helbig/Buscha (2001, 216) führen, ohne ganz vollständig zu sein, 10 Maskulina an (*Geist*, *Gott*, *Irrtum*, *Leib*, *Mann*, *Mund*, *Rand*, *Reichtum*, *Wald*, *Wurm*; vgl. dazu auch Pavlov 1995, 45f.).

(3) Umlaut-Plural

Der Umlaut entsteht im Ahd. durch phonologischen Wandel (s. Kap. 4.3.1). Aufgrund dieses Prozesses entsteht bei den i-Stämmen eine Klasse mit einer systematischen Alternation von nicht-umgelauteten und umgelauteten Formen:

mhd. *der gast* : *die geste* (ahd. < *gesti* < *gasti*)

Diese regelmäßige Alternation zwischen Singular-Formen mit *a* und Plural-Formen mit *e* führt zu einer Reanalyse des Umlauts als Pluralmarker und so allmählich zu einer Grammatikalisierung dieser Alternation. Durch die Aufgabe des Umlauts als Kasusmarkierung wird seine Funktion als Pluralmarker zusätzlich gestärkt. Nach der Abschwächung des Nebensilbenvokals *i* > *e* und dem damit verbundenen Wegfall der lautlichen Umlautmotivation wird die Alternation von nicht-umgelautetem und umgelautetem Stammvokal als morphologisches Prinzip übertragbar auch auf andere Substantive und ist damit vollends als Numerusmarker grammatikalisiert (vgl. dazu auch Wurzel 1981; Ronneberger-Sibold 1990a; Wegener 2005).

Dieser Prozess geschieht auf unterschiedliche Weise: Bei den -*er*-Pluralen, bei denen das *i* der Flexionsendung -*ir* ursprünglich den Umlaut des Stammvokals bewirkte, wird der Umlaut Teil des Musters: Alle später hinzugekommenen -*er*-Pluralformen erhalten immer auch einen Umlaut des Stammvokals, sofern dieser umlautfähig ist. Der Umlaut der ehemaligen femininen i-Stämme bleibt weitgehend erhalten, wird aber nur auf wenige andere Feminina übertragen (bereits mhd. auf *brust, hand, mutter, tohter*). Augst (1975, 46) führt für die nhd. Standardsprache 35 Feminina dieses Typs an.

Anders verhält es sich bei den Maskulina; hier wird der Umlaut zu einer wichtigen Numerusmarkierung, und zwar entweder zusätzlich zu -*e* (*Gast* : *Gäste*) oder bei den mehrsilbigen Maskulina auf -*er*, -*el*, -*en* als alleinige Numerusmarkierung (*Nagel* : *Nägel*). Im Mhd. sind bereits einige mehrsilbige Maskulina ausschließlich bzw. überwiegend mit Umlaut belegt, so *acker, hammer, (p)salter, mantel, nagel, snabel, wagen*, andere aufgrund der mangelnden Umlautmarkierung noch selten, wie z.B. *vogel*. Im Frnhd. kommen andere hinzu wie *Fäden, Gärten, Händel, Läden, Mängel, Schwäger, Böden, Schäden, Äpfel, Kästen, Gräben, Läger* sowie das Neutrum *Klöster*. Diese Entwicklung reicht bis ins 18. Jh., danach nehmen die Umlautformen wieder ab (vgl. etwa Nerius 1964, 144ff.). Plural-Umlaut ist heute außerhalb von Fachsprachen nicht mehr produktiv, vgl. fachsprachlich *Stähle, Stäube* etc. Vorhandene Umlautformen werden häufig als Dubletten mit semantischer Trennung der Lexeme beibehalten, so *Laden* (*Fensterladen*) vs. *Läden, Lager* vs. *Läger* (kaufmännisch), *Wasser* vs. *Wässer* (fachsprachlich). Relativ gering ist der Anteil der mehrsilbigen Substantive, die den Plural ausschließlich durch Umlaut des Stammvokals markieren: zwei Feminina *Mütter, Töchter*, ein Neutrum *Klöster* (dazu Fachwörter wie die oben genannten) und eine überschaubare Zahl von Maskulina wie *Äpfel, Böden, Brüder, Fäden, Gärten, Hämmer, Kästen, Läden, Mägen, Mängel, Mäntel, Nägel, Öfen, Väter, Vögel* u.a.

Im Gefolge der im Mhd. einsetzenden -*e*-Apokope wird der morphologische Plural-Umlaut auch verstärkt bei anderen Maskulina und Neutra eingesetzt. Dies führt bis ins 16. Jh. besonders im Ostoberdeutschen dazu, dass aufgrund der starken -*e*-Apokope die Pluralmarkierung durch Umlaut eine wichtige Rolle spielt (*Täg, Wägen, Nämen* etc.).

Das Nebeneinander von -*e*-Plural und -*e*-Plural mit Umlaut des Stammvokals hat sich bis heute erhalten. Im Nhd. haben etwa gleich viele Maskulina mit umlautfähigem Vokal -*e*-Plural mit Umlaut (wie etwa *Gäst-e*) und -*e*-Plural ohne Umlaut (wie etwa *Tag-e*), vgl. Pavlov 1995, 44ff.

(4) -*(e)n*-Plural

-*(e)n* dient bis ins Mhd. als Numerusmarkierung der ehemaligen n-Stämme ('schwache' Flexion). Die Vereinheitlichung der Endungen von -*ōm* zu -*ōn* im Dativ Plural und von -*ōno* zu -*ōn* im Genitiv Plural – verbunden mit der Nebensilbenabschwächung – eröffnet die Möglichkeit zur Reanalyse des ehemaligen Stammbildungssuffixes, zunächst als Kasusmarker (alle Kasus außer Nominativ Singular haben im Mhd. -*(e)n*) und in sehr eingeschränktem Maße zum Numerusflexiv (nur der Nominativ Singular steht in Opposition zum Nominativ Plural, während die übrigen Kasus ambig (mehrdeutig) bleiben). Dabei verschiebt sich die Grenze des Stamms nach rechts hinter das Nebensilben-*e*. Durch den Wegfall der Kasus-*(e)n* im Singular – besonders bei den

Feminina – findet dann zum Nhd. hin eine deutliche Funktionalisierung von
-*(e)n* als Pluralmarker statt:

		ahd.	mhd.	nhd.
Sg.	Nom.	*zung-a*	*zunge*	*Zunge*
	Akk.	*zung-ūn*	*zunge-n*	*Zunge*
	Dat.	*zung-ūn*	*zunge-n*	*Zunge*
	Gen.	*zung-ūn*	*zunge-n*	*Zunge*
Pl.	Nom.	*zung-ūn*	*zunge-n*	*Zunge-n*
	Akk.	*zung-ūn*	*zunge-n*	*Zunge-n*
	Dat.	*zung-ōm*	*zunge-n*	*Zunge-n*
	Gen.	*zung-ōno*	*zunge-n*	*Zunge-n*

Abb. 5.8: Entwicklung von -*(e)n* von der Kasusmarkierung zum Numerusflexiv

Der -*(e)n*-Plural wird zum Nhd. hin zur dominierenden Pluralbildung der
Feminina. Zu den ehemaligen n-Stämmen treten die ehemaligen ō-/jō-Stämme
und Teile der ehemaligen i-Stämme sowie *Schwester*. Bei den Maskulina wird
der -*(e)n*-Plural zunächst stark reduziert (vgl. etwa Gr.d.Frnhd. III § 89). Doch
schon im Mhd., besonders dann seit dem Frnhd., werden zunehmend Entlehnungen wie *Prophet*, *Soldat*, *Jurist*, *Autor* etc. mit -*(e)n*-Plural versehen. In
der Gegenwartssprache ist die Pluralbildung bei Maskulina produktiv. Die
kleine Gruppe der mhd. Neutra mit -*(e)n*-Plural bleibt dagegen auch zum Nhd.
hin unbedeutend; nur wenige Substantive wie *Bett*, *Hemd*, *Ende* wechseln im
Verlauf des Frnhd. zum -*(e)n*-Plural.

Der Ausbau des -*(e)n*-Plurals bei den Feminina ist Teil des Verschmelzungs-
prozesses der Flexion der ehemaligen ō-/jō-/wō-Stämme mit der Flexion der
ehemaligen femininen n-Stämme. Dieser Prozess führt zu einem neuen Muster (meist als ‚Mischdeklination' bezeichnet), in dem der Singular nach dem
Muster der ehemaligen ō-Stämme (ohne Kasusmarkierungen) und der Plural
nach dem Muster der ehemaligen n-Stämme (mit -*(e)n*-Plural) flektiert wird.

(5) -*s*-Plural

Der -*s*-Plural ist ein Import aus zwei Richtungen: im Hochdeutschen aus dem
Niederdeutschen und allgemein aus dem Französischen. Niederdeutsche
-*s*-Plurale gelangen (in geringem Maße) besonders im 18./19. Jh. in die mitteldeutsche Schriftlichkeit. Von den 32 Lexemen mit -*s*-Plural, die Nerius
(1964, 161ff.) anführt (wie *Gärtners*, *Sattels*, *Teufels*, *Mädchens*, *Arbeiters*
etc.) sind 12 ausschließlich im Niederdeutschen belegt. Ein Großteil der Belege stammt zudem aus der Feder Friedrich Wilhelms I., der eine Vorliebe für
den -*s*-Plural hat (dazu Hummerich 1910, 40; zum niederdeutschen Einfluss

auch Kirch 1952, 6ff.). *Mädels* und *Jung(en)s* finden sich noch bis in die Gegenwart.

Aus dem Französischen werden besonders im 17. Jh. (Alamode-Zeit) zunächst zögerlich, dann verstärkt -*s*-Plurale zusammen mit den jeweiligen Lexemen entlehnt. Einige verlieren den -*s*-Plural im Deutschen durch Integration wie *Cavalliers*, *Romans*, *Complements*, andere behalten ihn – oft konkurrierend mit anderen Numerusmarkierungen, wie *Balkons : Balkone*.

Die Integration von -*s* als indigene Möglichkeit zur Plural-Bildung und deren Ausgestaltung verläuft jedoch auf anderen Wegen. Während die niederdeutsch beeinflussten Bildungen bis auf seltene Reste wie *Mädels*, *Jung(en)s*, *Fräuleins* wieder schwinden und die Entlehnungen überwiegend zusammen mit anderen Plural-Mustern integriert werden (vgl. bes. Augst 1975, 53ff.; Wegener 2003), wird der -*s*-Plural zu einer der wichtigsten, zumindest aber der in der unmittelbaren Gegenwart wohl produktivsten Numerusmarkierungen ausgebaut und hat damit seine ursprüngliche Nische verlassen. Mit -*s*-Plural werden neben zahlreichen noch nicht bzw. nur zum Teil integrierten Entlehnungen aus dem Angloamerikanischen insbesondere Substantive, die auf einen Vokal enden, flektiert (*Omas*, *Muttis*, *Büros*, *Cafés*); dazu kommen Substantive, bei denen die Aussprache (gegen das Schriftbild) auf Vokal endet (wie Substantive auf -*ier* /ie:/ (*Bankiers*), -*on* /õ/ (*Balkons*), -*ant* /ã/ (*Restaurants*). Die größte Gruppe stellen die Kurzwörter dar, deren Aussprache zumeist vokalisch ist, wie z.B. *PKWs*. Hier schließen sich die produktiven Kurzwortbildungen und analoge Bildungen vornehmlich auf /i:/ ⟨i⟩ ⟨y⟩ wie *Handys*, *Studis*, *Unis*, *Navis*, *Helis*, *Hubis* etc., aber auch andere wie *Profs*, *Treffs* etc. an (vgl. auch Pavlov 1995, 45f.).

Die verschiedenen Numerusmarkierungen des Deutschen sind Ergebnis ganz unterschiedlicher Prozesse wie der indirekten Profilierung durch Nivellierung der Singular-Kasusmarkierungen (im Falle des -*(e)n*-Plurals), der Grammatikalisierung des Lautwandels ‚Umlaut' zum Pluralmarker und der Entlehnung (im Falle des -*s*-Plurals). Eine besondere Rolle spielen dabei in den meisten Fällen die Reanalyse bestimmter Formen als Numerusmarkierung und deren Verbreitung durch analoge Übertragung.

-*e*	-*(e)n*	Umlaut	-*er*	-*s*
Uniformierung	Profilierung	Reanalyse	Reanalyse	Entlehnung
Reanalyse	Reanalyse	Grammatikalisierung	Exaption	Analogie
Analogie	Analogie	Analogie	Analogie	
Restituierung				

Weiterführende Literatur: Zum Numerus und zum Plural allgemein: Carr (1936); Corbett (2000); Gr.d.Frnhd. III §§ 63ff.; Kern/Zutt (1977); Köpcke (1993); Löbel

(1996); Pavlov (1995); Wegener (1999), (2002), (2005); Wegera (1980); Werner (1969); Winge (1978); Woronow (1962), (1967); Wurzel (1993), (1995), (1998). **Zum -e-Plural:** Lindgren (1953). **Zum Umlaut-Plural:** Koekkoek (1965); Ronneberger-Sibold (1990a); Russ (1977); Salmons (1994); Wurzel (1981); Zwicky (1967). **Zum -er-Plural:** Gürtler (1912), (1913); Schenker (1971); Wegener (2005). **Zum -(e)n-Plural:** August (1975, 42); Köpcke (1993), (1995); B. Wiese (2000); Wurzel (1992, 288).

5.2.6 Genuswechsel

Die diachrone Betrachtung der substantivischen Genera zeigt bei zahlreichen Substantiven einen Genuswechsel, dessen Ursachen bisher nicht zufriedenstellend geklärt sind. Der Wechsel lässt sich nicht auf ein zentral wirkendes Prinzip zurückführen, sondern kann jeweils unterschiedliche Gründe haben, wobei je nach Lexem(gruppe) eine Ursache dominiert. Der Übergang von einem Genus zu einem anderen erfolgt nicht abrupt; vielmehr weisen Substantive mit Genuswechsel in einer mehr oder weniger langen Übergangsphase jeweils Genusvariation auf. Diese häufig als ‚schwankendes Genus' bezeichnete Genusvariation kann verschiedene Ursachen haben:

- Genuswechsel kann im Zusammenhang mit der Profilierung der **Bindung von Genus und Flexion** gesehen werden (so bereits Paul 1880, 268). Am auffälligsten erscheint der Zusammenhang von Genus(wechsel) und Ableitungssuffixen bei Derivaten (vgl. bes. Leiss 2005), etwa bei vielen Mask. mit finalem *t* (mhd. *der art* > nhd. *die Art*), die in Analogie zu den fem. *-ti*-Abstrakta (*die Fahrt* < *fahren*) fem. werden; bei den *Ge*-Kollektiva (mhd. *die gewissen* > nhd. *das Gewissen*), die neutr. werden, oder bei den im Mhd. noch überwiegend mask. *-tuom*-Bildungen, die bis auf wenige Reste (*Reichtum, Irrtum*) neutr. werden. Die *-nisse*-Bildungen wechseln in großer Zahl vom fem. zum neutr. Genus (*Gleichnis, Verhängnis, Verzeichnis* etc.).

- Genusvariation kann aufgrund **regionaler Varianz** (z.B. *der Bach* vs. *die Bach*) vorliegen, wobei das Genus in den verschiedenen Regionen jeweils durchaus fest sein kann. Genuswechsel kann dann durch Sprachkontakt zwischen solchen Regionen und der Durchsetzung einer bestimmten Variante erfolgen.

- Bei neu **entlehnten** Substantiven und Wortschöpfungen (vornehmlich Produktnamen) ist das Genus häufig noch nicht fixiert. Konkurrierende lautliche und semantische Motivationen können zu unterschiedlichen Genuszuweisungen durch verschiedene Sprachbenutzer führen: *die E-Mail* (semantisch motiviert durch *Post*) oder *das E-Mail* (motiviert durch engl. *it*); *der Nutella* (wie Brotaufstrich), *die Nutella* (wie Nuss-Nougat-Creme), *das Nutella* (als mass noun).

Von dieser Variation ist das scheinbare Mehrfachgenus zu unterscheiden, das aufgrund semantischer Unterschiede (→ polyseme Lexeme) oder bei → Homonymen bestehen kann: *der Erbe, das Erbe*; *der Tau, das Tau*.

Beispiele für Substantive mit Genuswechsel:

- Nhd. **Fem.**, die ursprünglich **Mask.** bzw. **Neutr.** sind oder historisch zwischen fem. und mask. bzw. neutr. Genus schwanken:
  Angst, Brille, Butter, Flamme, Flasche, Gewalt, Kartoffel, Ratte, Rose, Socke, Träne u.a.
  Antwort, Arbeit, Biene, Finsternis, Gebühr, Geschichte, Miete, Rippe, Trübsal, Urkunde, Zeit u.a.

- Nhd. **Mask.**, die ursprünglich **Fem.** bzw. **Neutr.** sind oder historisch zwischen mask. und fem. bzw. neutr. Genus schwanken:
  Affe, Bach, Duft, Gedanke, Salat, Sarg, Unfug, Verlust, Witz, Ziegel u.a.
  Abgott, Beginn, Dienst, Eimer, Enkel, Monat, Ort, Punkt, Saal, Teil, Vers u.a.

- Nhd. **Neutr.**, die ursprünglich **Fem.** bzw. **Mask.** sind oder historisch zwischen neutr. und fem. bzw. mask. Genus schwanken:
  Abenteuer, Bedürfnis, Gesicht, Gespenst, Gift, Gras, Merkmal, Rätsel, Schwein u.a.
  Ding, Ende, Geld, Heft, Leben, Pferd, Schiff, Segel, Tal, Tuch, Ufer, Volk, Wunder, Zeug u.a.

Weiterführende Literatur: Frnhd.Gr. §§ M 13, M 21, M 30; Gr.d.Frnhd. III §§ 92ff.; D. Bittner (1994), (2000); Duke (2005); Fischer (2005); Froschauer (2003); Florer (1900); Leiss (1997); Michels (1889); Polzin (1903); Solms/Wegera (1982, 263ff.); Talanga (1987); Werner (1975); Wienold (1970).

5.2.7 Entwicklung der Nominalphrase

Die oben beschriebene Verteilung der grammatischen Informationen auf Determinativ und Substantiv hat weitreichende Folgen für die Struktur der Nominalphrase. In der Folge dieses Prozesses treten weitere Wandelerscheinungen auf der syntaktischen Ebene ein, die zu einer strukturellen Festigung der Nominalphrase führen; diese Struktur kann – ähnlich wie bei der Verbalklammer (s. Kap. 5.4) – als Klammer- oder Rahmenstruktur beschrieben werden (vgl. Ronneberger-Sibold 2010): Das die **Nominalklammer** eröffnende linke Element, im prototypischen Fall der Artikel, transportiert die Mehrzahl der grammatischen Merkmale der Phrase, das Bezugsnomen stellt das schließende Element dar. Zwischen diesen klammernden oder rahmenden Elementen sind die zur Nominalphrase (NP) gehörenden Elemente, insbesondere Adjektivattribute und ggf. ihre Erweiterungen, versammelt. In einer prototypischen Nominalphrase trägt der Artikel die Informationen Kasus, Genus und Definitheit sowie in Teilen Numerus. Die Pluralmarkierung und in Resten die Kasusmarkierung wird zusätzlich am die Klammer schließenden Substantiv ausgedrückt (vgl. Kap. 5.2.2).

Im Zusammenhang mit dieser Festigung der Nominalklammer sind verschiedene morphologische und syntaktische Wandelprozesse der Pronomina und der Adjektive zu sehen.

Im Nhd. sind – wie in Kap. 5.2.1 gezeigt – die Kasusmerkmale am Substantiv mit Ausnahme einiger weniger Markierungen abgebaut, die Kasusmarkierung wird größtenteils vom Artikel übernommen. Die Flexion von Pronomina, die die Artikelposition einnehmen können (Possessiv-, Demonstrativ-, Indefinit-, quantifizierende und w-Pronomina; im Folgenden: Artikelwörter), und insbesondere die Flexion des Adjektivs fügen sich im Laufe der deutschen Sprachgeschichte in das System der analytischen Kasusmarkierung ein. Die Flexionsmuster der meisten Pronomina zeichnen sich – wie die des Artikels – durch eine im Vergleich zu den Substantiven höhere Kasusdistinktivität aus; sie sind daher ebenfalls dazu geeignet, als jeweils die Klammer eröffnendes Element den Kasus der NP anzuzeigen (s. Kap. 5.2.2). Die Entwicklung der Pronomina als Teil einer NP kann insgesamt so gedeutet werden, dass diese ursprünglich und noch bis ins Mhd. hinein in ihren morphologischen und syntaktischen Eigenschaften eher den Adjektiven nahe waren, aber im Übergang zum Nhd. kategoriale Eigenschaften des Artikels übernommen haben (vgl. bes. Demske 2001), so dass unselbständig (d.h. im Kontext einer NP) verwendete Pronomina im Nhd. zu den Artikelwörtern gezählt werden können. Wie Demske (2001, 152) zeigt, treten Possessivpronomina etwa im Mhd. noch mit Artikelwörtern und anderen Pronomina gemeinsam auf.

in *ſwelechen minen* noden. *ig dich iemer ane gerůfen.* (ArnM 133ʳ,2f.; 176f.)
(in welchen meinen Nöten ich dich auch immer anrief)

Auch im Stellungsverhalten haben sich die Pronomina als Artikelwörter an die prototypischen Artikelwörter (bestimmter und unbestimmter Artikel) angeglichen, indem die im Ahd. noch freiere Stellung (vgl. Ahd.Gr. II, 27f.) auf die pränominale und damit die Nominalklammer eröffnende Position fixiert wurde.

In besonderer Weise fügt sich im Nhd. die Flexion der Adjektive in die Rahmenstruktur der NP ein: Beginnt die NP nicht mit einem Determinativ oder trägt das Determinativ keine (starken) Flexionsmerkmale, dann übernimmt in der Regel das Adjektiv die den Kasus markierende Funktion und wird stark flektiert. Ist ein stark flektiertes Determinativ vorhanden, passt sich das Adjektiv mit schwachen, d.h. nicht bzw. nur minimal distinktiven, Flexionsmerkmalen (-en) in die NP ein.

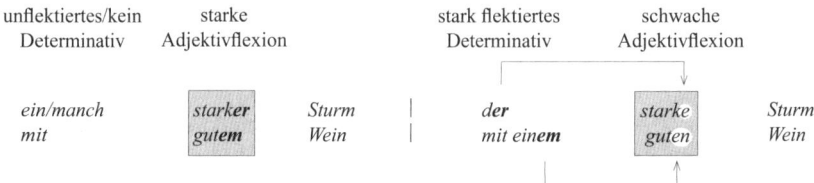

unflektiertes/kein Determinativ	starke Adjektivflexion		stark flektiertes Determinativ	schwache Adjektivflexion	
ein/manch	*starker*	*Sturm*	*der*	*starke*	*Sturm*
mit	*gutem*	*Wein*	*mit einem*	*guten*	*Wein*

Die Steuerung der Adjektivflexion durch das Flexionsverhalten des vorangegangenen, die Klammer eröffnenden Elements wurde im Verlauf der deutschen Sprachgeschichte ausgebaut (vgl. Klein 2007). Ansätze einer morphologisch gesteuerten Adjektivflexion sind schon im Ahd. vorhanden (vgl. Ahd.Gr. II, 27). Als regelhaft kann die schwache Adjektivflexion im Ahd. jedoch lediglich nach dem sich etablierenden bestimmten Artikel (s.o.) gelten.

dher aerloso man (Isidor 169)   ‚der gottlose Mann'

thes hohisten gotes (Tatian 53,6)   ‚des höchsten Gottes'

An diesen Strukturtyp passen sich nach und nach die weiteren Artikelwörter an. Im Mhd. hat sich die morphologische Steuerung nach flektierten Formen des unbestimmten Artikels *ein* bereits weitgehend durchgesetzt. Nach flektierten Formen der Possessivpronomina zeigt sich ein stark differenziertes Bild, anhand dessen die schrittweise Entwicklung anschaulich nachvollzogen werden kann (vgl. dazu Klein 2007). Die morphologische Steuerung ist im Nhd. gefestigt; bei der Gruppe der sog. ‚Pronominaladjektive' (u.a. *ander-, manch-, solch-, viel-, sämtlich-, einig-*) tritt jedoch Variation in der Flexion des folgenden Adjektivattributs auf (z.B. *mit manchem leckeren Essen* vs. *mit manchem leckerem Essen*). Diese Einheiten befinden sich in einem Grammatikalisierungsprozess vom Adjektiv zum Artikel und zeigen daher ein unterschiedlich hohes Maß an ‚adjektivischem' und ‚artikelhaftem' morphologischen und syntaktischen Verhalten in der Nominalphrase (vgl. B. Wiese 2009).

Die **Stellung des Adjektivattributs** war im Ahd. noch nicht festgelegt, das Adjektivattribut konnte seinem Bezugsnomen auch nachfolgen (vgl. Ahd.Gr. II, 28ff.).

Beispiele aus dem Hildebrandslied:

pränominal: *heroro man* (übers.: ‚der ältere Mann', Z. 7)

postnominal: *herron goten* (übers.: ‚einen guten Herrn', Z. 47)

Wie stark bei Belegen für die postnominale Stellung im Ahd. jeweils der Einfluss des Lateinischen oder der gebundenen Form war, kann nicht mit Sicherheit ermittelt werden, und „[s]chon in den frühesten ahd. Quellen überwiegt die Voranstellung des Adjektivs" (Ahd.Gr. II, 28). Bereits im Mhd. ist dann die pränominale Stellung des Adjektivattributs weitgehend gefestigt.

Abweichungen sind im mhd. Grammatik-Korpus lediglich in gebundener Sprache, insbesondere zugunsten des Endreims, und darüber hinaus in einigen wenigen spezifischen Kontexten zu beobachten.

- In gebundener Sprache wird ein Adjektivattribut besonders häufig nachgestellt, wenn das Bezugsnomen eine Person mit hohem Rang bezeichnet oder ein nomen sacrum (z.B. *got*, *vater*, *herre*, auch *frouwe* und *magit* bezogen auf Maria) ist. In Versepen kommt dieser Nachstellungstyp häufig bei Anreden in der direkten Rede vor:
  vrunt liber *vñ gefelle mín / Mín rat d' fol dir nvtze fín* (HTri 369f. 104vb,44f.)
  (Freund lieber und Gefährte mein / Mein Rat, der soll dir nützlich sein)

- bei koordinierten Adjektivattributen (insbesondere, wenn es sich um komplementäre Begriffe oder Antonyme handelt):
  In dem wazzere fint **manige gerten chleine unde lange**. (Phys 140^v,10ff.)
  (in diesem Gewässer sind viele Ruten, kleine und lange)
  Herre got du mŏzift in bifcirmin. [...] *uor* **allen finen fiandin gifunlichen uñ ungifunlichin**. (Muri 9^r,5ff.)
  (Herrgott, du musst ihn beschützen vor allen seinen Feinden, sichtbaren und unsichtbaren.)

- bei mehreren Adjektivattributen, von denen das erste (häufig Zahladjektiv) prä- und das zweite postnominal stehen:
  Do gebōt got dem heiligim moẏfi daz er **zewelfe gerte durri** *leite.* (Spec 10^r,21f.)
  (Da befahl Gott dem heiligen Moses, dass er zwölf Gerten trockene hinlegen solle.)

- *sælig* (i.S.v. ‚verstorben‘) oder *lebentig* (i.S.v. ‚zu Lebzeiten‘) in der Urkunden- bzw. Rechtssprache
  von minem vat' fæligen geerbet (Augsb 3,3) (von meinem Vater verstorbenen geerbt)
  da mit ift dem h'ren fein lehen lådich wardē. pei dem menfchen **lebentigē**. (Rupr 75,12) (Damit hatte der Herr sein Lehen verwirkt zu seinen Lebzeiten.)

Die Beleglage für postnominale Adjektivattribute im Mhd. zeigt, dass die Nachstellung stark markiert oder an ganz bestimmte Konstruktionen gebunden ist. Tritt dennoch ein nachgestelltes Adjektiv außerhalb dieser oben beschriebenen Verwendungsweisen auf, ist eine Lesart als freies Prädikativ naheliegend, wie auch die folgenden Beispiele zeigen:

- *vñ nim ẏfopvm. vñ poleivm vñ rip den fovch dar vz. vñ trinch dē fovch* **lawen**. *So wir din chel hel. vñ lv̊teR* (Bart 5rb,9ff.)
  (Und nimm Ysop und Flohkraut und reib den Saft daraus und trink den Saft lauwarm. So wird deine Kehle hell und klar.)

- *Wie Lang ein man od' ein frawᵉ iren Ehaltē* **fichen**. *behaltē fülle daz fult ir wizzē an ir fchaden.* (Rupr 99,22f.; 238)

(Wie lange ein Mann oder eine Herrin ihren Dienstboten als Kranken behalten
soll (das sollt ihr erfahren) ohne (ihren) eigenen Schaden)

Durch ausdrucksseitigen Zusammenfall ist eine Unterscheidung der Funktion
von Adjektiven (attributiv-nachgestellt oder prädikativ) im Mhd. zum Teil nur
schwer möglich, zumal prädikativ verwendete Adjektive – wenn auch selten –
mit Flexiv erscheinen können (vgl. Klein/Solms/Wegera, Mhd.Gr. II, § A 27;
A 29).

Das Deutsche hat damit eine Strukturregel für den Aufbau der Nominalphrase
ausgebildet, bei der das die Klammer eröffnende Element die grammatischen
Merkmale transportiert, die darauf folgenden, der NP untergeordneten Elemente (Adjektivattribute) weisen nur eine stark reduzierte Markierung auf und
das Kernsubstantiv beschließt die Klammer. Die Entwicklung der Verteilung
der Flexionsmerkmale in der NP wird in der Forschung häufig als eine **Tendenz zur Monoflexion** beschrieben, d.h. als Abbau flexivischer → Redundanz.
Als Gegenmodell zur Monoflexion steht vor allem im Frnhd. die **Polyflexion**,
also die flexivische Markierung aller an der NP beteiligten Elemente, als
Strukturmöglichkeit zur Verfügung (z.B. Frnhd. *des gudes lebennes*, *diesem
erzähltem Rath*, *zu einer vollkommener jugend*, Hartweg/Wegera 2005, 169).
Weder die eine noch die andere Strukturmöglichkeit hat sich im Deutschen
vollständig durchgesetzt, doch ist seit frnhd. Zeit eine Neigung zur Monoflexion und ein Abbau der Polyflexion zu beobachten (vgl. Gr.d.Frnhd. VI,
326ff.; Admoni 1990, 187ff.). Admoni (1990, 189) deutet die Monoflexion
„als ein zusätzliches Mittel zur Zementierung des präpositiven Teils der Sub-
stantivgruppe" und bringt dieses in Zusammenhang mit dem Anwachsen des
‚mittleren' Teils der NP:

Die primäre Funktion der Nominalklammer kann in einer „Erleichterung der
syntaktischen Dekodierung" (Ronneberger-Sibold 2010, 95) in der Schriftsprache gesehen werden. Die Klammerbildung ermöglicht daher auch eine
Expansion der Nominalphrase durch Adjektiv- und Partizipalattribute links
vom nominalen Kern, die zunächst in Reihung, d.h. in koordinierten Strukturen, auftreten (vgl. dazu H. Weber 1971; Lötscher 1990), z.B.

langwürige / klägliche / ſchmertzliche / ſchädliche Kriegs=Empörungen /
(aus: Abraham à S. Clara, Auff / Auff ihr Christen! [...]. Salzburg 1687, 17)

bis hin zu extremen Reihungen:

*ſo ſehen doch die tägliche / veränderte / verkehrte / verbarockierte / verwiſpelte /
verzauſte / verfleckte / verpomadierte / verpulverte / verſtrichne / vermummerte /
verglätte Geſichter faſt wie die Geſpenſter auß/*
(aus: Abraham à S. Clara, Auff / Auff ihr Christen! [...]. Salzburg 1687, 14)

Erweiterte Attribute erscheinen ab dem 15. Jh. vermehrt in der Kanzleisprache, insbesondere in der Urkundensprache; nach 1600 sind sie in der Kanzleisprache fest verankert und werden von da auf die übrige Rechts- und Geschäftssprache übertragen. Dabei nimmt sowohl die Verwendung der erweiterten Attribute als auch die durchschnittliche Zahl der Glieder zu (vgl. H. Weber 1971, 128ff. und 216ff.). Insbesondere das Partizipialattribut bietet dabei die Möglichkeit einer sprachlichen Verdichtung und damit Erhöhung der Komplexität, u.a. auch durch die Erweiterung mit Präpositionalgefügen (vgl. Gr.d.Frnhd. IV, 76ff.). Mit der Erweiterung geht eine Hierarchisierung einher; es entstehen innerhalb der NP subordinierte Strukturen:

eine nur mit gewissen Freyheiten begabte Landstadt (Beleg s. Gr.d.Frnhd. IV, 78)

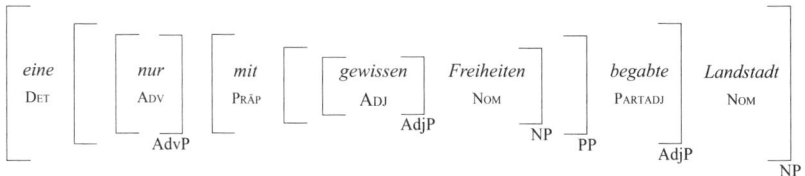

Ebenfalls mit der Rahmenbildung der Nominalphrase in Zusammenhang gebracht wird häufig der **Stellungswechsel des adnominalen Genitivs**. Im Mhd. kann die Stellung des Genitivattributs noch als freier bezeichnet werden, auch wenn in der mhd. Prosa bereits die postnominale Stellung dominiert (vgl. Prell 2000 und 2001, 197ff.). So finden sich im Mhd. durchaus (noch) Belege wie der folgende, bei dem eine komplexe Nominalphrase im Genitiv mit einer Erweiterung vor dem Bezugsnomen steht:

*mit [[der Stet [ze [auspurch]*NP]PP]NP *Insigel]*NP (u.a. UAugsb2 13,20)

nhd*.: mit dem Siegel der Stadt (zu) Augsburg*

Der mögliche Zusammenhang dieser Entwicklung mit der Klammerstruktur der NP wird nachvollziehbar, wenn man den im nhd. Standard erreichten Stand betrachtet: Auch im Nhd. gibt es zwei Stellungsvarianten des Genitivattributs: Das Genitivattribut steht vor dem Bezugsnomen, wenn es kein Artikelwort aufweist (z.B. Personenbezeichnungen, Eigennamen, Unika). Das Genitivattribut steht nach dem Bezugsnomen, wenn es ein Artikelwort hat. Voranstellung von Genitivattributen mit Substantivbegleiter ist stilistisch markiert (vgl. Zifonun u.a. 1997, 2020).

Großvaters Garten | *der Garten* **meines Großvaters** |

(arch.) **meines Großvaters** *Garten*

Da artikellose Nominalphrasen (bzw. NPn ohne Determinativ) seltener vorkommen, ist die postnominale Stellung wesentlich häufiger.

Die Nachstellung voller NPn (d.h. mindestens Determinativ + Nomen) im Genitiv hebt eine Störung der Klammerstruktur auf, die durch Voranstellung ausgelöst wird (vgl. Ronneberger-Sibold 2010, 99ff.): Gewöhnlich eröffnet der Artikel die NP, das Nomen schließt sie. Bei der Stellungsvariante [[*meines Großvaters*] *Garten*]NP kongruieren das Determinativ in Erststellung und das Nomen in Letztstellung nicht, sie bilden keine Klammer. Dieser Konflikt kann durch die Nachstellung gelöst werden, durch die zwei NPn mit intakter Klammerstruktur verbunden werden:

[*der Garten* [*meines Großvaters*]NP]NP

Lesehinweis: Zum klammernden Verfahren in der Nominalphrase s. Ronneberger-Sibold (2010).

Weiterführende Literatur: Zur Nominalphrase: Demske (2001); Desportes (2000). **Zu Partizipialattribut/Partizipialkonstruktion:** Habermann (2016). **Zum Genitivattribut:** Kiefer (1910); Koptjevskaja-Tamm (2002); Prell (2000), (2001, 197ff.); Schmid (2004); Solms (2016). **Zur NP-Klammer:** Ronneberger-Sibold (1991), (1994), (2010).

Zusammenfassung

Die weitgehende Auflösung des Systems synthetischer Kasus-/Numerusmarkierungen, das im Ahd. noch Bestand hatte, führt in der Folge im Deutschen nicht zu einer rein analytischen Formenbildung: Die Kasusmarkierung, die von den uniformierten Endsilben nicht mehr geleistet werden kann (Kasusnivellierung), wird analytisch kodiert, indem sie weitgehend von den sich im Ahd. parallel herausbildenden Artikelformen geleistet wird, die darüber hinaus die Funktion übernehmen, Definitheit zu markieren. Im Bereich der Numerusmarkierung hingegen werden insbesondere in frnhd. Zeit synthetische Formen restituiert bzw. weiter ausgebaut (Nume-rusprofilierung).

Veränderungen finden auch innerhalb des Funktionsspektrums einzelner Kasus, insbesondere des Genitivs, statt, der als Objektkasus weitgehend schwindet. Im Zusammenspiel mit der Kasusnivellierung und dem Obligatorisch-Werden des Artikels sind auch Prozesse der strukturellen Verfestigung innerhalb der Nominalphrase zu sehen, die zu einer Rahmenbildung innerhalb der NP führen: Die phraseninitiale Position wird für Elemente mit determinierender Funktion, die pränominale Stellung für das Adjektivattribut, die postnominale für komplexe Genitivattribute festgelegt und die Adjektivflexion (stark vs. schwach) entwickelt eine morphologische Steuerung.

5.3 Verben und Verbkomplex

Die diachrone Entwicklung der Verbflexion wird bestimmt durch zwei wesentliche Prozesse,

- den Ab- und Umbau der starken Verben und die Profilierung der schwachen Verbflexion als dominante Flexion und

- den typologischen Wandel von einem primär flektierenden zu einem gemischten System aus flektierenden und analytischen Merkmalen (teilanalytisch).

5.3.1 Abbau und Umbau der starken Verbflexion

Bei der von Jacob Grimm so genannten ‚starken' Verbflexion werden der Präteritum- und der Partizip-Präteritum-Stamm durch Alternation des Stammvokals (Ablaut) gebildet; das Part. Prät. wird durch **ge-...-en** gebildet:

finden – fand – gefunden

Die lautlich bedingte Alternation des Stamms durch verschiedene Qualitäts- bzw. Quantitätsstufen des Stammvokals (Ablaut) ist ein Prinzip, das das Deutsche vom Indoeuropäischen ‚geerbt' hat. Die Alternation wurde im Germ. zur Bildung unterschiedlicher Flexionsformen grammatikalisiert. Im Mhd. gibt es noch rund 370 Verben mit Vokalalternation, die in den gängigen Grammatiken in 7 verschiedene Klassen (I-VII) unterteilt und in Ablautreihen dargestellt werden (s. Abb. 5.9). Einige der Reihen sind zusätzlich aufgrund historischer Lautwandelprozesse in Untergruppen unterschieden. Klasse VI und VII zeigen keinen Ablaut im eigentlichen Sinne, sondern eine dem Ablaut ähnliche, aber historisch anders begründete Alternation, die zudem weniger alternierende Formen aufweist als die der übrigen Klassen.

Zum Nhd. hin wird die Anzahl der starken Verben deutlich reduziert: Viele starke Verben werden nicht mehr genutzt oder wechseln zur schwachen Flexion. Die verbliebenen starken Verben gleichen die verschiedenen Ablautformen in vielfacher Weise aus.

Grammatische Form		Vokal steht für Infinitiv, Präsens (Indikativ und Konjuktiv)	Vokal steht für 1./3. Singular Präteritum (Indikativ)	Vokal steht für die anderen Präteritalformen (Indikativ)	Vokal steht für Partizip Präteritum
Ablautreihe I		ī	ei, ē	i	i
	Ia	rīten	reit	riten	geriten
	Ib	dīhen	dēh	digen	gedigen
Ablautreihe II		ie	ō/ou	u	o
	IIa	biegen	bouc	bugen	gebogen
	IIb	bieten	bōt	buten	geboten
Ablautreihe III		i/e	a	u	u, o
	IIIa	binden	bant	bunden	gebunden
	IIIb	werfen	warf	wurfen	geworfen
Ablautreihe IV		e	a	ā	o
		steln	stal	stālen	gestoln
Ablautreihe V		e	a	ā	e
		geben	gap	gāben	gegeben
Ablautreihe VI		a	uo	uo	a
		varn	vuor	vuoren	gevarn
Ablautreihe VII		a, ā, ei, ō, ou, uo	ie	ie	a, ā, ei, ō, ou, uo
		vallen	viel	vielen	gevallen
		slāfen	slief	sliefen	geslāfen
		heizen	hiez	hiezen	geheizen
		stōzen	stiez	stiezen	gestōzen
		loufen	lief	liefen	geloufen
		ruofen	rief	riefen	geruofen

Abb. 5.9: Übersicht über die Ablautreihen in ihrer mhd. Form

Während die schwache Verbflexion allmählich zur Normalflexion wird, wird die ältere Flexionsart durch Ablaut der Stammvokale reduziert.

Die Wörterbücher zu den verschiedenen Sprachstadien des Deutschen verzeichnen insgesamt rund 430 Verben, die (auch) als ‚stark' gebucht sind. Für das Germ. wird eine geschätzte Zahl von rund 700 starken Verben angesetzt (vgl. Seebold 1970). Für das Ahd. sind 337 starke Verben nachgewiesen. Von diesen sind im Mhd. noch 284 Verben belegt, was einen Verlust von 16% gegenüber dem Ahd. bedeutet (5% werden schwach flektiert, 11% sind geschwunden oder mhd. nicht belegt). Für das Mhd. werden jedoch 87 starke Verben gebucht, die im Ahd. nicht belegt sind bzw. die im Mhd. neu hinzukommen, wie z.B. *krien* (< *krīe*, entlehnt aus afranz. *crier*). Die Zahl von nun insgesamt 371 starken Verben des Mhd. verringert sich zum Nhd. hin auf 145 (inkl. *gehen* und *stehen*) = 39% des mhd. Bestandes (71 werden nun schwach flektiert und 155 sind geschwunden). Hinzu kommen seit dem Frnhd. ein paar neue, auch stark flektierte Verben, die im Nhd. aber bereits wieder überwiegend schwach flektiert werden. Die Bestandsveränderung vom Ahd. zum Nhd. ergibt sich damit vor allem durch lexikalischen Schwund (rund 190 Verben) sowie den Wechsel in die schwache Flexion (über 90 Verben). Dabei zeigt sich häufig, dass neben der starken Flexion schon im Mhd. konkurrierend auch die schwache Flexion bei einzelnen Verben gebräuchlich sein kann (z.b. *phlegen*). Nur in ganz seltenen Fällen wird zum Nhd. hin die starke Formenbildung zur Regel, so *gelīchen, laden, wīsen*. Noch seltener ist der Wechsel eines mhd. ausschließlich schwach flektierten Verbs zu einem nhd. starken Verb (*dingen, preisen*). Bei einigen Verben ist die starke Flexion im Nhd. auf das Präteritum beschränkt, z.B. *stecken* im Präteritum *stak/steckte*, im Part. Prät. aber *gesteckt*. Durch die Veränderungen erlangen die schwachen Verben im Lexikon einen prozentualen Anteil von weit über 90%.

germ.	ahd.		mhd.	nhd.
(ca. 700) ——————— 337		+ 87	371 ————————	➤ ~ 145
		− 53	− 226	

Abb. 5.10: Quantitativer Rückgang der starken Verben (Zahlen nach Kühne 1999; geringfügig andere Zahlen bei August 1975, 255)

Der Wechsel der starken Verben zur schwachen Flexion geht historisch regional z.T. weit über den Stand der nhd. Standardsprache hinaus; so sind etwa im 18. Jh. noch in der Schriftsprache *gleichte* (neben *glich*), *gehaizzt, verliehrten, ruffete, gerueft, scheydeten* (neben *schieden*), *gehebt, sinckete, quellte, scheinte* etc. belegt. Umgekehrt sind starke Bildungen zu ehemals schwachen Verben weit seltener, so *gespiesen* (neben *speiste*), *strieff* (neben *strafte*). Das Verb *beginnen* zeigt im Singular zahlreiche schwache Varianten, so *begonde, beginte, begunde* neben *began* (vgl. Gr.d.Frnhd. IV, §121). Regional finden sich in der Gegenwartssprache allerdings noch andere Muster, vgl. J. Nowak (2015), Nübling (2016).

Trotz des Rückgangs können die starken Verben auch für das Nhd. nicht als Ausnahmen angesehen werden. Die meisten der starken Verben gehören in den Grundwortschatz; 120 der nhd. starken Verben werden zwar nur in 3 (von insgesamt 22 ausgewerteten) verschiedenen Grundwortschatzverzeichnissen gelistet, 47 aber in 20 von 22; demgegenüber finden sich lediglich 36 schwache Verben in 20 von 22 verschiedenen Grundwortschatzlisten, und damit weniger als 1% aller schwachen Verben bei einem Bestand von ca. 4000 (vgl. zu den Grundwortschätzen Wegera 1997, 71f.).

Von den 47 am häufigsten in den 22 Grundwortschätzen gebuchten starken Verben lassen sich 43 auf das Germ. zurückführen, 4 sind seit dem Ahd. belegt. Das bedeutet, dass sich vor allem die alten starken Verben als besonders stabil erweisen. Sie gehören zum engsten Grundwortschatz und werden entsprechend häufig verwendet. Ob ihre Verbreitung in den anderen germ. Sprachen dabei eine zusätzlich stabilisierende Rolle spielt, sei dahingestellt (vgl. auch die Auszählungen bei August 1975, 257ff.).

Auf das Germ. lassen sich zurückführen: *bitten, bleiben, essen, fahren, fallen, finden, geben, gehen, (ver)gessen, (be)ginnen, halten, hängen, heben, heißen, helfen, kommen, lassen, laufen, leiden, lesen, liegen, (ver)lieren, messen, nehmen, rufen, schaffen, scheinen, schlafen, schlagen, schneiden, schreiben, sehen, sein, sitzen, sprechen, stehen, steigen, tragen, treten, werden, werfen, (ge)winnen, ziehen.*

Auf das Ahd. gehen zurück: *(ge)lingen, treffen, (ge)schehen, schließen.*

Die Verteilung in den Grundwortschatzlisten spiegelt die Verteilung am Gesamt der starken Verben wider. Kühne (1999, bes. deutlich Abb. 212) zeigt, dass sich knapp 80% aller starken Verben auf das Gemeingermanische bzw. Westgermanische zurückführen lassen.

In Sprachen, die einen dem Deutschen vergleichbare Drift zeigen, bleibt häufig ein sprachlicher Kern irregulärer Formen bis hin zu Suppletivformen bestehen, zu denen auch die starken Verben zählen. Deren Formen werden jeweils einzeln erlernt, während die vielen tausend regulär gebildeten Verben mit Hilfe einer einfachen Regel flektiert werden können.

Beim Übergang der starken Verben in die schwache Flexion muss man zwei unterschiedliche Prozesse voneinander unterscheiden, die in Beschreibungen des Klassenwechsels zumeist nicht getrennt werden: den Ersatz der Präteritalform (*backen, buk > back-t-e,* aber *ge-back-en*) und den Ersatz des kategorien-frequenteren Part. II (*weben, wob > web-t-e, gewoben > gewebt*) durch regelmäßig gebildete Formen mit Dentalsuffix. Erst, wenn beide Prozesse durchgeführt sind, kann ein ehemaliges starkes Verb als komplett schwach bezeichnet werden.

Bei den verbliebenen starken Verben finden mehrere Ausgleichsprozesse statt.

(1) Tempusprofilierung

Im Verlauf des Frnhd. wird – nach ersten Ansätzen im späten Mhd. – die Vokalalternation reduziert und weitgehend auf die Unterscheidung von Präsens und Präteritum beschränkt. Dadurch wird die **Tempusunterscheidung** verdeutlicht (Tempusprofilierung), während die vokalischen Alternationen zwischen verschiedenen Personalendungen und zwischen Singular und Plural tendenziell ausgeglichen werden (zum Folgenden s. auch Gr.d.Frnhd. IV §§ 84–164).

Es lassen sich verschiedene Typen des Ausgleichs unterscheiden:

- Der Vokalausgleich umfasst Sg. und Pl. des Prät., nicht aber das Part. Prät., wobei der Ausgleich durch die beiden untypischen Reihen VI und VII, die im Prät. im Sg. und Pl. bereits den gleichen Vokal aufweisen, stützend gewirkt haben können.

| VI | a | uo | a |
| VII | x | ie | x |

Es lassen sich wiederum zwei Typen unterscheiden:

(1) Ablautreihen, bei denen der Ausgleich nach dem Vokal des Sg. Prät. erfolgt, so Klasse III,

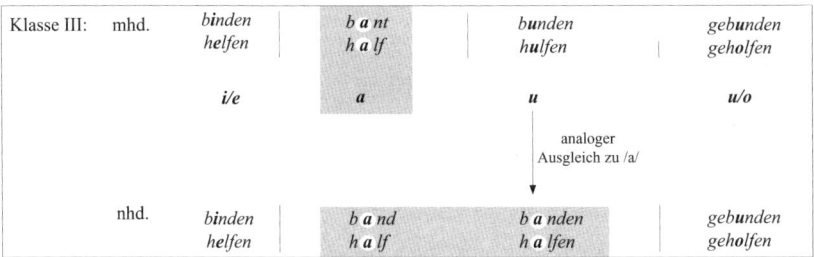

Der Ausgleich in Klasse III findet im Frnhd. regional unterschiedlich sowohl nach *a* (besonders westoberdeutsch) als auch nach *u* (ostoberdeutsch und mitteldeutsch) statt (*sprung*, *stund*, *schwumm*). Zum genauen Verlauf s. Hartweg/Wegera (2005, 164).

(2) Ablautreihen, bei denen der Ausgleich nach dem Vokal des Pl. Prät. erfolgt, so Klasse IV und V:

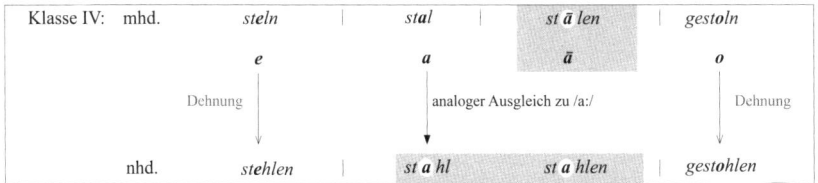

Die Entwicklung in Klasse V ist mit der in Klasse IV vergleichbar. Der quantitative Ausgleich in beiden Klassen ist in seinem zeitlichen Verlauf jedoch schwer nachvollziehbar, da die Vokallänge nicht systematisch graphisch durch ‹h› markiert wird.

• Der Vokal wird im Prät. nach dem Vorbild des Vokals im Part. Prät. ausgeglichen.

(1) Ausgleich innerhalb einer Ablautreihe (innerparadigmatisch) in Klasse I und II:

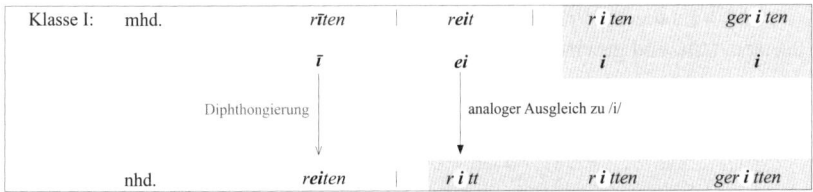

Zur genauen Entwicklung innerhalb der Ablautreihe I (Zusammenfall von Ia und Ib und neuerliche Spaltung) s. Hartweg/Wegera (2005, 164).

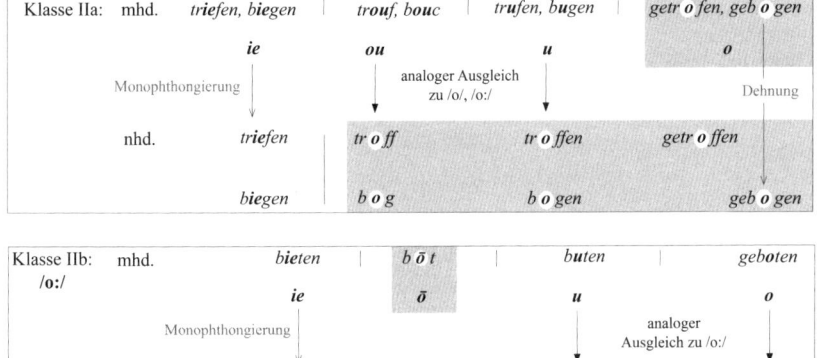

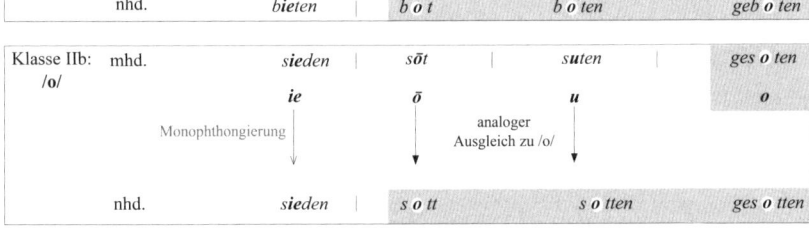

Zur genauen Entwicklung innerhalb der Ablautreihe II (Zusammenfall von IIa und IIb und neuerliche Spaltung nach der Quantität) s. Hartweg/Wegera (2005, 163f.).

- Ausgleich der Vokale über verschiedene Ablautreihen hinweg (inter-paradigmatisch).

Bei zahlreichen Verben der Klassen III, IV, V und VI wird der Vokal im Prät. und Part. Prät. nach dem Muster der Ablautreihe II zu *o* vereinheitlicht und führt so zu einer neuen Ablautreihe:

III	x	a u	o
neues Muster	x	**o**	**o**

Dieses reduzierte Ablautmuster – auch als ‚8. Ablautreihe' bezeichnet (vgl. J. Nowak 2015) – stellt einen der möglichen Wege der Vereinheitlichung dar, indem der Ausgleich über die Grenzen einzelner Ablautreihen hinausgeht, die Verben aber neben den entstandenen ausgeglichenen Nebenformen gleichwohl stark bleiben. Zusammen mit den Verben der Ablautreihe II ist das Muster im Frnhd., zum Teil bis ins 18. Jh., sehr gut besetzt (Gr.d.Frnhd. IV §§ 112ff.). Bei dem größeren Teil der Verben aus III und IV konkurriert Vollausgleich längere Zeit mit partiellem Ausgleich, kann sich aber nicht durchsetzen. Lediglich bei 20 Verben ist der Vollausgleich bis in die Gegenwartssprache erhalten (vgl. J. Nowak 2015; Hartweg/Wegera 2005, 165).

Hierzu gehören aus Klasse III: *glimmen, klimmen, melken, quellen, (er)schallen (schellen), schmelzen, schwellen*; aus Klasse IV: *dreschen, fechten, flechten, löschen, scheren, schwären*; aus Klasse V: *gären, pflegen, wägen, weben, bewegen* (aus *wegen*); aus Klasse VI: *heben* und *schwören*.

Die Verben aus Klasse III und V (vereinzelt aus IV) schwanken im Nhd. zwischen starker und schwacher Flexion; in einigen Fällen (*quellen, schmelzen, schwellen, löschen, bewegen, wägen*) mit semantischer Unterscheidung zwischen den starken und schwachen Formen, wodurch das Nebeneinander stabilisiert wird. Das Muster mit vereinfachter Ablautalternanz stellt in vielen Fällen eine Vorstufe für Verben mit abnehmender Frequenz vor dem Übertritt in die schwache Flexion dar. Der Ablaut wird durch die Vereinheitlichung ‚geschwächt'.

Die Entwicklung der starken Verben umfasst verschiedene Formen des Ausgleichs, der eine Reduktion auf drei Stammformen sowie den Verlust von Eindeutigkeit in der Klassenzugehörigkeit zur Folge hat, und kann von Klassenschwankungen bis zu einer vollständigen Angleichung an die regelmäßige (schwache) Flexion führen:

Ablautausgleich und Wandel der starken Verben

starke Flexion ———————————————————————→ schwache Flexion
(mit voll ausge-
bildetem Ablaut)
- innerparadigmatischer Ausgleich
- interparadigmatischer Ausgleich
- Klassenkonkurrenz starke/schwache Flexion

(2) Ausgleich innerhalb der Präsens- bzw. Präteritum-Paradigmen

Die Tempusprofilierung wird zusätzlich durch den partiellen Ausgleich von Sg. und Pl. Präsens bzw. innerhalb des Sg.-Paradigmas im Prät. unterstützt:

mhd.:				nhd.:	
1. Sg.	*(ich)*	*nime*		*n e hme*	
2. Sg.	*(du)*	*nimest*		*n i mmst*	
3. Sg.	*(er/sie/es)*	*nimet*		*n i mmt*	
1. Pl.	*(wir)*	*n e men*		*n e hmen*	
2. Pl.	*(ihr)*	*n e met*		*n e hmt*	
3. Pl.	*(sie)*	*n e ment*		*n e hmen*	

In Klasse II findet zunächst noch eine gegenläufige Entwicklung statt: Im Oberdeutschen wird der Vokal im Singular Präsens, im Mitteldeutschen in der 2./3. Singular Präsens diphthongiert (*iu* /ü:/ > *eu*), während der Pluralvokal monophthongiert wird (‹ie› /ie/ > ‹ie› /i:/). Solche Formen mit Diphthong sind bis ins 18. Jh. üblich (*geusst, fleucht* etc.).

		obd.	md.
1. Sg.	*(ich)*	*kreuche*	*krieche*
2. Sg.	*(du)*	*kreuchst*	*kreuchst*
3. Sg.	*(er/sie/es)*	*kreucht*	*kreucht*
1. Pl.	*(wir)*	*kriechen*	*kriechen*
2. Pl.	*(ihr)*	*kriecht*	*kriecht*
3. Pl.	*(sie)*	*kriechen*	*kriechen*

„Ihm gehört das Weite,
Was sein Pfeil erreicht;
Das ist seine Beute,
Was da kreucht und fleucht."

(Schiller, Wilhelm Tell, 3. Aufzug)

Der Stammvokal der 2. Sg. Prät. ist noch im Mhd. von den Stammvokalen der 1./3. Singular unterschieden: *ich bōt, du büte, er/sie/es bōt.* Dieser Vokalwechsel (Wechselflexion) wird zum Nhd. hin ausgeglichen.

Klasse	1./3. Sg. Prät. Ind.	2. Sg. Prät. Ind.	nhd.
I	*greif*	*grif(f)e*	*griff-*
II	*bōt*	*büte*	*bot-*
III	*bant*	*bünde*	*band-*
IV, V	*nam*	*næme*	*nahm-*
VI	*gruop*	*grüebe*	*grub-*

(e)st

Abb. 5.11: Vokalischer Ausgleich der 1./3. und 2. Pers. im Sg. Prät. Ind. nach Solms (1984, 111)

Weiterführende Literatur: Gr.d.Frnhd. IV §§ 100ff.; Große (1988); Solms (2001).

5.3.2 Profilierung der schwachen Flexion

Neben der älteren starken Flexion der Verben entwickelt sich im Germanischen ein anderes System, das sich aufgrund seiner einfacheren Regelhaftigkeit als geeigneter für große Verbbestände erweist: die Bildung des Präteritums mit Hilfe eines Suffixes *-(e)t-*, das entweder aufgrund seiner Funktion ‚**Präteritalsuffix**' oder aufgrund seiner Lautform ‚Dentalsuffix' genannt wird.

sagen – sag-t-e – gesag-t

Diese Flexion, die seit Jacob Grimm als ‚schwach' bezeichnet wird, etabliert sich zunehmend als dominante Flexionsart; sie wird seit dem Spätahd. weiter vereinheitlicht und attrahiert zunehmend weitere Verben:

* zahlreiche starke Verben wechseln im Laufe der Sprachgeschichte zur schwachen Flexion,

* seit dem Mhd. neu hinzukommende Verben werden grundsätzlich schwach flektiert.

Lesehinweis: Thesen zur Entstehung der schwachen Verbflexion s. Kern/Zutt (1977, 44ff.).

Im Ahd. existieren noch drei verschiedene Verbklassen mit schwacher Präteritalbildung:

* die Klasse der *-ōn*-Verben wie   *salbōn* (‚salben')   Präteritum   *salb-ōt-a*

* die Klasse der *-ēn*-Verben wie   *habēn* (‚haben')   Präteritum   *hab-ēt-a*

* die Klasse der *-en*-Verben wie   *nerien* (‚ernähren')   Präteritum   *ner-it-a*

    suochen (‚suchen')   Präteritum   *suoch-t-a*

Begünstigt durch die Nebensilbenabschwächung, in deren Rahmen *-ōt-*, *-it-* und *-ēt-* zu *-et-* abgeschwächt werden, fließen die drei Klassen allmählich zu einer Klasse zusammen.

Im Mhd. existieren noch zwei Gruppen schwacher Verben:

* Verben, die das Präteritum mit einem erweiterten Präteritalsuffix (*-et-*) bilden (z.B. *lob-et-e*, *leb-et-e* etc.);

* Verben, die das Präteritum mit einem einfachen Präteritalsuffix *-t-* bilden und ggf. Wechsel des Stammvokals aufweisen (z.B. *teil-t-e*, *brann-t-e* etc.).

Diese beiden Gruppen werden zum Nhd. hin weitgehend zusammengefasst und die Verteilung von -e- und -Ø- im Präteritalsuffix wird zum Nhd. hin phonologisch nach der lautlichen Umgebung geregelt, so dass heute nur noch ein Dentalsuffix -(e)t- mit lautlich geregelter -e/Ø-Verteilung existiert: sag-t-e, aber nach d, t und bestimmten Konsonantenverbindungen -et- wie red-et-e, atm-et-e (Sonderformen wandte, sandte).

mhd.		nhd.
leb-et-e		leb-t-e
lob-et-e		lob-t-e
sag-et-e		sag-t-e
red-et-e	⎯⎯⎯⎯⎯⎯⎯⎯⟶	red-et-e
atm-et-e		atm-et-e
teil-t-e		teil-t-e
brann-t-e		brann-t-e

Diese Entwicklung verläuft über eine zunächst weitgehend unsystematische Vermischung der historischen Gruppen: Einige Lexeme mit erweitertem Dentalsuffix verlieren -e- durch Synkope, während umgekehrt andere Lexeme mit ursprünglich einfachem Dentalsuffix ein -e- erhalten. Im 16. Jh. ist die e-haltige Variante z.T. weit stärker als die e-lose vertreten. Im 17. Jh. sinkt die Zahl der Belege mit -e- wieder; eine klare lautliche Regelung wird erst allmählich festgeschrieben (s. Hartweg/Wegera 2005, 160).

Andere Sondergruppen von Verben werden an diese Flexion angeglichen, so dass sich die schwache Flexion allmählich zu einer regelmäßigen Flexion entwickelt, die im Nhd. nur wenige (historisch bedingte) Ausnahmen kennt.

Im Ahd./Mhd. gibt es noch eine umfangreiche Gruppe der Verben mit sog. → **Rückumlaut** (zellen : zalta), im Mhd. sind noch über 170 Verben mit ‚Rückumlaut' belegt. Diese werden besonders im 15./16. Jh. bis auf wenige Reste den regelmäßigen schwachen Verben durch Ausgleich des Stammvokals angeglichen, doch ist bei einigen besonders häufig verwendeten Verben noch im 17. Jh. ein Wechsel belegt, so etwa bei satzten (zur Geschichte des Rückumlauts s. Stårck 1912; Ronneberger-Sibold 1990b).

Im Nhd. sind nur noch wenige Verben mit Rückumlaut erhalten: denken : dachte, mögen : mochte, senden : sandte, wenden : wandte, brennen : brannte, kennen : kannte, nennen : nannte, rennen : rannte, wobei senden und wenden auch Formen ohne Wechsel aufweisen (sendete, wendete).

Rückumlaut von		mhd.		nhd.	
e	> a	*schenken*	*schankte*	*schenken*	*schenkte*
üe	> uo	*vüegen*	*vuogte*	*fügen*	*fügte*
ü	> u	*küssen*	*kuste*	*küssen*	*küsste*
æ	> a	*læren*	*larte*	*lehren*	*lehrte*
œ	> o	*tœten*	*tote* ———→	*töten*	*tötete*
öu	> ou	*vröuwen*	*vroute*	*freuen*	*freute*
ü	> ū	*dünken*	*dūhte*	*dünken*	*dünkte*
ē	> ā	*kēren*	*kārte*	*kehren*	*kehrte*
œ	> ō	*trœsten*	*trōste*	*trösten*	*tröstete*

Abb. 5.12: Beispiele für ‚Rückumlaut' (eine vollständige Liste findet sich in Wegera/Schultz-Balluff/Bartsch 2016, 201 f.)

5.3.3 Präterito-Präsentien

Trotz einiger Angleichungen an die schwache Flexion bleibt die Gruppe der sog. Präterito-Präsentien bis heute eine besondere. Es handelt sich um eine kleine Gruppe von Verben, bei denen „[...] ein ursprüngliches Handlungspräsens (wie im Präs. der starken Verben) nicht belegt ist" (Birkmann 1987, 64). Als Präsensformen werden ehemals ablautende Prät.-Formen genutzt (darauf lässt sich die Bezeichnung der Gruppe beziehen). Das Präteritum wurde mit Hilfe schwacher Formen bereits im Germanischen neu gebildet. Bis heute bleiben ein paar Besonderheiten:

Formal: Die 1./3. Sg. Präs. Ind. sind endungslos; die Verben zeigen Vokalalternation, die bei *wissen, können, dürfen, mögen, müssen* bis heute erhalten ist (zum Umlaut im Pl. Ind. s. Nübling 2009).

Semantisch: Die Gruppe zeigt historisch eine „semantisch-syntaktische Ausdifferenzierung in Modalverben (*sollen, dürfen, müssen, mögen, können*) und Vollverben (*gönnen, wissen, taugen*); *bunnen, eigen* und *turren* sind zum Nhd. untergegangen." (Klein/Solms/Wegera, Mhd.Gr. II, V176ff. zu Präterito-Präsentien).

Ablaut-reihe	1./3. Sg.	2. Sg.	Infinitiv 1./3. Pl.	Konj. 2. Sg.	Prät. 1./3. Sg.	Konj. 1./3. Sg.	Part.	Nhd.
I	weiz	weis(t)	wizze(n) wizzent	wizzes(t)	wisse wiste weste	wuoste woste wesse	gewist gewest gewust	‚weiß'
			eigen				eigen	(‚habe')
II	touc	–	tugen tügen	–	tohte	töhte	–	‚tauge'
III	gan	gans(t)	gunnen günnen	gunnes(t)	gunde gonde	günde gunde	gegunnen gegunnet gegunst	‚gönne'
	kan	kans(t)	kunnen können künnen	kunnes(t) künnes(t)	kunde	künde kunde	gekunt	‚kann'
	(be)darf	darf(s)t	durfen dürfen	durfes dürfes	dorfte	dörfte	bedorft	‚brauche' ‚bedarf'
	tar	tarst	turren	turrest	torste	törste		(‚wage')
IV	sol sal	sol(t) sal(t)	sullen(t) sollen(t) süllen suln	sules(t)	solde solte	sölde sollte	–	‚soll'
V	mac	maht machs	mugen magen mogen mügen	muges(t) müges(t)	mahte mohte	mehte möhte	–	‚vermag' ‚kann'
VI	muoz	muost	müezen muozen	muozes(t)	muose muoste	müese müeste	–	‚muss'

Abb. 5.13: Übersicht über die Präterito-Präsentien im Mhd. (nach Paul, Mhd.Gr., 268). Die mhd. Bedeutungen weichen von den nhd. teilweise erheblich ab

5.3.4 Ausbildung der Endung -(e)st der 2. Sg.

In den ältesten ahd. Quellen ist die **2. Sg. Präs. Ind.** mit Ausnahme von *bist* immer mit *-s* (*du nimis*) belegt. Seit dem 9. Jh. wird das Flexiv durch *t* verstärkt. Es wird angenommen, dass es sich aus (häufig) nachgestelltem, klitisiertem *tu* (*nimis thu/du > nimistu > nimiste > nimeste > nimest*) entwickelt hat, wobei die frequenten Präterito-Präsentien (*du kanst, tarst, muost, weist*) und das verbum substantivum (*du bist*) vorangehen und eine Attraktion für analoge Bildungen bieten (vgl. Ahd.Gr. I § 306). Die Form tritt zuerst im Ost- und Südrheinfränkischen auf, setzt sich aber in ahd. Zeit nur im Oberdeutschen weitgehend durch. Im Mitteldeutschen bleibt *-s* konkurrierend bis ins Frnhd. erhalten (vgl. Gr.d.Frnhd. IV, § 68ff).

Die Entwicklung des Flexivs der **2. Sg. Prät. Ind.** *-(e)s(t)-* (< *-e*) (*du næme > du næmes > næmest*) zeigt eine Angleichung an die schwache Flexion (*hōrtest*) und an die Flexion des Präsens (*nimest, nemest*). Diese neue deutliche Personalendung erleichtert auch den Ausgleich des Stammvokals im Sg. Prät. Damit wird die Markierung der 2. Sg. Ind. insgesamt vereinheitlicht. Im Oberdeutschen findet diese Entwicklung bereits im Spätmhd. statt. Gelegentlich ist hier bis ins 16. Jh. allerdings eine Variante mit *-t* (*du erhůbdt*) belegt. Diese Variante tritt häufiger im 15. Jh. im Alemannischen auf und wird dort erst im 16. Jh. durch *-(e)st* ersetzt. Im Ostfränkischen konkurriert die alte *-e*-Endung noch im 16. Jh. mit *-(e)st*. Im Mitteldeutschen ist die *-e*-Variante bei starken Verben bis zum 15. Jh. vertreten, und zwar häufiger im Ostmitteldeutschen als im Westmitteldeutschen. Die Variante *-(e)s* überwiegt hier aber bis ins 16. Jh. gegenüber *-(e)st*, das sich aber in der Folgezeit auch hier rasch durchsetzt (vgl. Hartweg/Wegera 2005, 165f.).

Lesehinweis: Paraschkewow (2003) stellt die verschiedenen Bedingungen für die Enstehung von *-(e)st* dar.

5.3.5 Ausgleich der Personalendungen im Plural

Im Ahd. werden die drei Personalformen im Plural Präs. noch durch unterschiedliche Flexionsendungen markiert, doch der Abbau der einzelnen Flexionsformen und ihre formale Angleichung werden im Verlauf des Ahd. bereits erkennbar:

	älteste Form	9. Jh.	Ende 9. Jh.	~ 1000
1. Pl.	*nem-umēs*	*nem-emēs*	*nem-ēn*	*nem-ēn*
2. Pl.	*nem-et/nem-at*	*nem-et*	*nem-et*	*nem-et/nem-ent*
3. Pl.	*nem-ant*	*nem-ent*	*nem-ent*	*nem-ent*

Abb. 5.14: Entwicklung der Flexivik der Plural-Personalformen im Ahd. in Anlehnung an die Ahd.Gr. I § 304 (Paradigmenübersicht)

Seit dem Spätahd. bildet sich ausgehend vom Alemannischen ein Ausgleich zur 3. Plural heraus, so bereits durchweg bei Notker nach vereinzelten früheren Belegen im 8./9. Jh; diese Entwicklung setzt sich im Mhd. zunächst fort. Der Ausgleich kann auf das gesamte Pluralparadigma ausgedehnt werden oder nur auf die 2. Plural. Ausgleichsbildungen in Richtung *-(e)n* in der 3. Plural finden sich nur gelegentlich in allen Landschaften. Größere Belegzahlen, die auf einen einsetzenden Ausgleich hindeuten, bietet erst das Frnhd.

Im Westoberdeutschen, d.h. im Alemannischen und in Teilen des Schwäbischen, findet im Frnhd. ein weitgehender Ausgleich nach dem Vorbild der 3. Plural statt (*-(e)nt* in allen drei Personalformen). Daneben findet sich besonders im Ripuarischen und in Teilen des Elsässischen ein weitgehender Ausgleich mit *-(e)n* in allen drei Personalformen. Neben diesen beiden Mustern gibt es zwei weitere mit nur teilweise durchgeführtem Ausgleich: Im Ostoberdeutschen wird bis ca. 1500 die 2. Plural häufig wie im Alemannischen mit *-(e)nt* flektiert, nur selten die 1. Plural (*-(e)n*, *-(e)nt*, *-(e)nt*). Im Ostmitteldeutschen und ab ca. 1400 auch in Teilen des Westmitteldeutschen findet sich ein Ausgleich der ersten und dritten Person (*-(e)n*, *-(e)t*, *-(e)n*). Damit existieren etwa um 1500 im Hochddeutschen vier unterschiedlich ausgeglichene bzw. unterschiedlich konsequent ausgeglichene Muster mit regionaler Verteilung (vgl. Gr.d.Frnhd. IV §§ 74ff.):

	wmd.	omd.
1. Pl. Präs. Ind.	*-(e)n*	*-(e)n*
2. Pl. Präs. Ind.	*-(e)n*	*-(e)t*
3. Pl. Präs. Ind.	*-(e)n*	*-(e)n*
	wobd.	oobd.
1. Pl. Präs. Ind.	*-(e)nt*	*-(e)n*
2. Pl. Präs. Ind.	*-(e)nt*	*-(e)nt*
3. Pl. Präs. Ind.	*-(e)nt*	*-(e)nt*

Im Mittelniederdeutschen existieren ebenfalls zwei Ausgleichsmuster. Das eine mit Ausgleich nach *-(e)t* in allen drei Personalformen geht auf das And. zurück (*-(e)t*, *-(e)t*, *-(e)t* < *-ađ*, *-ad*, *- at*) und dominiert bis ins 14. Jh. allgemein. Das andere mit Ausgleich nach *-(e)n* überwiegt nach 1400 in der mittelniederdeutschen Schriftlichkeit weitgehend (vgl. Lasch, Mnd.Gr. § 419).

	mnd.	
	Ausgleichsmuster 1	Ausgleichsmuster 2
1. Pl. Präs. Ind.	*-(e)n*	*-(e)t*
2. Pl. Präs. Ind.	*-(e)n*	*-(e)t*
3. Pl. Präs. Ind.	*-(e)n*	*-(e)t*

Von diesen Mustern scheidet das Ostoberdeutsche (*-(e)n*, *-(e)nt*, *-(e)nt*) frühzeitig aus. Die anderen setzen sich jedoch nach Ausweis der heutigen Dialekte bis in die Gegenwart fort (vgl. Schirmunski 2010, 588ff., bes. Karte 18).

In der nhd. Standardsprache hat sich gegen die Ausgleichstendenzen das nur teilweise ausgeglichene Muster, das sich besonders im Ostmitteldeutschen und Ostoberdeutschen erhalten hatte, durchgesetzt. Dies geschieht im Wesentlichen bereits im 17. Jh. aufgrund außersprachlich bedingter Durchsetzung durch die Spracharbeit in Druckoffizinen und Kanzleien nach ostmitteldeutschem Vorbild (vgl. Wegera 2011a, 25). Damit wird zugleich ein angelegter, im Mhd. noch wirksamer Modusunterschied (Ind. *-ent* vs. Konj. *-(e)n*) beseitigt.

5.3.6 Bildung analytischer Verbformen

Seit dem Ahd. werden zunehmend analytisch gebildete Verformen aus Kombinationen von finiten Hilfsverben (Auxiliaren) und infiniten Formen eines Vollverbs (Part. Prät. bzw. Infinitiv) verwendet. Die ehemaligen Voll- bzw. Kopulaverben *haben*, *sīn*, *werden*, die Modalverben, besonders *sol(e)n*, *müezen*, sowie das besondere Verb *wellen* unterliegen dabei verschiedenen Grammatikalisierungsprozessen und erhalten – bei den Modalverben vorübergehend – eine Funktion als Auxiliar. Die Entstehung solcher analytischer Formen (auch ‚periphrastische Verbformen' genannt) und die (partielle) Verdrängung synthetischer Formen ist ein komplexer Vorgang und nur multikausal erklärbar. Eine wesentliche Rolle spielt dabei auch hier die Uniformierung der Nebensilbenvokale, und zwar besonders deutlich im Fall der Modusunterscheidung.

Durch die Uniformierung der Nebensilbenvokale wird die Markierung des modalen Gegensatzes zwischen Indikativ und → Optativ/Konjunktiv vom Ahd. zum Mhd. im Präsens aller Verben teilweise, im Präteritum der schwachen Verben komplett aufgelöst. Bei dem rückumgelauteten Verb *kennen* hält sich die Konj.-Form *kennte* bis in die jüngere Vergangenheit. Heute gilt die Form als veraltet.

		Indikativ			Optativ/Konjunktiv	
		ahd.	mhd.			ahd.
Sg.	1.	*nimu*	*nime*	*neme*		*neme*
	2.	*nimis(t)*	*nimest*	*nemest*		*nemēs(t)*
	3.	*nimit*	*nimet*	*neme*		*neme*
Pl.	1.	*nemumēs*		*nemen*		*nemēm*
	2.	*nemet*		*nemet*		*nemēt*
	3.	*nemant*	*nemen(t)*	*nemen*		*nemēn*

Abb. 5.15: Präsens Indikativ vs. Konjunktiv (Optativ), starke und schwache Verben

		Indikativ			Optativ/Konjunktiv	
		ahd.	mhd			ahd.
Sg.	1.	*nām*	*nam*	*næm(e)*		*nāmi*
	2.	*nāmi*	*næme > namst*	*næmest*		*nāmīs(t)*
	3.	*nam*	*nam*	*næm(e)*		*nāmi*
Pl.	1.	*nāmum*	*nāmen*	*næmen*		*nāmīm*
	2.	*nāmut*	*nāmet*	*næmet*		*nāmīt*
	3.	*nāmun*	*nāmen*	*næmen*		*nāmīn*

Abb. 5.16: Präteritum Indikativ vs. Konjunktiv (Optativ), starke Verben

			Indikativ		Optativ/ Konjunktiv
		ahd.	mhd.		ahd.
Sg.	1.	*hōrta*	*hōrte*		*hōrti*
	2.	*hōrtōs(t)*	*hōrtest*		*hōrtīs(t)*
	3.	*hōrta*	*hōrte*		*hōrti*
Pl.	1.	*hōrtum*	*hōrten*		*hōrtīm*
	2.	*hōrtut*	*hōrtet*		*hōrtīt*
	3.	*hōrtun*	*hōrten*		*hōrtīn*

Abb. 5.17: Präteritum Indikativ vs. Konjunktiv (Optativ), schwache Verben

Dies führt dazu, dass im Präteritum die Tempusinformation mit der Modusinformation formseitig zusammenfällt, so dass *-(e)t* als Marker für beide Funktionen aufgefasst werden kann. Periphrastische Verbformen können hier als Reparatur zur Disambiguierung eingesetzt werden, indem die Zeitstufe ‚Vergangenheit' durch die bereits vorhandene Möglichkeit der Umschreibung mit „*sīn/haben* + Partizip' und der Modus ‚Irrealis' durch (fakultative) Umschreibungen mit „*würde* + Infinitiv' (vgl. weiter unten im Kap.) neu und deutlich unterschieden symbolisiert werden.

Es ist fraglich, ob dieser lautliche und graphische Uniformierungsprozess der Auslöser für die Entwicklung der Formen war oder ob eine bereits vorhandene Möglichkeit nach dem Verlust der alten formalen Unterscheidung stärker genutzt wird. Der Entwicklungsgang lässt sich für die verschiedenen periphrastischen Formen jeweils unterschiedlich beschreiben.

Die Voraussetzung für eine Ersetzung des Präteritums durch periphrastische Perfektformen ist der Rückgang der aktionalen Opposition → ‚durativ' vs. → ‚ingressiv' im Verbalsystem und die Durchsetzung einer Phasenopposition ‚unvollzogen' vs. ‚vollzogen' sowie die weitgehende Ablösung der ‚Aspekt-Sicht' durch die ‚Zeit-Sicht' (vgl. Fleischmann 1973). Die Grammatikalisierung der Formen von *sein, werden* und *haben* stellt eine wichtige Begleiterscheinung für diese Entwicklung dar.

Lesehinweis: Szczepaniak (2011, 129–152) bietet eine detaillierte Darstellung der Grammatikalisierungsprozesse bei der Herausbildung der analytischen Verbformen. Für die Veränderungen im Tempussystem vom Mhd. zum Frnhd. bietet Betten (1987, 107ff.) anschauliche Beispiele.

(1) *haben* und *sein*

Periphrastische Formen des Ausdrucks der Vergangenheit sind im Deutschen durch Grammatikalisierung der Verben *haben* und *sein* entstanden. Die Eigenschaft des *haben*-Perfekts teilt das Deutsche mit zahlreichen anderen indoeuropäischen Sprachen, vornehmlich mit den anderen (west-)germanischen Sprachen. Bei der Entwicklung von *sein* als Hilfsverb bildet sich eine Überschneidung der Funktionsbereiche Perfekt und Passiv (sog. Zustandspassiv, z.B. *Die Wäsche ist gewaschen.*). Bereits seit spätahd. Zeit werden das Vollverb *habēn* (‚besitzen‘, lat. *capere* ‚fassen, greifen‘) und *sein* zunehmend als Auxiliar in Verbindung mit einer Form des Partizips Präteritum verwendet, die als periphrastische Perfektformen gedeutet werden können. In Übersetzungstexten ist zu unterscheiden zwischen (1) Belegen, die eine lateinische analytische Perfektform analog übersetzen und (2) Differenzbelegen, bei denen eine synthetisch gebildete lateinische Form in der dt. Übersetzung in eine analytisch gebildete Übersetzungsform überführt wird (Belege aus Gillmann 2016):

(1) Lat. *adam **factus est** quasi unus ex nobis*
     Ahd. *adam **ist** dhiu chiliihho **uuordan** so einhuuelih unser* (Isidor IV,5)

(2) Lat. [*ego enim sum senex*] *et uxor mea **processit** In diebus suis*
     Ahd. [...] *Inti mîn quena fram **ist gigangan** In ira tagun* (Tatian 27,11–12)

Die Entstehung der Tempusform wird als durch Implikatur (vgl. Slobin 1994) begünstigte Reanalyse beschrieben (vgl. Szczepaniak 2011, 131ff.). Als Ausgangspunkt der Grammatikalisierung wird eine Konstruktion mit dem Partizip Prät. als Attribut zu einem Objekt (bei *haben*) bzw. Prädikativ (bei *sein*) angenommen, bei der das Partizip eine → resultative Lesart transportiert und dadurch eine strukturelle Ambiguität eröffnet, z.B.:

uuanda er [Jesus] ***mundum*** (*uuerlt*) ***habet irlōset** a morte perpetua* (*fone euuigemo tode*) (Notker, Psalter, Ps. 96, 25f.)

Dieses Syntagma kann entweder verstanden werden im Sinne von ‚die Welt ist zum Sprechzeitpunkt als (vom ewigen Tod) erlöste im Besitz von Jesus‘ oder im Sinne von ‚Jesus (als Erlöser) hat die Welt bereits vor dem Sprechzeitpunkt (vom ewigen Tod) erlöst – und besitzt sie folglich zum Sprechzeitpunkt als erlöste‘. Hier kann die Reanalyse ansetzen.

Abb. 5.18:   nach: Szczepaniak (2011, 133, Abb. 48)

In einem frühen Stadium der Grammatikalisierung wäre entsprechend zu erwarten, dass resultative Perfektkonstruktionen vorherrschen. Diese sind jedoch bereits im Ahd. (und As.) in den Hintergrund getreten und es herrscht nach Gillmann (2016, 234) das sog. Präsensperfekt vor. Im Mhd. findet dann verstärkt der Übergang zu einer Vergangenheits-Tempusform statt.

Der Übergang der Konstruktionen mit *haben* vollzieht sich in zunächst kleinen Schritten seit dem Mhd., zuerst bei transitiven, später auch bei intransitiven Verben. Das Korpusmaterial der mhd. Grammatik zeigt insgesamt einen Anstieg der periphrastischen Perfektformen, der aber prozentual durchschnittlich nur zwischen 11% und 18% liegt (vgl. dazu auch Dentler 1997). Eine ähnliche Entwicklung zeigt die Kombination ‚*sīn* + Part. Prät.'.

Ob es sich bei der Entwicklung der Perfektkonstruktionen im Deutschen um eine autochtone Entwicklung handelt oder ob der lateinisch-romanische Komplex befördernd gewirkt hat, ist noch nicht gänzlich ausgelotet; eine reine Entlehnung, wie Ebert (1978, 59) sie vermutet, ist eher unwahrscheinlich.

Die Bildung der Vorvergangenheit mit *hāte* bzw. *was* setzt im frühen Mhd. zögerlich ein, wird aber bis 1350 erheblich gesteigert.

Tempus	Zeitraum	^{2}10-^{2}11	^{2}11-^{1}12	^{1}12-^{2}12	^{2}12-^{1}13	^{1}13-^{2}13
Perfekt	*haben* (*hat*) + pV	134	424	597	774	1557
	sīn + pV	54	94	154	185	517
Summe Perfekt	(4490 Belege)	188	518	751	959	2074
Plusquamperfekt	*haben* (*hatte*) + pV	3	147	331	181	475
	was + pV	6	62	180	106	226
Summe Plusq.perf.	(1717 Belege)	9	209	511	287	701
Summe analytisch	6207 Belege	197 17,3%	727 11,2%	1262 11,2%	1246 16,1%	2775 17,8%

Abb. 5.19: Anteil der periphrastischen Formen im Mhd. und ihre Entwicklung (mhd. Grammatik-Korpus)

Die Prozentzahlen zeigen den relativen Anteil am Gesamt aller Formen (ohne Passiv, ohne Gerundium usw.; das absolute Gesamt steht in Klammern).

Seit ca. 1300 – häufiger dann seit dem 15. Jh. – verdrängen periphrastische Perfekt-Formen, besonders im Oberdeutschen, weitgehend die synthetisch gebildeten Präteritalformen. Dieser wohl aus der Mündlichkeit in die Schrift übertragene Schwund der Präteritalformen, der sich in den Dialekten südlich der sog. → Präteritallinie (vgl. Maurer 1926; Abb. bei König 2007, 163) nahezu vollständig durchsetzt, tritt in der Schriftlichkeit jedoch nicht vollständig ein und wird spätestens von der 2. Hälfte des 17. Jh.s an im Rahmen der Herausbildung der Standardsprache wieder eingeschränkt.

Die Ursache dieser Verdrängung und ihre fördernden bzw. hindernden Aspekte sind bisher nicht hinreichend zu einem Gesamtbild des Wandels zusammengeführt worden. Eine gewisse Rolle dürfte jedoch – wie vielfach vermutet

– die -*e*-Apokope besonders im Oberdeutschen gespielt haben (Präs.: *er sagt* : Prät.: *er sagt-e* > *er sagt-Ø*), daneben wohl auch der Ausgleich des Rückumlauts (als Präteritum-Signal), da beide Entwicklungen die Tempusunterscheidung durch Flexionsmerkmale verunklart haben. Die Grammatikalisierung von *ge-* zum Marker des Part. Prät. stellt dabei eine wichtige Begleiterscheinung dar (vgl. Betten 1987, 117ff.; Dentler 1997, 178).

(2) *werden*

Die folgenden Konstruktionen mit *werden* erhalten ebenfalls Auxiliarstatus: Ausdruck der Zukunft (Futurauxiliar: *ich werde sterben*), des Konj. II (Konjunktivauxiliar: *er würde sterben*) sowie Ausdruck für Passiv (Passivauxiliar: *er wird geschlagen*); daneben fungiert *werden* seit dem Ahd. als Kopulaverb (*er wird krank*) und später als epistemisches Modalverb (*er wird wohl gestorben sein*, vgl. Szczepaniak 2011, 139ff.). Nübling (2006, 185) spricht in diesem Zusammenhang von einer Polygrammatikalisierung von *werden*.

Futur: Neben dem im Mhd. zum Ausdruck des Zukünftigen vorrangig genutzten Präsens mit futurischer Bedeutung (praesens pro futuro) entwickeln sich verschiedene periphrastische Formen zum Ausdruck des Zukünftigen durch Grammatikalisierung bestimmter Verben.

Die Kombination ‚*werden* + Infinitiv' (‚*wird* + Infinitiv') hat ursprünglich → ingressiven Wert. Dieser schwindet mit der Grammatikalisierung der Fügung zum Ausdruck des Zukünftigen im 16. Jh. (vgl. Saltveit 1962). Angenommen wird eine Entstehung aus einer Konstruktion aus *werden* und Nominal- bzw. Adjektivphrase (*er wird König/reich*). Die perfektive Qualität wird stärker als futurisch reanalysiert als die additiv-prospektive Eigenschaft der Modalverben (dazu Luther 2012).

Die Entstehung der nhd. Kombination ‚*werden* + Infinitiv' zur Bezeichnung des Futurs ist in der Forschung umstritten (vgl. Westvik 2000; Diewald/Habermann 2005). Möglich ist eine Entstehung aus einer Kontamination, etwa von *werden* und *soll werden* bzw. ‚*werden* + Part. Präs.' (*wird kommende*) und ‚*sollen* + Inf.' (*soll kommen*) zu *wird kommen* (vgl. Schmid 2000). Zu den begünstigenden Faktoren für die Durchsetzung von ‚*werden* + Inf.' vgl. Diewald/Habermann (2005).

Die seit dem Ahd. bezeugten und im Mhd. stark zunehmenden Bildungen mit ‚Modalverb + Infinitiv' mit schwankender (zwischen eher modaler bzw. eher temporaler) Bedeutung überwiegen bis ins späte 15. Jh. gegenüber der Bildung mit ‚*werden* + Infinitiv'. Diese Form ist wohl zuerst in oberdeutschen Texten des 13. Jh.s belegt (vgl. dazu auch Walther 1982):

> ſvarz vvirt d(er) ſvnne ſam ein vullin ſac.
> d(er) heligi criſt.
> der ein ſvnne des rehtin iſt.
> d(er) **vvirt virholin** danne.

beide vvib vn̄ manne. (LEnt 13,10ff.) (1160-1180)

Die Konstruktion ist in Texten der ersten Hälfte des 14. Jh.s noch selten (weniger als 1% am Gesamt aller futurischen Belege; s. Luther 2012, 13). Der quantitative Umschlag erfolgt im 16. Jh.; von da an überwiegt ‚*werden* + Infinitiv' mit überwiegend temporaler Bedeutung, während bei den konkurrierenden Formen die temporale Bedeutung stetig rückläufig ist (zum Status von *werden* s. Vater 1975; 1997). Bogner (1994, 84) bietet auf der Basis des Materials des Bonner Frühneuhochdeutsch-Korpus folgende Zahlenverhältnisse:

		werden + Inf.	Modalverb + Inf.	
Zeitraum I	(1350-1400)	35	187	(84%)
Zeitraum III	(1450-1500)	77	101	(57%)
Zeitraum V	(1550-1600)	259	65	(21%)
Zeitraum VII	(1650-1700)	241	51	(17%)

Die insgesamt selten belegte Fügung ‚*muoz* + Infinitiv' nimmt bereits im Laufe des Mhd. ab und ist seit dem späten 15. Jh. kaum noch temporal belegt; ‚*will* + Infinitiv' ist im Mhd. insgesamt am stärksten belegt und nimmt zwischen dem 11. und dem 13. Jh. deutlich von 7% auf 17% zu. Die Konstruktion mit dominant temporaler Bedeutung findet sich noch im späten 17. Jh.; ‚*sol(l)* + Infinitiv' ist zunächst im Mhd. noch seltener als ‚*wil(l)* + Infinitiv', erreicht aber im Verlauf des Mhd. mit 17% in der ersten Hälfte des 14. Jh.s einen ähnlich hohen Anteil und hält sich bis ins 17. Jh. (zu den Angaben zum Mhd. vgl. Luther 2012).

Passiv: *werden* + Part. Prät. bezeichnet ursprünglich den Übergang von einem Zustand in einen anderen, zukünftigen (Vorgangspassiv oder Perfektpassiv). Eroms (1990, 85) nennt dies ‚Zustandeintritts-Passiv', das sich vom *sein*-Passiv (Zustandspassiv) durch die implizite Futurimplikation unterscheidet. Durch den Verlust der ingressiven Funktion von *werden* im Frnhd. wird der Gegensatz von präsentischem *werden*-Passiv vs. Präsens Aktiv geschärft: *er schlägt : er wird geschlagen.*

Zum Nhd. hin entsteht so eine tendenzielle funktionale Trennung von

werden + Part. Prät. (Passiv) : *werden* + Infinitiv (Futur) : Modalverb + Infinitiv (Modalität)

Konjunktiv: Die Periphrase des Konjunktivs II mit *würde* erscheint zunächst vereinzelt, nimmt aber bereits im Verlauf des Mhd. kontinuierlich zu. Die Grundlage der Umschreibung mit *würde* wird von Smirnova (2006) in irrealen Bedingungssätzen mit einer Bedingung-Folge-Relation gesehen, d.h. die Folgerelation, die bereits durch *werden* + Infinitiv ausgedrückt wird, wird bei irrealen Bedingungssätzen durch die entsprechende Form des Konjunktiv Präteritum (*würde*) ausgedrückt (vgl. auch Szczepaniak 2011, 150f.). Von hier aus konnte sich die Konstruktion auf andere Satztypen ausdehnen: irreale

Konditionalsätze und Konzessivsätze. Im späteren Mhd. finden sich bereits vielfach irreale Konditionalsätze mit *würde*, z.b. in prädikativen Konstruktionen (s. Bsp.). Besonders häufig sind solche Konstruktionen in Rechtstexten wie Urkunden:

> *wær auch. Daz in der vor genant akker zinſuelig **würde** vmb dir ſelben. Driv pfunt auſpurg' pfennīg gelteſ. So ſūlen ſi nvr den akker verſtiuren* [...] (Urkunde Augsburg 21. November 1336; UB Augsburg 343, 21f.).
> (wäre (es) auch [der Fall], dass der Acker zinsfällig würde um dieselben drei Pfund Augsburger Währung, so sollen sie nur den Acker besteuern)

Auch die später konventionalisierte Konstruktion ‚*würde* + Infinitiv' ist im späteren Mhd. bereits vereinzelt belegt:

> [...], *daz sich di **schamen würden**, di sich dunkchent für im grozz.* (Durandus, Rationale 1vb, 21f.)
> (so dass diejenigen sich schämen würden, die sich ihm gegenüber groß wähnen)

Durrel/Whitt (2016) kommen in einer Studie auf Basis des GerManC-Korpus zu dem Ergebnis, dass die *würde*-Periphrase in der 2. Hälfte des 17. Jh.s als Variante zur synthetischen Konjunktivmarkierung und damit als Teil des Tempus/Modussystems des Deutschen etabliert war.

Die tiefgreifenden Umstrukturierungen im Verbbereich erreichen im 17. Jh. einen gewissen Abschluss:

> „So erscheinen in der Mitte des 17. Jh. also alle Formen des modernen deutschen Verbalsystems, das durch eine dreifache Opposition gekennzeichnet ist: eine Phasenopposition (unvollzogen/vollzogen), eine temporale Opposition (Futur/Präsens/Präteritum) und eine modale Opposition (Indikativ/Konjunktiv)." (Oubouzar 1974, 94f.)

Weiterführende Literatur: Zu Verben allgemein: A. Bittner (1996); Bammesberger (1986); Gr.d.Frnhd. IV; Hartweg/Wegera (2005, 159ff.); Hoffmann/Solms (1987); Klein/Solms/Wegera, Mhd.Gr. II.2; Theobald (1992); Wolf (1971). **Zu den starken Verben:** Augst (1975); Chirita (1988); Dammel (2011); Durrell (1999); Hempen (1988); Kuhne (1999); Lemke (2016); J. Nowak (2015); Nübling (2016); Seebold (1970). **Zu den schwachen Verben:** Ball (1968); Bech (1963); Hiersche (1968). **Zum Präteritumsschwund:** Trost (1980); Rowley (1983); Lindgren (1957); Ludwig (1967). **Herausbildung und Entwicklung periphrastischer Verbformen:** Betten (1987, 101ff.); Dal (1966); Diewald (1999); Ebert (1978); Harm (2001); Haspelmath (1990); Kotin (1997), (2000); Oubouzar (1974); Schieb (1981), (1992); Szczepaniak (2011, 129ff.); Teuber (2005); Zeman (2010). **Zur Perfektperiphrase:** Dentler (1997); Diewald/Habermann (2005); Grønvik (1986); Öhl (2009); Gillmann (2016). **Zu werden (einschließlich würde):** Bogner (1994); Durrell/Whitt (2016); Eroms (1990), (1992); Th. Fritz (1995), (1997); Kleiner (1925); Kotin (2003); Krämer (2005); Leiss (1985); Luther (2012); Mortelmans (2004);

Nübling (2006); Pfefferkorn (2005); Saltveit (1962); Schmid (2000); Smirnova (2006); Walther (1980); Westvik (2000); J. Winkler (1913).

5.3.7 Herausbildung des Subjektpronomens

Die Information von Person und Numerus wird in der Verbflexion ebenfalls erheblich durch die Uniformierung der Nebensilben gestört. Eine (teil-)analytische Flexion mit Hilfe eines Pronomens (*ich, du, er/sie/es, wir, ihr, sie*) als Verbbegleiter (Subjektpronomen) zur Markierung von Person und Numerus bildet sich wohl im Ahd. heraus. Dabei kann auch hier nicht von einem unmittelbar kausalen Zusammenhang von Nebensilbenabschwächung > Störung der Flexionsmorphologie > Ausbildung des Systems der Subjektpronomina ausgegangen werden. Vielmehr wird die eine der vorhandenen Möglichkeiten, Personen und Numeri zu unterscheiden, zunehmend genutzt, während die andere an Bedeutung verliert.

Das Gotische verwendet das Subjektpronomen noch selten:

got. (Wulfila-Bibel)	ahd. (Tatian)	nhd.
*bihve kunn**un** þata?*	*uuanan weiz **ich** thaz?*	*Woher weiß **ich** das?*

(Beispiel aus: Besch/Wolf 2009, 157)

Besch/Wolf (2009, 157ff.) weisen darauf hin, dass die Verwendung des Subjektpronomens besonders im Ahd. von dem Grad der Lateinabhängigkeit des jeweiligen Textes beeinflusst ist. Der systematische Gebrauch setzt sich aber bereits im Ahd. weitgehend durch. Schon im Mhd. kann er weitgehend als obligatorisch angesehen werden (Sonderegger 1979, 267).

Die zunehmende Nutzung des Subjektpronomens geht einher mit der Tendenz zu analogen Ausgleichsformen der Verben besonders in der 1. Person Sg. sowie in den Pluralformen (s. Kap. 5.3.5). Die im Ansatz beobachtbare Nivellierung der Personalflexive setzt sich aber zum Nhd. hin nicht durch, sondern die Flexive bilden zusammen mit den Subjektpronomina ein gemischtes, mehrfach redundantes System (markiert sind die Synkretismen):

1. Sg.	2. Sg.	2. Pl.	3. Sg.		3. Pl.	1. Pl.
ich	*du*	*ihr*	*er*	*es*	*sie*	*wir*
-(e)	*-(e)st*	*-(e)t*			*-(en)*	
1. Sg.	2. Sg.	2. Pl./3. Sg.			3. Pl./1. Pl.	

Ein konsequenter entwickeltes System, das die Redundanzen ein Stück weit vermeidet, sich aber (in der nhd. Standardsprache) nicht durchsetzen kann, zeigt sich bis ins Frnhd. Pérez-Alonso (1977) weist darauf hin, dass im verbalen System des Deutschen in der 3. Person Pl. ein anderer Plural-Typ vorliegt als in der 1. und 2. Person. Damit gewinnt ein Muster, das jeweils die 1. Person Sg. bzw. die 2. Person Sg. mit der entsprechenden Form des Plurals flexivisch ausgleicht, eine gewisse Plausibilität.

1. Sg.	1. Pl.	3. Pl.	3. Sg.		2. Pl.	2. Sg.
ich	*wir*	*sie*	*er*	*es*	*ihr*	*du*
-(e)n			*-(e)t*			
1. Sg./1. Pl./3. Pl.			3. Sg./2. Pl./2. Sg.			

Aufgrund verschiedener Prozesse zeichnet sich die Möglichkeit eines solchen Ausgleichs tendenziell ab, besonders den Ausgleich der 1. Person betreffend; er wird aber durch die späteren Prozesse im Rahmen der Standardisierung wieder rückgängig gemacht. Der Numerusunterschied in der 1. Person wird dabei nicht mehr durch die Flexionsendung markiert, sondern ausschließlich durch das Subjektpronomen (*ich tuo-n* : *wir tuo-n*). Eine entsprechende Analogiewirkung findet sich für die 1. Person Sg. seit dem Ahd., d.h. *-n* breitet sich in der 1. Person Sg. aus (vgl. Ahd.Gr. I § 305). Diese Entwicklung setzt sich bis ins späte Frnhd. mit einer deutlichen Präferenz im Westmitteldeutschen fort (vgl. Gr.d.Frnhd. IV, § 63ff). Im Korpus der mhd. Grammatik ist rund ein Drittel der 1. Person Sg. Ind. Präs. mit *-(e)n* belegt, und zwar ausgehend von Verben wie *sīn, tuon, stān, gān, wellen*, übertragen auf schwache Verben und von da auf andere Verbklassen (im Mhd. sind rund 15% bei den schwachen Verben und rund 11% bei den starken Verben mit *-(e)n* belegt). In den rezenten Dialekten findet sich *-(e)n* in der 1. Person Sg. (zum Teil mit lautlich bedingtem sekundärem Wegfall von *-n*) im Mittelfränkischen und in Teilen des Hessischen (vgl. Schirmunski 2010, 585ff.). In der nhd. Standardsprache findet sich ein Rest ehemaliger *n*-Flexive noch in der → Suppletivform *ich bin*. In der 2. Person Sg. zeigen im Mhd. einige Präterito-Präsentien nur *-t* (*du sol-t, du mach-t*), doch ist dieses Muster zu gering vertreten, um sich durchzusetzen. Vielmehr setzt sich die kombinierte Form aus alter Flexionsendung *-s* und sekundärem *-t* durch (s. Kap. 5.3.4). Bei der 3. Person besteht weiterhin eine flexivisch markierte Distinktion zwischen Sg. *-(e)t* und Pl. *-(e)n*, da hier die Numerusunterscheidung wichtig ist, zumal auch das Subjektpronomen bei den Feminina synkret ist.

Lesehinweis: Eine zusammenfassende Darstellung zur Entwicklung, insbesondere zur Obligatorisierung des Subjektpronomens, findet sich in Fleischer/Schallert (2011, 195ff.).

5.4 Entwicklung der Verbstellung und der Stellungstypen

Die Herausbildung und die starke Zunahme der oben beschriebenen periphrastischen Formen begünstigen die Festigung, den Ausbau und die Funktionalisierung der syntaktischen Rahmenbildung (Satzklammer) im Deutschen: Zusammengesetzte Verbformen sind zunächst die Voraussetzung zur Ausbildung der für das Deutsche typischen Satzklammer und damit der Felderstruktur des deutschen Satzes, die bereits in autochtonen ahd. Quellen zu beobachten ist:

	Vorfeld	linke Klammer	Mittelfeld	rechte Klammer
ahd.	*du*	*uuart*	*demo balderes uolon sin uuoz*	*birenkit.*
	2. Merseburger Zauberspruch			
nhd.	*Da*	*wurde*	*Balders Pferd sein Bein*	*verrenkt.*

(2. Merseburger Zauberspruch, Merseburg, Domstiftsbibl., Cod. 136, 85[r])

In der heutigen Standardsprache sind die folgenden Regeln und Ausprägungen der Verbstellung kennzeichnend:

- Das Vorfeld (d.h. das Feld vor dem finiten Verb) wird im Aussagesatz (V2-Satz) in der Regel von genau einer Konstituente besetzt.

- In der linken Klammer steht im V2- und im V1-Satz das finite Verb (Vollverb bei einfachen, Hilfs- oder Modalverb bei komplexen Prädikaten). Da im Aussagesatz das Vorfeld besetzt ist, ergibt sich als ,Hauptsatzstellung' eine Zweitstellung des finiten Verbs. Bei komplexen Prädikaten besetzen im V2- bzw. V1-Satz die restlichen Bestandteile des Prädikats (infinite Formen u.a.) die rechte Klammer.

- Endstellung des finiten Verbs bzw. des Verbalkomplexes kennzeichnet Unterordnung (Nebensatzstellung) = Verbletztstellung.

Die Entwicklungen, die im Bereich der Verbstellung zu beobachten sind, können im Sinne einer Herausbildung bzw. Festschreibung dieser Stellungsregularitäten beschrieben werden.

Insbesondere bei der Untersuchung syntaktischer Entwicklungen sieht sich die Forschung allerdings mit einem kaum auflösbaren methodologischen Dilemma konfrontiert: In den ersten Jahrhunderten der deutschsprachigen Überlieferung erlaubt die Überlieferungslage nur einen sehr begrenzten und z.T. stark verzerrten Einblick in die syntaktischen Regularitäten der historischen Schreibvarietäten. Zum einen ist die Überlieferungslage des Ahd. insgesamt recht spärlich und z.T. fragmentarisch, so dass bereits rein quantitativ Abstriche gemacht werden müssen. Teile der ahd./mhd. Überlieferung können für syntaktische Fragestellungen überdies nicht genutzt werden, da es sich um Interlinearübersetzungen handelt, die eine lateinische Syntax aufweisen. Auch bei den Textdenkmälern, die keine Interlinearübersetzungen darstellen, handelt es sich häufig um Übersetzungsliteratur, bei der eine starke Abhängigkeit der deutschen Übersetzung vom lateinischen Ursprungstext angenommen werden muss. Bei metrisch gebundenen Texten liegen häufig syntaktische Abweichungen im Dienst von Metrum und Reim vor, daher sind auch solche Texte für die Syntaxforschung nur bedingt nutzbar (vgl. J. Fleischer/Schallert 2011, 35ff.).

Lesehinweis: J. Fleischer (2006) stellt die Bedingungen und Probleme historischer und insbesondere ahd. Syntaxforschung einzeltextspezifisch dar.

Unter Berücksichtigung dieser Probleme ist in der Forschung der lateinisch-althochdeutsche bilinguale Text der Evangelienharmonie des Tatian in den Blick gerückt (vgl. Dittmer/Dittmer 1998). Syntaktische Abweichungen vom lateinischen Original in der deutschen Übersetzung (Differenzbelege) werden als bewusste Setzungen interpretiert, bei denen der Übersetzer sich zugunsten der Regeln der deutschen Syntax gegen die Vorgabe des Lateinischen entscheidet. So ist auch im Tatian zu beobachten, dass für lateinische Verbletztstellung in Deklarativsätzen häufig eine syntaktische Umstellung vorgenommen wird, die eine Verbzweitstellung herstellt (vgl. u.a. Hinterhölzl/Petrova 2011).

Im Ahd. ist auch in Deklarativsätzen Verberststellung belegt, und zwar nicht nur in Anlehnung an die lateinische Syntax, sondern auch von ihr abweichend. Da Verberststellung im Tatian häufig auftritt, wenn ein neuer Diskursreferent eingeführt wird, wird vermutet, dass der Verberststellung eine → informationsstrukturelle Bedeutung zukommt (vgl. zusammenfassend J. Fleischer/Schallert 2011, 152f.). Möglicherweise liegt hier aber auch eine Textsortenbindung vor, die aufgrund der Überlieferungslage nicht eindeutig ist. Im Mhd. ist die Verberststellung in Aussagesätzen bis auf Ausnahmen nicht mehr belegt bzw. auf gebundene Sprache beschränkt (vgl. Prell 2001, 64ff.); sie wird aber in der Frühneuzeit und besonders im 15./16. Jh. verstärkt wieder realisiert, und zwar besonders bei verba dicendi.

> ***Sagt*** *fie darauf: Jch kans wol leiden daß* [...] (Bauller, Johann Jacob: Hell-Polirter Laster-Spiegel. Ulm, 1681, 436; via DTA)

Neben diesen beiden Stellungstypen kann im Ahd. und noch in der mhd. Verssprache auch eine spätere Stellung des Verbs im Aussagesatz auftreten. Die Stellung des Verbs ist wohl noch relativ frei und kann subjektiv-intentional für die Informationsstruktur genutzt werden.

Im Frnhd. führen die Ausdehnung der Schriftlichkeit in Verwaltung und öffentlichem Leben und der Wandel zum verbreiteten (stillen) Lesen zu einer Reihe von syntaktischen Entwicklungsprozessen in der Schriftsprache. Die sich etablierende deutsche Schriftlichkeit beginnt, spezifisch schriftsprachliche Entwicklungen zu nehmen und spezifisch schriftsprachliche Strategien der Versprachlichung auch bezüglich der Syntax auszubilden. Bezogen auf die Wortstellung wird eine straffere Regelung zur Sicherung der Verständigung vermutet (vgl. bereits Hammarström 1923; Fleischmann 1973, 193).

Charakteristisch für den schriftsprachlichen nhd. Satz ist, dass er mit der rechten Klammer schließt und dass das daran angrenzende Nachfeld in aller Regel nur mit Nebensätzen besetzt ist. Eine Konstituente im Nachfeld wird in dieser

Modellierung als ‚ausgeklammert' bezeichnet und ist in der Schriftsprache stark markiert, in der gesprochenen Sprache jedoch durchaus üblich; ein Satz mit komplexem Prädikat, der keine Nachfeldbesetzung aufweist, kann entsprechend als Satz mit einem vollständigen Satzrahmen bezeichnet werden.

Vorfeld	linke Klammer	Mittelfeld	rechte Klammer	Nachfeld
Sie	*hat*	*heute morgen schon wieder den Zug*	*verpasst.*	
vollständiger Rahmen, keine Nachfeldbesetzung				
Sie	*hat*	*schon wieder den Zug*	*verpasst*	*heute morgen.*
‚unvollständiger Rahmen', eine Konstituente besetzt das Nachfeld				

In der mhd. Schriftlichkeit sind Nachfeldbesetzungen dagegen keine Seltenheit, insbesondere präpositionale Elemente besetzen häufig dieses Feld des mhd. Satzes.

Vorfeld	linke Klammer	Mittelfeld	rechte Klammer	Nachfeld
do	*wart*	*daz ingeſigile*	*zirbrokin.*	*von deme erſten wib*
				(TrHL 5ᵛ,15)
Da	wurde	das Siegel	zerbrochen	von der ersten Frau.
dv	*ſolt*	*ovch got*	*danchen*	*von himel*
				vmb din geſvnt
				(BKön 6ᵛª,19f)
Du	sollst	auch Gott	danken	vom Himmel für deine Gesundheit.

Auffällig ist das starke Ansteigen von Sätzen mit vollständigem Satzrahmen seit der Frühen Neuzeit (vgl. H. Weber 1971, 133; von Polenz 1978, 97), insbesondere in der Kanzleisprache des 15./16. Jh.s (vgl. Ebert 1980).

	voller Rahmen	partiell ausgebildeter Rahmen	fehlender Rahmen
1470-1530	~ 68%	~ 22%	~ 9%
1670-1730	~ 81%	~ 18%	~ 1%

Abb. 5.20: Quantitative Entwicklung des Satzrahmens nach Schildt (1976, 271)

Eine wichtige syntaktische Entwicklung, die sich mit einigen Ausnahmen (z.B. Relativsätze) bereits in mhd. Zeit durchgesetzt hat und im Frnhd. weitgehend abgeschlossen wird, ist die Herausbildung einer spezifischen Nebensatzstellung (**Verbend- oder Verbletztstellung**) und damit einer klaren Distinktion zwischen Hauptsatz und Nebensatz. Die formale Unterscheidung von Haupt- und Nebensatz ist Voraussetzung für die Herausbildung komplexer hypotaktischer Strukturen, die ebenfalls ein spezifisch schriftsprachliches Phänomen darstellen. Im folgenden mhd. Beispiel weisen die Relativsätze noch keine Verbletztstellung auf, wodurch diese Satzkette wie eine Aneinanderreihung von Hauptsätzen wirkt und die Abhängigkeiten der Teilsätze voneinander allein aus dem Inhalt erschlossen werden müssen:

dez vinden wir aín urkunde in der alten. ê. an dem andern bûche der kúnege.

an dem lefen wir alfo.

daz ain kúnech waz in der alten. ê.

der hiez Dauid

der hêt ainen ritter

der hiez vrias

der het aín wirtinne

diu hiez Betfabee

diu waz vz der ahte fchône. (PrSch 6^r,13ff.)

(Darüber finden wir ein Zeugnis im alten Testament in dem zweiten Buch der Könige, in dem lesen wir nämlich, dass ein König war im alten Testament, der hieß David, der hatte einen Ritter, der hieß Urias, der hatte eine (Ehe-)Frau, die hieß Bathseba, die war über alle Maßen schön.)

Vorfeld	linke Klammer	Mittelfeld	rechte Klammer	Nachfeld
an dem	*lefen*	*wir alfo.*		
	daz	*ain kúnech*	*waz*	*in der alten. ê.*
der	*hiez*	*Dauid*		
der	*hêt*	*ainen ritter*		
...				

Wie das obige Beispiel im Teilsatz *daz ain kúnech waz in der alten ē* illustriert, ist die Ausbildung des Rahmens mit der Endstellung des Verbs bzw. verbalen Komplexes im Nebensatz verknüpft – erst bei nicht besetztem Nachfeld ist ,echte' Verbendstellung erreicht. Bereits im Ahd. kann Endstellung des Verbs im Nebensatz auftreten, bei Notker überwiegt sie bereits (vgl. Bolli 1975; Borter 1982). Im 17. Jh. ist die Nebensatzstellung weitestgehend fest etabliert.

Für die **linke Klammer** als klammerbildendes Element im Nebensatz steht u.a. ein System von unterordnenden Konjunktionen zur Verfügung. Im Frnhd. wird das System der subordinierenden Konjunktionen weiter ausgebaut und semantisch differenziert. Dieser Prozess der semantischen Profilierung wird zu den sprachgeschichtlich wichtigsten im Frnhd. gezählt (vgl. Erben 2000, 1589).

> **Lesehinweis:** Zu den Subjunktionen im Mittelhochdeutschen s. die umfassende Darstellung von Fofulit (2017).

daz ist ursprünglich ein (neutrales) Demonstrativpronomen mit kataphorischer bzw. anaphorischer Funktion (s. Kap. 5.2.2). Mit der Festlegung von *thaz* an das Ende eines Hauptsatzes mit Verweis auf einen (unmittelbar) folgenden Satz entsteht ein enges Gefüge, das den Übergang zu einer hypotaktischen Satzkonstruktion eröffnet. Diese Konstruktion findet sich bereits im Ahd. (etwa bei Otfrid, s. Szczepaniak 2011, 167ff.) und ist im Mhd. noch sehr häufig (vgl. Tschirch 1963; dort auch die folgenden Beispiele).

> *ûber alle die heiden redent si* **daz***:*
> *wir haben unrechte gevaren*   (Rolandslied, vv. 500f.)
> (überall sagen die Heiden folgendes:
> wir haben unrecht gehandelt)

Die Grammatikalisierung von *thaz* zur Konjunktion erfolgt ebenfalls bereits im Ahd.; den Übergang markieren ‚doppelte' *daz*-Formen, die ebenfalls noch im Mhd. vorkommen:

> *ouch erwarp er sînem vater* **daz***,*
> **daz** *er den stuol mit im besaz*   (Hartmann, Gregorius, vv. 3955f.)
> (auch erwirkte er (für) seinen Vater das,
> dass er den Thron mit ihm (gemeinsam) einnahm)

Die Polyfunktionalität von *daz* (vgl. Fofulit 2017, 338ff.) führt im Mhd. zu Fällen, in denen eine eindeutige semantische Bestimmung kaum noch gelingt (vgl. Wegera/Schultz-Balluff/Bartsch 2016, 90f.):

> *Da wart manic edel kint geſant*
> *von einem lande inz ander lant*
> **Daz** *ez zuht vnd ere*
> *noch frummer herren lere*
> *Soelte lernen in ſiner iugent* (Renn 5ʳᵃ, 11–15; vv. 539–543)

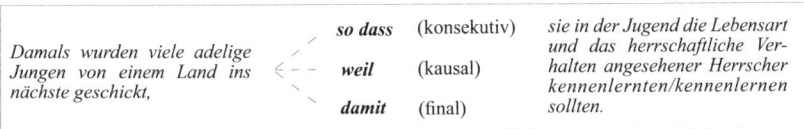

Damals wurden viele adelige Jungen von einem Land ins nächste geschickt,	so dass	(konsekutiv)	sie in der Jugend die Lebensart und das herrschaftliche Verhalten angesehener Herrscher kennenlernten/kennenlernen sollten.
	weil	(kausal)	
	damit	(final)	

Die starke semantische Belastung von *thaz* als Konjunktion kann als ein Motiv für die zunehmende semantische Spezifikation der Subjunktionen angesehen werden.

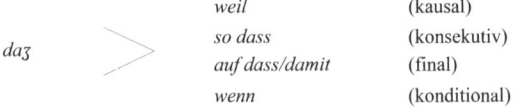

	weil	(kausal)
daʒ	so dass	(konsekutiv)
	auf dass/damit	(final)
	wenn	(konditional)

Doch noch bei Luther findet sich *das* mit starker Polysemie:

> *Gib deinen son er aus, er muß sterben,* **das** *er den Altar Baal zubrochen* [...] (6,30)
> (Gib deinen Sohn heraus; er muss sterben, **weil** er Baals Altar zerbrochen hat)
>
> *Denn sie kamen erauff mit yhrem vieh vnd hutten, wie eyn grosse menge hewschrecken,* **das** *widder sie noch yhr Camel zu zelen waren* [...] (6,5)
> (Denn sie kamen herauf mit ihrem Vieh und Hütten wie eine große Menge Heuschrecken, **so dass** weder sie noch ihre Kamele zu zählen waren)
>
> *Ich wil sie nicht vertreiben fur euch,* **das** *sie euch zum stricke werden* [...] (2,3)
> (Ich will sie nicht vertreiben vor euch, **damit** sie euch zum Strick werden)
>
> *deyn zorn ergrymme nicht widder mich,* **das** *ich noch eyn mal rede* [...] (6,39)
> (Dein Zorn ergrimme nicht wider mich, **wenn** ich noch einmal rede)
>
> (Beispiele aus Luther-Bibel, Buch Richter; nach: Tschirch 1963, 16)

Die neuen Konjunktionen entstehen durch semantische Verschiebungen, insbesondere im Verlauf des Frnhd.

[Alle folgenden Beispiele stammen aus Rieck 1977, passim aus Otto von Passau, Die vierundzwanzig Alten [...], Hs Br (Breslau, Ms IQ 84); Hs G (St. Gallen, Cod germ. 605), Hs Ba (Bamberg, Ms. Lit. 146)]:

Das ursprünglich temporale Adverb *da ~ do* (im Mhd. in dieser Funktion noch mit knapp 94% belegt; vgl. Fofulit 2017, 345ff.) wird partiell zu einer kausalen Konjunktion verschoben, während seine ursprüngliche temporale Bedeutung im Frnhd. allmählich durch *als* bzw. bei Vorzeitigkeit durch *nachdem* ersetzt wird, so z.B.

> eindeutig temporal: *da die haillig frow Anna ir liebes kind Marien nach der ersten dryn jaren entwant von sugen (,) **da** brachtent* [...] (G 139,1)
> (als die heilige Herrin Anna ihr liebes Kind Maria nach den ersten drei Jahren entwöhnte, da brachten [...])
>
> kausale Lesart möglich: *es frewd in Maria hertzen (,) **da** ir got gehorsam was* (Ba, 153,1)

Dal (1966, 208) erklärt die semantische Verschiebung als Übertragung des Verhältnisses temporaler Abhängigkeit auf eine kausale Abhängigkeit, die mit einer vorübergehenden Vagheit verbunden ist, d.h. es findet eine durch Implikatur bedingte Reanalyse statt (vgl. oben temporal: „als ihr Gott [Jesus] gehorsam war" oder kausal „weil ihr Gott gehorsam war"; vgl. dazu auch Rieck 1977, 76).

Wenn(e) und *wan(n)(e)* haben bis ins Frnhd. sowohl noch die Funktion als temporale Interrogativadverbien als auch als (temporale/kausale/konditionale) Konjunktionen, z.B.:

temporal: *und **wenn** sy den zwolff jar alt wurdent* [...] (G 145,1)
(und wenn sie dann zwölf Jahre alt wurden)

konditional: ***wenn** es denne got alzo will haben und nicht anders (,) so sol sich der mensche darin lassen* (Br 44ᵛ)
(wenn Gott es nun so haben will und nicht anders, so soll sich der Mensch darein fügen)

Im Nhd. sind die beiden Funktionen formal getrennt: *wann* = Interrogativadverb und *wenn* = konditionale/temporale Konjunktion.

ob kann konditionale oder konzessive Bedeutung haben (im Mhd. sind rund 96% konditional, 3,4% konzessiv belegt; vgl. Fofulit 2017, 392ff.), so z.B. frnhd.

konditional: *volg ir (,) ob du ir bedurffest* (G 28,1)
(folg ihr, wenn du ihrer bedürfest)

konzessiv: *so ist im sin gut werk ain gut beten (,) ob er doch mit munde nit bettat* (G 214,1)
(so ist ihm sein gutes Werk (wie) ein gutes Beten (Gebet), wenn er auch mit dem Mund nicht betet)

Als konditionale Konjunktion konkurriert *ob* mit *wenn, wo* und *so*; als konzessive Konjunktion tritt *ob* häufig zusammen mit *gleich, schon, wol* (*ob gleich, ob schon, ob wol*) auf, neben *wenn gleich, wenn schon, wie wol, so doch*.

Kausales *weil* entsteht im Verlauf des Frnhd. besonders in der Zeit zwischen dem 15. und 18. Jh. aus der komplexen Form *all die weil (daz)* und verliert allmählich seine ursprünglich temporale Bedeutung (im Mhd. sind noch fast 100% temporal nur 0,5% kausal belegt; vgl. Fofulit 2017, 277ff.). Dabei löst *weil* die älteren Formen *wande* und *dann/denn* als kausale Konjunktionen ab. In der Übergangszeit besteht aber Vagheit, da *weil* noch temporal, aber auch adversativ sein kann (vgl. Wegener 2000, 76).

Literatur: Zur Entwicklung des Konjunktionssystems: Arndt (1959), (1960); Betten (1987, 78ff.); Dal (1966, 191ff.); Demske (2009); Desportes (2003); Ebert (1978, 26f.); Eroms (1980); Fofulit (2017); Kretterová (2001); G. Müller/Frings (1959); Rieck (1977) (mit weiterer älterer Literatur); Schöndorf (2001); Schulze (2010); Stuckrad (1957); Szczepaniak (2011, 165ff.); Wegener (2000); Wolf (1978).

Die **rechte Klammer** kann aus zwei oder mehr Gliedern bestehen und nimmt im Laufe des Frnhd. an Komplexität zu (vgl. Schieb 1976, 60 und 134). Im Mhd. besteht der Verbalkomplex im Nebensatz in der Regel aus zwei (a, b), selten aus drei (c–e) verbalen Bestandteilen. Im Frnhd. nimmt der Anteil mit drei

Bestandteilen zwar leicht zu und es erscheinen vereinzelt Komplexe aus vier Bestandteilen (f); Verbkomplexe aus mehr als zwei Verben bleiben aber eine Ausnahme.

(a) *uuizet daz mit uuorten so nemac keouget uuerden. so fro ir sin **uuesen**$_{\text{Vinfin}}$ **sculit**$_{\text{Vfin}}$* (WNot)
(wisst, dass es so nicht mit Worten gezeigt werden kann, wie froh ihr über ihn sein sollt)

(b) *wan er weste niht wie er vber mer **wær**$_{\text{Vfin}}$ **chomen**$_{\text{Vinfin}}$* (Baum)
(aber er wusste nicht, wie er über das Meer gekommen wäre)

(c) *[...]v gip ez deme sichin so ervaste. zvene leffile. so er **welle**$_{\text{Vfin}}$ **slafin**$_{\text{Vinfin1}}$ **gan**$_{\text{Vinfin2}}$* (ZürArz)
(gib es dem Kranken, wenn er fastet: zwei Löffel, wenn er schlafen gehen will)

(d) *sie [...] flvchten im dar vmbe, dar vmbe sin **gelobet**$_{\text{Vinfin2}}$ **sollten**$_{\text{Vfin}}$ **haben**$_{\text{Vinfin1}}$* (PrMi)
(sie verfluchten ihn für das, für das sie ihn gelobt haben sollten)

(e) *vn̄ in dem augenbliche die zwelf winde **solten**$_{\text{Vfin}}$ in chuntlichen **haben**$_{\text{Vinfin1}}$ **geruret**$_{\text{Vinfin2}}$ [...]* (Baum)
(und in diesem Augenblick sollten ihn die zwölf Winde berührt haben)

(f) *das Gott wunderbarlicher wyß **hat**$_{\text{Vfin}}$ **lassen**$_{\text{Vinfin1}}$ **herfürwallen**$_{\text{Vinfin3}}$ **geschinen**$_{\text{Vinfin2}}$* (Lavater, Gespenster)
(das Gott auf wunderbare Weise hat gemeint hervorkommen zu lassen)

(Bsp. aus den mhd. und frnhd. Grammatik-Korpora; zit. nach Prell 2001, 79ff. und Sapp 2011, 50)

Die Abfolge der verbalen Bestandteile in der rechten Klammer variiert bis in die Frühe Neuzeit hinein sehr stark zwischen $V_{\text{fin}} + V_{\text{infin}}$ und $V_{\text{infin}} + V_{\text{fin}}$ (vgl. a und b), doch ist $V_{\text{infin}} + V_{\text{fin}}$ auch im Mhd. dominant; $V_{\text{fin}} + V_{\text{infin}}$ findet sich immer nur zu rund 25–30% bis ca. 1400 (vgl. Sapp 2011; zum Mhd. Prell 2001, 79ff.). Die Stellungsvariante $V_{\text{fin}} + V_{\text{infin}}$ nimmt in der Schriftlichkeit zwischen dem 14. Jh. (rund 30%) und dem 17. Jh. (rund 10%) stark ab (vgl. Sapp 2011, bes. 95; H. Weber 1971, 132 mit ähnlichen Zahlen). In der nhd. Standardsprache ist diese Stellungsvariante nicht mehr üblich, in heutigen Dialekten aber weit verbreitet. Bei $V_{\text{fin}} + V_{\text{infin1}} + V_{\text{infin2}}$ (z.B. *habe sagen wollen*) ist die Stellung auch in der nhd. Standardsprache üblich.

	Mittelhochdeutsch (Prell 2001, 85)		Frühneuhochdeutsch (Sapp 2011, 57)	
	V_{infin} - V_{fin}	V_{fin} - V_{infin}	V_{infin} - V_{fin}	V_{fin} - V_{infin}
Modalverb + Infinitiv	**61**	**39**	**65,5**	**34,5**
werden-Passiv	76	24	89	11
sein-Passiv	89	11	89	11
Passiv	**83**	**17**	**89**	**11**
haben-Perfekt	76	24	77	23
sein-Perfekt	74	26	71	29
Perfekt	**75**	**25**	**74**	**26**
Durchschnitt	**72,5**	**27,5**	**78,5**	**21,5**

alle Angaben in %

Sapp (2011) zeigt die Abhängigkeit der Stellungsvarianten von einer ganzen Reihe von Faktoren wie syntagmatischer Typ, den Verbalkomplex begleitende Wortart/Phrase, Fokus, Sprachregion, Schreiberprofessionalität und Textsorte, wobei die Faktoren Fokus und syntagmatische Struktur besonders wichtig sind. Beim syntagmatischen Typ unterscheiden Prell (2001) und Sapp (2011) drei verschiedene Haupttypen, die unterschiedlich stark auf die Abfolge einwirken.

Die dominante und nhd. gültige Form erscheint beim *sein*-Passiv im Frnhd. bereits bei fast 90%. Maurer (1926, 168) vermutet hier den Ausgangspunkt für die zunehmende Festlegung der in der nhd. Standardsprache Normstellung V_{infin} + V_{fin}.

Zusammenfassung

Bei den Verben setzt sich die Flexion mit Hilfe eines Präteritalsuffixes *-(e)t-* (,schwache' Flexion) gegenüber der Flexion mit Hilfe der Vokalalternation, dem sog. Ablaut (,starke' Flexion), durch. Die ,schwache' Verbflexion wird damit zur Regelflexion, die ,starke' Flexion wird abgebaut, indem der Ablaut eingeschränkt wird, zahlreiche ehemalige ,starke' Verben zur ,schwachen' Flexion wechseln und neue Verben im Deutschen immer nach der Regelflexion flektiert werden. Dennoch zeigen sich die verbliebenen ,starken' Verben als stabil; sie lassen sich zu rund 80% auf germ. Verben zurückführen.

Die durch die Störung des flexivischen Systems ausgelösten Umbauprozesse befördern bei den Verben den Ausbau grammatikalisierter Formen zur Bildung periphrastischer Verbformen als Ausdruck von Tempus (Perfekt, Futur) und Modus (*würde*-Konjunktiv), während Person und Numerus gemischt synthetisch-analytisch ausgedrückt werden. Die gesprochensprachlichen Varietäten gehen in der Tendenz zur Analyse sehr viel weiter als die geschriebensprachliche Standardsprache.

Für das Nhd. ergibt sich das in Abb. 5.21 dargestellte Bild.

Die Zunahme periphrastischer Verbformen begünstigt den Ausbau einer Strukturmöglichkeit, die sich als wesentliches Merkmal der deutschen Syntax etabliert: Die Bestandteile des Verbalkomplexes (finite und infinite Prädikatsteile) treten auseinander und bilden damit eine Satzklammer, die in der nhd. Schriftsyntax zum Satzrahmen (ohne Nachfeldbesetzung) verfestigt wird. Die aus der Satzklammer resultierenden Stellungstypen (Verberst-, Verbzweit- und Verbletztstellung) werden zum Nhd. hin auf Satztypen verteilt und damit wird insbesondere die Distinktion zwischen Hauptsatz und Nebensatz erleichtert. Der dadurch begünstigte hypotaktische Satzbau wird durch ein sich im Frnhd. herausbildendes, differenziertes System von Konjunktionen unterstützt. Die in frnhd. Zeit entstehende und im Nhd. zum Standard fixierte Schriftsyntax ist durch ein hohes Maß an Komplexität (hypotaktischer Satzbau) und durch sprachliche Verdichtung (Expansion der Nominalphrase) gekennzeichnet.

	Person	Numerus	Tempus	Modus	Genus verbi
synthetisch	Personalendungen		Präteritum	Konjunktiv I und II	—
analytisch	Subjektpronomen		Perfekt Futur (I und II) Plusquamperfekt	*würde*-Periphrase	Hilfsverb *werden* + Part. II
Formenbildung des Nhd.	gemischt synthetisch-analytisch		lediglich das schriftsprachliche Erzähltempus Präteritum ist synthetisch gebildet	die synthetische Konjunktivbildung ist weitgehend auf bestimmte Register der Schriftsprache (Konj. I: indirekte Rede) beschränkt	Passiv wird im Deutschen analytisch gebildet
diachrone Entwicklung	- Flexionsendungen verlieren durch die Nebensilbenabschwächung z.T. an Distinktionsfähigkeit - das Subjektpronomen wird obligatorisch, dadurch z.T. redundante Markierung		- in den Dialekten Auflösung der flexivischen Markierung des Präteritums und Präteritumschwund	- weitgehende Auflösung der flexivischen Modus unterscheidung durch die Nebensilbenabschwächung	

Abb. 5.21: Übersicht über die Entwicklung der Verbmorphologie

Weiterführende Literatur: Allgemein und übergreifend: Ágel (2001); Härd (1981); W. Hartmann (1970); Höhle (2006); Maurer (1926); Nyholm (1981); Ramers (2005); Sabel (2000); Sapp (2011). **Zum Mhd.:** Hammarström (1923); Prell (2001). **Zum Frnhd. bis um 1800:** Bassola (2003); Cho (1999); Ebert (1976), (1981),

(1998); Lühr (2016); Nakajima (1997); Reifsnyder (2003); Takada (1994); H. Weber (1971). **Zum Mnd.**: Rösler (1999).

Zur historischen Syntax allgemein: Abraham/van Gelderen (1997); Admoni (1967), (1980), (1990); Askedal (1998); Behaghel (1923–1932); Betten (1987), (1990); Dal (1966); Davis/Bernhardt (2002); Ebert (1978), (1999); Erdmann (1886); J. Fleischer/Schallert (2011); Fleischmann (1973); Handbuch Sprachgeschichte (1998), Nr. 41, 75, 83, 93, 103, 114, 131, 178; Handbuch Syntax (1995), Nr. 59–72; Kettmann/Schildt (1976); Lockwood (1968); Prell (2000); Sommerfeld (1966); A. Ziegler (2010).

6 Lexikon – Wortbildung – Semantik

6.1 Wortschatzwandel

Der Wandel des Wortschatzes einer Sprache stellt vermutlich den Bereich sprachlichen Wandels dar, der von den Sprachteilhabern selbst am ehesten bewusst wahrgenommen wird. So haben die Sprachteilhaber ein ‚Gespür‘ dafür, dass Wörter veralten; sie können beobachten, dass neue Wörter – heute insbesondere über den Weg der Entlehnung aus dem Englischen – in die Sprache gelangen, oder sie stellen fest, dass die Bedeutung oder Verwendung eines Wortes zwischen den Generationen variiert, dass beispielsweise ältere Sprecher etwas anderes unter dem Wort *realisieren* verstehen als jüngere (älter ‚umsetzen‘ vs. neuer auch ‚wahrnehmen‘).

Dass Veränderungen des Wortschatzes von den Sprachteilhabern bewusst(er) wahrgenommen werden, hat sich im Laufe der deutschen Sprachgeschichte sehr deutlich immer wieder (und bis heute) in sprachpflegerischen und sprachpuristischen Debatten gezeigt, bei denen lexikalische Einflüsse von außen, also Entlehnungsprozesse, kritisiert oder gar rundweg abgelehnt wurden. Die Ersetzungsstrategien, mit denen ‚deutsche‘ Alternativen für entlehnte Wörter gesucht werden, speisen sich aus anderen Formen der Wortschatzerweiterung. So werden insbesondere die Mittel der Wortbildung genutzt (z.B. *Abstand* für *Distanz*), aber auch – meist in Verbindung mit Wortbildungsmustern – semantische Übertragungs- und Verschiebungsprozesse (z.B. *Angelpunkt* als Ersatzwort für *Pol* und *Augenblick* als Ersatzwort für *Moment*, vgl. von Polenz 1994, 121).

Die Prozesse, die im Bereich des lexikalischen Wandels ablaufen, sind enger als andere Prozesse (etwa Lautwandel oder morphologischer Wandel) mit außersprachlichen Faktoren verknüpft. Besonders augenfällig wird dies, wenn man beispielsweise die Entlehnungsströme (oder wellen) der deutschen Sprachgeschichte betrachtet (s. Kap. 6.3), an denen sich auch Vormachtstellung und Prestige der jeweiligen Gebersprache und damit der ‚Geberkultur‘ ablesen lassen. Somit berühren bzw. überlappen sich bei der Betrachtung lexikalischen Wandels diachrone Sprachbetrachtung und Sprachgeschichte zwangsläufig.

Wortschatzwandel ist immer auch eingebunden in **sozialen Wandel**. Dies zeigt sich besonders deutlich bei Standes- und Personenbezeichnungen: Von den früheren Bezeichnungen für ‚Frau‘ (ahd./mhd. *wīb/wīp*) ist heute nur noch

Frau als allgemeine, unmarkierte Form erhalten (zu den Veränderungen der Konnotationen von *frouwe* > *Frau* bzw. *wīp* > *Weib* auch Kap. 6.6.2 unter ‚Bedeutungsverschiebung'). *Weib* und *Dirne* sind unterschiedlich negativ konnotiert. *Jungfrau* ist weitgehend auf den medizinischen Bereich begrenzt, *Magd* ist zusammen mit dem Berufsbild weitgehend geschwunden, *Hausfrau* hat seine Bedeutungen gegenüber dem Mhd. tiefgreifend verändert, *Gemahl(in)* ist stilistisch markiert. *kebese*, *vridel*, *triutinne*, *winne*, *amīe* und *kone* sind geschwunden. Zuletzt ist in den 1970er Jahren *Fräulein* als politisch unkorrekte Form aus dem Gebrauch gekommen.

Eine große Rolle bei der Erweiterung des Wortschatzes spielt der fachbezogene Wortschatz bzw. – im weiteren Sinne – der **gruppenbezogene Wortschatz**. Dieser zeigt nicht nur ein hohes Maß an Spracharbeit, sondern erfährt auch vielfach einen diachronen Verbreitungsprozess. So hat etwa das im hohen und späten Mittelalter verbreitete Turnierwesen insbesondere in Form von Redensarten einen festen Platz im Wortschatz bis heute erhalten:

jmdn. ins Visier nehmen
jmd./etwas anvisieren
mit offenem Visier kämpfen
das Visier lüften
für jmdn. eine Lanze brechen
jmdm. die Stange halten
etwas im Schilde führen
jmdn. in die Schranken weisen
jmdn. in die Schranken fordern

Neue Wörter können aus dem (mentalen) Lexikon einzelner Sprecher bzw. kleinerer Sprechergruppen in das Lexikon einer Sprache ‚aufsteigen', also konventionalisiert werden. Nach Blank (2001) kann dieser Vorgang des Eingangs von neuen Wörtern in das Lexikon einer (historischen) Einzelsprache, der sowohl komplexe Ausdrücke (Wortbildungsprodukte, Syntagmen) als auch Einheiten aus anderen Spendebereichen (v.a. Lehnwörter) erfasst, mit dem Begriff ‚Lexikalisierung' bezeichnet werden. Hier soll jedoch ein engerer Begriff von Lexikalisierung verwendet werden (s. Kap. 6.4), die Wortschatzerweiterung durch Übernahme und Integration ‚fremder' Wörter wird gesondert behandelt (s. Kap. 6.3).

Durch weitere Spracharbeit können die lexikalischen Inventare einer Einzelsprache in Wortschatzsammlungen gebucht werden. Wörterbücher (Lexika) stellen aber immer eine mehr oder weniger subjektive Auswahl von Wörtern/Lexemen dar; auch Wörterbücher, die sich als umfassend verstehen, zeigen immer nur einen Ausschnitt (Standardvarietät, Dialekte, Fach- bzw. Sonderwortschätze etc.). Insofern eignen sich Wörterbücher nur eingeschränkt als Korpus für sprachhistorische Studien.

Historische Wörterbücher

Das erste überlieferte Wortverzeichnis ist das in Kap. 3.1 bereits erwähnte lateinisch-‚deutsche' Synonymenverzeichnis (Abrogans). Bis in die Frühe Neuzeit hinein ist die Lexikographie am lateinischen Wortschatz orientiert und bietet deutsche Äquivalente zu lateinischen Lemmata. Ein erster Höhepunkt für die lexikographische Entwicklung des Deutschen, bei der die Schullexikographie eine wichtige Rolle spielt, ist mit der Lexikographie in der kombinierten Form der sog. alphabetischen Umkehrlexikographie erreicht (Petrus Dasypodius, Dictionarium Latinogermanicum, Straßburg 1536, gedr. bei Wendelin Rihel, dem ein Dictionarium Germanicolatinum angeschlossen ist). Bei dem 25 Jahre später erschienenen Wörterbuch von Josua Maaler, Die Teütsch spraach [...], Zürich 1561 (gedr. bei Froschauer d. Ä.), handelt es sich zwar ebenfalls um ein Umkehrwörterbuch, doch hat sich der Schwerpunkt verschoben: Das Wörterbuch beginnt mit dem alphabetisch deutschsprachigen Teil und lässt den lateinischen folgen. Im 17. Jh. bestimmen das Programm eines Stammwörterbuchs, das am Ende des Jh.s zum Wörterbuch Caspar Stielers, Der Teutschen Sprache Stammbaum und Fortwachs [...], Nürnberg 1691, führt, und das Anliegen, den wirklichen Sprachgebrauch in Form mehrsprachiger Wörterbücher darzubieten, wie z.B. Matthias Kramer, Das herrliche Grosse Teutsch-Italiänische Dictionarium [...], Nürnberg 1676/78, die Lexikographieentwicklung.

Neben weiteren Programmen wie etwa der literaturbezogenen Lexikographie, der Sammlung von Idiotika und Dialektwörtern, der Synonymenlexikographie u.a. bildet sich das Ziel eines umfassenden, vollständigen Wörterbuchs der deutschen Sprache heraus, das erst mit Adelung am Ende des 18. Jh.s erreicht wird.

Wichtige Wörterbücher des 18. und 19. Jh.s:

18. Jh.: Christoph Ernst Steinbach, Vollständiges Deutsches Wörter-Buch [...], Breslau 1734;
Johann Leonhard Frisch, Teutsch-Lateinisches Wörterbuch [...], Berlin 1741;

Johann Christoph Adelung, Grammatisch-kritisches Wörterbuch der hochdeutschen Mundart [...] 4 Theile, Leipzig 1793–1801;

19. Jh.: Joachim Heinrich Campe, Wörterbuch der Deutschen Sprache [...]
5 Theile, Braunschweig 1807–1811;
Daniel Sanders, Wörterbuch der Deutschen Sprache [...] 3 Bde. Leipzig
1860–1865;
Jacob und Wilhelm Grimm, Deutsches Wörterbuch, Leipzig 1854–1971.

Weiterführende Literatur: Claes (1977); Grubmüller (1967); Handbuch
Wörterbücher (1989, 1990, 1991), bes. Nr. 28, 203, 204, 205; Jones (2000);
P.O. Müller (2001); Reichmann (2012).

Wird das Lexikon einer Sprache metaphorisch als Wort-Schatz, d.h. Menge
ihrer Wörter verstanden, so erscheinen Wandelprozesse auf der Ebene des
Lexikons zunächst als Erweiterung oder Zuwachs des Wortschatzes durch
lexikalische Innovationen (neue Wörter), als Reduktion durch lexikalischen
Schwund und als Umschichtungsprozesse innerhalb des Wortschatzes, die –
wie das oben stehende Beispiel ‚Frau‘ zeigt – hauptsächlich durch außersprachlichen, insbesondere sozialen Wandel bedingt sind. Ein wesentliches
Motiv für lexikalischen Wandel durch Innovation ist der Bedarf an ‚neuen‘
Wörtern. Dieser entsteht nicht nur im Gefolge außersprachlicher Veränderungen wie etwa Erfindungen oder Entdeckungen, sondern ist auch stark von
sozialen Faktoren wie Stigma und Prestige, Vermeidung von Tabus durch
Euphemismen oder auch von individuellen Bedürfnissen einzelner Sprecher
(Sprachspiel, Wortwitz) geprägt. Das Spektrum der Möglichkeiten lexikalischer Innovation zeigt sich sehr anschaulich in der Jugendsprache, in der aus
einem sprachlichen Abgrenzungsbedürfnis heraus ständig neue Wörter durch
Entlehnung (z.B. in älteren jugendsprachlichen Registern *cool*, *Loser*), Wortbildung (z.B. *Arschgeweih*) und semantische Verschiebungen (z.B. *krass*,
porno ‚sehr gut‘) gefunden werden.

Wortbildungsverfahren stellen neben Entlehnungen eine der wesentlichen
Möglichkeiten zur Wortschatzerweiterung dar: Mit den Mitteln der Wortbildung gebildete neue Wörter können als Lexikalisierungsprodukte ins Lexikon
eingehen. Da Wortbildungsprodukte einen erheblichen Anteil am lexikalischen Wandel haben, hat dies umgekehrt auch Auswirkungen auf die Möglichkeiten der Wortbildung selbst. Das Wortbildungssystem des Deutschen
kann für sich genommen ebenfalls einer diachronen Betrachtung unterzogen
werden (s. Kap. 6.5). In der Forschung hat sich dafür der Begriff des **Wortbil-
dungswandels** etabliert (vgl. Munske 2002; Scherer 2006; P.O. Müller 2015).

In der Wortschatzentwicklung sind nicht nur die Ausdrucksseite und die quantitativen Veränderungen entscheidend, sondern vielmehr auch der semantische Wandel. Nicht immer muss eine Wortform neu gebildet oder entlehnt werden, um einem lexikalischen Innovationsbedürfnis zu entsprechen: Ein bestehendes Wort kann auch mit einem neuen oder veränderten Inhalt verknüpft werden – die Bedeutung eines Wortes ändert sich im Laufe der Zeit. Unter dem Begriff ‚**semantischer Wandel**' werden alle Wandelphänomene subsumiert, die sich auf die Inhaltsseite beziehen (s. Kap. 6.6). Veränderungen der Bedeutung eines Wortes, die aus semantischen Innovationen, also Umdeutungen durch die Sprecher, entstehen, lassen sich als kognitive Wandelprozesse beschreiben und stehen damit in einer engen Beziehung zur Organisation der menschlichen Kognition (s. Kap. 2.1). Während Entlehnung, Wortbildung und kreatives Sprachspiel zum größeren Teil von bewusster Spracharbeit begleitet oder durch solche ausgelöst werden, finden beim semantischen Wandel weitgehend unbewusst ablaufende Prozesse innerhalb des Lexikons statt.

Unter dem Begriff **Lexikalisierung** werden Prozesse des Übertritts von Lexemen (z.B. Wortbildungsprodukten) in das Lexikon einer Sprache und ihre sich daran anschließende ‚Weiterentwicklung' verstanden. Durch Wortbildung, Zusammenrückung oder andere kombinatorische Verfahren entstehen nicht unmittelbar neue Einheiten im lexikalischen Inventar; damit etwa aus neuen Wortbildungsprodukten neue Lexeme einer Einzelsprache werden, müssen sie usualisiert und schließlich lexikalisiert werden, sich also in der Sprachgemeinschaft etablieren und in ihr Lexikon übergehen (s. Kap. 6.4).

Das Lexikon einer Sprache zeigt neben den zahlreichen Veränderungen auch ein gewisses Beharren. Der Kern des Wortschatzes ist relativ fest; Wörter, die häufig verwendet werden oder eine wichtige kommunikative Funktion erfüllen, bleiben häufig über die Jahrhunderte konstant im Lexikon. Vergleicht man den sog. **Grundwortschatz** vom Mhd. bis zum Nhd. wie in Abb. 6.1, dann bleibt selbst die Rangfolge der wichtigsten Lexeme ähnlich.

Die geklammerten Zahlen hinter den mhd. Lexemen in Abb. 6.1 zeigen den Rang des gleichen Wortes im Frnhd. – und umgekehrt die Zahlen hinter den frnhd. Lexemen den Rang des gleichen Wortes im Mhd. Die geklammerten Zahlen hinter den nhd. Lexemen geben an, in wie vielen von 22 Grundwortschätzen des Nhd. das jeweilige Lexem (noch) gebucht ist.

	mhd.	frnhd.	nhd.	
1	**got**	**gott**	Gott (19)	
2	**hĕrre**	**herr**	Herr (21)	
3	**man**	zeit (21)	**Mann (22)**	Zeit (22)
4	**tac**	**tag**	Tag (22)	
5	herze (23)	**stadt (8)**	Herz (21)	**Stadt (22)**
6	**vrouwe**	**könig (7)**	**Frau (22)**	König (17)
7	**künic**	**mensch (11)**	König (17)	**Mensch (22)**
8	**stat**	wort (24)	**Stadt (22)**	Wort (22)
9	**liut**	**jahr (17)**	**Leute (22)**	Jahr (22)
10	**līp**	**leute (9)**	Leib (12)	**Leute (22)**
11	**mensche**	sache (88)	**Mensch (22)**	Sache (22)
12	kint (21)	**land (20)**	**Kind (22)**	Land (22)
13	guot (89)	**ding (18)**	Gut (10)	Ding (20)
14	minne (61)	**leib (10)**	Minne (–)	Leib (12)
15	hant (62)	**mann (3)**	Hand (22)	**Mann (22)**
16	sēle (78)	**frau (6)**	Seele (13)	**Frau (22)**
17	**jār**	vater (22)	**Jahr (22)**	Vater (22)
18	**dinc**	gnade (28)	Ding (20)	Gnade (–)
19	reht (60)	sohn (26)	Recht (20)	Sohn (21)
20	**lant**	leben (32)	**Land (22)**	Leben (20)
	nach mhd. Grammatik-Korpus; vgl. Wegera/Schultz-Balluff/Bartsch (2011, 213ff)	nach Bonner Frühneuhochdeutschkorpus; vgl. Wegera (1987, 35ff)	jeweils belegt in x von 22 Grundwortschätzen zum Nhd.; vgl. Wegera (1997, 71f)	

Abb. 6.1: Die 20 häufigsten Substantive des Mhd. im Vergleich zum Frnhd. und Nhd.

Die diachrone Betrachtung des Wortschatzes als lexikalisches Inventar beinhaltet zusammengefasst die folgenden Aspekte:

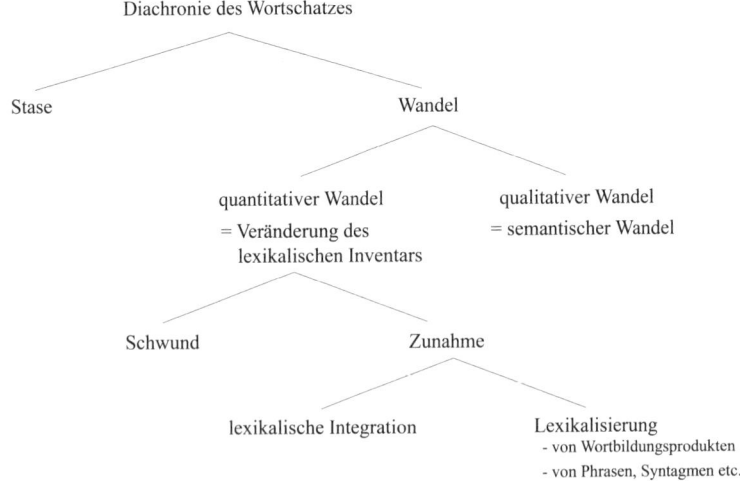

Lesehinweis: Eine zusammenfassende Darstellung des Wortschatzwandels im Deutschen mit einem etwas anderen Zuschnitt bietet Munske (2005b).

Weiterführende Literatur: v. Bahder (1925); Dückert (1976); FWB (1989ff.); Gardt (1997); Handbuch Sprachgeschichte (2000), Nr. 74, 82, 92, 102, 113, 129; Hartweg/Wegera (2005, 181–216); Ising (1968); Kluge (2011); Koselleck (1979); Maurer/Rupp (1974); Merk (1933); Reichmann (2012); Wetekamp (1980); H. Winkler (1975).

6.2 Reduktion des Lexikons (Lexikalischer Schwund)

Wörter können aus dem Wortschatz einer Sprachgemeinschaft verschwinden; die Gründe dafür sind vielfältig. Zumeist werden Wörter mit den Sachen, die sie bezeichnen, aufgegeben. So sind große Wortschatzteile früherer Kulturstufen geschwunden, wie z.B. mhd. Bezeichnungen für (mittelalterliche) Bewaffnung (*glavie*), Rüstung (*halsberge*), Kleidung (*schapel*), Gebäude(teile) (*zwinger*) etc. Oft werden ältere Wörter auch durch neuere (als attraktiver empfundene Wörter, häufig Entlehnungen) verdrängt. Selbst Bezeichnungen der näheren Verwandtschaft wie *Muhme*, *Base*, *Vetter* (nur noch in *Vetternwirtschaft* üblich) wurden durch französische Bezeichnungen wie *Tante*, *Cousine*, *Cousin* ersetzt.

Vom Schwund betroffen sind alle Wortarten, wie z.B. mhd.

iht (Indef. Pron.)	,irgendein, etwas‘
baz (Adv.)	,mehr‘; Komparativ zu *wol*
gefüge (Adj.)	,fügsam, wohlerzogen, anständig, bescheiden‘
after (Präp.)	,nach‘
unz (Präp./Adv.)	,bis‘
geláz (Subst., m./n.)	,Bildung, Benehmen, Haltung‘
schilden (Verb)	,schelten, tadeln, schmähen‘
minne (Subst., f.)	,Liebe, Zuneigung, Beischlaf‘

Eine Ursache für den enormen Schwund von Wörtern liegt unter anderem in der ausgeprägten regionalen Gliederung des Deutschen. Ein großer Teil regionaler Wörter verschwindet im Zuge der → Vertikalisierung (vgl. Reichmann 1988; 2003) der Sprache und des Varietätenschwunds (vgl. v. Bahder 1925; Hartweg/Wegera 2005, 181ff.). Dieser Schwund ist häufig zunächst nur scheinbar, da die meisten regionalen Wörter in den verschiedenen Regionalsprachen noch längere Zeit weiter existieren; sie werden lediglich im Zuge der

Standardisierung ‚ausgemustert' und nicht länger in Standardwörterbüchern gebucht. Wörter wie z.b. *Hafen* (‚Topf'), *stickel* (‚dunkel'), *nächte(n)* (‚gestern'), *Überlänges* (‚vom Vortage übrig gebliebenes Essen') etc. haben sich in den (gesprochenen) Mundarten bis in die Gegenwart erhalten, schwinden jetzt aber zunehmend aufgrund des Rückgangs der Dialekte.

Die Durchsetzung bestimmter Wörter bzw. die Abwahl und damit der Schwund anderer stellen komplexe sprachgeschichtliche Prozesse dar, die bisher nicht in allen Facetten aufgearbeitet sind. Eine besondere Rolle spielt dabei die Sprache der Bibel – insbesondere der Lutherbibel – und die dahinter liegende Spracharbeit der Übersetzer (vgl. die verschiedenen Beiträge von Besch 2008 mit umfangreichen Wortlisten). Die Durchsetzungsfähigkeit von Lexemen aus dem Luther-Wortschatz gegenüber anderen Varianten zeigt z.B. die folgende Liste:

Luther Wittenb. 1522	Luther Leipzig 1694	Piscator Herborn 1604	Piscator Duisburg 1684	Piscator Bern 1697	Zürich 1683	Zürich 1531	Mt
gerucht	Gerücht	geschråy	geschrey	geschrey	geschrey	sein lümmd	4,24
die gichtbruchigen	Gichtbrüchigen	die gerührte	die gerürten	die gerührten	vom Schlag getroffen	schlag... getroffen	4,24
scheffel	Scheffel	sester	scheffel	sester	das viertel	ein vierteyl	5,15
heuchler	Heuchler	gleißner	gleißner	gleißner	gleichßner	gleychßner	6,2
motten	Motten	schaben	motten	schaben	schaben	schaben	6,19
spreissen/ splitter	Splitter	splitter	splitter	spreissen	spreissen	spreysen	7,3
schnur	Schnur	sohnsfraw	Sohnsfrau	sohnsfrau	sohnsfrau	sunsfrauw	10,35
ottern getzichte	Ottergezüchte	naterngezüchte	Natterngezüchte	naterngezüchte	natergezüchte	naater gezücht	12,34
lippen	Lippen	leftzen	leftzen	leftzen	lefzen	låfftzen	15,8
mieten	mieten	dingen	dingen	dingen	dingen	dingen	20,1
steupten	ståupeten	schlůgen	schlugen	schlugen	habend geschlagen	schlůgend	21,35
kymel	Kůmel	kümmich	kůmmel	kůmmich	kůmich	kümich	23,23
kuchlin	Kůchlein	junge hůnlin	hunge hůnlein	junge hůnlin	(jre) jungen	(jre) jungen	23,27
erdbeben	Erdbeben	erdbidem	erdbeben	erdbidem	erdbidem	erdbidem	24,7

Abb. 6.2: nach Besch (2008, 198)

Ein variantenreiches Beispiel für den Auslese- und Durchsetzungsprozess stellen die zahlreichen Übersetzungsäquivalente zu lat. *cena* (‚(letztes) Abendmahl') dar. Die umfangreiche Überlieferung des Pseudoanselmus-Textes ‚St. Anselmi Fragen an Maria' im 14. und 15. Jh. zeigt noch ein breites Spektrum mit deutlichen regionalen Schwerpunkten: Die Verbindung *jungest maz* findet sich ausschließlich und nahezu einzig im westlichen Sprachgebiet (westoberdeutsch/westmitteldeutsch bis auf die Höhe von Mainz); Verbindungen mit *ezzen* (*letzt ezzen, jungest ezzen, abent ezzen, letzt abent ezzen*) finden sich ausschließlich im östlichen Teil des Sprachgebiets (besonders mittelbairisch bis ins Ostmitteldeutsche); Verbindungen mit *mal* sind verstreut im gesamten Gebiet möglich, allerdings mit räumlicher Variation des zweiten Gliedes (*jungest mal* und *letzt mal* findet sich im Oberdeutschen, *nacht mal* verstreut und *abent mal* (*avont mal*) nur in drei mittelniederländischen Texten); Einzelbelege sind *abenbrot* in einem ostmitteldeutschen Text und *abent spise* in einem mittelniederdeutschen (ostfälischen) Text. Diese Variation wird zurückgefahren auf wenige Formen (vgl. Besch 1967, 134 und Karte 31), und zwar häufig gegen die jeweilige ortsübliche Bezeichnung für das profane Abendessen. Für Luther ist *Abendmahl* das ‚Dominanzwort‘ (Besch 2008, 213), obgleich er in seinen Frühschriften noch *abentessen* und später auch noch *Nachtmal* kennt. Es mehren sich die Hinweise, dass Luther das Wort aus dem Nordwesten übernommen hat. Besch (1967) belegt für das 15. Jh./16. Jh. aus dem Material der ‚24 Alten‘ Ottos von Passau nahezu im gesamten Sprachgebiet *abentessen* und lediglich in drei flämisch-niederländischen und einem Kölner Text *abentmal* (*avent mail, avontmale, avontmael*). Neben *Abendmahl* hält sich noch längere Zeit konkurrierendes *Nachtmahl* (evtl. mit konfessioneller Unterscheidung zwischen Lutheranern und Reformierten, Besch 2008, 212ff.).

Betroffen von lexikalischem Schwund sind auch zahlreiche Berufsbezeichnungen, deren regionale Varianten zum Teil noch in Namen erhalten sind und lebendige Zeugen der ehemaligen regionalen Vielfalt darstellen:

Töpfer/Hafner/Pötter

Klempner/Spengler/Blechner

Böttcher/Küfer/Binder

Schreiner/Tischler

Wagner/Stellmacher/Rad(e)macher

Fleischer/Metzger/Fleischhacker/Schlachter/Fleischhauer/Lästerer/Fleischmann u.a.

(vgl. Hartweg/Wegera 2005, 185ff. und die dort abgebildeten Karten)

Bevor Wörter schwinden, erfahren sie zumeist über einen längeren Zeitraum einen allmählichen Rückgang im Gebrauch; sie werden zu ‚veralteten Wörtern‘ (Archaismen). Zum Teil bleiben Archaismen in festen Wendungen, in Derivaten oder in Einzelformen erhalten, so z.B. *barmen* (‚klagen‘; nur noch im Derivat *erbarmen*, ‚jmdn., der barmt, erhören‘) und *kiesen* (nur noch im Partizip Präteritum *erkoren*, in dem nicht mehr ohne Weiteres durchsichtigen

Substantivkompositum *Kurfürst* und dem im 17. Jh. aus *Kür* abgeleiteten *küren*).

6.3 Entlehnung und Integration ‚fremder' Wörter

Entlehnungen aus anderen Sprachen und die Integration der entlehnten Lexeme stellen einen großen, vielleicht sogar den größten Anteil an der Wortschatzerweiterung des Deutschen dar. Das Deutsche hat im Laufe seiner Geschichte zu jeder Zeit, wenngleich in jeweils unterschiedlicher Intensität, Wörter aus anderen Sprachen entlehnt.

Fenchel	<	lat. *feniculum*	(8. Jh.)
Ingwer	<	lat. *zingiber*	(10. Jh.)
Abenteuer	<	franz. *aventure*	(12. Jh.)
Grenze	<	slaw. *granica*	(13. Jh.)
Herold	<	afranz. *héraut*	(14. Jh.)
Konto	<	ital. *conto*	(15. Jh.)
Kutsche	<	ungar. *kotsi*	(16. Jh.)
Schwadron	<	ital. *squadrone*	(17. Jh.)
Toast	<	engl. *toast*	(18. Jh.)

Es lassen sich verschiedene Schwerpunkte der Übernahme fremden Wortguts feststellen (Entlehnungswellen). Bereits für das Gemein-Germanische kann man von einem großen Anteil an Wörtern nicht-germ. Ursprungs ausgehen. In spätgerm. Zeit stellt Latein als Sprache der römischen Besatzung und als Kontaktsprache der germ. Stämme zum römischen Imperium eine bedeutende Quelle dar. Diese dominante Rolle behält das Lateinische bis in die Frühe Neuzeit hinein bei. Neben Latein bereichert besonders das Französische im Hochmittelalter und dann noch einmal im 17. (in der sog. Alamode-Zeit) und im 18. Jh. das Deutsche. Dazwischen liegen kleinere Wellen lexikalischer Einflüsse, etwa durch das Italienische (im 14./15. Jh.) und das Englische seit dem 19. Jh., das in Gestalt des Angloamerikanischen seit dem Ende des Zweiten Weltkriegs und insbesondere dann im Rahmen der Globalisierung eine zunehmend dominierende Rolle spielt.

Periode	Beginn deutscher Schriftlichkeit	Hochmittelalter	Humanismus, Renaissance	Alamodezeit	Industrialisierung	nach 1945
Geber-sprache	Latein	Französisch	a) Latein b) Italienisch	Französisch	Englisch	Anglo-Amerikanisch
Vorbild/ Motiv	Christianisierung, Missionierung	franz. Hofkultur, Militär- u. Kriegswesen	a) neues Interesse an antiker Wissenskultur b) oberital. Stadtkulturen	franz. Hofkultur, später Aufklärung	Parlamentarismus, techn. Fortschritt	Weltmacht USA, american way of life, Globalisierung
Bereich(e)	religiös-sittlicher Bereich, Klosterkultur	Kriegswesen, höfische Kultur, Literatur	a) Philosophie, Höheres Bildungswesen b) Bankwesen, Handelswesen, Musik	Wohnkultur, Mode, Esskultur, später Philosophie	Politik, Wirtschaft, Industrie, Sport	Gesellschaft, Populärkultur, Sport, Mode, IT-Technologie etc.

Abb. 6.3: Wichtige Entlehnungsströmungen in der deutschen Sprachgeschichte

Abseits von den in Abb. 6.3 dargestellten großen Entlehnungswellen sind aus vielen weiteren Sprachen einzelne Lexeme entlehnt worden. Hierbei spielt im Osten der ständige – über die verschiedenen Jahrhunderte unterschiedlich intensive – Kontakt mit slawischen Sprachen ebenfalls eine Rolle.

Die Übernahme fremden Sprachguts kann in bestimmten Phasen der Sprachgeschichte bis hin zu mischsprachlichen Texten intensiviert werden:

Magister maister est ist ap-pellativum nomen ein ge-mein nam masculini generis mans gesläht singularis nu-meri der einigen zal simpli-cis figure der ainvaltigen ge-stalt casus mit dem val der stim nominativi daz nenner et vocativi vnd dez rueffer, quod declinabitur sic daz da wird gewandelt also […]	*„â", sprächens al gemeine grôze unde kleine, „dê duin duze âventûre si dûze crêatûre: got gebe süeze âventiure so süezer crêatiure!"*	*Die ScreenFun-Leser haben gewählt: die meistgezockten Games, die Hardware-Tops und -Flops, die besten Web-sites, Handys, Filme, TV-Serien und den beliebtes-ten Cheat. Eure Highlights 2000 im großen Überblick!*
Dt.-lat. Donat (~1400)	Gottfried v. Straßburg, ‚Tristan' (um 1210)	Bravo (2000)

In der Fremdwortforschung werden die Entlehnungen nach den verschiedenen Gebersprachen auch in Klassizismen (lateinisch-griechischer Einfluss) oder Latinismen, Gallizismen und Anglizismen unterteilt, die jeweils über spezifische Fremdheitsmerkmale verfügen können.

Manche Entlehnungen finden sich in gleicher oder ähnlicher Form und mit gleicher oder ähnlicher Bedeutung auch in weiteren Sprachen. Solche Lexeme, die in mindestens drei Sprachen – davon einer nicht-indoeuropäischen –

vorkommen, bezeichnet man als ‚**Internationalismen**' (eigentlich: Europäismen), wie z.B.:

dt. *Demokratie*,	nl. *democratie*,	dän. *demokrati*,
engl. *democracy*,	franz. *démocratie*,	span./port. *democracia*,
ital. *democrazia*,	türk. *demokrasi/demokratlık*,	griech. *δημοκρατία*,
russ. *демократия*		

Bei diesen Lexemen ist es schwierig, jeweils eine aktuelle Gebersprache auszumachen. Die älteren Vertreter entstammen in der Regel dem gemeinsamen griechisch-lateinischen Erbe (‚Eurolatein') und haben in hohem Maße den Bildungs- und Wissenschaftsdiskurs geprägt; neuere Internationalismen sind häufig anglo-amerikanischen Ursprungs und weit verbreitet aufgrund von Globalisierungsprozessen (vgl. dazu etwa P. Braun/Schaeder/Volmert 2003; Kolwa 2001).

Für die verschiedenen Formen lexikalischer Entlehnung werden in der Forschung unterschiedliche Klassifikationen vorgeschlagen (vgl. Bußmann 2008, 164; bezogen auf Anglizismen: Jorgensen/Moraco 1984; U. Busse 1993). Zumeist wird zwischen ausdrucksseitigen (s.o.) und inhaltsseitigen Entlehnungen (wie Lehnübersetzungen, z.B. *Dampfmaschine*; Lehnprägungen, z.B. *Wolkenkratzer* für engl. *skyscraper*) unterschieden.

Bei Lehnübersetzungen bzw. -übertragungen können verschiedene deutsche Äquivalente (evtl. zu verschiedenen Zeiten) eingesetzt werden. So werden z.B. im Ahd. in den Klöstern verschiedener Regionen häufig unterschiedliche Übersetzungen des gleichen lateinischen Wortes vorgenommen, z.B. für lat. *resurrectio* (‚Wiederauferstehung') *urrist, urstant, urstandini, ūferstende* etc. In manchen Fällen existieren die verschiedenen Formen längere Zeit nebeneinander, bis sich schließlich eine durchsetzt (Abb. nach Wegera/Schultz-Balluff/Bartsch 2016, 113):

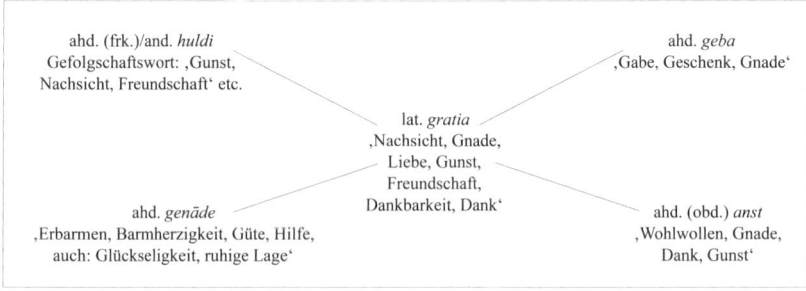

Während die inhaltsseitigen Entlehnungen von Beginn an formal dem Deutschen entsprechen und kaum Fremdheitselemente enthalten, unterliegen die ausdrucksseitigen Entlehnungen (Lehnwörter) vielfältigen Prozessen der **Integration** und können den Sprachteilhabern in unterschiedlichem Maße fremd oder assimiliert erscheinen – bis hin zu Lehnwörtern, die ihre Fremdheitsmerkmale vollständig verloren haben und gar nicht mehr als fremde Wörter wahrgenommen werden (z.B. *Fenster* < lat. *fenestra*). Für den Grad der Integration spielt es nicht unbedingt eine Rolle, wie lange der Entlehnungsvorgang zurückliegt. So sind z.b. volle Nebensilbenvokale in einer Reihe von entlehnten Wörtern erhalten geblieben, wie z.b. in *Dromedar* (< lat. *dromedarius*, 13. Jh.), *Kaplan* (< lat. *capelanus*, 13. Jh.) oder *Kolik* (< mlat. *colica*, 16. Jh.).

Manche Fremdheitsmerkmale sind den Sprachteilhabern in der Regel nicht bewusst: So weist initiales *p* auf ein entlehntes Wort hin, das nach der 2. Lautverschiebung ins Deutsche übernommen wurde (sonst müsste initial *pf* stehen; s. Kap. 4.3.5 unter ‚2. Lautverschiebung').

Vor der 2. Lautverschiebung entlehnt, z.B:		später entlehnt, z.B.:	
Pfeffer	(lat. *piper*)	*Paar*	(lat. *pār, pāris*)
Pforte	(lat. *porta*)	*Palme*	(lat. *palma*)
Pfanne	(lat. *panna* < *patina*)	*Papst*	(spätlat. *pāpes*)
Pfund	(lat. *pondō*)	*Pacht*	(spätlat. *pactum*)
Pfirsich	(lat. *persica*)	*Paket*	(franz. *paquet*)
Pfeil	(lat. *pīlum*)	*Panne*	(franz. *panne*)
Pfahl	(lat. *palus*)	*Pantoffel*	(ital. *pantofola*)
pfeifen	(lat. *pipare*)	*Park*	(franz. *parc*)
Pflanze	(lat. *planta*)	*Partner*	(engl. *partner*)

Für historische Sprachstufen ist es besonders schwierig, den jeweils durch zeitgenössische Sprachteilhaber empfundenen Fremdheitsgrad eines Lehnworts zu ermitteln. Die Aussagen von Sprachpuristen sind ideologisch und somit problematisch. Von Luther stammt die Metapher vom Bürgerrecht von Wörtern (wohl in Bezug auf Sueton, de grammaticis et rhetoribus: [...] *civitatem dare potes hominibus, verbo non potes*, vgl. Jones 1995, 21 und passim)

‚Cornu salutis' ift gar ein frembder gaft in nostra lingua, sed debemus ea uti libenter propter omnes sanctos et Christum, qui usi, tamen Apostoli, Epiftel, Euangeliftae, Engel find als gefte gewefen in germanica lingua ante Ecclesiam Chriftianam, iam haben **burgerrecht** gewonnen. Sicut illis gewonet, sic et hac phrasi assuescamus. ‚Fenfter' latina dictio, et talia multa.

Predigt vom 24.6.1535 (Luther, Werke Bd. 41, Weimar 1910, 338f.)

Der empfundene Fremdheitsgrad lässt sich aber in Drucken seit der 2. Hälfte des 15. Jh.s, dann vermehrt im gesamten 17. Jh., gut nachvollziehen, da als fremd empfundene Wörter durch den Autor oder Drucker in der Antiqua-Type innerhalb des ansonsten in Fraktur gedruckten Textes abgesetzt werden. Auffällig ist dabei die häufig beobachtbare, feine Unterscheidung von fremdem Stamm und deutschem Suffix wie im nachfolgenden Beispiel von Gryphius:

> **Zuschrifft.**
>
> ;Magior Domo nach seiner hochdesiderabten Wiederkunfft / prelatio bey mir / nach gebührender Complementirung / abgeleget / und mich berichtet: Er hätte unsern vor weilen guten Patronium nach den und den tito vertwichenen Monden nach Mittage umb 3. Uhr angetroffen: und zwar / nach dem etliche Gentil huomini von ihm geschieden / vor welchen Er

Abb. 6.4: aus: Andreæ Gryphii Horribilicribrifax Teutsch. Breßlaw / Bey Veit Jacob Treſchern 1665, 9

Der Übergang eines Wortes von der Antiqua-Type zur Fraktur stellt eine Art Indikator für die lexikalische Einbürgerung dar. Während z.B. Philipp von Zesen *Soldat* 1669 noch in Antiqua setzen lässt, gesteht Sigmund von Birken 1679 *Soldat* (neben *Apostel* und *Kloster*) explizit das lexikalische Bürgerrecht zu (Jones 2004, 392). Und August Buchner (1663/1665) fordert entsprechend: „Darum man sie auch mit Teutschē/ uñ nicht frembden Buchstaben schreiben soll" (ebd., 458). Zur politischen Semantisierung der Fraktur s. auch Wehde (2000).

Die Auseinandersetzung mit Lehnwörtern war im Verlauf der Sprachgeschichte immer wieder von sprachpuristischen Tendenzen geprägt, die auch heute noch – zumal in der öffentlichen Wahrnehmung – eine Rolle spielen. Die Befürchtung, die sprachpuristischen Bestrebungen zugrunde liegt, ist, dass das ins Deutsche ,eindringende' Fremde der Sprache ,schaden' könne.

> Imfal aber etwan einer oder der andere solches unser ziel / und zwar unser hauptziel noch nicht recht eingenommen; so wollen wir ihm dasselbe zu guhter letzte noch einmahl erklähren. Nåhmlich wir haben unser fürnehmstes absehen auf die **erhaltung / fortpflantzung / und volkomnere auswůrkung der reinligkeit unserer edlen Hochdeutschen Sprache** gerichtet: einer solchen Sprache / die von den Haupt-stam- und grund-sprachen der welt die einzigste ist / welche / nach aller der andern untergange / nur allein / in ihrem gantzen grundwesen / noch rein und unverfälscht geblieben.
>
> Philipp von Zesen, Der Hochdeutsche Helikonische Rosentahl […] Amsterdam 1669, 39, zit. nach Jones (1995, 235)

In der wissenschaftlichen Auseinandersetzung mit dem Lehnwortschatz des Deutschen spielt die sprachpuristische Perspektive keine Rolle. Die zu beobachtenden Entlehnungs- und Integrationsprozesse werden als Sprachwandelprozesse wie andere auch beobachtet, beschrieben und in Erklärungsmodelle eingebettet.

Integration erfolgt durch graphische, lautliche und grammatische Prozesse der Assimilation, d.h. der Anpassung ‚fremder' Eigenschaften eines Lexems an die Gegebenheiten des deutschen Sprachsystems. Assimilationsprozesse können in mehreren Stufen ablaufen und sind bei Lehnwörtern, die bereits lange zum Bestand des deutschen Lexikons gehören und die im Lutherschen Sinne lexikalisches ‚Bürgerrecht' genießen, gut beschreibbar, wie das folgende Beispiel aus Munske (2001, 13) zeigt:

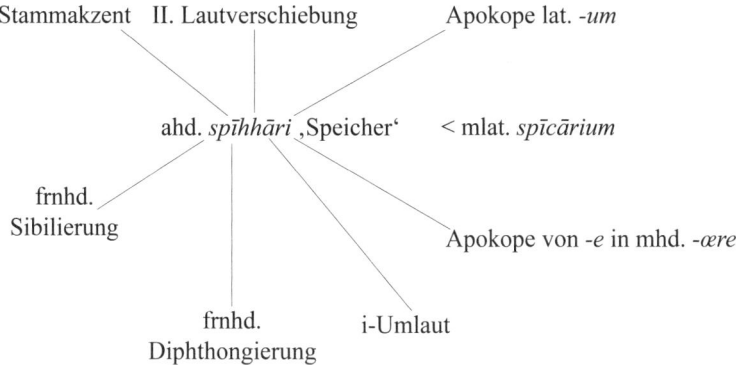

Vielfach erfolgt die Assimilation – zumindest für eine längere Zeit – nur partiell, während andere Fremdheitselemente erhalten bleiben. Dies gilt insbesondere für Entlehnungen seit der Frühen Neuzeit, die durch die Schriftlichkeit teilweise stabilisiert werden und – in Fällen von Mehrfachentlehnung – deren fremde Elemente immer wieder mit teilweise assimilierten Formen konkurrieren.

> z.B. aus franz. *sauce*
> ‹Soße› oder ‹Sauce›
> [zoːzɔ] oder [zoːsə] neben [zoːs] (österreich.)

(1) Grammatische Integration

Flektierbare entlehnte Wörter können bzw. müssen in einem ersten Integrationsschritt – sofern sie nicht als Zitatwörter benutzt werden – an die deutsche Flexion angepasst werden. Bei den **Substantiven** ist die Zuweisung eines Genus obligatorisch. Hier wird das sog. Entlehnungsprinzip wirksam, „das auf dem Genus des zu entlehnenden Nomens oder dem Genus eines Deutschen phonetisch und/oder semantisch ähnlichen Nomens basiert" (Köpcke/Zubin

1984, 29; dazu auch Gregor 1983). Hierbei entsteht häufig eine meist vorübergehende, gelegentlich jedoch lang anhaltende Variation. Bei aktuelleren Entlehnungen, wie z.b. *E-Mail*, kann dies gut beobachtet werden. Weitgehend (und von den gängigen Wörterbüchern privilegiert) hat sich das feminine Genus durchgesetzt (nach dem Genus von *Post*); in der deutschsprachigen Schweiz und weiten Teilen Österreichs ist *E-Mail* neutral (entsprechend dem Engl.).

Mit der Genusvergabe wird das Flexionsverhalten teilweise kanalisiert. Während die Einbettung in das Kasussystem bei den Substantiven wenige Probleme bereitet, stellt die Vergabe eines Numerusflexivs ein größeres Problem dar. Mit dem entlehnten Lexem wird z.T. auch fremde Pluralbildung mit entlehnt, die für die Sprachteilhaber häufig Anlass für sog. grammatische Zweifelsfälle bietet:

Atlas – *Atlanten* vs. *Atlasse*

Kaktus – *Kakteen* vs. *Kaktusse*

Visum – *Visa* vs. *Visas* vs. *Visen*

Baby – *Babies* vs. *Babys*

Von etablierten Mustern im Deutschen geht eine starke Assimilationswirkung auf ähnliche entlehnte Strukturen aus: So bleiben aus dem Englischen entlehnte mehrsilbige Lexeme auf *-er* (*Computer, Manager* etc.) entgegen der fremdsprachlichen Pluralregel im Deutschen hinsichtlich des Numerus unmarkiert:

> engl. Plural *computers, managers* > dt. Plural *Computer, Manager*

Bei der Vergabe eines Numerusflexivs spielt in der Gegenwart der *-s*-Plural bei entlehnten Substantiven eine besondere Rolle. Dieser wird in der Forschungsliteratur als eine Art „Durchgangstyp" (Eisenberg 2001) angesehen. Ausführlich beschreibt Wegener (2003; 2004) das Phänomen, dass der *-s*-Plural häufig als erste Wahl bzw. Integrationsetappe genutzt wird. Neben dem Fall, dass das Plural-*s* der Ausgangssprache erhalten bleibt (wie bei *Songs, Tests* etc.), wird es häufig unabhängig von der Ausgangssprache eingeführt (wie bei *Visas, Pizzas* etc.).

> ital. Pl. *pizze* > dt.[1] *Pizza-s* > dt.[2] *Pizz-en*

> „Für fremde Wörter ist es wichtig, zunächst einmal in der Zielsprache etabliert zu werden. Strukturbewahrende Pluralformen stellen daher einen Ausgleich für mangelnde Etabliertheit dar [...]. Erst wenn das Fremdwort einen gewissen Bekanntheitsgrad erreicht hat, erlaubt es die Ausbildung assimilierter Flexionsformen." (Wegener 2004, 106)

Verben werden in das Flexionssystem der schwachen Verben integriert. Der Infinitiv erhält *-(e)n*, die finiten Formen die entsprechenden Flexionsendungen, das Präteritum das Präteritalsuffix *-(e)t-* etc.

engl. *to switch* >	Inf.	*switch-en*
	Präs.	*ich switch-e, du switch-st, er switch-t,*
		wir/sie switch-en, ihr switch-t
	Prät.	*sie switch-t-e(n)*
	Part. Prät.	*ge-switch-t*

Integrationsprobleme gibt es gelegentlich bei Partizipien und bei Formen wie *upgraden* oder *downloaden,* deren Formen entweder wie die eines Simplexverbs oder aber analog zu einem deutschen Partikelverb gebildet werden können:

ich outsource oder *ich source out*

ich habe outgesourced ~ outgesourc(e)t oder *ich habe geoutsourc(e)t*

Bei der Integration vieler fremder Verben erhält das Derivationssuffix *-ieren* eine Funktion als Interferenzsuffix. Dabei können Verben verschiedener Ausgangsstrukturen durch das gleiche Suffix vereinheitlicht werden, so dass eine Art Archi-Form entsteht:

-ieren   <   lat. *-āre, -ēre, -ire, -ere*; franz. *-er*

inhalieren (lat. *inhalāre*), *repetieren* (lat. *repetere*)

blockieren (franz. *bloquer*), *blamieren* (franz. *blamer*)

(2) Lautliche Integration

Enthält ein entlehntes Lexem Laute, die nicht zum phonologischen Kern-System des Deutschen gehören, wie etwa engl. /θ/ und /ð/ oder die französischen Nasallaute, dann können diese Laute entweder als Fremdelemente erhalten bleiben oder aber es findet eine phonologische Anpassung statt.

Phonologische Fremdheitsmerkmale nach Munske (1988, 52ff.):

- Lehnphoneme wie nasalierte Vokale /õ/, /ã/ (*pardon, Pendant*), /ʒ/ (*Journal*), /dʒ/ (*Gin*),

- häufiges Vorkommen gespannter Kurzvokale (= Kurzvokale, deren Gespanntheit und Öffnungsgrad deutschen Langvokalen entspricht) wie das [e] in *Metall* [me'tal],

- spezifische Lautverbindungen wie *pn* (*Pneu*), *ps* (*Psyche*), *sz* (*Szene*), *sk* (*Skat, Kiosk*), *tw* (*Twist*); *oā* (*Memoiren*), *uō* (*virtuos*), *ui* (*Linguist*) etc.,

- volle Nebensilbenvokale: *Konto*, *Kakadu*, *Jury*, *Villa* etc.,

- Fremdwortakzent; während im Deutschen der Hauptakzent eines Wortes auf der Stammsilbe (Basismorphem) liegt, wird in vielen Fremdwörtern auf der jeweils letzten Silbe mit Langvokal/Diphthong bzw. Kurzvokal + Konsonant (sog. schwere Silbe) akzentuiert, wie z.B. *Amnestíe*, *Demagóge*.

Es bleibt fraglich, inwieweit die oben aufgeführten Fremdheitsmerkmale den sprachlichen Kernbereich berühren. Über den nachhaltigen Einfluss fremder Artikulationen auf das Deutsche der Gegenwart kann derzeit nur spekuliert werden (vgl. dazu Eisenberg 2001, 186ff.). Das gilt weitgehend auch für die Sprachgeschichte, da wir kaum etwas über die Lautartikulation wissen.

Die phonologische Akzentregel der Fremdwörter wird von Vennemann (1991) nicht als ,fremd' betrachtet. Die Regel gilt auch für indigene (,eigene') Wörter wie *Holunder* oder *Forelle*. Auffällig ist jedoch, dass die Mundarten solche indigenen Wörter, gelegentlich auch Fremdwörter, formal verändern und mit Initialakzent versehen: *Hólder*, *Fórell*, *Músik*.

Für die phonologische Anpassung gibt es zwei Möglichkeiten:

- Orientierung am Laut

Der fremde Laut wird durch einen als ähnlich empfundenen deutschen Laut oder eine Lautfolge ersetzt. Dabei besteht ein gewisser Assimilationsdruck hin zu der im Deutschen nächstgelegenen Artikulationsstelle /θ, ð/ > /s ~ z/, /β/ > /v/ (s. Bsp. unten), doch ist hierbei eine breite Variabilität anzunehmen; die Angaben der Wörterbücher sind hier normativ und entsprechen oft nicht der Sprachrealität.

- Orientierung an der Schrift

Eine mögliche Integrationsrichtung besteht auch nach der Maxime „sprche, wie du schreibst": Die Lautlichkeit des entlehnten Wortes wird dem Schriftbild nachgebildet.

Orientierung am Laut	Orientierung an der Schrift
Whiskey engl. [β], dt. [v]	*Coupon* franz. [õ], dt. [ku:pɔn]
Cousin [ku:sɛŋ]	französische Entlehnungen auf -*ette* (dt. [ɛttə]) oder -*ment* (dt. [mɛnt])

Darüber hinaus unterliegen die entlehnten Lexeme häufig phonologischen Prozessen und Ausspracheregeln, die für das Deutsche typisch sind:

Auslautverhärtung   engl. [gæ:g]   dt. [gɛk]

engl. [dʒɔb]   dt. [dʒɔp]

Artikulation von initialem ‹st› als /ʃt/   engl. [stɔp]   dt. [ʃtɔp]

Artikulation von initialem ‹sp› als /ʃp/   engl. [spɔt]   dt. [ʃpɔt]

(3) Graphische Integration

Die Auseinandersetzung mit der Schreibung von entlehnten Wörtern begleitet die Diskussion um eine normierte deutsche Orthographie von Beginn an. Dies zeigt zum einen, wie prominent ‚Fremdes' im deutschen Wortschatz ist, und zum anderen, dass die Sprachteilhaber stetig an der Fremdwortintegration ‚arbeiten'. Bei oberflächlicher Betrachtung scheint es im Deutschen heute nur wenige Fremdgrapheme zu geben (z.B. ‹ç›, Zeichen mit Diakritika z.B. ‹à›, ‹á›, ‹ê›, → Ligaturen wie ‹œ›, Apostrophschreibungen wie ‹d'›). Doch die graphematische Integration von Lehnwörtern stellt insofern ein besonders komplexes Problem dar, als dass das graphematische System des Deutschen selbst gewachsen und daher im Sinne der Phonem-Graphem-Korrespondenz nur bedingt systematisch ist (s. Kap. 3.2). Entlehnte Wörter mit ‚fremden' Graphem-Phonem-Korrespondenzen können daher nicht einfach an eine bestehende, eindeutige ‚deutsche' Graphem-Phonem-Zuordnung angepasst werden. Auch bei den Lehnwörtern ist also zu beobachten, wie im Laufe der Sprachgeschichte die Graphie der Lexeme ‚ausgehandelt' wird. Von der Entwicklung des standarddeutschen Graphiesystems unterscheidet sich die graphematische Entwicklung des Lehnwortschatzes dadurch, dass letztere stark durch sprachpflegerische, zum Teil sprachpuristische, in jedem Fall aber durch intentional auf die Sprachentwicklung gerichtete Prozesse bestimmt ist.

In empirischen Untersuchungen hat Heller (1986; u.ö.) das „Inventar der fremden Phonographeme in der deutschen Gegenwartssprache" (ebd., 24) herausgearbeitet, das fast 200 Phonographeme enthält, die keine Entsprechung im Deutschen haben. Diese große Gruppe ‚fremder' Graphem-Phonem-Korrespondenzen hat sich – zumindest laut Aussage der Wörterbücher – gehalten und weist im Regelfall eine starke Bindung an einzelne Lexeme auf, wie z.B. ‹ddh› für /d/ in *Buddhismus*. Es wird also deutlich, dass ‚fremde' Graphien häufig erhalten bleiben, sich z.T. auch als „äußerst integrationsresistent" (Heller/Walz 1991, 285) erweisen, wie etwa die französischen Schreibungen ‹eau› und ‹au› für /o:/, z.B. in *Niveau* oder *Fauxpas*. Insbesondere bei reihenhaft vorkommenden Elementen wie *-eur* in *Kontrolleur, Ingenieur, Regisseur* etc. widersetzt sich die Graphie einer Anpassung.

Eine starke Tendenz zur Anpassung gibt es dagegen z.B. bei ‹c› zu ‹k› bzw. ‹z› (vgl. Heller/Walz 1991):

‹c› für /k/   >   ‹k› für /k/   *Karikatur, Kaskade, Katholik, kompakt, Konfekt,*
                                            korrekt

‹c› für /ts/   >   ‹z› für /ts/   *Zäsur, Zement, zentral, Zigarre, Zitrone, zivil, Zölibat*

Lesehinweis: Mit der Frage der Integration und ihren Problembereichen setzen sich ausführlich Munske (1988) und Eisenberg (2001) auseinander, wobei der Schwerpunkt bei Munske auf historischen und bei Eisenberg auf gegenwärtigen Prozessen liegt. Die obige Darstellung und die Beispiele beziehen sich in Teilen auf diese beiden Titel.

(4) Lexikalische und semantische Integration

Die lexikalische Integration erreicht dann eine neue Etappe, wenn fremde Wortbildungsprodukte mit Hilfe indigener Wortbildungsmittel weitergebildet werden. Dies wird besonders in Wortfeldern und Wortfamilien deutlich, die durch weitere Entlehnungen und exogene oder indigene Wortbildungen ergänzt und verfeinert werden, wie das Beispiel aus Munske (2001) verdeutlicht:

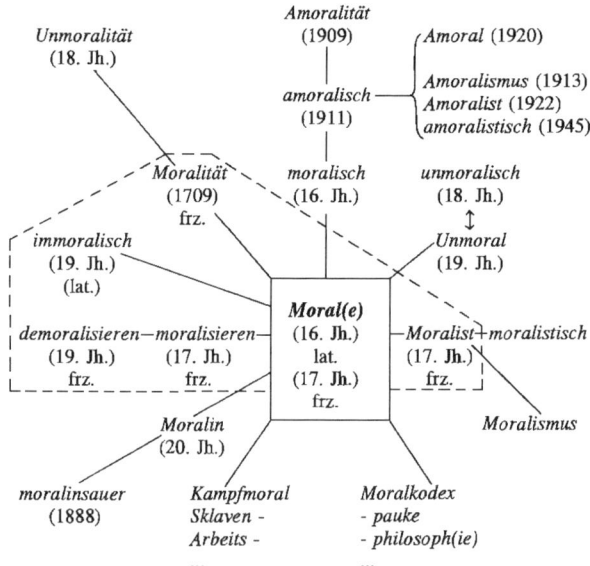

Abb. 6.5: aus Munske (2001, 27)

Gelegentlich werden deutsche Wörter in andere Sprachen entlehnt und – unter veränderten Bedingungen und in veränderter Form – wieder rückentlehnt. Ein besonderes Beispiel stellt die Entwicklung von *Hamburger* dar (s. Kann 1992, 16):

1884:	*Hamburger steak* (‚nach Hamburger Art zubereiteter Hackbraten, deutsches Beefsteak')
1889:	Zusammenschreibung *hamburgersteak* (‚Hackbraten')
1901/1908:	Ellipse *hamburger* (= ‚Hackbraten', spätestens seit 1929 auch ‚Hackfleisch')
1904:	Erfindung des Hackbratens in Weichbrötchenhälften > Spezialisierung des Begriffs *hamburger*
ca. 1935:	*-burger* wird als Kompositionsglied reanalysiert, erste Analogiebildung *goonburger*
1942:	„*burger*" wird als freies Morphem, aber noch in Anführungszeichen verwendet
spätestens 1951:	*burger* als freies Morphem ohne Anführungszeichen; damit kann *burger* auch als Erstglied verwendet werden (z.B. *Burgerladen, Burgerbrater*)
danach:	Remotivierung *ham burger* (‚Schinkenburger')

(5) Fremdwortbildung

Eine große Bedeutung bei der Wortschatzerweiterung durch Entlehnung kommt der Fremdwortbildung zu. Fremde (exogene) Wortbildungselemente gelangen in der Regel zunächst zusammen mit einem entlehnten Wort in die Sprache und gehören damit zum Bereich der Wortentlehnung. In der weiteren Entwicklung kann das mit dem Wort zugleich entlehnte → Affix aber eine eigene Entwicklung durchlaufen. Wenn eine genügend große Zahl an gleichartig gebildeten Wörtern entlehnt ist, kann das Affix, sofern es segmentierbar und transparent ist, reihenbildend und damit zum Muster werden, das eigene neue Bildungen mit deutscher (indigener) oder fremder (exogener) → Basis hervorbringt.

> z.B. mhd. aus dem Französischen entlehnt *buhurdieren, croieren, lancieren* etc. >
>
> *-ieren*-Bildungen mit indigener deutscher Basis *hofieren, stolzieren* etc.

Das Affixinventar des Deutschen ist durch entlehnte Wortbildungsaffixe stark bereichert, so sind etwa im Bereich der nominalen Präfigierung (Substantive und Adjektive) eine große Zahl von entlehnten Präfixen zu beobachten:

> *a-/an-, anti-, de-/des-, dis-, ex-, hyper-, in-, inter-, ko-/kon-/kol-/kom-, non-, prä-, pro-, re-, super-, trans-, ultra*

Die Unterscheidung zwischen Wortentlehnungen (entlehnt) und Fremdwortbildung (im Deutschen gebildet) stellt ein theoretisches Problem dar. P.O. Müller (2005, 23f.) unterscheidet drei Typen von Wortbildungsprodukten mit exogenen Anteilen:

- Derivate, deren Basis jeweils synchron belegbar ist, können weitgehend problemlos als Fremdwortbildungen angesehen werden, so z.B. synchron nhd.: *Aktivität* (zu *aktiv*), *Relativität* (zu *relativ*), *Rigorosität* (zu *rigoros*).

- Als Wortentlehnungen werden dagegen Bildungen angesehen, zu denen im Nhd. keine (indigene oder exogene) Basis vorhanden ist, wenngleich die Lexeme bereits seit mehreren hundert Jahren im Deutschen belegt sind, wie z.b. *Gravität* (lat. *gravitas* < *gravis*), *Kapazität* (*capacitas* < *capere*), *Pietät* (*pietas* < *pius*); alle drei bereits im 16. Jh. entlehnt.

- Eine dritte Gruppe ist nhd. zwar durch koexistierende Basen motiviert und kann aus synchroner Perspektive entsprechend auch als Fremdwortbildung angesehen werden, während aus diachroner Perspektive das entscheidende Kriterium ,im Deutschen gebildet' nicht zutrifft, so z.B.: *Laszivität* (entlehnt im 19. Jh.), *Naivität* (18. Jh.), *Neutralität* (15. Jh.).

Der Abstand zwischen der Entlehnung eines Derivats und (deutscher) Fremdwortbildung nach dem entsprechenden Muster schwankt zwischen wenigen Jahren (z.B. im Falle von *Ex-* in der 2. Hälfte des 18. Jh.s) und mehreren hundert Jahren (wie z.B. im Falle von *-thek*, entlehnt im 16. Jh. in *Bibliothek* (1511) und gesteigert produktiv erst in der 2. Hälfte des 20. Jh.s), vgl. P.O. Müller (ebd.).

Neben der Entlehnung von Affixen können auch Teile fremder Wörter zu Wortbildungselementen und als solche produktiv werden. Solche entlehnten Wortbildungseinheiten ohne Affixstatus, die aber gebunden bleiben, d.h. nicht selbständig auftreten können, werden häufig als **Konfixe** bezeichnet (zum Begriff s. v.a. die Beiträge in P.O. Müller 2009), z.B.

> *Bio-, bio-* > *Biologe, biologisch, Bioladen, Bioprodukte, bioaktiv, biodynamisch, Biograph* etc. (vgl. H.-J. Grimm 1997)

Wie das Beispiel *Bio-loge/Bio-logie* zeigt, sind Konfixe im Gegensatz zu Derivationsaffixen miteinander kombinierbar (sog. Konfixkomposita).

Seit dem Ahd. werden auch fremde Lexeme mit deutschen Affixen kombiniert,

> so ahd. z.B. *kanin-isc* ,hündisch' < lat. *caninus* ,Hund'

Bergmann (1998, 174f.) stellt eine massenhafte Kombination von indigenen Suffixen mit entlehnten Basen (vor allem *-isch* und *-ung* wie *puritan-isch*, *Faktorier-ung*,) und eine massenhafte Kombination von entlehnten Präfixen mit indigenen Basen (z.B. *super-, mega-* wie *superdünn, megasauer*) fest. Seltener dagegen ist die Kombination von entlehnten Suffixen mit indigenen oder bereits integrierten Basen (z.B. *-ist* wie *Niederlandist*).

Wie produktiv gegenwärtig auch hybride Wortbildungsformen (**Hybridbildungen**, vgl. Munske 2009) sind, lässt sich anschaulich in der „Wortwarte" (www.wortwarte.de) nachverfolgen.

> *Verjazzung* (,neues Wort' vom 17.9.2000)   ***Ver-*** jazz-***ung***
>
> *Klatschologe* (vom 17.10.2002)   ***Klatsch-*** o-*loge*

Tanzbodensmasher (vom 20.4.2005)	***Tanz**-boden-smash-**er***
Zwangspaypalisierung (vom 3.2.2010)	***Zwang**-s-paypal-isier-**ung***
actionblockbustertauglich (vom 3.1.2016)	*action-blockbuster-**taug-lich***

Neben den genannten Formen der Entlehnung und Lehnwortbildung sind noch die Pseudoentlehnungen zu nennen, die nicht erst seit der aktuellen Anglizismenwelle eine Rolle spielen: So haben die Pseudoanglizismen *Handy* (engl. *mobile* oder *cellular phone*) oder *Pullunder* im Englischen keine Entsprechung. Diese Form der Neubildung nach dem Vorbild einer fremden Sprache ist auch an antikisierenden Bildungen wie *Sanatorium* oder *Psychopath* nachweisbar.

Weiterführende Literatur: Zu Entlehnungen allgemein: Eisenberg (2018); Handbuch Sprachgeschichte (2004), Abschnitt XIX; Maurer/Rupp (1974). **Zum Sprachpurismus:** Jones (1995); Kirkness (1975), (1998). **Zur Integration:** Eisenberg (1991); Harnisch (2002); Munske (1988); Poitou (1987); Stickel (2001; darin bes. Gardt, Munske, Eisen-berg); Wegener (2003), (2004). **Zur Fremdwortbildung:** P.O. Müller (2005), (2009).

6.4 Lexikalisierung

Der Begriff ‚Lexikalisierung' wird in der Literatur für unterschiedliche Prozesse bzw. mit unterschiedlicher Reichweite verwendet (vgl. Blank 2001). Analog zum Begriff ‚Grammatikalisierung' soll ‚Lexikalisierung' hier für eine Bandbreite von Wandelprozessen stehen, die eine sprachliche Einheit näher zum lexikalischen Pol der Sprache bringen. Zunächst kann unter Lexikalisierung in einem engeren Sinn der Eingang einer Einheit in das Lexikon einer Sprache auf der Ebene des Sprachsystems verstanden werden. Entlehnungsprozesse stellen dabei – wie im vorangegangenen Kapitel beschrieben – einen Sonderfall dar, da sie von Integrationsprozessen begleitet werden.

Als ‚Neuzugänge' im Lexikon werden in der Forschung bisher primär solche Einheiten diskutiert, die aus einem kombinatorischen Verfahren (Wort- oder Syntagmenbildung, Phraseologismen) hervorgegangen sind und in Folge der Lexikalisierung nicht mehr als gebildete, sondern als im Lexikon gelistete Einheiten verarbeitet werden. Gerade in demjenigen Bereich der Lexikalisierungsforschung, der Lexikalisierung im Zusammenspiel mit Grammatikalisierung untersucht, werden auch nur solche Prozesse als Lexikalisierung betrachtet, bei denen eine ehemals komplexe Einheit ihre Kompositionalität verliert (vgl. Lehmann 2002; Himmelmann 2004; Brinton/Traugott 2005).

Die Lexikalisierungsauffassung, die hier vertreten wird, bezieht auch nicht-kompositionale Einheiten ein. Als wichtiges Beispiel für einen ‚Spenderbereich' für die Lexikalisierung nicht-kompositionaler Einheiten können Namen, die zu Appellativa werden, dienen, s. die folgenden Beispiele (aus Waldenberger 2016):

Mäzen	Anthroponym *Gaius Cilnius Maecenas*	‚jmd., der mit Geldmitteln fördert (insbes. Kunst)'
Zeppelin	Anthroponym *Ferdinand Graf von Zeppelin*	‚Luftschiff'
Spa	Toponym belgische Stadt	‚Wellnesseinrichtung'
Waterloo	Praxonym (aus Toponym)	‚katastrophale Niederlage'
Tempo	Ergonym; Produktname	‚Papiertaschentuch'

Die notwendige Eigenschaft, die einen Ausdruck zu einer lexikalischen Einheit macht, ist seine lexikalische Semantik, d.h. dass er eine (Wort-)Bedeutung hat. Bei appellativierten Namen besteht die Lexikalisierung dann darin, dass eine lexikalische Semantik aufgebaut wird (vgl. Waldenberger 2016). Als Name referiert der Ausdruck auf einen (einzigen) spezifischen Gegenstand; man könnte sagen, dass ein Name keine Semantik hat. In lexikalisierter Form sind appellativierte Namen (mindestens) dazu fähig, auf Gegenstände als Vertreter einer Klasse zu referieren. Das zeigt sich beispielsweise an grammatischen Eigenschaften wie Artikelfähigkeit (*ein Zeppelin, das Spa*) und Pluralisierbarkeit (*die Mäzene, die Tempos*; vgl. Nübling/Fahlbusch/Heuser 2015, 61).

An die Speicherung eines neuen Lexems „zu kollektivem bzw. gesellschaftlichem Sprachbesitz" (W. Fleischer/Barz 1995, 16) schließt sich häufig eine ‚Weiter-Lexikalisierung' an. In einer kognitiven Modellierung ist der lexikalische Pol des Sprachsystems dadurch gekennzeichnet, dass ein zu ihm gehöriges Element holistisch, also als „unmotivated simple lexeme" (Blank 2001, 1603), wahrgenommen wird. Ins Lexikon eingegangene komplexe Einheiten können ‚stärker lexikalisch' werden, indem ihre Kompositionalität ‚verwischt' wird. Die Bedeutung eines neu gebildeten Wortes ist zunächst im Regelfall (zu Ausnahmen s.u.) transparent aus den Bedeutungen seiner Bestandteile und ihrer Kombination ableitbar. Das gebildete Wort kann dann semantischen Wandel erfahren, durch den es sich von seiner Ursprungsbedeutung entfernt und seine semantische Transparenz (d.h. die Herleitbarkeit der Gesamtbedeutung aus den Teilbedeutungen) verliert. Diese Prozesse werden häufig als **‚Idiomatisierung'** bezeichnet.

Idiomatizität als Eigenschaft von Wortbildungsprodukten oder Phrasen setzt allerdings nicht unbedingt einen Idiomatisierungsprozess voraus; Wortbildungsprodukte (WBP) können von Beginn ihrer Bildung an Bedeutungsmerkmale tragen, die über diejenigen der Basis bzw. Basen hinausgehen, „ein WBP [kann] vom Moment seiner Bildung an graduell idiomatisch" (Barz/Schröder 2001, 189) sein. Darauf weist bereits Paul (1880, 90) mit Blick auf die Spezialisierung durch Idiomatisierung hin:

> „Es gibt auch eine Art von Spezialisierung, die gleich ihren Anfang nimmt, sobald das Wort überhaupt gebraucht wird. Diese findet sich bei Wörtern, die aus anderen üblichen Wörtern nach den Bildungsgesetzen der Sprache beliebig abgeleitet werden können, aber doch nur dann wirklich zur Verwendung kommen, wenn ein besonderes Bedürfnis dazu treibt. Solche Wörter sind von Anfang an nur mit einer spezielleren Beziehung zum Grundwort nachzuweisen, als sie die Ableitung an sich ausdrückt."

Ohne den spezifischen Kontext einer Neubildung, der offenbart, welches Konzept durch die Neubildung benannt sein soll, bzw. ohne das den Sprechern zur Verfügung stehende enzyklopädische Wissen kann die konkrete Bedeutung eines gebildeten Wortes zuweilen nicht aus den Bedeutungen ihrer Wortbildungsbestandteile gefolgert werden. Einige Beispiele von Neologismen des Deutschen (aus dem Projekt ‚Wortwarte') sollen dies demonstrieren:

Cocktailphantasie (vom 27.2.2011)	bezeichnet ein Abendkleid
Verantwortungsbock (vom 3.1.2016)	„Der Verantwortungsbock ist jemand, dem die Öffentlichkeit die Verantwortung zuschiebt." (Analogie zu ‚Sündenbock')

Die semantische Undurchsichtigkeit (Idiomatizität) dieser Neubildungen ist hier keine Folge eines Idiomatisierungsprozesses, findet also nicht auf der Ebene der langue statt, sondern resultiert aus dem spezifischen Verwendungskontext, d.h. ist ein Phänomen der parole.

Voraussetzung dafür, dass ein Ausdruck eine Idiomatisierung erfahren kann, ist die **semantische Anreicherung**, die mit seinem Eingang ins Lexikon einhergeht: Eine lexikalisierte Einheit muss – da sie Teil des kollektiven Sprachgebrauchs ist und nicht des Sprachgebrauchs einzelner – in unterschiedlichsten Kontexten gebraucht werden (können) und erfährt in ihrer Lexikalisierung damit gewissermaßen als ‚Beiprodukt' eine Polysemierung. Innerhalb des erweiterten Verwendungs- bzw. Bedeutungsspektrums können dann Verschiebungen stattfinden, die die Bedeutung einer lexikalisierten Bildung von ihrer ursprünglichen, kompositionellen Bedeutung entfernen, indem eine ursprünglich randständige Teilbedeutung zur prototypischen Bedeutung avanciert und damit z.B. eine Spezialisierung stattfindet. So hat beispielsweise das ehemalige Derivat *Gift* (*-t*-Ableitung zu *geben*) eine semantische Spezialisierung erfahren. Im Mhd. existieren noch zwei Varianten nebeneinander, die allgemeinere Bedeutung ‚das, was gegeben wird' und die spezialisierte Bedeutung wie nhd. *Gift* (vgl. Klein/Solms/Wegera, Mhd.Gr. III, 121f.):

> *Ieglicher do begvnde / Wunder alda ſchouwen / Vñ marien der vrouwen / Danken dirre grozen gift* [...] (Pass 15, 73)

(Jeder begann daraufhin Wunder dort zu sehen und Maria, der Jungfrau, für diese große Gabe zu danken)

Dem ſlangen ſol man daz höbt zemvöſchē [...] *ſo mag vnſ ſin **gift** niht ertôten.*
(DvATr 42^r,15)
(Der Schlange soll man den Kopf zerquetschen, dann kann uns ihr Gift nicht umbringen)

Das nhd. Lexem *Gift* wird durch die Sprachteilhaber kaum noch intuitiv auf die verbale Basis *geben* bezogen (im Gegensatz zu *Gabe*) und auch ein Bezug zum Englischen wird nicht unmittelbar hergestellt.

Je älter ein Affix ist, desto höher ist der Anteil der idiomatisierten ehemaligen Wortbildungsprodukte. Bei Substantiven ist bereits im Mhd. der Anteil an idiomatisierten Formen besonders hoch bei *ur-* (*ursache*), *-e* (*veste*), *-t* (*schrift*); dagegen gering bei Bildungen mit *-nisse, -heit/-keit, -unge*. Bei den Verben ist der Anteil der idiomatisierten Formen höher bei den untrennbaren Präfixen (außer *zer-*) als bei den trennbaren; hohe Anteile zeigen *be-, ent-, ver-, ge-* (vgl. Klein/Solms/Wegera, Mhd.Gr. III § E 10 und passim).

Wird ein komplexes Wort aufgrund seiner Idiomatisierung nicht mehr analytisch, sondern holistisch wahrgenommen, dann ist auch der Weg für Prozesse ausdrucksseitiger Veränderung frei. Sofern Getrenntschreibung von graphematischen Wörtern als regelhafte Erscheinung etabliert ist (vgl. Kap. 3.3.3), stellt Zusammenschreibung eines ehemaligen Syntagmas ein deutliches Anzeichen für Lexikalisierung dar.

seiner Zeit > seinerzeit (Adv.)

auf Grund > aufgrund (Präp.)

Für Lexikalisierungsprodukte dieses Typs wird häufig auch der Begriff 'Univerbierung' verwendet.

Über die Zusammenschreibung hinaus gehen **Reduktionsprozesse**, die die ehemaligen Morphemgrenzen innerhalb des komplexen Wortes verschwinden lassen wie in:

Junker < junc-herre

Kirmes < kirch-messe

Hier ist die letzte Stufe der Lexikalisierung erreicht: Aus einem ehemals komplexen Wort ist auch ausdrucksseitig ein einfaches (zweisilbiges) Lexem geworden. Wie die oben behandelten Beispiele illustriert haben, handelt es sich auch bei der Lexikalisierung – wie bei der Grammatikalisierung (s. Kap. 2.2.2) – um einen graduellen Prozess mit typischen Etappen, der aber nicht in jedem Fall alle Stufen durchlaufen muss. Den Verlauf von Lexikalisierungen komplexer (kompositionaler) Einheiten kann man wie folgt modellieren:

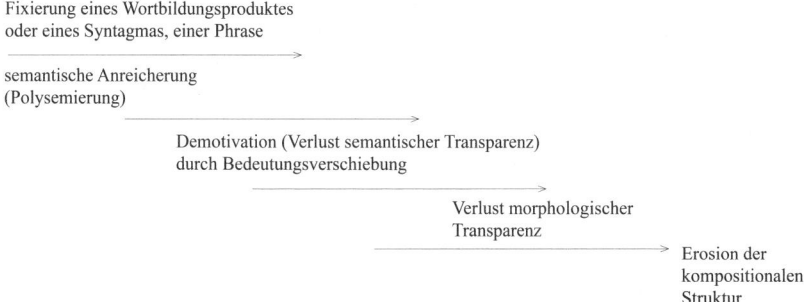

Nicht zur Lexikalisierung im oben beschriebenen Sinn gehören Prozesse der **Demotivierung**, die sich aus lexikalischen Prozessen ergeben, denen die Bestandteile des ehemaligen komplexen Wortes unterliegen, wie etwa semantische Wandelprozesse: So ist *Nasenbein* nicht mehr durch *Bein* (erkennbar noch in *beinhart, Elfenbein, auf Stein und Bein schwören*) motiviert, da das Lexem *Bein* in der nhd. Standardsprache die Bedeutung ‚Knochen‘ verloren hat. Schwindet ein Lexem gänzlich aus dem Wortschatz und ist nur noch in einem Kompositum erhalten, spricht man synchron nhd. von einem ‚unikalen‘ Morphem. Beispiele sind etwa **Schorn**stein (mhd. und mundartlich *schorn* ‚Kamin‘), **Him**beere (mhd. *hind-ber; hinde* ‚Hirschkuh‘), **Brom**beere (mhd. *brām-ber; brāme* ‚Stachel, Dorn‘), *Nachtigall* (mhd. *nahte-gal; gellen* ‚singen, tönen, schreien‘), *Bräutigam* (mhd. *briute-gome; gome* ‚Mann‘, vgl. got. *ghomo*, lat. *homo*) etc.

6.5   Wortbildung und Wortbildungswandel

Die Gesamtheit aller Elemente und die Regeln ihrer Verknüpfung, die in einer Sprache zur Wortbildung genutzt werden bzw. zur Verfügung stehen, kann man als das **Wortbildungssystem** einer Sprache ansehen. An dieser Stelle wird bereits ein Abgrenzungsproblem sichtbar, das bei der Betrachtung von Wortbildung häufig diskutiert wird: An Wortbildung beteiligt sein können theoretisch alle Lexeme einer Sprache, also müsste streng genommen das gesamte Lexikon einer Sprache als Teil des Wortbildungssystems aufgefasst werden. Damit ist die Frage angeschnitten, zu welchem ‚Modul‘ der Sprache Wortbildung zu zählen ist: zum Lexikon oder zur Grammatik einer Sprache. Die relative Eigenständigkeit der Wortbildung zwischen Grammatik und Lexikon wird hier nicht in Frage gestellt. Wortbildung wird im Folgenden lediglich unter dem Aspekt der Wortschatzerweiterung unter Lexik behandelt.

Neben der Menge der freien Morpheme stehen als Teil des Wortbildungssystems gebundene (Wortbildungs-)Morpheme, → Affixe, zur Verfügung. Als **Wortbildungsmuster** (gelegentlich auch -modelle) werden die ‚Regeln‘ bezeichnet, nach denen aus bestehendem Sprachmaterial neue Wörter gebildet werden können: durch Kombination aus freien Morphemen (→ Komposition), aus freien + gebundenen Morphemen (→ Derivation) oder durch Mittel der → Konversion.

Eine typologische Besonderheit des Deutschen stellt die starke Tendenz zur Bildung von Komposita (v.a. Determinativkomposita) dar (vgl. Schlücker 2012). Bereits das Ahd. und And. verfügen über zahlreiche Komposita (vgl. Gröger 1911). Ihre Zahl nimmt im Mhd. zu (vgl. Klein/Solms/Wegera, Mhd.Gr. III; Meineke 2016). Während die meisten der mhd. Komposita noch ohne Bindeglied (Fuge) auskommen, sind einige bereits mit einem Fugenelement belegt: *rind-er-markt, tag-e-weide, hirte-n-stap, ouge-n-schīn*. Einen erheblichen Schub erhält diese Entwicklung im Frnhd.

Die Zusammenschreibungen von Wortfügungen aus ehemaligem pränominalem Genitiv und folgendem Substantiv (Genitivkomposita; von Jacob Grimm auch als ‚uneigentliche Komposita‘ bezeichnet) stellen dabei eine häufig auftretende besondere Form dar. Erreicht wird durch diese Komposita eine deutliche formale Trennung von syntaktischer Gruppe und Kompositum: *recht(e)s sachen > Sachen des Rechts* oder *Rechtssachen* (s. auch Kap. 5.2.3; zur Entwicklung von der Getrenntschreibung in Kontaktstellung bis hin zur konsequenten Zusammenschreibung s. Kap. 3.3.3). Häufig ist es schwierig, zu entscheiden, ab wann ein Kompositum vorliegt. Ein deutlicher Hinweis auf den Status ergibt sich im Falle eines veränderten Artikelbezugs.

Genitivkonstruktion		Kompositum
des hymels porten	(HartwT 46ᵛ,13)	*die Himmelspforten*
der ſele heil	(PrRei 14ᵇ,23)	*das Seelenheil*

Das ehemalige Genitiv-Flexiv wird in der Folge zum Fugenelement exaptiert und als solches auch auf Komposita übertragen, deren Erstglied den Genitiv nicht mit *-s* bildet (vgl. Erben 1983, 124; ausführlich Pavlov 1972, 94ff.; 1983; Kopf 2018).

    die Geburt, aber: *der Geburt-s-tag*

Das *-s* wird als Fugenelement in der Neuzeit stark produktiv. Seine Funktion kann einerseits – wie beim obigen Beispiel *Geburtstag* – als euphonisch interpretiert werden. Fuhrhop (2000) beschreibt dies metaphorisch als ‚Öffnung‘ hin zur Kompositionsfähigkeit. In komplexen Komposita erleichtert die Fuge durch eine Markierung der Morphemgrenzen die Dekodierung.

Seit dem 16. Jh. nimmt nicht nur die Zahl der Komposita, sondern auch deren Komplexität stark zu. Mehrgliedrige Komposita werden heute nicht als ungewöhnlich wahrgenommen. Besonders in der Verwaltungs- und Rechtssprache wird das Prinzip der Komposition besonders stark genutzt und führt gelegentlich zu ‚Wortungetümen‘, z.b.:

Rindfleischetikettierungsüberwachungsaufgabenübertragungsgesetz
(1999 in Kraft getreten, 2013 aufgehoben)

Arzneimittelausgabenbegrenzungsgesetz

Berufsausbildungsvorbereitungs-Bescheinigungsverordnung

Verkehrswegeplanungsbeschleunigungsgesetz

Komposita mit einem Adjektiv als Grundwort werden besonders seit dem 16./17. Jh. beliebt. Sie dienen insbesondere dem Ausdruck der Steigerung von Ehrerbietung vor allem in Anreden, Zueignungen u.ä., so z.b. *grundgútig, hochseelig, großgúnstig, hochwúrdig, lobwúrdig.* Ähnlich verhalten sich auch durch doppelten Bindestrich verbundene Halb-Komposita aus Substantiv/Adverb und Partizip, bei denen durch die Verbindung eine neue Lexikalisierungsstufe ausgedrückt wird, so z.b. *glanz=bestrahlt, úbel=riechend, welt=gepriesen, hoch=geboren.*

Weiterführende Literatur: Fuhrhop (2000); Kopf (2018); Nitta (1987); Nübling/Szczepaniak (2013); Pavlov (1983); Solms (2016).

Wortbildungsmuster unterliegen in der Regel morphologischen und semantischen **Restriktionen**. Restriktionen betreffen einerseits den Input, aus dem sich ein Wortbildungsmuster speist, d.h. bei Affixen ihre Kombinationsmöglichkeiten mit einer Wortbildungsbasis. So kann beispielsweise nicht jedes Suffix mit jeder beliebigen Basiswortart kombiniert werden (morphologische Restriktion): Das nhd. Suffix *-ung* kann z.b. nicht genutzt werden, um aus Adjektiven abzuleiten, sondern mit *-ung* können lediglich Substantive aus verbalen und substantivischen Basen gebildet werden.

Basisverb:	*leisten*	>	*Leistung*
Basissubstantiv:	*Wand*	>	*Wandung*
*Basisadjektiv:	*leicht*	>	*Leichtung*

Manche Affixe unterliegen klaren semantischen Input-Restriktionen, die sich aus der Wortbildungsfunktion ergeben. So können die Mittel zur Movierung (Bildung in der Regel femininer Personenbezeichnungen aus maskulinen) nur auf solche maskuline Substantive angewandt werden, die Personenbezeichnungen (oder – seltener – mask. Tierbezeichnungen) sind.

Arzt	>	*Ärztin*
Hund	>	*Hündin*
Baum	>	*Bäumin*
Hunger	>	*Hungerin*

Andererseits bestehen auch Output-Restriktionen, d.h. Beschränkungen, welche Produkte aus einem Wortbildungsmuster entstehen können. Für Wortbildungswandel relevant ist v.a. das semantische Leistungsspektrum eines Wortbildungsmusters, d.h. die semantischen Output-Beschränkungen, denen es unterliegt. So kann beispielsweise beim Nominalisierungssuffix *-er* diachron beobachtet werden, dass zu den bis ins Mhd. ausschließlich belegten Agentivbildungen (z.B. *diener*, ,jmd., der dient'; vgl. Klein/Solms/Wegera, Mhd.Gr. III, §§ S 95ff) auch andere semantische Output-Klassen hinzutreten wie Gegenstandsbezeichnungen (*Anhänger*, ,etw., das anhängt') und Abstrakta (*Ausrutscher*, ,Tatsache, dass jmd. ausrutscht'). Ein theoretisches Problem stellt dabei die Abgrenzung von Wortbildungswandel und semantischem Wandel von Wortbildungsprodukten dar. Semantische Veränderungen von Wortbildungsprodukten sollten von Veränderungen der Output-Beschränkungen eines Wortbildungsmusters getrennt werden (vgl. P.O. Müller 2016). So ist fraglich, ob bspw. das Suffix *-ung* tatsächlich eine Veränderung durchlaufen hat, die es zur Bildung von Lokativa (Ortsbezeichnungen) befähigt oder ob es sich hierbei nicht um eine semantische Verschiebung einzelner mit *-ung* gebildeter Wörter handelt (ursprünglich *Wohnung* ,Tatsache, dass jmd. wohnt', Abstraktum zu lokativ ,Ort, wo jmd. wohnt').

Eine Möglichkeit von (genuinem) Wortbildungswandel besteht darin, dass sich die morphologischen und/oder semantischen Restriktionen eines Wortbildungsmusters ändern, in der Mehrzahl der Fälle werden Restriktionen diachron abgebaut. Ausgangspunkt eines Restriktionsabbaus sind Überschreitungen der bisher gültigen Restriktionsregeln; wenn Restriktionen abgebaut werden, bedeutet das gleichzeitig, dass sich die Möglichkeiten eines Wortbildungsmusters, neue Wortbildungsprodukte hervorzubringen, erweitern. Das Wortbildungsmuster wird also produktiver. So könnte z.B. die werbesprachliche Bildung *unkaputtbar* eine Ausweitung des Musters mit *-bar* auf adjektivische Basen nach sich ziehen. *-bar* hat bereits im Übergang vom Ahd. zum Mhd. Restriktionen aufgegeben: Im Ahd. ist *-bāri* mit eindeutigen Belegen lediglich desubstantivisch belegt; im Mhd. wird diese Restriktion zugunsten von deverbalen Bildungen aufgegeben und es findet sich im Korpus der mhd. Grammatik ein Anteil von rund 15% Deverbativa am Gesamt der *-bære*-Ableitungen (*suochebære, tragebære, vrāgebære, zalbære*; vgl. Klein/Solms/Wegera, Mhd.Gr. III, §§ A 44ff.). Der Anteil der Deverbativa nimmt besonders seit dem 15. Jh. deutlich zu; im Nhd. (seit dem 17. Jh.) überwiegt die deverbative *-bar*-Suffigierung (vgl. Flury 1964, 92ff.).

Die **Produktivität** eines Wortbildungsmusters ist eine Größe, die in der Forschung zu Wortbildung und Wortbildungswandel in den letzten Jahrzehnten besondere Beachtung fand.

Produktivität

Mit dem Begriff ‚Produktivität' wird in der Linguistik die Fähigkeit bzw. das Potential eines sprachlichen Musters oder einer Konstruktionsform bezeichnet, neue Ausdrücke/Formen zu bilden. Ganz allgemein kann ein Muster/eine Konstruktionsform (etwa ein Wortbildungsmuster) als produktiv angesehen werden, solange es (erkennbar und messbar) neue Bildungen hervorbringt. Die Frage nach der Produktivität ist somit oft verknüpft mit der Frage nach ihrer Messbarkeit. Ein häufig verwendeter Indikator für Produktivität ist die Relation von Bildungen (types) und Belegen (tokens). Dabei gilt die Annahme, dass relativ geringe Belegzahlen (tokens) – bei gleichzeitig hoher Typenfrequenz – auf ein produktives Bildungsmuster hinweisen, wobei Hapax legomena dann eine besonders wichtige Rolle zugewiesen wird: Der Begriff ‚Hapax legomenon' wird dabei für solche Formen verwendet, die (in einem Korpus) einmalig belegt sind, d.h. eine type-token-Relation von 1:1 aufweisen.

Weiterführende Literatur: Zum Produktivitätsbegriff: Aronoff (1976); Baayen (1989), (1992), (1993), (2001); Baayen/Lieber (1991); Booij (1977); Fuhrhop (1998); Plag (1999); Rainer (1987). **Zur Diskussion der Produktivität in diachroner Perspektive:** bes. Cowie/Dalton-Puffer (2002).

Veränderungen der Restriktionen, denen Wortbildungsmuster unterliegen, „schlagen sich in Form von Produktivitätsveränderungen nieder, die quantitativ erfassbar sind, wodurch sich Wortbildungswandel empirisch nachvollziehen und beschreiben lässt." (Scherer 2006, 4). Produktivitätszunahme wird also damit in Verbindung gebracht, dass Beschränkungen, die für ein Wortbildungsmuster gegolten haben, aufgelöst werden (z.B. dass -er ursprünglich nicht aus adjektivischen Basen abgeleitet hat; neuerdings dazu auch S. Hartmann 2016; Kempf 2016). Die Verquickung von Restriktions- und Produktivitätsveränderungen funktioniert jedoch nur ‚in eine Richtung': Ein Wortbildungsmuster kann in dem Maße produktiver werden, in dem Restriktionen abgebaut werden, umgekehrt bedeutet aber Produktivitätsverlust oder das Unproduktiv-Werden eines Wortbildungsmusters nicht, dass Restriktionen zunehmen.

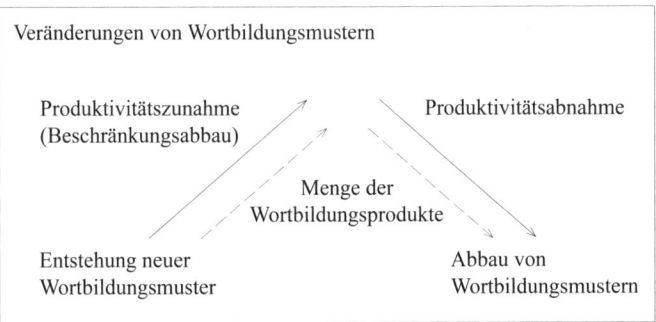

Abb. 6.6: Veränderungen von Wortbildungsmustern

Abb. 6.6 zeigt, welche Veränderungen auf der Ebene der Wortbildungsmuster möglich sind: Neben Produktivitätszunahme (durch Restriktionsabbau) (2) und Produktivitätsverlust (3) müssen an den beiden Rändern des Spektrums das Entstehen (1) bzw. die Reduktion bis hin zum Schwund von Wortbildungsmustern (3) berücksichtigt werden. Sowohl zum Zeitpunkt der Entstehung eines neuen Musters als auch dann, wenn ein Muster aus der Sprache verschwindet, ist die Zahl der Wortbildungsprodukte, die für das betreffende Muster zu verzeichnen sind, gering. Bei der Untersuchung von selten belegten Wortbildungen ist also aufgrund der bloßen Quantität nicht zu erkennen, ob es sich um ein neues oder umgekehrt um ein ‚veraltetes' Wortbildungsmuster handelt.

(1) Entstehung neuer Wortbildungsmuster

Im Laufe der Sprachgeschichte sind neue Affixe durch **Grammatikalisierung** entstanden (vgl. Habermann 2015), die z.T. ein hohes Maß an Produktivität entwickelt haben. Die ehemaligen freien Lexeme *tuom* (‚Setzung, Stellung'), *schaft* (*scaf* ‚Beschaffenheit, Status, Ordnung, Plan' ~ *scaft* < *gi-skaft* ‚Geschöpf, Gestalt, Bildung, Beschaffenheit, Eigenschaft') und *heit* (got. *haidus*; ursprünglich ‚das einer Person oder Gruppe ‚wesenhaft Eigene'', vgl. Piltz 1951, 11) werden bereits in ahd. Zeit grammatikalisiert. Im Mhd. handelt es sich bereits um Suffixe; Getrenntschreibungen sind nur noch selten (s. Bsp. unten). Die Produktivität von *-tuom/-tum* und *-schaft* ist im Mhd. wenig ausgeprägt; dagegen wird *-heit/-keit* (neben *-e*) zum frequentesten Suffix im Mhd. (vgl. Klein/Solms/Wegera, Mhd.Gr. III, passim).

Verwendung als freies Lexem im Ahd.:

*ni scouuos thu **heit** manno.*   *non enim respicis **personam** hominum*
(Tatian 126,207)

*Thaz ist thie **tuom**:*　　　　　　*Hoc est autem **iudicium**,*
thaz lioht quam in uuerolt　　　　*quod lux venit in mundum*
(Tatian, 119,12)

Verwendung als Suffix im Mhd.:

*wan div **war heit** iſt. daz wir bôſe ſin.* (DvATr 65ʳ,9f.)
(denn die Wahrheit ist, dass wir schlecht sind)

*Der **criſten heide** ſpiegel glaz.*
Iohan ein reine maget waz. (Himlf 188,6f.,436f.)
(der Christenheit Ebenbild,
Johan, war eine reine Jungfrau)

Derivationsmorpheme haben sowohl Eigenschaften lexikalischer Elemente, da sie auch einen Beitrag zur Semantik der Wortbildungsprodukte leisten, als auch Eigenschaften grammatischer Morpheme, da sie nicht allein stehen, sondern erst in der Verbindung mit anderen Elementen ihre Wortbildungsfunktion entfalten. Insofern wird die Entstehung von Derivationsaffixen aus freien Lexemen hier als Grammatikalisierungsprozess angesehen (anders Himmelmann 2004; Szczepaniak 2011).

Die Grammatikalisierungsprozesse bei Derivationsmorphemen sind empirisch schwer fassbar: Die Anfänge der Grammatikalisierung etwa von *heit*, *tuom* und *scaf* fallen in die ahd. Zeit. Die Beleglage ist vielfach so dünn, dass eine genaue Beobachtung der Entwicklung kaum möglich ist. Theoretisch kann die Grammatikalisierung von Derivationsmorphemen als Prozess konzeptualisiert werden, der in ‚Etappen‘ verläuft, bei denen die Bindung des ehemals freien Elements immer stärker zunimmt, bis es als Derivationsmorphem seine Eigenständigkeit gänzlich verloren hat:

freie lexikalische Einheit	Kontaktstellung (Syntagma)	Kompositions- glied	Affixoid	Derivations- morphem

In allen Sprachstufen des Deutschen sind Einheiten zu beobachten, die eine Art ‚Zwischenstatus‘ zwischen Kompositionsglied und Affix einnehmen. Diese so genannten → Affixoide (zur Diskussion des Begriffs vgl. u.a. K.H. Schmidt 1987 und Stevens 2005) zeichnen sich dadurch aus, dass sie als Wortbildungselement reihenbildend genutzt werden und dass sie im Vergleich zum entsprechenden freien Morphem eine semantische Entleerung (**Desemantisierung**) erfahren. Bei dem Begriff ‚Affixoid‘ handelt es sich nicht um einen Kategorienbegriff, da Affixoide keine eigene Klasse mit gemeinsamen Merkmalen bilden, sondern eine Gruppe von Elementen im Grenzbereich zwischen freien lexikalischen Einheiten und gebundenen Derivationsmorphemen mit Merkmalen beider Kategorien. Die schrittweise Entwicklung einer lexikalischen Einheit zu einem gebundenen Morphem lässt sich anhand von Beispielen aus dem Gegenwartsdeutschen illustrieren:

Star-	-tenor -regisseur -anwalt	beschwerde- sorgen- hemmungs-	-frei	Traum-	-haus -hochzeit -beruf	gewohnheits- beziehungs- gesundheits-	-mäßig
‚gleichzeitig Star + x, besondere/r x‘		‚frei von x‘ (auch metaphorisch)		‚besonders schönes x‘		‚in Bezug auf x, was x betrifft‘	
reihenbildend ⟶							
				desemantisiert ⟶			

Abb. 6.7: Desemantisierungs- bzw. Entkonkretisierungsgrade

Erste Ansätze einer Desemantisierung können bereits beobachtet werden, wenn bei reihenhafter Verwendung von Kompositionsgliedern, wie z.B. von *Star-*, die Eigensemantik in Richtung eines Teilaspekts – hier ‚besonders, herausragend‘ – metonymisch verschoben wird. Ein *Staranwalt* beispielsweise muss weder ein ‚Anwalt von Stars‘ noch selbst ein Star sein, sondern der Begriff bezeichnet für gewöhnlich einen besonders herausragenden oder bekannten Anwalt. Das Beispiel *-frei* zeigt, dass neben metonymischen auch metaphorische Bedeutungsverlagerungen am Anfang eines Desemantisierungs- bzw. Entkonkretisierungsprozesses stehen können. Die Eigensemantik von *Traum-* als Erstglied in Bildungen wie den oben stehenden ist bereits stark auf einen positiv konnotierten Teilaspekt der Bedeutung des freien Lexems reduziert, jedoch sind das freie Lexem *Traum* und das desemantisierte Affixoid *Traum-* noch unmittelbar aufeinander beziehbar. Einen Schritt weiter in Richtung eines gebundenen Morphems ist das Element *-mäßig* entwickelt, dessen Semantik mit der Semantik des freien Lexems *mäßig* keine direkte Beziehung mehr aufweist.

Neben solchen Grammatikalisierungsprozessen finden sich auch Prozesse der **Exaption** von sprachlichen Strukturen zu Wortbildungsmustern. Ein besonderer Fall aus der deutschen Sprachgeschichte, der gleichzeitig eine Umbildung des Wortbildungssystems des Deutschen illustriert, ist die Reanalyse von *-e* in deverbalen Bildungen wie *Lüge, Rede, Denke* etc. Das Derivationssuffix *-e* ist aus dem ausdrucksseitigen Zusammenfall mehrerer Muster entstanden, der durch die Nebensilbenabschwächung ausgelöst wurde. Diese Muster sind zu einem neuen Suffix verschmolzen, das im Mhd. hochproduktiv ist (vgl. Klein/Solms/Wegera, Mhd.Gr. III, 61ff.). Zu *-e* fallen im Mhd. zusammen:

- ahd. feminine *-ī(n)*-Ableitungen wie mhd. *decke* (ahd. *deckī*), *geloube* (ahd. *giloubī*) und *toufe* (ahd. *toufī*),

- ahd. neutrale *-i*-Ableitungen, häufig aus Verben mit der Vorsilbe *ge-* gebildet wie mhd. *gedrenge*,

- ahd. feminine Bildungen, die aus einer Form der Konversion entstanden sind: Zur Bildung eines Substantivs wurde ein Verbstamm herangezogen, an den die jeweiligen Flexionsmerkmale herantraten. Im Nom. Sg. erschien dann *-a*, z.B. *diuben > diuba, flehen > fleha*,

- ahd. maskuline Bildungen, insbesondere Agentivbildungen, die, wie oben beschrieben, durch Konversion entstanden sind: An den Verbstamm treten die Flexionsmerkmale der schwachen Flexion der Maskulina heran, also *-o* im Nom. Sg., z.B. *erben > erbo*, *scrīban > scrībo*.

Die verschiedenen Muster, die ursprünglich unterschiedlichen Wortbildungstypen angehörten, sind durch die Nebensilbenabschwächung ausdrucksseitig zusammengefallen (*-ī, -i, -a, -o > -e*: *decke, gedrenge, erbe* etc.) und wurden zu einem neuen Wortbildungsmuster, deverbalem *-e*, reanalysiert, das z.T. bis heute im Stande ist, neue Bildungen hervorzubringen (z.B. *Schreibe, Denke*; vgl. Wellmann 1975).

(2) Zunahme der Produktivität von Wortbildungsmustern

Produktivitätszuwachs ist zu beobachten etwa bei den substantivischen Affixen *-er(e)* (*Wächter*), *Ge-...-(e)* (*Gelaufe*) und insbesondere bei den Diminutivsuffixen sowie bei den adjektivischen Affixen neben *-bar* besonders bei *-isch* (*kindisch*). Bei den Verben erweist sich das entlehnte Suffix *-ieren* im Frnhd. als besonders produktiv (vgl. Prell/Schebben-Schmidt 1996, 38), das im 17. Jh. nach einem sprunghaften Zuwachs einen Höhepunkt seiner Produktivität erreicht. Dabei haben die verschiedenen Regionen und die verschiedenen Textsorten unterschiedlichen Anteil an der Entwicklung der Produktivität (Klein/Solms/Wegera, Mhd.Gr. III; Wegera/Prell 2000).

Die Diminuierung stellt ein hochproduktives Wortbildungsverfahren dar und zeigt die ausgeprägteste **regionale Verteilung** unter allen Affixen. Seit dem Ahd. ist *-(e)līn* die hochdeutsche Diminutivform, *-kin* die niederdeutsche. In mhd. Zeit ist *-(e)chīn* (*-gen*) auf das Mitteldeutsche (vor allem das Westmitteldeutsche) beschränkt; die Formvarianten *-lī, -le* und *-el* sind auf oberdeutsche Regionen beschränkt. Die oberdeutsche Dominanz von *-(e)līn* reicht bis ins 17. Jh., danach setzt sich allmählich die gutturale Variante – zunächst in der westmitteldeutschen Variante *-gen*, später im Gefolge einer Grammatikerdiskussion in der heutigen Form *-chen* – durch (vgl. Schebben-Schmidt 1990; Wegera 2000; zur regionalen Verteilung in heutigen Dialekten s. Abb. bei König 2007, 157).

Die landschaftliche Belegung der Verben weist das Mitteldeutsche (und hier wohl das Ostmitteldeutsche) als Ausgangspunkt der Verbreitung von *-igen* aus. Besch (1967, 210ff.) belegt eine deutliche Nord-/Süd-Verteilung von mitteldeutschem *sündigen* und oberdeutschem *sünden*; auch dies deutet auf eine mitteldeutsche Bevorzugung der *-igen*-Formen hin, die später in vielen Fällen auch ins Oberdeutsche übernommen werden (vgl. Wegera/Prell 2000).

(3) Produktivitätsabnahme und Abbau von Wortbildungsmustern

Umgekehrt zeigen eine Reihe von älteren Affixen einen **Rückgang der Produktivität** bis hin zu ihrem völligen Erlöschen, z.B. deverbatives *-t* (*Fahrt*), das bereits im Ahd. nicht mehr produktiv ist, deverbatives und deadjektivisches *-ida/-ede* (*Gemälde*), das ebenfalls im Ahd. bereits eine stark rückläufige Produktivität zeigt, agentives und instrumentatives *-el* (*Hobel*), das bereits im Mhd. nur noch sehr eingeschränkt produktiv ist. *-ōt* (*wizzōt* ‚Gesetz, Sakrament‘) und *-āt* (mhd. *bliuwāt* ‚Schläge‘) sind bereits im Mhd. nicht mehr produktiv, etc.

Einige Affixe verlieren so stark an Bedeutung, dass sie schwinden und gegebenenfalls durch andere ersetzt werden. So ist z.B. das substantivische und adjektivische Präfix *ā-* (*ākust* ‚Arglist, Tücke‘) im Mhd. nur noch rudimentär belegt; zum Teil wird es durch *un-* ersetzt. Das Diminutivsuffix *-īn* (*magedīn*) wird seit mhd. Zeit aufgegeben und durch andere Diminutivbildungen ersetzt. Das Kollektivsuffix *-ahi/-ach* (*gespreidach* ‚Gebüsch‘) ist im Mhd. nur noch in Resten belegt; (vgl. Klein/Solms/Wegera, Mhd.Gr. III, passim).

Weiterführende Literatur: Zur diachronen Wortbildung und zum Wortbildungswandel: Demske (2000); Erben (2006); Ganslmayer (2011); Habermann (2015); Meibauer (1998); P.O. Müller (1993), (2015), (2016); Munske (2002); Scherer (2006), (2015); Solms (1989), (1998), (1999), (2016).

6.6 Semantischer Wandel

6.6.1 Diachronie der Wortbedeutung: Innovation, Konventionalisierung, Polysemie

Die Tatsache, dass die Bedeutungen von Wörtern Wandelprozessen unterliegen, offenbart sich auf den ersten Blick, wenn man Texte einer historischen Sprachstufe verstehen bzw. übersetzen möchte. Ausdrücke, die auch im Nhd. noch benutzt werden, entpuppen sich beim Übersetzen häufig als ‚falsche Freunde‘: Die Wortgestalt ist vertraut, doch ist damit im historischen Text ein anderer, häufig verwandter Inhalt verbunden.

*nechein man ter ne ist so **wise**,* *ter sina **vart wizze**.*	Niemand ist so **klug**/weise, dass er seinen **Lebensverlauf kennen** würde.
ter tot ter bezeichint ten tieb, *iuer ne **lat** er hie niet.*	der Tod gleicht einem Dieb, der nichts von euch hier **zurücklässt**.
*er ist ein **eben**are:* *neicheiman ist so **here**,* *er ne muoze ersterbin:*	Er ist der **Gleich**macher: kein Mensch ist so **erhaben**, dass er nicht sterben müsste:

*tes ne **mag** imo der **skaz** ze guote werden.*   dabei **kann** ihm (auch) sein **Reichtum** nicht zugute kommen.

Ahd. Memento Mori (nach der Edition von Schützeichel 1962)

Motor und Voraussetzung für Wandel ist auch auf der semantischen Ebene – wie bei Sprachwandelprozessen allgemein – Variation (vgl. Kap. 2). Auf der Ebene der Semantik ist Variation jedoch bereits bei synchroner Betrachtung (auch bezogen auf die Gegenwartssprache) die Regel: Es gibt kaum ein Wort, das nicht vieldeutig (**polysem**) ist bzw. das nicht ein breites Spektrum an Gebrauchsmöglichkeiten eröffnet.

Nhd. *Arbeit*:	
Tätigkeit	*nach getaner Arbeit, seine Arbeit erledigen*
insbes. Erwerbstätigkeit	*einer geregelten Arbeit/einer Arbeit als Sekretärin nachgehen*
Mühe	*sich Arbeit machen, ein Leben voller Arbeit*
Produkt einer Tätigkeit	*die Arbeit entsteht, eine Arbeit vorlegen*
auch Kunstwerk	*Arbeiten der Künstlerin Jeanne-Claude*
schriftliche Prüfungsleistung	*eine Arbeit schreiben*
Arbeitsplatz	*zur Arbeit gehen, auf der Arbeit sein*

Zu bereits vorhandenen Bedeutungsvarianten können beständig neue hinzukommen. Die Sprecher einer Sprache sind in der Lage, in aktuellen Gebrauchskontexten **semantische Innovationen** zu produzieren und zu rezipieren. Zwar „riskiert" der Sprecher in dem Moment, in dem er mit einem gegebenen Wort seiner Sprache eine neue Bedeutung verknüpft, „nicht mehr und nicht weniger als seinen kommunikativen Erfolg, allerdings kann er im Falle einer erfolgreichen Innovation diesen Erfolg auch mitunter dramatisch steigern" (Blank 2005, 1326), beispielsweise wenn er durch die Verwendung einer erklärungsmächtigen Metapher besser verstanden wird oder durch eine euphemistische Verwendung sein Gesicht wahren kann. Dass der Rezipient auch dem verwendeten ‚Ersatzwort' die intendierte Bedeutung zuschreiben kann, ist zum einen durch den aktuellen Kontext abgesichert, zum anderen sind in der Sprachgemeinschaft „Präzedenzfälle" (ebd.) ‚uneigentlicher Redeweisen' eingeführt und die semantische Innovation kann über bekannte Verfahren und Muster dechiffriert werden.

Dennoch besteht natürlich die Gefahr, dass der Hörer den Sprecher missversteht und die ‚uneigentliche Redeweise' nicht in der intendierten, sondern in einer anderen Art und Weise auflöst. Der Hörer ist darüber hinaus nicht nur ein passiver Empfänger, der entweder richtig oder falsch versteht. Vielmehr ist Verstehen ein aktiver kognitiver Prozess eines Individuums, das eigene Ziele verfolgt, die sich im Normalfall von denen des Sprechers unterscheiden.

So kann der Hörer sowohl bei ‚uneigentlichen Redeweisen' als auch bei solchen Wortverwendungen, die vom Sprecher gar nicht innovativ gemeint waren, eine eigene, innovative Deutung generieren. Bei der Betrachtung semantischer Wandelprozesse müssen also nicht nur die intentional vom Sprecher gesetzten, sondern auch die vom Hörer möglicherweise anders rezipierten Bedeutungen berücksichtigt werden:

> „Manchmal liegt die Innovation in der Deutung einer Verwendung durch einen Hörer." (G. Fritz 2006, 38)

Um einem bestehenden Wort eine neue (zusätzliche) Bedeutung zuzuschreiben, stehen den Sprachteilhabern **Verfahren semantischer Innovation** zur Verfügung, von denen Metapher und Metonymie besonders wichtig sind (zur Synekdoche im Zusammenhang semantischen Wandels s. Kap. 6.6.2). Mit metaphorischen und metonymischen Bezügen lässt sich sowohl das synchrone Nebeneinander von Bedeutungen, die metaphorisch oder metonymisch aufeinander zu beziehen sind, beschreiben als auch das diachrone Nacheinander von Bedeutungsvarianten, die durch Metapher oder Metonymie neu entstanden und im Laufe der Zeit zur lexikalischen Semantik eines Wortes verstetigt worden sind.

> „Neue Bedeutungen sind lexikalisierte semantische Innovationen, die durch Schaffung einer assoziativen Relation zu einer älteren Bedeutung des betreffenden Wortes entstanden sind. Da die Lexikalisierung der neuen nicht das Absterben der älteren voraussetzt, kommt es dazu, dass die meisten Wörter unserer Sprache mehr als eine Bedeutung haben. Diese „Polysemie" ist das synchrone Resultat lexikalisierter semantischer Innovationen; die Bedeutungsstruktur eines Wortes spiegelt dementsprechend ein Stück weit die semantische Entwicklung eines Wortes wider." (Blank 2005, 1327)

Nicht jede semantische Innovation führt zu semantischem Wandel, nicht aus jeder **okkasionellen Bedeutung** wird eine **usuelle Bedeutung**. Im aktuellen Gebrauchskontext verwendete Innovationen können aber den Ausgangspunkt für semantischen Wandel bilden: Die neue, innovative Verwendung kann von anderen Sprachteilhabern aufgegriffen werden und sich ausbreiten, zunächst noch beschränkt, z.B. auf einen einzelnen Diskurszusammenhang oder auf eine bestimmte Varietät (z.B. eine Fachsprache), bis sie schließlich „die „unmarkierte" gemeinsprachliche Ebene einer Historischen Einzelsprache" (Blank 2005, 1325) erreicht hat.

> „In [...] Abweichungen der okkasionellen Bedeutung von der usuellen liegen Ansätze zu wirklichem Bedeutungswandel. Sobald sie sich mit einer gewissen Regelmässigkeit wiederholen, wird das Individuelle und Momentane allmählich generell und usuell. Die Grenzlinie zwischen dem, was bloss zur okkasionellen, und dem, was auch zur usuellen Bedeutung eines Wortes gehört, ist eine fliessende." Paul (1880, 84)

Dieser graduelle Prozess des Übergangs einer neuen Bedeutung in das Lexikon ist empirisch schwer zu erfassen. In historisch-semantischen Studien ist die Unterscheidung zwischen aktueller, z.b. text- oder autorspezifischer, und konventionalisierter Bedeutung noch schwerer zu treffen als für die Gegenwartssprache.

Die Bedeutungsentwicklung, die durch semantische Innovationen ausgelöst wird, kann als Entwicklung in ,kleinen Schritten' (vgl. etwa G. Fritz 2006, 54ff.) beschrieben werden. Da sich neue Bedeutungen an vorhandene Bedeutungen anlehnen bzw. aus ihnen hervorgehen, spiegelt sich die diachrone Bedeutungsentwicklung eines Lexems zumindest zum Teil in den Bedeutungsauffächerungen späterer Synchronschnitte (z.b. der Gegenwart) wider. Der Zusammenhang zwischen der synchronen Polysemie eines Ausdrucks und seiner Diachronie darf nicht als ein 1:1-Abbildungsverhältnis betrachtet werden, d.h. die Diachronie einer Wortsemantik ist nicht vollständig und unmittelbar aus dem synchronen Nebeneinander von Bedeutungen ablesbar (vgl. Blank 2005, 1329f.). Der nachvollziehbare Grund dafür ist, dass Bedeutungen nicht nur neu hinzukommen, sondern auch vergehen können, so dass möglicherweise Lücken im Bedeutungsspektrum entstehen und „semantische Brücken" (ebd., 1330) zwischen Bedeutungsaspekten nicht mehr sichtbar sind. Daher ist es auch nicht immer sinnvoll, bei jedem Wort – ungeachtet seiner wechselvollen Diachronie – synchron eine „gemeinsame semantische Grundkomponente" (ebd., 1329) ermitteln zu wollen.

Auch im Zusammenhang mit semantischem Wandel ist der Aspekt der **Spracharbeit** von Bedeutung. Begriffe, die einen hohen Stellenwert innerhalb einer Sprechergemeinschaft haben, zentrale Begriffe für die Identitätsstiftung einer Kultur, einer Nation oder einer gesellschaftlichen Gruppe sind ,natürlichem' semantischem Wandel gegenüber ein Stück weit verschlossen, da sie ihren festen Platz im ideengeschichtlichen Gefüge ihrer Zeit einnehmen und im Metadiskurs eine begriffliche Selbstvergewisserung exponierter Sprachteilhaber (z.b. aus Philosophie, Kunst, Politik, Wissenschaft) über diese Begriffe stattfindet. Zentralbegriffe einer Gesellschaft oder eines Ausschnittes der Gesellschaft verändern sich nicht ,nebenbei'. Ihre Veränderungen bzw. häufig auch ihre Kontinuität sind in aller Regel Ergebnis eines bewussten ,Aushandlungsprozesses'. Der begriffliche Wandel ist in solchen Fällen in besonderem Maße an Wandelprozesse der außersprachlichen Realität gebunden. Insbesondere an Beispielen aus der Rechtssphäre oder Begriffen, die auch der Rechtssphäre angehören, wie etwa *triuwe/Treue*, lassen sich die besonderen Bedingungen dieser semantischen Wandelprozesse anschaulich illustrieren, da in der Rechtssprache eindeutige, verlässliche Begriffe eine wesentliche Grundlage bilden (vgl. etwa Schultz-Balluff 2018).

6.6.2 Typen semantischen Wandels

Wie in Kap. 2.2.2 dargestellt, werden hier zwei grundsätzliche Typen semantischen Wandels unterschieden: Veränderungen (Erweiterung und Reduktion) des Bedeutungsfeldes und Bedeutungsverschiebungen.

(1) Erweiterungen des Bedeutungsfeldes

Das Bedeutungsfeld eines Lexems, also das Spektrum seiner Teilbedeutungen, kann, wie oben beschrieben, in der Folge semantischer Innovationsprozesse um neue Teilbedeutungen erweitert werden. Mit den Verfahren Metapher und Metonymie (in der Literatur auch ‚Bedeutungsübertragung' und ‚Bedeutungsverschiebung') sind zwei Mechanismen benannt, auf die ein erheblicher Teil der zu beobachtenden semantischen Wandelphänomene zurückgeht. Gemeinsam ist diesem Teil des semantischen Wandels, dass er auf der Ebene der **Denotation** stattfindet, d.h. dass die Sprecher durch Metapher oder Metonymie ein neues, vom bisher üblichen abweichendes Denotat (d.h. außersprachliches Referenzobjekt) benennen. Die Neubenennung kann erfolgen, da durch Metapher oder Metonymie kognitiv eine neue Bedeutung an ein bestehendes Wort geknüpft wird.

Bereits Hermann Paul (1880, 94f.) hat der **Metaphorisierung** besondere Bedeutung für den semantischen Wandel beigemessen:

> „Die Metapher ist eines der wichtigsten Mittel zur Schöpfung von Benennungen für Vorstellungskomplexe, für die noch keine adäquaten Bezeichnungen existieren. Ihre Anwendung beschränkt sich aber nicht auf die Fälle, in denen eine solche äussere Nötigung vorliegt. Auch da, wo eine schon bestehende Benennung zur Verfügung steht, treibt oft ein innerer Drang zur Bevorzugung eines metaphorischen Ausdrucks. Die Metapher ist eben etwas, was mit Notwendigkeit aus der menschlichen Natur fliesst [...].
> Es ist selbstverständlich, dass zur Erzeugung der Metapher [...] in der Regel die Vorstellungskreise herangezogen werden, die in der Seele am mächtigsten sind. Das dem Verständnis und Interesse ferner liegende wird dabei durch etwas Näherliegendes anschaulicher und vertrauter gemacht. In der Wahl des metaphorischen Ausdrucks prägt sich daher die individuelle Verschiedenheit des Interesses aus, und an der Gesamtheit der in einer Sprache usuell gewordenen Metaphern erkennt man, welche Interessen in dem Volke besonders mächtig gewesen sind."

Paul nimmt damit bereits Kernideen der modernen Metapherntheorie vorweg (vgl. bes. Lakoff/Johnson 1980). Metaphern sind keine seltenen, auf poetische oder rhetorische Sprache beschränkten Phänomene, sondern durchziehen den sprachlichen Alltag und das Lexikon einer Sprache. Sie sind im kognitiven System der Sprachteilhaber verwurzelt und geben damit Auskunft über die grundlegende Strukturierung des mentalen Lexikons einerseits und die grundlegenden ‚Denkweisen' einer Sprachgemeinschaft andererseits. Die Metapher zu umgehen ist kaum möglich, da abstrakte Konzepte nur metaphorisch gedacht werden können. So werden Basiskonzepte der räumlichen Erfahrung (Paul: „Näherliegendes") wie OBEN – UNTEN bzw. Aufwärtsbewegung – Abwärtsbewegung im Deutschen (wie in vielen anderen Sprachen) auf eine Vielzahl von Zusammenhängen wie Gefühle (*Hochgefühl, tieftraurig*), Bewusstsein (*aus dem Koma erwachen, in den Schlaf sinken*), gesellschaftliche oder berufliche Stellung (*Spitzenposition, sozialer Abstieg*) usw. übertragen. Quantitäten wie *Arbeitslosenzahl* oder *Neuverschuldung* sowie abstrakte Konzepte wie *der Energiebedarf* oder *das Bedürfnis nach Sicherheit* können *abfallen* oder *ansteigen*. Metaphern diesen Typs werden nach Lakoff/Johnson als **ontologische Metaphern** bezeichnet.

> „Ontologische Metaphern [...] nutzen die Grunderfahrung greifbarer Objekte und Substanzen im Umfeld des Menschen, die auf vage, abstrakte Vorstellungen projiziert wird und ihnen Objekt- bzw. Substanzcharakter zuschreibt. Ontologische Metaphorik ist äußerst häufig und hochgradig konventionalisiert. Sie ermöglicht eine Lokalisierung, Kategorisierung und Quantifizierung abstrakter Sachverhalte nach dem Muster physischer Objekte und Substanzen." (Baldauf 1997, 20)

Insbesondere der Gebrauch der Präpositionen zeigt, wie häufig und wie stark konventionalisierte Metaphorik im Sprachgebrauch vorkommt, so z.B. die weit verbreitete BEHÄLTER-Metapher: Abstrakte Konzepte werden metaphorisch als Behälter aufgefasst, die ein Innen und ein Außen aufweisen. Beispielhaft zeigen lässt sich dies u.a. an Verwendungen der Präposition *in*:

Beispiele aus mhd. Texten (Grammatik-Korpus)	Beispielhafte Suchergebnisse aus COSMAS II	Beleg für ... als Behälter
in deme bûche ſteint alle dine ſunden. (LilieV 12,13) (In diesem Buch stehen alle deine Sünden.)	*in dieser Arbeit* *in seinem Frühwerk*	Schriftstück, Text(e)
ſo wirdit er in deme êriſten tage zi eineme wurme. (Physɛ 158ʳ,8f) (Dann wird er am ersten Tag zu einem Wurm.)	*in den letzten Jahren* *in Zukunft*	Zeit
Des iſt der ketzer alſo vil Worðe. in dirre criſtenheit (Lupo 3,123) (Deshalb sind der Ketzer so viele geworden in der Christenheit.)	*in der Bevölkerung* *in der Öffentlichkeit*	Kollektivum

Bei Metaphern wie der BEHÄLTER-Metapher wird ein kognitives Schema, das zu den Grunderfahrungen menschlicher Wahrnehmung gehört, auf abstrakte Konzepte übertragen, daher die Bezeichnung **bildschematische Metaphern**.

Neben diesen basalen Metaphern stellen **Attribut-Metaphern** eine weitere große Gruppe von usuellen Metaphern dar: Eigenschaften der unmittelbaren Wahrnehmung werden auf abstrakte Konzepte übertragen (*Gefühls**kälte**, Geistesschärfe*). Seit Lakoff/Johnson sind darüber hinaus insbesondere die **Konstellationsmetaphern** (Begriff von Baldauf 1997, bei Lakoff/Johnson strukturelle Metaphern) wie ZEIT IST EIN WERTVOLLES GUT / GELD oder DISKUSSION IST KRIEG stärker ins Bewusstsein gerückt worden. An diesen können die Verquickung zwischen Metaphern-Usus und ‚Denkweise‘ einer Sprachgemeinschaft, aber auch sprachmanipulatorische Möglichkeiten besonders gut festgemacht werden.

Die metaphorische Strukturierung des Konzepts ‚Zeit‘ durch das Konzept ‚Geld‘ spiegelt sich (nach Liebert 1992, 113) wider in:

Verben	=	{*sparen, verlieren, schenken, nutzen, gewinnen, verschwenden, vergeuden, stehlen, rauben, investieren, haben, kosten, einbüßen, einsparen*}
Adjektive	=	{*kostbar, wertvoll, knapp*}
Substantive	=	{*Gewinn, Verlust, Verschwendung, Vergeudung, Einbuße, Knappheit*}

Die metaphorische Strukturierung von Konzepten unterliegt in hohem Maße kulturellem und gesellschaftlichem Wandel. So ist diese Konzeptualisierung (ZEIT IST GELD) beispielsweise im Mhd. und Frnhd. noch nicht ausgeprägt.

Das metaphorische Verfahren in der oben beschriebenen Weise lässt sich am besten dann nachzeichnen, wenn die Metapher noch ‚lebendig‘ ist, d.h. wenn noch keine Lexikalisierung einer metaphorischen Verwendung stattgefunden hat und der metaphorische Prozess im aktuellen Verwendungskontext eine aktive Rolle spielt, also in der kognitiven Verarbeitung wirksam ist. Der Wortschatz des Deutschen ist jedoch auch durchsetzt von **lexikalisierten Metaphern**, deren metaphorischer Gehalt weitgehend ‚verblasst‘ ist und bei denen die kognitive Verarbeitung in konventionalisierten Bahnen verläuft, d.h. der metaphorische Prozess zwischen Quell- und Zielbereich keine oder kaum noch eine Rolle spielt (z.B. *Tisch**bein**, Fluss**arm**, Salat**kopf**, Glüh**birne*** etc.). Schließlich gibt es auch Lexeme oder ganze Phrasen, deren metaphorischer Ursprung sich nur noch über die Etymologie erschließen lässt (auch ‚tote‘ Metaphern genannt) wie *zur Neige gehen* (*Neige* ‚der letzte Inhalt eines Gefäßes‘, vgl. Pfeifer 1989, s.v.).

Sprachliche Routinen

Die alltägliche Kommunikation ist durchsetzt mit unterschiedlichen Formen sprachlicher Routinen wie Zitate, Selbstzitate, Redensarten, Floskeln, Rituale. Diese durch Wiederholung gefestigten, habitualisierten oder konventionalisierten Formen werden auch als sprachliche Schematismen oder verbale Stereotype bezeichnet und stellen „kollektive Strategien zielorientierten sozialen Handelns" dar (Zenderowska-Korpus 2004, 20). Sie dienen der kommunikativen Entlastung und der sozialen Konsensbildung.

Höflichkeitsformeln	*guten Appetit*
Kontaktformeln	*guten Tag*
Fluch-/Beschimpfungsformeln	*Idiot!*
Erstaunensformeln	*ach so!*
Phraseologismen	*Was Hänschen nicht lernt, lernt Hans nimmermehr.*
Idiomatische Formen	*es regnet Bindfäden*
Zitate	*das ist die Gretchenfrage*
...	

Weiterführende Literatur: Burger (2010); Coulmas (1981); Goffman (1986); Handbuch Phraseologie (2007); Lüger (1992); I. Paul (1990); Stein (2004); Werlen (1984), (2001).

Individuelle Metaphern bewegen sich in einem Kontinuum zwischen den beiden Polen Kreativität und Konvention. Um dieses Kontinuum zu charakterisieren, soll die folgende Darstellung (in Anlehnung an Kohl 2007, 57) dienen, die den beiden Polen ‚Konvention' und ‚Kreativität' Merkmale aus verschiedenen Perspektiven zuschreibt:

	Konvention ⟵⟶	Kreativität
diachron	‚alt' (lexikalisiert)	‚neu'
synchron	usuell, konventionell	okkasionell
in der langue	verankert (lexikalisiert)	nicht verankert
in der parole	gewohnt	kühn, ungewohnt
Festigkeit	beständig	wandelbar
Auffälligkeit	unauffällig, verblasst	auffällig, bildlich
Lebendigkeit	tot, schlummernd	lebendig

Der Versuch, Metaphern nach ihrem Konventionalisierungsgrad einzuordnen, wird nicht nur dadurch erschwert, dass sie sich in einem Kontinuum zwischen Kreativität und Konvention bewegen, sondern insbesondere auch dadurch, dass der ‚Status' einer Metapher innerhalb dieses Spektrums selten – vielleicht sogar nie – fest ist, sondern sich beständig wandeln kann, „[d]enn jede lexikalisierte Metapher lässt sich ‚beleben' und jede ‚lebendige' Metapher kann prinzipiell einen Prozess der Konventionalisierung durchmachen" (Kohl 2007, 56).

Aufgrund der Fülle der Phänomene ist eine systematische Erfassung aller metaphorischen Prozesse in einer Sprachgeschichte nicht möglich. So kann eine Darstellung semantischer Wandelprozesse, die auf dem metaphorischen Verfahren beruhen, nur aspektuell erfolgen.

Eine Wortart, die aufgrund ihrer Fundierung im räumlichen Bereich sehr stark von Metaphorisierungsprozessen betroffen ist, sind Präpositionen. Präpositionen sind sprachliche Mittel zur Anzeige einer Relation zwischen zwei Referenten (‚Gegenständen'), ursprünglich wohl meistens einer räumlichen Relation wie bei *auf, unter, über, vor, hinter* etc. Bereits in den frühen Sprachstufen des Deutschen sind Präpositionen aber bei Weitem nicht mehr auf ihre lokale ‚Ursprungsbedeutung' beschränkt, sondern sie haben durch metaphorische Übertragung eine breite Palette übertragener, also abstrakter Bedeutungen angenommen. Die Präposition *über* beispielsweise zeigt ein weit verzweigtes Bedeutungsspektrum von metaphorischen Relationen; so kann *über* – wie die unten stehenden ahd. Beispiele zeigen – eine Hierarchiebeziehung, ein Abhängigkeitsverhältnis oder ein qualitatives Überlegenheitsverhältnis (im Zusammenhang eines Vergleichs) anzeigen.

> **Vbar** *fránkono lant · so gengit éllu sin giuualt*
> (über das ganze Land der Franken reichte seine Herrschaft)
> (Otfrid, Evangelienbuch (V), 1r,5f)

> *gibōt er* **ubar** *den hellehunt: dō vuor er sār in abgrunt.*
> (er gebot über den Höllenhund: da fuhr er sogleich hinab in den Abgrund)
> (Georgslied M246, 201ᵛ; 59)

> *uuanta her ginadig ist* **ubar** *unthancbare inti ubile.*
> *quia ipse benignus est* **super** *ingratos et malos.*
> (da er Gnade walten lässt über die Undankbaren und Bösen)
> (Tatian, 32,8)

> *unte der stánk dīnero sálbon der ist* **uber** *alle stánkuuvrze*
> (und der Duft deiner Salben, der ist (steht) über allen Duftkräutern)
> (Will 65G,1ff.; 22ʳ,12ff.)

Lesehinweis: Eine aktuelle Einführung in die linguistische Metaphernauffassung bietet Skirl/Schwarz-Friesel (2007). Eine empirische Studie zur Alltagsmetapher im Deutschen auf Basis der modernen Metapherntheorie stellt Baldauf (1997) dar.

Im Vergleich zur Metapher kommt der **Metonymie** in der Forschung bisher weniger Aufmerksamkeit zu. Möglicherweise liegt dies darin begründet, dass das metonymische Verfahren weniger auffällig erscheint: Bei der Metonymie vollzieht sich im Gegensatz zur Metapher keine Übertragung von einem Konzept auf ein (entlegenes) anderes. Es findet vielmehr eine Verschiebung innerhalb eines gemeinsamen Sinnzusammenhangs oder Weltausschnitts (engl. frame) statt (s. auch Kap. 2.1 unter (2) Sprachwandel als kognitives Phänomen), z.B.:

Goethe lesen. Schiller zur Aufführung bringen.	Autor für Werk
Washington geht auf Moskau zu.	Hauptstadt für Agierende einer Nation
Er trank das Glas in einem Zug.	Behälter für Inhalt
Das ganze Stadion jubelte dem Torschützen zu.	Gebäude für darin befindliche Menschengruppe

Wie bei der Metapher handelt es sich auch bei der Metonymie um eine ‚uneigentliche Redeweise‘ und die Verwendung eines ‚Ersatzwortes‘, doch sind die metonymischen Auffächerungsmöglichkeiten oftmals bereits integraler Bestandteil der lexikalischen Bedeutung von Wörtern wie *Schule*, *Universität* oder *Oper*, die immer eine konkrete Bedeutung (‚Gebäude‘) und abstrakte Bedeutungen (‚Institution‘ etc.) haben können:

Kirche:

    Kirchengebäude

    Kirchengemeinde

    Glaubensgemeinschaft/ Mitglieder

    Institution

    ...

Auch die Metonymie kann dabei nicht nur als Verfahren semantischer Innovation, sondern als grundlegendes kognitives Verfahren verstanden werden (vgl. Kap. 2.1). Wie Dirven (1993, 23) herausstellt, ist neben dem referentiellen Potential (Bezeichnungspotential) der Metonymie ihre aufmerksamkeitssteuernde Funktion für die Sprachteilhaber relevant. Mit metonymischen Bezügen kann zum einen gezielt auf bestimmte Denotate hingewiesen werden („avoiding ambiguity", ebd.). Zum anderen kann die Metonymie aber auch ganz bewusst sprachlich ‚an den eigentlichen Denotaten vorbei‘ weisen. Die sprachliche Vagheit, die von der Metonymie ermöglicht wird („exploiting vagueness", ebd.), macht dieses Verfahren zu einem häufig genutzten sprachlichen Mittel, Euphemismen zu realisieren.

Explizitheit	Vagheit
„Haben die <u>Gäste</u> an Tisch 12 schon bezahlt?"	„Wie viele <u>Arbeitnehmer</u> werden nun in Folge der Werksschließung entlassen?"
„Das **Steak** schon, die **Gemüsepfanne** noch nicht."	„Die **Freisetzungsquote** steht noch nicht fest."

Am Anfang eines diachronen Prozesses stehen – wie bei der Metapher auch – individuelle, kreative Anwendungen des metonymischen Prinzips, also ad-hoc-Metonymien. Der Sprecher und/oder Hörer nutzt sein enzyklopädisches Wissen, um eine ungewöhnliche sprachliche Referenz aus- bzw. aufzulösen, z.B.:

*Wir gehen heute Abend **zum Mongolen*** (= in ein **mongolisches Restaurant**).

Bei ad-hoc-Metonymien spielt häufig der Kontext der Äußerung eine wichtige Rolle; es gibt auch Metonymien, die außerhalb ihres spezifischen Verwendungskontextes nicht auflösbar sind, da sie sich exklusiv auf eine konkrete raum-zeitlich gebundene Situation beziehen.

Semantischer Wandel findet statt, wenn eine (ad-hoc)-Metonymie von anderen Sprachteilhabern aufgegriffen und habitualisiert wird, in der Regel zunächst im Rahmen einer Varietät oder eines Registers (P. Koch 2004, 6 spricht von „konventionelle[n] Metonymien im Rahmen von (historischen) Diskursregeln"), bis die Metonymie als Teil des polysemen Lexikoneintrags im Sprachsystem verankert ist.

Um 1200 wird das aus dem Französischen entlehnte Wort *āventiure* im literarischen Diskurs zu einem komplexen frame ausgebaut (vgl. Wegera 2011b; dazu auch die Beiträge in Dicke/Eikelmann/Hasebrink 2006). *āventiure* als ritterliche Bewährungstat ist in ein Handlungsschema eingebunden und umfasst dabei verschiedene Aspekte:

- einen entsprechend gerüsteten Ritter, der nach *āventiure* ‚sucht', als Protagonist,

- einen Ort, an dem der Ritter seine *āventiure* findet; dieser Ort zeigt wiederum verschiedene Typen: eine Burg, einen (phantastischen) Wald, allgemein eine Wildnis, eine Höhle, das Meer etc.,

- das *āventiure*-Geschehen mit seiner je besonderen Beschaffenheit, das ebenfalls in verschiedene Typen unterteilt werden kann: groß, schön, höfisch, böse, wild etc.,

- den materiellen bzw. ideellen Ertrag einer *āventiure*: Ehre, Besitz, eine gute ‚Partie' etc.

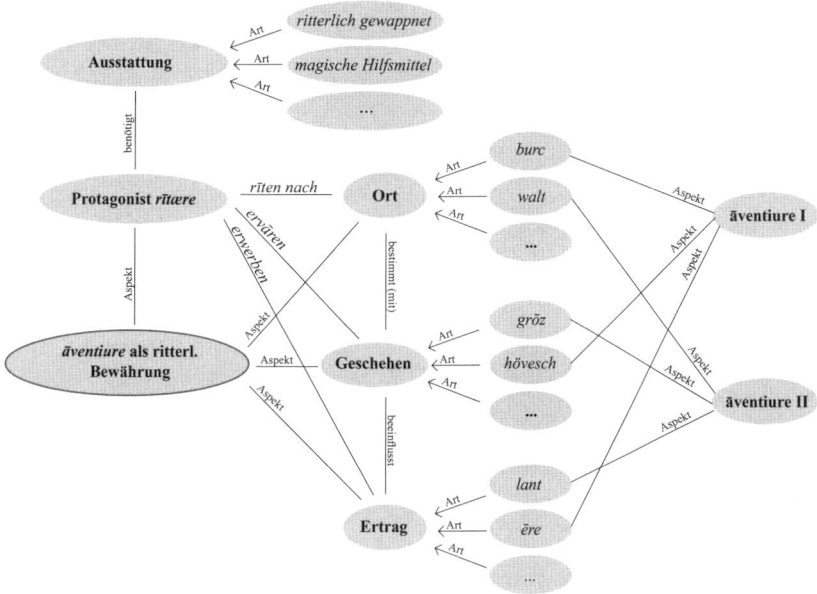

Abb. 6.8: Frame *āventiure* aus Wegera (2011b, 24), nach dem Vorbild der Darstellung von Barsalou (1992)

Dieser frame bietet die Möglichkeit, einzelne Aspekte von *āventiure* metonymisch zu verwenden; so kann der Ort oder der Ertrag einer *āventiure* metonymisch als *āventiure* bezeichnet werden. Diese können weiter entwickelt werden zu ‚Veranstaltungsort‘ und ‚Preis‘ (etwa für ein Wettschießen).

> *auf Bartholomei haben die von Costnitz ain abenteur mit schiessen gehabt* (Chronik Augsburg, Ende 15. Jh., Beleg aus FWB, s.v. abenteuer)

(2) Reduktion des Bedeutungsfeldes

Besonders kulturell bzw. ideologisch hochaufgeladene Wörter, wie z.B. *ablas*, werden zum Nhd. hin auf wenige Bedeutungen zurückgeschnitten. Für die Reduktion von Bedeutungen wird meist der Begriff **Monosemierung** verwendet, der jedoch insofern nicht ganz treffend ist, da das Bedeutungsfeld in den seltensten Fällen auf wirklich eine einzige Bedeutung reduziert wird, wie auch das folgende Beispiel zeigt:

frnhd. *ablas* (laut FWB)	nhd.-standardsprachlich *Ablass* (laut Duden)
1. ,Unterbrechung, Aufhören von etw.' [...]	
2. ,bei der Aufgabe eines Gutes zu entrichtende Gebühr'	
3. ,Erlaubnis, Recht [...] zu etw.'	
4. ,Nachlass, Minderung (einer finanziellen Verpflichtung)' [...]; [...]	
5. ,Vergebung der Sünden [...]'	
6. ,Nachlass oder Erlass der Sündenschuld und damit verbunden geglaubter Sündenstrafen [...]'	1. ,Nachlass von [Kirchen]strafen, die von dem Sünder nach seiner Umkehr noch zu verbüßen sind'
7. ,[...] Jahrmarkt, [...] Festtag'	
8. ,finanzielle Ausbeutung [...]'	
9. ,Missbrauchung von jm. [...]'	
10. ,Ablauf, Abfluss, Auslaufenlassen (von Gewässern) als Vorgang/Tätigkeit'	2a. ,das Ablassen' (z.B. von Dampf)
11. ,Vorrichtung zur Regulierung (von Gewässern), [...]; Staustelle; [...] Wehr'	2b. ,Ablassvorrichtung'
12. ,das Ablassen des Weines' [...]	
13. ,Losbrennen, Abfeuern (von Geschützen)'	

Abb. 6.9: vgl. Hartweg/Wegera (2005, 192)

Hochgradig polyseme Lexeme werden häufig mit Hilfe von Wortbildungsverfahren semantisch differenziert, indem ein Teil des semantischen Gehalts auf Wortbildungsprodukte ausgelagert wird und so eine Spezialisierung und zum Teil eine Auflösung der Mehrdeutigkeit (Disambiguierung) erfolgt. Solms (2013) zeigt, dass so genannte Isosemantika (auch Idiofunktionalia oder Pleonasmen genannt) häufig Anzeichen für einen solchen Wandel sind. Unter isosemantischen Formen versteht man Wortbildungsprodukte, die synchron (scheinbar) keinen Bedeutungsunterschied zu ihrer Basis aufweisen wie *Fest-ivität* und *Fest*, *elend-ig* und *elend*. Diese neuen Formen bergen aber ein hohes Potential zum semantischen Wandel in Form einer Entlastung bzw. Reduktion der Polysemie der Basen. Dies wird im Deutschen systematisch bei der semantischen Entlastung von Verben durch Präfigierung genutzt. Formal wird durch das Präfix eine Bedeutungsvariante verstärkt, z.B.

mhd.	nhd.
weinen	*weinen*
jemanden weinen	*be-weinen*

Harm (2003) nennt rund 50 Verben dieser Art; dazu gehören etwa *achten > verachten*, *finden > erfinden*, *öffnen > eröffnen*, *blinden > erblinden*, *bieten > gebieten*, *reichen > gereichen*, *merken > vermerken*, *spüren > verspüren* (vgl. Solms 2013 ebd.).

Bei manchen Verben führt die Auslagerung von Teilsemantiken zu einer Vielzahl von präfigierten Formen, wie z.B. bei mhd. *ligen*:

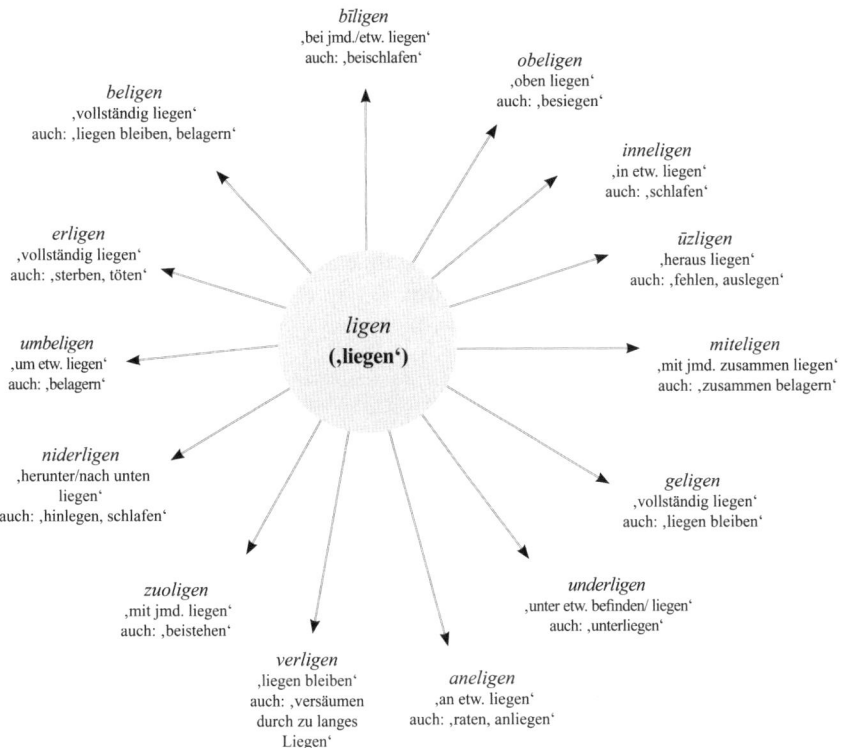

bīligen
‚bei jmd./etw. liegen‘
auch: ‚beischlafen‘

obeligen
‚oben liegen‘
auch: ‚besiegen‘

beligen
‚vollständig liegen‘
auch: ‚liegen bleiben, belagern‘

inneligen
‚in etw. liegen‘
auch: ‚schlafen‘

erligen
‚vollständig liegen‘
auch: ‚sterben, töten‘

üzligen
‚heraus liegen‘
auch: ‚fehlen, auslegen‘

umbeligen
‚um etw. liegen‘
auch: ‚belagern‘

ligen
(‚liegen‘)

miteligen
‚mit jmd. zusammen liegen‘
auch: ‚zusammen belagern‘

niderligen
‚herunter/nach unten liegen‘
auch: ‚hinlegen, schlafen‘

geligen
‚vollständig liegen‘
auch: ‚liegen bleiben‘

zuoligen
‚mit jmd. liegen‘
auch: ‚beistehen‘

underligen
‚unter etw. befinden/ liegen‘
auch: ‚unterliegen‘

verligen
‚liegen bleiben‘
auch: ‚versäumen durch zu langes Liegen‘

aneligen
‚an etw. liegen‘
auch: ‚raten, anliegen‘

Abb. 6.10:   aus Wegera/Schultz-Balluff/Bartsch (2016, 139)

(3) Bedeutungsverschiebungen

Betrachtet man semantischen Wandel im Kontext lexikalischen Wandels, stehen nicht das einzelne Wort und seine Entwicklung im Mittelpunkt, sondern das lexikalische System oder zumindest Subsysteme des Lexikons. Innerhalb des Systems bestehen zwischen den lexikalischen Einheiten Beziehungen, die sich im Laufe der Zeit wandeln können: Beziehungen zwischen Lexemen können im Sinne von semantischen Relationen betrachtet werden. Für den Bedeutungswandel sind die Relationen der → **Hyponymie** und der → **Hyperonymie**, also der Unter- und Überordnung, wichtig. Die Beziehungen innerhalb des mentalen Lexikons sind zu einem Teil hierarchischer Natur: Neben einem Basiskonzept wie *Vogel* gibt es Überbegriffe wie *Lebewesen* und Unterbegriffe wie *Nachtigall*, wobei der Unterbegriff immer spezialisierter ist, also eine ‚engere‘ Bedeutung hat als der Überbegriff. Innerhalb hierarchisch strukturierter Lexikonausschnitte kann es Verschiebungen geben, Lexeme können in der Hierarchie auf- oder absteigen, also einen größeren Bedeutungsumfang erhalten oder in ihrem Bedeutungsumfang reduziert werden.

Produkte von ‚Aufstiegsprozessen' sind allgemeinere Begriffe, daher werden solche Prozesse als **Generalisierung** (traditionell Bedeutungserweiterung) bezeichnet, ‚Abstiegsprozesse' entsprechend als **Spezialisierung** (traditionell Bedeutungsverengung). Für Bedeutungsverschiebungen stellt die Synekdoche (s. Kap. 2.2) ein zentrales kognitives Verfahren dar: Häufige Sinnunterschreitungen können zu einer Spezialisierung, häufige Sinnüberschreitungen können zu einer Generalisierung verstetigt werden.

Als Beispiel für eine **Spezialisierung** kann das Substantiv *wirt* (vgl. DWB, s.v.) dienen, das seit dem Ahd. – hier insbesondere als Übersetzungsglossierung zu lat. *hospes* ‚Fremder, Gast, Gastfreund, Besucher; Gastgeber' – belegt ist. Das Bedeutungsspektrum von *wirt* war in den historischen Sprachstufen des Deutschen wesentlich breiter und umfasste neben der Teilbedeutung ‚umsorgender Gastgeber', aus der sich die heutige Hauptbedeutung ‚Gastwirt' entwickelt hat, auch den metonymisch mit der Bedeutung ‚Gastgeber' verbundenen Aspekt ‚Haushaltsvorstand' („hausherr, haushalter, verwalter und pfleger des materiellen besitzes", ebd.).

Das Adjektiv *rau* hat wie das obige Beispiel *fertig* im Laufe der Sprachgeschichte eine **Generalisierung** erfahren: Ursprünglich wurde *rau* (mhd. *rûch*) als Eigenschaftsbezeichnung für Haare bei Menschen oder Tieren verwendet (heute noch erhalten in *Rauchwaren* ‚Pelze') und weitete seinen Verwendungsbereich dann auf andere Oberflächen und auch abstrakte ‚Gegenstände' aus. Generalisierung bedeutet also z.B. bei Adjektiven, dass eine größere Gruppe von Referenten (Gegenstände und Sachverhalte) mit dieser Eigenschaftsbezeichnung verbunden werden kann.

Die Generalisierung von *rau* dokumentieren auch die Einträge im Deutschen Wörterbuch:

rau (vgl. DWB, s.v. rauh)

1a) „rauh wird zufrühest auf dichte und abstehende behaarung bei menschen und thieren sich bezogen haben, woraus die andern bedeutungen sich entwickelten" *echinus ist ein suoʒe fisg luzzelêr, samo rûch sô ein igel.* Notker Boeth. 167, 28 *der erst der eraus kam, war rötlicht, ganz rauch wie ein fell, und sie nenneten jn Esau.* 1 Mos. 25, 25

1b) „sprichwörtlich das rauhe [...] herauskehren, die wilde seite zeigen oder zur geltung bringen": *wil es mit gûte helfen, wol gût; wa nit, so mûszen wir einmal das rauch herausz keren.* Schade sat. u. pasqu. 3, 273, 38

1c) übertragen auf Pflanzen: *von einer groszen rauhen eichen, die 28 oder 30 schuch lang ist.* Tucher baumeisterb. 74, 19. 21

2) „rauh verliert die beziehung aufs haar und geht nur noch auf das was uneben, schorfig oder reibend ist, im gegensatz zu glatt": *die liebe hat mich ganz besessen / und wil mir lung und leber fressen, / ich weisz nicht, wie sie mir den bauch / gemacht so bucklicht und so rauch!* A. Gryphius (1698) 1, 738

Betrachtet man die Diachronie der Semantik etwa von Personenbezeichnungen, zeigt sich noch ein anderes Feld semantischen Wandels, nämlich Wandel auf der Ebene der **Konnotation**, also der Bewertung(en) oder auch Implikaturen, die mit einem Ausdruck transportiert werden. Ein häufig genanntes Beispiel in diesem Zusammenhang ist das bereits oben (Kap. 6.1) angesprochene Wortfeld der weiblichen Personenbezeichnungen, innerhalb dessen sich die Bedeutungen von *wīp* und *frouwe* stark verändern (vgl. hierzu auch Nübling 2011):

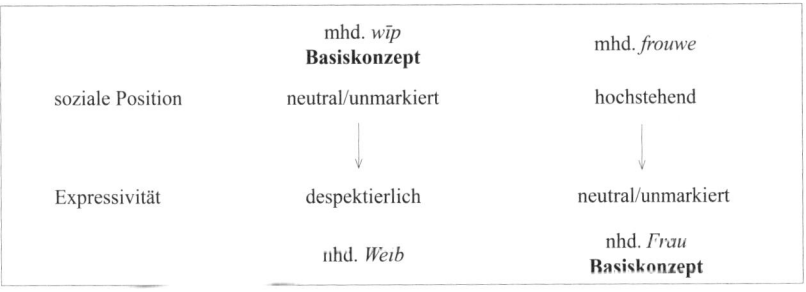

Das Beispiel zeigt, dass die Veränderung von Bewertung und Implikaturen (z.B. sozialer Status der bezeichneten Person, Familienstand etc.) eng verbunden ist mit gesellschaftlichen Wandelprozessen, dass also die Bewertungsänderung mit außersprachlichem Wandel untrennbar verknüpft ist.

In der Literatur wird in diesem Zusammenhang häufig von ‚Bedeutungsverschlechterung' und ‚Bedeutungsverbesserung' gesprochen. Blank (1993) hat diese beiden Begriffe als „Phantome der Historischen Semantik" bezeichnet, da es sich bei den Fällen, in denen eine Pejorisierung (Verschlechterung) oder Meliorisierung (Verbesserung) zu beobachten ist, „nur um Sekundärprozesse [handle], denen immer schon ein anderer Bedeutungswandel vorausgegangen sein muß" (ebd., 79). Bedeutungsverbesserung und -verschlechterung stellen mit Blank (1993; 1997) nicht wie Metapher und Metonymie sowie Bedeutungsverengung und -erweiterung Mechanismen des semantischen Wandels dar, sondern semantische Wandelprozesse, die im Gefolge sozialen Wandels ablaufen.

Eine wichtige Rolle bei der Entstehung von negativen oder positiven Konnotationen können Ironie, Übertreibung, euphemistische sowie dysphemistische Verwendung spielen.

Euphemismus/Dysphemismus

Mit dem Begriff ‚Euphemismus' wird die Verwendung eines Ersatzausdrucks bezeichnet, die mit einer bestimmten Intention verbunden ist, nämlich – aus unterschiedlichen Gründen – den ursprünglichen Ausdruck zu vermeiden. Eine elementare Verwendungsweise von Euphemismen besteht in der sprachlichen Vermeidung von Tabus, so zum Beispiel der Vermeidung von Namensnennungen, entweder aus religiöser Ehrfurcht (Gottesnamen) oder aus Angst, durch Nennung des Namens die genannte Entität heraufzubeschwören, z.B. Satan (*Herrseibeiuns*) oder gefährliche Tiere wie Bär (*der Braune*), Wolf (*der Graue*). Je nach Intention, die mit der Verwendung des Euphemismus verbunden ist, kann zwischen verhüllenden und verschleiernden Euphemismen unterschieden werden. Als verhüllend werden solche Euphemismen bezeichnet, die – in der Tradition der tabuvermeidenden Euphemismen – aus Gründen der Rücksichtnahme oder Höflichkeit gesellschaftlich negativ konnotierte oder tabuisierte Konzepte (z.B. aus den Bereichen Sexualität, Körperfunktionen, Krankheit oder Tod) mit einem Ersatzausdruck belegen. Verschleiernde Euphemismen werden hingegen mit der Absicht der Manipulation eingesetzt: Durch die Verwendung von Ersatzwörtern soll absichtlich vom eigentlich Gemeinten abgelenkt werden. Verschleiernde Euphemismen sind in der Sprache der Politik, der PR und in der Werbung häufig zu beobachten (z.B. *Anpassung* statt *Erhöhung* von Steuern).

Ein Dysphemismus liegt vor, wenn bewusst negativ konnotierte Ausdrücke verwendet werden, wie *ins Gras beißen* oder *verrecken* für ‚sterben'.

Weiterführende Literatur: Allan/Burridge (1991); Leinfeller (1971); Luchtenberg (1985).

Auch bei diesen Gebrauchsmustern liegt – wie bei Metapher und Metonymie – eine Abweichung von der ‚normalen‘, usuellen Bedeutung bzw. vom üblichen Gebrauch vor. Abweichungen sollen z.b. entweder einen Hervorhebungseffekt (bei der Übertreibung) oder einen Verschleierungseffekt (beim Euphemismus) erzielen. Wenn hyperbolische (übertreibende) oder euphemistische Verwendungen jedoch im Sprachgebrauch gehäuft auftreten, verliert dieses Gebrauchsmuster seinen Hervorhebungs- oder Verschleierungseffekt, da es sich eben nicht mehr um ein abweichendes, sondern um ein usualisiertes Sprachverhalten handelt.

Beispiele für die ‚Abnutzung‘ von Begriffen im Sinne der ‚political correctness‘ im Deutschen:

Krüppel/Irrer – Invalide – Behinderter – Mensch mit Behinderung – Mensch mit besonderen Herausforderungen/Begabungen – Mensch mit Kompetenzverschiebung

behindertengerecht – barrierefrei

Ausländerkinder – Gastarbeiterkinder – Kinder mit Migrationshintergrund/mit Zuwanderungsgeschichte

Schwuler/Lesbe – Homosexuelle(r) – Mensch gleichgeschlechtlicher Lebensweise – andere Formen sexueller Orientierung einschließend: *LGBT*

Neben den oben genannten Formen des Bedeutungswandels (Bedeutungsverschiebung durch Generalisierung und Spezialisierung auf der einen und Erweiterung des Bedeutungsfeldes durch Metapher und Metonymie auf der anderen Seite) gibt es noch weitere semantische Wandeltypen, u.a. das elliptische Verfahren und die Volksetymologie. Bei einer lexikalischen Ellipse wird die Bedeutung einer komplexen lexikalischen Einheit auf einen ihrer Bestandteile übertragen, z.B. *Weizen* für *Weizenbier*. Die Ellipse ist abzugrenzen von der Kurzwortbildung (z.B. *Limo* für *Limonade*) auf der einen Seite, bei der lediglich die Ausdrucksseite des sprachlichen Zeichens verändert wird, und der Metonymie auf der anderen Seite (z.B. *ein Glas trinken*), bei der keine komplexe lexikalische Einheit elliptisch verkürzt wird. Die Volksetymologie (z.B. aus *habsal + -igkeiten > Habselig + -keiten*) schließlich beinhaltet in aller Regel auch einen Bedeutungswandel, denn jede „formale Uminterpretation eines Wortes, jeder Schritt zu mehr Transparenz verändert die [...] interne Wortvorstellung, da das Wissen um die Wörter oder um die Wortfamilie, auf die hin interpretiert wird, hinzukommt" (Blank 1997, 308ff.). Darüber hinaus kann der Reanalyse auch ein ‚echter‘ Bedeutungswandel nachfolgen, nämlich wenn die Bedeutung, die die gedeutete kompositionale Struktur nahelegt, die ursprüngliche Bedeutung überlagert und schließlich ablöst. So ist z.B. bei *Friedhof* (von *vrīthof* ‚eingefriedeter Kirchhof‘ hin zum Kompositum aus *Friede* und *Hof*) der Bedeutungsaspekt ‚eingefriedet‘ durch die volksetymologische Reanalyse (und begleitenden außersprachlichen Wandel) geschwunden.

Literaturhinweis: Einen Überblick über die Konzepte des lexikalischen Bedeutungswandels gibt Blank (2005). Ein überzeugendes Gesamtkonzept verfolgt Blank (1997).

Einige lexikalische Bedeutungsveränderungen können auch als Verschiebung des Prototypen beschrieben werden (vgl. Fritz 1998, 62f.). Dabei rückt allmählich eine ursprünglich periphere(re) Teilbedeutung ins Zentrum des Prototypen, während die ‚alte‘ prototypische Kernbedeutung ihrerseits ‚an den Rand gedrängt‘ wird. Exemplarisch für eine solche **Prototypenverschiebung** kann das Lexem *arbeit* stehen, dessen Semantik eine Verschiebung von der ehemals prototypischen Bedeutung ‚Mühe‘ hin zur heute prototypischen Bedeutung ‚Tätigkeit‘ durchlaufen hat. Durch die Prototypenverschiebung sind Bedeutungsaspekte des Mühe-Prototyps wie ‚Geburtswehen‘, ‚religiöse Anstrengung‘ etc., die z.B. frnhd. *arbeit* noch als Peripherie des Bedeutungsspektrums enthielt (vgl. FWB, s.v.; Reichmann 1985), aus dem Bedeutungsspektrum von *Arbeit* ausgeschieden:

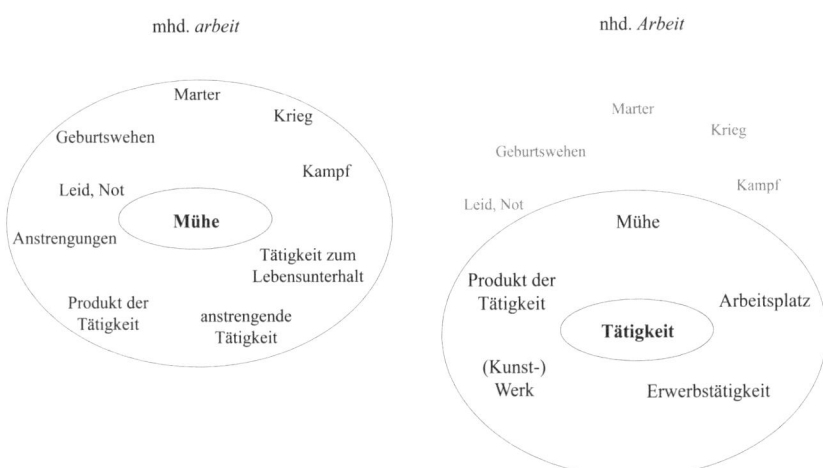

Für jedes Wort lässt sich eine eigene ‚**Wortkarriere**‘, die jeweils mehrere der o.g. Prozesse durchlaufen kann, nachzeichnen. Ein Lexem mit besonders reichhaltiger Polysemierung, insbesondere als Fachwort, hat das Derivat *Läufer* erfahren:

Läufer : Wortbildungsprozess:

Verb *laufen* > Substantiv *(der) Läufer*; Bedeutung: ‚jemand, der läuft‘ (Agentiv); ahd. spezialisiert: ‚Bote, Wandermönch‘,

- Übertragung der Laufbewegung von Menschen auf weitere Bereiche: ,Schiffswache, die auf- und abläuft', ,Laufsportler', ,Spielerposition, deren Aufgabe (u.a.) im Laufen besteht'; ,Landstreicher',

- Übertragung auf andere Lebewesen: ,etwas, das läuft': mhd. ,(Renn-)Pferd', ,Dromedar',

  fachsprachlich metaphorisch: ,junges Schwein zwischen 25 und 50 kg',

- **Metaphorisierungen**:

  Übertragung (meist fachsprachlich) auf Dinge, die sich (regelmäßig) bewegen: ,das obere Mühlrad', umlaufende Teile von Maschinen, ,Wurzelsprössling' etc.,

  ,etwas, das bewegt wird und dem eine Funktion (etwa in einem Spiel) zukommt', wie z.B. die Schachfigur *Läufer*,

- Änderung der Wortbildungssemantik:

  ,etwas, auf dem man läuft' (Patientiv): ,schmaler, länglicher Teppich',

  Übertragung auf längliche Tischdecke: ,Tischläufer'

- **Idiomatisierung** zu etwas, das sich selbst nicht mehr bewegt oder bewegt wird (verfachsprachlicht):

  ,etwas, das in Laufrichtung liegt': ,Mauerstein, der längs zur Laufrichtung/Mauerrichtung liegt' (Fachsprache des Maurerhandwerks); diese Idiomatisierung gilt evtl. auch für den in Laufrichtung liegenden Teppich (s.o.),

  ,etwas, in dem sich etwas bewegt': ,kleine Sanduhr' (Fachsprache der Schifffahrt).

Zusammenfassung

Diachron zeichnet sich der Wortschatz des Deutschen sowohl durch eine große Stabilität (insbesondere des Grundwortschatzes) als auch durch ein hohes Maß an Dynamik aus, die sich sowohl in quantitativem lexikalischem Wandel (Zuwachs und Schwund) als auch im Wandel des Wortbildungssystems und in semantischem Wandel manifestiert.

Wortschatzzuwachs speist sich im Deutschen zum einen in hohem Maße aus Entlehnungen, die eine jeweils unterschiedlich weit gehende Integration in das deutsche Sprachsystem auf lautlicher, graphematischer, morphologischer und/oder semantischer Ebene erfahren. Zum anderen stellt das deutsche Sprachsystem Möglichkeiten der Wortbildung und weitere kombinatorische Verfahren (Univerbierung u.a.) bereit, deren Produkte als Ergebnis von Lexikalisierungsprozessen ins Lexikon eingehen können. Das Wortbildungssystem des Deutschen weist ebenfalls ein hohes Maß an Dynamik auf; so entstehen im Laufe der Sprachgeschichte nicht nur neue Affixe v.a. durch Grammatikalisierung und Entlehnung, sondern es sind auch Veränderungen in der Produktivität bestehender Muster zu beobachten. Produktivitätszuwachs ist dabei in der Regel an den Abbau von Restriktionen gekoppelt; durch das Wegfallen von Beschränkungen kann ein Muster vermehrt neue Wortbildungsprodukte hervorbringen. Geht die Produktivität eines Musters diachron zurück, kann dieser Prozess bis hin zum Schwund eines Affixes führen.

Der Wortschatz erfährt eine ständige Ausdifferenzierung und Umgestaltung durch semantischen Wandel, der in enger Verbindung mit außersprachlichen, v.a. sozialen/kulturellen Wandelprozessen steht. Die semantischen Verfahren Metapher und Metonymie ermöglichen eine Erweiterung des Bedeutungsfeldes von lexikalischen Einheiten, die sich in synchron zu beobachtender Polysemie zeigt. Das Bedeutungsspektrum lexikalischer Einheiten kann neben Erweiterungen auch Verschiebungen erfahren. Handelt es sich um Begriffe, die in hierarchische semantische Relationen eingebunden sind, kann eine Generalisierung (Bedeutungserweiterung) oder Spezialisierung (Bedeutungsverengung) stattfinden. Außerhalb hierarchischer Relationen kann von einer Prototypenverschiebung gesprochen werden.

Quellenverzeichnis (Auflösung der Kurztitel)

Ahd. Benediktinerregel Althochdeutsche Benediktinerregel
Hs.: St. Gallen, Stiftsbibl., Cod. 916.

ArnM Arnsteiner Mariengebet
Hs.: Wiesbaden, Hauptstaatsarchiv, Hs. Abt. 3004, C 8, fol. 129^v–135^v.

Bart Bartholomäus
Hs.: München, Bayer. Staatsbibl., Cgm 92, fol. 1^r–18^v.

Baum Baumgarten geistlicher Herzen (L)
Hs.: München, Bayer. Staatsbibl., Cgm 6247.

BKön Buch der Könige
Hs.: Karlsruhe, Landesbibl., Cod. Donaueschingen 739.

Durandus, Rationale Durandus, Wilhelm: Rationale (dt.)
Hs.: Wien, Österr. Nationalbibl., Cod. 2765.

DvATr David von Augsburg: Traktate
Hs.: München, Bayer. Staatsbibl., Cgm 183.

Erlös Die Erlösung (B1)
Hs.: Krakau, Bibl. Jagiellońska, Berol. mgq 1412 (früher Berlin, Staatsbibl., mgq 1412) und Laubach, Gräfl. Solms-Laubachsche Bibl., ohne Sign. [Fragment T].

Georgslied Georgslied
Hs.: Heidelberg, Universitätsbibl., Cpl 52.

GnaÜ Christine Ebner: Von der Gnaden Überlast (N2)
Hs.: Nürnberg, Germ. Nationalmuseum, IIs. 1338.

Gregorius Hartmann von Aue: Gregorius
Ed.: Gregorius von Hartmann von Aue. Hrsg. v. Hermann Paul. 15., durchges. u. erw. Aufl. Neu bearb. v. Burghart Wachinger. Tübingen 2004. (Altdeutsche Textbibliothek 2).

HartwT Hartwig von dem Hage: Tagzeitengedicht
Hs.: München, Bayer. Staatsbibl., Cgm 717, fol. 33^r–49^v.

Hildebrandslied Hildebrandslied
Hs.: Kassel, Universitätsbibl. / LMB, 2° Ms. theol. 54.

Himlf Rheinfränkische Marienhimmelfahrt
Hs.: Gießen, Universitätsbibl., Cod. 876, S. 163–272.

HTri	Heinrich von Freiberg: Tristan und Isolde (Fortsetzung) Hs.: Florenz, Nationalbibl., Ms. B. R. 226 (früher: Bibl. Nazionale Centrale, Codex Magliabechianus germ. VII 9. 33. Perg).
Isidor	Althochdeutscher Isidor Ed.: Der althochdeutsche Isidor. Nach der Pariser Handschrift und den Monseer Fragmenten. Hrsg. v. Hans Eggers. Tübingen 1964 (Altdeutsche Textbibliothek 63).
Kchr	Kaiserchronik Hs.: Vorau, Stiftsbibl., Cod. 276, 1^r–73^v.
Lavater, Gespenster	Lavater, Ludwig: Von Gespånsten [...] Hs.: Zentralbibl. Zürich, 6.419,4. Gedruckt von Christoph Froschauer d. J. in Zürich 1578.
Leidener Williram	Williram von Ebersberg: ‚Hoheliedkommentar‘ (Ley/A) Hs.: Leiden, Universitätsbibl., BPL 130.
LEnt	Linzer Entechrist Hs.: Linz, Landesbibl., Hs. 33, fol. 171^r–180^r.
Lex Salica	Althochdeutsche Lex Salica Hs.: Trier, Stadtbibl., Mappe X, Fragm. 1.
LilieV	Die Lilie [Vers] Hs.: Wiesbaden, Hess. Landesbibl., Hs. 68.
LuKr	Die Kreuzfahrt Landgraf Ludwigs des Frommen Hs.: Wien, Österr. Nationalbibl., Cod. 2737.
Lupo	Lupold Hornburg: Reden Hs.: München, Universitätsbibl., 2 Cod. ms. 731 (= Cim. 4) [Würzburger Liederhs.], fol. 226ra,32–234va,12.
Mondsee-Wiener Fragmente	Monsee-Wiener Fragmente Hs.: Wien, Österr. Nationalbibl., Cod. 3093*.
MüRB	Mühlhäuser Reichsrechtsbuch Hs.: Nordhausen, StadtA, Ms. II., Na. 6 [Hs. N].
Muri	Gebete und Benediktionen aus Muri Hs.: Sarnen, Bibliothek des Benediktinerkollegiums, Cod. membr. 69.
NikP	Nikolaus von Straßburg: Predigten Hs. St. Florian, Stiftsbibl., Cod. XI 284, kl. 4°, fol. 37ra,1–85rb,3 [Hs. C]

Notker, Psalter	Notker III. von St. Gallen: Psalmenübersetzung Ed.: Notker der Deutsche. Der Psalter. Hrsg. v. Petrus W. Tax. 3 Bde. Tübingen 1979–1983 (Altdeutsche Textbibliothek).
Otfrid, Evangelienbuch	Otfrid von Weißenburg: Evangelienbuch Hs. V: Wien, Österr. Nationalbibl., Cod. 2687 Ed.: Otfrids Evangelienbuch. Hrsg. v. Oskar Erdmann. 6. Auflage bes. v. Ludwig Wolff. Tübingen 1973 (Altdeutsche Textbibliothek 49).
OxBR	Oxforder Benediktinerregel Hs.: Oxford, Bodleian Library, Ms. Laud. Misc. 237, fol. 1^r–16^v.
Parz	Wolfram von Eschenbach: Parzival (D) Hs.: St. Gallen, Stiftsbibl., Cod. 857.
Pass	Passional (A) (Marienlegenden) Hs.: Berlin, SBPK, mgf 778.
Phys	Physiologus Hs.: Wien, Österr. Nationalbibl., Cod. 2721, fol. 129^v–158^r.
PrMi	Millstätter Predigtsammlung Hs.: Krakau, Bibl. Jagiellońska, Berol. mgq 484 (und Karlsruhe, Landesbibl., Cod. Donaueschingen 290).
PrRei	Hessische Reimpredigten Hs.: Hamburg, Staats- u. Universitätsbibl., Cod. 99 in scrin., S. 12–312.
PrSch	Schwarzwälder Predigten (Gr) Hs.: Freiburg, Universitätsbibl., Cod. 460.
Renn	Hugo von Trimberg: Der Renner (E) Hs.: Erlangen, Universitätsbibl., Ms B 4 (früher Cod. Erl. 1460).
Rolandslied	Pfaffe Konrad: Rolandslied Ed.: Das Rolandslied des Pfaffen Konrad. Hrsg. v. Carl Wesle. 3., durchges. Aufl., bes. v. Peter Wapnewski. Tübingen 1985. (Althochdeutsche Textbibliothek 69).
RBib	„Mittelfränkische" Reimbibel (Fragm. A) Hs.: Halle, Universitätsbibl., Cod. Yg 34. 4°.
Rupr	Ruprecht von Freising: Rechtsbuch Hs.: München, StadtA, Zimelie 1.
Spec	Speculum ecclesiae Hs.: München, Bayer. Staatsbibl., Cgm 39 [Hs. C].

Tatian	Tatian Ed.: Tatian. Lateinisch und altdeutsch mit ausführlichem Glossar. Hrsg. v. Eduard Sievers. Zweite, neubearb. Ausgabe 1892. Unveränderter Nachdruck Paderborn 1966 (Bibliothek der ältesten deutschen Literatur-Denkmäler V).
TrHL	St. Trudperter Hohelied Hs.: Wien, Österr. Nationalbibl., Cod. 2719 [Hs. A].
Türh	Ulrich von Türheim: Rennewart Hs.: Berlin, SBPK, mgf 1063 [Rennewart B].
Urkunden Augsburg	15. Februar 1336–17. August 1341 Hss.: Augsburg, Stadtarchiv, UB Augsburg 343; UB Augsburg 358.
Vocabularius St. Galii	Vocabularius Sancti Galli Hs.: St. Gallen, Stiftsbibl., Cod. 913.
Will	Williram von Ebersberg: Hoheliedparaphrase Hs.: Breslau, Bibl. uniw., Cod. R 347.
WNot	Notker Labeo: Psalmenauslegung ‚Wiener Notker‘ (Y) Hs.: Wien, Österr. Nationalbibl., Cod. 2681.
WÖst	Johann von Würzburg: Wilhelm von Österreich (G) Hs.: Gotha, Forschungsbibl., Cod. Memb. II 39.
ZürArz	Zürcher Arzneibuch Hs.: Zürich, Zentralbibl., Cod. C 58 [‚Arzenîbuoch Ipocratis‘].
ZwBR	Zwiefaltener Benediktinerregel Hs.: Stuttgart, Württemb. Landesbibl., Cod. theol. et phil. 4° 230.

Verzeichnis historischer Sprachressourcen

Althochdeutsches Wörterbuch online

Althochdeutsches Wörterbuch. Auf Grund der von Elias v. Steinmeyer hinterlassenen Sammlungen im Auftrag der Sächsischen Akademie der Wissenschaften zu Leipzig. Bearb. u. hrsg. v. Elisabeth Karg-Gasterstädt u. Theodor Frings. Leipzig 1952-2015ff.
URL: http://awb.saw-leipzig.de

BStK online

Datenbank zu den althochdeutschen und altsächsischen Glossenhandschriften, basierend auf dem Katalog der althochdeutschen und altsächsischen Glossenhandschriften, hrsg. v. Rolf Bergmann u. Stefanie Stricker.
URL: https://glossen.germ-ling.uni-bamberg.de/

BMZ online

Mittelhochdeutsches Wörterbuch. Mit Benutzung des Nachlasses v. Georg Friedrich Benekke, ausgearb. v. Wilhelm Müller u. Friedrich Zarncke. 3 Bde. Leipzig 1854-1866.
URL: http://woerterbuchnetz.de/cgi-bin/WBNetz/wbgui_py?sigle=BMZ

Bonner Frühneuhochdeutschkorpus

Bernhard Schröder; Klaus-Peter Wegera; Hans-Joachim Solms; Hans-Christian Schmitz; Bernhard Fisseni: Das Bonner Frühneuhochdeutschkorpus (FnhdC).
URL: https://korpora.zim.uni-duisburg-essen.de/FnhdC/

Corpus altdeutscher Originalurkunden bis zum Jahr 1300

Projektleitung: Kurt Gärtner; Andrea Rapp.
URL: http://tcdh01.uni-trier.de/cgi-bin/iCorpus/CorpusIndex.tcl

Deutsches Textarchiv

Grundlage für ein Referenzkorpus der neuhochdeutschen Sprache. Hrsg. v. der Berlin-Brandenburgischen Akademie der Wissenschaften, Berlin 2018.
URL: http://www.deutschestextarchiv.de/

Deutsche Inschriften online

Die Inschriften des deutschen Sprachraumes in Mittelalter und Früher Neuzeit. Akademie der Wissenschaften und der Literatur Mainz.
URL: http://www.inschriften.net/

DWB online

Deutsches Wörterbuch v. Jacob u. Wilhelm Grimm. 16 Bde. in 32 Teilbänden. Leipzig 1854-1961. Quellenverzeichnis Leipzig 1971.
URL: http://woerterbuchnetz.de/cgi-bin/WBNetz/wbgui_py?sigle=DWB

DWDS

Digitales Wörterbuch der deutschen Sprache. Berlin-Brandenburgische Akademie der Wissenschaften.
URL: https://www.dwds.de/

FWB online

Frühneuhochdeutsches Wörterbuch. Begr. v. Robert R. Anderson; Ulrich Goebel; Oskar Reichmann; hrsg. v. Ulrich Goebel; Anja Lobenstein-Reichmann; Oskar Reichmann. 12 Bde.; Akademie der Wissenschaften zu Göttingen; 2017ff.
URL: https://fwb-online.de/

GerManC
Martin Durrell; Paul Bennett; Silke Scheible; Richard J. Whitt (Eds.): GerManC. A historical corpus of German 1650-1800, distributed by University of Oxford Text Archive.
URL: http://ota.ox.ac.uk/desc/2544

Gesamtkatalog der Wiegendrucke
Staatsbibliothek zu Berlin; Stiftung Preußischer Kulturbesitz.
URL: http://www.gesamtkatalogderwiegendrucke.de/

Handschriftencensus
Eine Bestandsaufnahme der handschriftlichen Überlieferung deutschsprachiger Texte des Mittelalters; Gemeinschaftsprojekt v. Rudolf Gamper; Christine Glaßner; Bettina Wagner; Jürgen Wolf u. Karin Zimmermann, in Zusammenarbeit m. Astrid Breith; Nathanael Busch; Karl Heinz Keller; Daniel Könitz u. Elke Zinsmeister.
URL: http://www.handschriftencensus.de

MWB online
Mittelhochdeutsches Wörterbuch; entw. in der von der Mainzer Akademie der Wissenschaften und der Literatur getragenen Arbeitsstelle an der Universität Trier in Zusammenarbeit m. dem Trierer Kompetenzzentrum für elektronische Erschließungs- und Publikationsverfahren in den Geisteswissenschaften.
URL: http://www.mhdwb-online.de/index.html

Mittelhochdeutsche Begriffsdatenbank (MHDBDB)
Universität Salzburg. Koordination: Katharina Zeppezauer-Wachauer; technische Leitung: Peter Hinkelmanns; Daniel Schlager. 1992ff.
URL: http://www.mhdbdb.sbg.ac.at/

Lexer online
Matthias Lexer: Mittelhochdeutsches Handwörterbuch. 3 Bde. Leipzig 1872-1878.
URL: http://woerterbuchnetz.de/cgi-bin/WBNetz/wbgui_py?sigle=Lexer

Referenzkorpus Altdeutsch
aktuell betreut v. Karin Donhauser; Jost Gippert; Rosemarie Lühr; Lars Erik Zeige. ddd-ad (Version 1.0), Humboldt-Universität zu Berlin.
URL: http://www.deutschdiachrondigital.de/ bzw. http://hdl.handle.net/11022/0000-0003-37E5-D

Referenzkorpus Frühneuhochdeutsch (im Aufbau)
Projektleitung: Ulrike Demske; Stefanie Dipper; Hans-Joachim Solms; Klaus-Peter Wegera (i.V.): Referenzkorpus Frühneuhochdeutsch.
URL: https://www.ruhr-uni-bochum.de/wegera/ref/

Referenzkorpus Mittelhochdeutsch
Thomas Klein; Klaus-Peter Wegera; Stefanie Dipper; Claudia Wich-Reif (2016). Referenzkorpus Mittelhochdeutsch (1050–1350), Version 1.0.
URL: https://www.linguistics.ruhr-uni-bochum.de/rem/. ISLRN 332-536-136-099-5.

Referenzkorpus Mittelniederdeutsch/Niederrheinisch (1200-1650) (im Aufbau)
Projektleitung: Ingrid Schröder; Robert Peters (i.V.): Referenzkorpus Mittelniederdeutsch/Niederrheinisch (1200-1650).
URL: https://vs1.corpora.uni-hamburg.de/ren

St. Anselmi Fragen an Maria
Stefanie Dipper; Simone Schultz-Balluff; Klaus-Peter Wegera: (Digitale) Erschließung, Auswertung und Edition der gesamten deutschsprachigen Überlieferung (14.–16. Jh.).
URL: https://www.linguistics.rub.de/anselm/

Wörterbuchnetz
Kompetenzzentrum für elektronische Erschließungs- und Publikationsverfahren in den Geisteswissenschaften an der Universität Trier.
URL: http://www.woerterbuchnetz.de/

Literaturverzeichnis

Abbott, Barbara (2004): Definiteness and indefiniteness. In: Horn, Laurence R.; Ward, Gregory (Eds.): The Handbooks of Pragmatics. Malden/Oxford/Carlton (Blackwell Handbooks in Linguistics 16), 122–149.

Abercrombie, David (1967): Elements of General Phonetics. Edinburgh.

Abraham, Werner; van Gelderen, Elly (Eds.; 1997): German: syntactic problems – problematic syntax. Tübingen (Linguistische Arbeiten 374).

Adamus, Marian (1965): Zum phonologischen Status des velaren Nasals in den neugermanischen Sprachen. In: Kwartalnik Neofilologiczny 12, 272–278.

Admoni, Vladimir G. (1967): Der Umfang und die Gestaltungsmittel des Satzes in der deutschen Literatursprache bis zum Ende des 18. Jahrhunderts. In: Beiträge zur Geschichte der deutschen Sprache und Literatur (H) 89, 144–199.

Admoni, Vladimir G. (1980): Zur Ausbildung der Norm der deutschen Literatursprache im Bereich des neuhochdeutschen Satzgefüges (1470–1730). Ein Beitrag zur Geschichte des Gestaltungssystems der deutschen Sprache. Berlin (Bausteine zur Sprachgeschichte des Neuhochdeutschen 56/IV).

Admoni, Vladimir G. (1990): Historische Syntax des Deutschen. Tübingen.

Ágel, Vilmos (2001): Gegenwartsgrammatik und Sprachgeschichte. Methodologische Überlegungen am Beispiel der Serialisierung im Verbalkomplex. In: Zeitschrift für Dialektologie und Linguistik 29, 319–331.

Ahd.Gr. I = Braune, Wilhelm (2004): Althochdeutsche Grammatik I. Laut- und Formenlehre. Bearb. von Ingo Reiffenstein. 15. Aufl. Tübingen (Sammlung kurzer Grammatiken germanischer Dialekte A, 5/1).

Ahd.Gr. II = Schrodt, Richard (2004): Althochdeutsche Grammatik II. Syntax. 15. Aufl. Tübingen (Sammlung kurzer Grammatiken germanischer Dialekte A, 5/2).

Aitchison, Jean (2001): Language Change. Progress or Decay? 3rd ed. Cambridge.

Akers, William G. (1931): Die konsonantische Ferndissimilation und -assimilation im Deutschen. Mit besonderer Berücksichtigung der neuhochdeutschen Schriftsprache. Bruchsal.

Albrecht, Jörn; Lüdtke, Jens; Thun, Harald (Hrsg.; 1988): Energeia und Ergon. Sprachliche Variation – Sprachgeschichte – Sprachtypologie. Studia in honorem Eugenio Coseriu. Bd. I: Schriften von Eugenio Coseriu (1965–1987) Tübingen (Tübinger Beiträge zur Linguistik 300).

Alexander, Gerda I. (1983): Fortis and Lenis in Germanic. New York/Bern/Frankfurt a.M. et al. (American University Studies I,18).

Allan, Keith; Burridge, Kate (1991): Euphemism and dysphemism. Language used as a shield and weapon. New York/Oxford.

Allen, George D. (1975): Speech rhythm: Its relation to performance universals and articulatory timing. In: Journal of Phonetics 3, 75–86.

Althaus, Hans P. (1980): Graphemik. In: Althaus, Hans P.; Henne, Helmut; Wiegand, Ernst H. (Hrsg.): Lexikon der Germanistischen Linguistik. Bd. 1., 2., vollst. neu bearb. u. erw. Aufl. Tübingen, 142–151.

Althochdeutsches Lesebuch = Braune, Wilhelm; Ebbinghaus, Ernst A. (1969): Althochdeutsches Lesebuch. 15. Aufl. Tübingen.

Altmann, Gabriel; Lehfeldt, Werner (1973): Allgemeine Sprachtypologie. Prinzipien und Meßverfahren. München.

Anderson, Stephen R. (2005): Aspects of the Theory of Clitics. Oxford/New York/Auckland et al. (Oxford Studies in Theoretical Linguistics 11).

Antonsen, Elmer H. (1964): Zum Umlaut im Deutschen. In: Beiträge zur Geschichte der deutschen Sprache und Literatur (T) 86, 177–196.

Antonsen, Elmer H. (1973): Zur schwachen „Flexion" im Deutschen. In: Moser, Hugo (Hrsg.): Linguistische Studien III. Fs Paul Grebe. Teil 1. Düsseldorf (Sprache der Gegenwart 23), 137–144.

Appel, Elsbeth (1941): Vom Fehlen des Genitiv-s. München (Arbeiten zur Entwicklungspsychologie 21).

Arndt, Erwin (1959): Das Aufkommen des begründenden *weil*. In: Beiträge zur Geschichte der deutschen Sprache und Literatur (H) 81, 388–415.

Arndt, Erwin (1960): Begründendes *da* neben *weil* im Neuhochdeutschen. In: Beiträge zur Geschichte der deutschen Sprache und Literatur (H) 82, 242–260.

Aronoff, Mark (1976): Word Formation in Generative Grammar. Cambridge, Mass./London (Linguistic Inquiry Monographs 1).

Askedal, John O. (1981): Zum phonematischen Status des velaren Nasals [ŋ] im Deutschen. In: Neuphilologische Mitteilungen 82, 467–474.

Askedal, John O. (Hrsg.; 1998): Historische germanische und deutsche Syntax. Fs Ingerid Dal. Frankfurt a.M./Berlin/Bern (Osloer Beiträge zur Germanistik 21).

Auer, Peter (1993): Is a rhythm-based typology possible? A study of the role of prosody in phonological typology. Hamburg (KontRi Working Paper 21).

Auer, Peter (1994): Einige Argumente gegen die Silbe als universale prosodische Hauptkategorie. In: Ramers, Karl-Heinz; Vater, Heinz; Wode, Henning (Hrsg.): Universale phonologische Strukturen und Prozesse. Tübingen (Linguistische Arbeiten 310), 55–78.

Auer, Peter (2001): Silben- und akzentzählende Sprachen. In: Handbuch Sprachtypologie und sprachliche Universalien (2001). 2. Halbbd., 1391–1399.

Auer, Peter (2002): Die sogenannte Auslautverhärtung in *ne[b]lig* vs. *lie[p]lich* – ein Phantom der deutschen Phonologie? In: Bommes, Michael; Noack, Christina; Tophinke, Doris (Hrsg.): Sprache als Form. Fs Utz Maas. Wiesbaden, 74–86.

Auer, Peter; Uhmann, Susanne (1988): Silben- und akzentzählende Sprachen. Literaturüberblick und Diskussion. In: Zeitschrift für Sprachwissenschaft 7, 214–259.

Augst, Gerhard (1975): Untersuchungen zum Morpheminventar der deutschen Gegenwartssprache. Tübingen (Forschungsberichte des Instituts für Deutsche Sprache 25).

Augst, Gerhard (1991): Alternative Regeln zur graphischen Kennzeichnung des kurzen Vokals im Deutschen – ein historischer Vergleich. In: Augst, Gerhard; Ehrismann, Otfried; Ramge, Hans (Hrsg.): Fs Heinz Engel. Göppingen (Göppinger Arbeiten zur Germanistik 561), 320–344.

Autenrieth, Tanja (2002): Heterosemie und Grammatikalisierung bei Modalpartikeln. Eine synchrone und diachrone Studie anhand von »eben«, »halt«, »e(cher)t«, »einfach«, »schlicht« und »glatt«. Tübingen (Linguistische Arbeiten 450).

Baayen, R. Harald (1989): A corpus based approach to morphological productivity. Statistical analysis and psycholinguistic interpretation. Diss. Amsterdam.

Baayen, R. Harald (1992): Statistical Models for Word Frequency Distributions. A Linguistic Evaluation. In: Computers and the Humanities 26, 347–363.

Baayen, R. Harald (1993): On frequency, transparency and productivity. In: Booij, Geert E.; van Marle, Jaap (Eds.): Yearbook of Morphology 1992. Dordrecht, 181–208.

Baayen, R. Harald (2001): Word Frequency Distributions. Dordrecht/Boston/London (Text, Speech and Language Technology 18).

Baayen, R. Harald; Lieber, Rochelle (1991): Productivity and English derivation. A corpus-based study. In: Linguistics 29, 801–843.

von Bahder, Karl (1925): Zur Wortwahl in der frühneuhochdeutschen Schriftsprache. Heidelberg (Germanische Bibliothek 2,19).

Baldauf, Christa (1997): Metapher und Kognition. Grundlagen einer neuen Theorie der Alltagsmetapher. Frankfurt a.m./Berlin/Bern u.a. (Sprache in der Gesellschaft. Beiträge zur Sprachwissenschaft 24).

Ball, Christopher J.E. (1968): The Germanic dental preterite. In: Transactions of the Philological Society 67, 162–188.

Bammesberger, Alfred (1986): Der Aufbau des germanischen Verbalsystems. Heidelberg (Untersuchungen zur vergleichenden Grammatik der germanischen Sprachen 1).

Barsalou, Lawrence W. (1992): Frames, Concepts, and Conceptual fields. In: Lehrer, Adrienne; Kittay, Eva F. (Eds.): Frames, Fields, and Contrasts. New Essays in Semantic and Lexical Organization. Hillsdale, New Jersey, 21–74.

Bartsch, Nina; Schultz-Balluff, Simone (Hrsg.; 2016): PerspektivWechsel *oder*: Die Wiederentdeckung der Philologie. Bd. 2: Grenzgänge und Grenzüberschreitungen. Zusammenspiele von Sprache und Literatur in Mittelalter und Früher Neuzeit. Berlin.

Barz, Irmhild; Schröder, Marianne (2001): Grundzüge der Wortbildung. In: Fleischer, Wolfgang; Helbig, Gerhard; Lerchner, Gotthard (Hrsg.): Kleine Enzyklopädie Deutsche Sprache. Frankfurt a. M./Berlin/Bern u.a., 178–217.

Bassola, Peter (2003): Topologische Ordnung im Verbalkomplex der frühneuhochdeutschen Gliedsätze. In: Meier, Jörg; Ziegler, Arne (Hrsg.): Aufgaben einer künftigen Kanzleisprachenforschung. Wien (Beiträge zur Kanzleisprachenforschung 3), 187–198.

Bauer, Anton (1987): Pidgin- und Kreolsprachen. In: Ammon, Ulrich; Dittmar, Norbert; Mattheier, Klaus J. (Hrsg.): Sociolinguistics/Soziolinguistik. Ein internationales Handbuch zur Wissenschaft von Sprache und Gesellschaft. 1. Halbbd. Berlin/New York (Handbücher zur Sprach- und Kommunikationswissenschaft 3.1), 344–352.

Baumann, Friedrich H. (1914): Die Adjektivabstrakta im älteren Westgermanischen. Diss. Freiburg, Breisgrau.

Bech, Gunnar (1963): Die Entstehung des schwachen Präteritums. Kopenhagen (Det Kongelige Danske Videnskabernes Selskab. Historisk-filosofiske Meddelelser 40,4).

Bechert, Johannes; Wildgen, Wolfgang; Schröder, Christoph (1991): Einführung in die Sprachkontaktforschung. Darmstadt.

Becker, Thomas (1990): Analogie und morphologische Theorie. München (Studien zur theoretischen Linguistik 11).

Becker, Thomas (1994): Die Erklärung von Sprachwandel durch Sprachverwendung am Beispiel der deutschen Substantivflexion. In: Köpcke, Klaus-Michael (Hrsg.): Funktionale Untersuchungen zur deutschen Nominal- und Verbalmorphologie. Tübingen (Linguistische Arbeiten 319), 45–64.

Becker, Thomas (1998): Das Vokalsystem der deutschen Standardsprache. Frankfurt a.M./Berlin/Bern u.a. (Arbeiten zur Sprachanalyse 32).

Becker, Thomas (2000): Zur Vokalreduktion im Althochdeutschen. In: Bittner, Andreas; Bittner, Dagmar; Köpcke, Klaus-Michael (Hrsg.), 31–46.

Behaghel, Otto (1900): Das -e im Dativ der Einzahl männlicher und sächlicher Hauptwörter. In: Wissenschaftliche Beihefte zur Zeitschrift des allgemeinen deutschen Sprachvereins. Dritte Reihe. H. 17/18, 251–277.

Behaghel, Otto (1909): Der Dativ der Einzahl männlicher und sächlicher Hauptwörter. In: Zeitschrift des allgemeinen Deutschen Sprachvereins 24, 33–39.

Behaghel, Otto (1923–1932): Deutsche Syntax. Eine geschichtliche Darstellung. 4 Bde. Bd. 1 (1923): Die Wortklassen und Wortformen. A: Nomen, Pronomen; Bd. II (1924): Die Wortklassen und Wortformen. B: Adverbium, C: Verbum; Bd. III (1928): Die Satzgebilde; Bd. IV (1932): Wortstellung, Periodenbau. Heidelberg (Germanische Bibliothek I,10).

Bergmann, Rolf (1998): Autonomie und Isonomie der beiden Wortbildungssysteme im Deutschen. In: Sprachwissenschaft 23, 167–183.

Bergmann, Rolf (1999): Zur Herausbildung der deutschen Substantivgroßschreibung. Ergebnisse des Bamberg-Rostocker Projekts. In: Hoffmann, Walter u.a. (Hrsg.): Das Frühneuhochdeutsche als sprachgeschichtliche Epoche. Fs Werner Besch. Frankfurt a.M./Berlin/Bern u.a, 59–79.

Bergmann, Rolf; Ewald, Petra (2004): Einführung zum Forschungsprojekt „Aufkommen und Durchsetzung des morphematischen Prinzips in der deutschen Orthographie 1500 – 1700". In: Sprachwissenschaft 29, 3–15.

Bergmann, Rolf; Götz, Ursula (2009): Zum Aufkommen der Großschreibung der Familiennamen. In: Hengst, Karlheinz; Krüger, Dietlind (Hrsg.): Familiennamen im Deutschen. Erforschung und Nachschlagewerke. 1. Halbbd.: Deutsche Familiennamen im deutschen Sprachraum. Fs Jürgen Udolph. Leipzig (Onomastica Lipsiensia 6,1), 297–330.

Bergmann, Rolf; Nerius, Dieter (1998): Die Entwicklung der Großschreibung im Deutschen von 1500 bis 1700. 2 Bde. Heidelberg (Germanische Bibliothek. NF. Reihe 3: Untersuchungen. 29,1 u. 29,2).

Bergmann, Rolf; Tiefenbach, Heinrich; Voetz, Lothar (Hrsg.; 1987): Althochdeutsch. Bd. I: Grammatik. Glossen und Texte. Heidelberg (Germanische Bibliothek. NF. Reihe 3: Untersuchungen).

Besch, Werner (1961): Schriftzeichen und Laut – Möglichkeiten der Lautwertbestimmung an deutschen Handschriften des späten Mittelalters. In: Zeitschrift für deutsche Philologie 80, 287–302.

Besch, Werner (1965): Zur Erschließung früheren Sprachstandes aus schriftlichen Quellen. In: Maurer, Friedrich (Hrsg.): Vorarbeiten und Studien zur Vertiefung der Südwestdeutschen Sprachgeschichte. Stuttgart (Veröffentlichungen der Kommission für Geschichtliche Landeskunde in Baden-Württemberg B,33), 104–130.

Besch, Werner (1967): Sprachlandschaften und Sprachausgleich im 15. Jahrhundert. Studien zur Erforschung der spätmittelhochdeutschen Schreibdialekte und zur Entstehung der neuhochdeutschen Schriftsprache. München (Bibliotheca Germanica 11).

Besch, Werner (1979): Zur Bestimmung von Regularitäten bei den schriftsprachlichen Ausgleichsvorgängen im Frühneuhochdeutschen. In: Zeitschrift für deutsche Philologie 98. Sonderheft zum Geburtstag von Hugo Moser, 130–150.

Besch, Werner (1981): Zur Entwicklung der deutschen Interpunktion seit dem späten Mittelalter. In: Smits, Kathryn; Besch, Werner; Lange, Victor (Hrsg.): Interpretation und Edition deutscher Texte des Mittelalters. Fs John Asher. Berlin, 187–206.

Besch, Werner (2008): Deutscher Bibelwortschatz in der frühen Neuzeit. Auswahl – Abwahl – Veralten. Frankfurt a.M./Berlin/Bern u.a.

Besch, Werner (2012): Grimmelshausens ‚Simplicissimus' – Das zweite Leben eines Klassikers. Paderborn/München/Wien u.a. (Nordrhein-Westfälische Akademie der Wissenschaften und der Künste. Geisteswissenschaften. Vorträge G 436).

Besch, Werner; Wegera, Klaus-Peter (1987): Frühneuhochdeutsch. Zum Stand der sprachwissenschaftlichen Forschung. Besorgt von Werner Besch und Klaus-Peter Wegera. Berlin (Zeitschrift für deutsche Philologie 116; Sonderheft).

Besch, Werner; Wolf, Norbert R. (2009): Geschichte der deutschen Sprache. Längsschnitte – Zeitstufen – Linguistische Studien. Berlin (Grundlagen der Germanistik 47).

Besch, Werner u.a. (Hrsg.; 1974): Studien zur deutschen Literatur und Sprache des Mittelalters. Fs Hugo Moser. Berlin.

Best, Karl-Heinz (1973): Probleme der Analogieforschung. München (Commentationes Societatis Linguisticae Europaeae VI).

Best, Karl-Heinz (1983): Zum morphologischen Wandel einiger deutscher Verben. In: Best, Karl-Heinz; Kohlhase, Jörg (Hrsg.; 1983), 107–118.

Best, Karl-Heinz; Kohlhase, Jörg (Hrsg.; 1983): Exakte Sprachwandelforschung: Theoretische Beiträge, statistische Analysen und Arbeitsberichte. Göttingen (Göttinger Schriften zur Sprach- und Literaturwissenschaft 2).

Bettelhäuser, Hans-Jörg (1976): Studien zur Substantivflexion der deutschen Gegenwartssprache. Heidelberg (Monographien zur Sprachwissenschaft 2).

Betten, Anne (1987): Grundzüge der Prosasyntax. Stilprägende Entwicklungen vom Althochdeutschen zum Neuhochdeutschen. Tübingen (Reihe Germanistische Linguistik 82).

Betten, Anne; Riehl, Claudia M. (Hrsg.; 1990): Neuere Forschungen zur historischen Syntax des Deutschen. Referate der Internationalen Fachkonferenz Eichstätt 1989. Tübingen (Reihe Germanistische Linguistik 103).

Bickerton, Derek (1977): Pidginization and creolization: language acquisition and language universals. In: Valdman, Albert (Hrsg.): Pidgin and Creole Linguistics. Bloomington, 49–69.

Birkmann, Thomas (1987): Präteritopräsentia. Morphologische Entwicklungen einer Sonderklasse in den altgermanischen Sprachen. Tübingen (Linguistische Arbeiten 188).

Bischoff, Bernhard (1965): Die karolingische Minuskel. In: Braunfels, Wolfgang (Hrsg.): Karl der Große. Werk und Wirkung. Katalog der Ausstellung in Aachen vom 26. Juni bis zum 19. September 1965. Aachen, 207–223.

Bischoff, Bernhard (2009): Paläographie des römischen Altertums und des abendländischen Mittelalters. Mit einer Auswahlbibliographie 1986–2008 von Walter Koch. 4., durchges. u. erw. Aufl. Berlin (Grundlagen der Germanistik 24).

Bittner, Andreas (1996): Starke ‚schwache' Verben – schwache ‚starke' Verben. Deutsche Verbflexion und Natürlichkeit. Tübingen (Studien zur deutschen Grammatik 51).

Bittner, Andreas; Bittner, Dagmar; Köpcke, Klaus-Michael (Hrsg.; 2000): Angemessene Strukturen. Systemorganisation in Phonologie, Morphologie und Syntax. Hildesheim.

Bittner, Dagmar (1987): Die sogenannten schwachen Maskulina des Deutschen – Ihre besondere Stellung im nhd. Deklinationssystem. In: Wurzel, Wolfgang U. (Hrsg.): Studien zur Morphologie und Phonologie II. Berlin (Linguistische Studien A,156), 33–53.

Bittner, Dagmar (1991): Von starken Feminina und schwachen Maskulina. Die neuhochdeutsche Substantivflexion Eine Systemanalyse im Rahmen der natürlichen Morphologie. Berlin (ZAS Papers in Linguistics 31).

Bittner, Dagmar (1994): Die Bedeutung der Genusklassifikation für die Organisation der deutschen Substantivflexion. In: Köpcke, Klaus-Michael (Hrsg.): Funktionale Untersuchungen zur deutschen Nominal- und Verbalmorphologie. Tübingen (Linguistische Arbeiten 319), 65–80.

Bittner, Dagmar (2000): Gender classification and the inflectional system of German nouns. In: Unterbeck, Barbara; Rissanen, Matti (Eds.): Gender in Grammar and Cognition. I. Approaches to gender. II. Manifestations of gender. Berlin/New York (Trends in Linguistics. Studies and Monographs 124), 1–23.

Blank, Andreas (1993): Zwei Phantome der historischen Semantik: Bedeutungsverbesserung und Bedeutungsverschlechterung. In: Romanistisches Jahrbuch 44, 57–85.

Blank, Andreas (1997): Prinzipien des lexikalischen Bedeutungswandels am Beispiel der romanischen Sprachen. Tübingen (Beihefte zur Zeitschrift für romanische Philologie 285).

Blank, Andreas (2001): Pathways of lexicalization. In: Handbuch Sprachtypologie und sprachliche Universalien (2001). 2. Halbbd., 1596–1608.

Blank, Andreas (2005): Etymologie und Wortgeschichte III: Neue Zugänge zu semantischem Wandel. In: Handbuch Lexikologie (2005). 2. Halbbd., 1324–1332.

Böckelmann, Fritz (1905/1912): Das Dativ-e. In: Zeitschrift für den deutschen Unterricht 19, 712–717; Zeitschrift für den deutschen Unterricht 26, 48–54.

Boettcher, Wolfgang (2009): Grammatik verstehen. 3 Bde. Tübingen.

Bogner, Stephan (1994): Periphrastische Futurformen im Frühneuhochdeutschen. Wien (Schriften zur diachronen Sprachwissenschaft 2).

Bojunga, Klaudius (1890): Die Entwicklung der nhd. Substantivflexion ihrem inneren Zusammenhange nach in ihren Umrissen dargestellt. Diss. Leipzig.

Bolli, Ernst (1975): Die verbale Klammer bei Notker. Untersuchungen zur Wortstellung in der Boethius-Übersetzung. Berlin/New York (Das Althochdeutsche von St. Gallen 4).

Bonner Frühneuhochdeutschkorpus: https://korpora.zim.uni-duisburg-essen.de/FnhdC/ [letzter Zugriff am 18.07.2018].

Booij, Geert E. (1977): Dutch morphology. A study of word formation in generative grammar. Lisse (PdR Press publications on DUTCH 2).

Boretzky, Norbert (1977): Einführung in die historische Linguistik. Reinbek (rororo. Studium 108).

Boretzky, Norbert (1983): Kreolsprachen, Substrate und Sprachwandel. Wiesbaden.

Boretzky, Norbert u.a. (Hrsg.; 1991): Sprachwandel und seine Prinzipien. Bochum (Bochum-Essener Beiträge zur Sprachwandelforschung 14).

Borter, Alfred (1982): Syntaktische Klammerbildung in Notkers Psalter. Berlin/New York (Das Althochdeutsche von St. Gallen 7).

Braun, Angelika (1988): Zum Merkmal „Fortis/Lenis". Phonologische Betrachtungen und instrumentalphonetische Untersuchungen an einem mittelhessischen Dialekt. Stuttgart (Zeitschrift für Dialektologie und Linguistik. Beihefte. NF. 55).

Braun, Peter; Schaeder, Burkhard; Volmert, Johannes (Hrsg.; 2003): Internationalismen II. Studien zur interlingualen Lexikologie und Lexikographie. Tübingen (Reihe Germanistische Linguistik 246).

Braunmüller, Kurt (1982): Syntaxtypologische Studien zum Germanischen. Tübingen (Tübinger Beiträge zur Linguistik 197).

Bredel, Ursula (2007): Interpunktionszeichen: Form – Geschichte – Funktion. In: Boschung, Dieter; Hellenkemper, Hansgerd (Hrsg.): Kosmos der Zeichen. Schriftbild und Bildformel in Antike und Mittelalter. Wiesbaden (Schriften des Lehr- und Forschungszentrums für antike Kulturen des Mittelmeerraumes 5), 67–86.

Bredel, Ursula (2011): Interpunktion. Heidelberg (Kurze Einführungen in die germanistische Linguistik 11).

Brekle, Herbert E. (1994): Die Buchstabenformen westlicher Alphabetschriften in ihrer historischen Entwicklung. In: Handbuch Schrift und Schriftlichkeit (1994). 1. Halbbd., 171–204.

Brekle, Herbert E. (1995a): Neues über Groß- und Kleinbuchstaben. Theoretische Begründung der Entwicklung der römischen Majuskelformen zur Minuskelschrift. In: Linguistische Berichte 155, 3–21.

Brekle, Herbert E. (1995b): Die Zähmung pompejianischer Ausschweifungen. Historische und theoretische Begründung unserer heutigen Buchstabenformen. In: Linguistische Berichte 160, 427–446.

Brinton, Laurel J.; Traugott, Elisabeth C. (2005): Lexicalization and Language Change. Cambridge/ Mass. (Research Survey in Linguistics).

Brockhaus, Wiebke (1995): Final Devoicing in the Phonology of German. Tübingen (Linguistische Arbeiten 336).

Buccini, Anthony F. (1992): The development of umlaut and the dialectal position of Dutch in Germanic. Cornell University. Doctoral dissertation.

Bungarten, Theo (1979): Das Korpus als empirische Grundlage in der Linguistik und Literaturwissenschaft. In: Bergenholtz, Henning; Schaeder, Burkhard (Hrsg.): Empirische Textwissenschaft. Aufbau und Auswertung von Text-Corpora. Königstein, Taunus (Monographien: Linguistik und Kommunikationswissenschaft 39), 28–51.

Burger, Harald (2010): Phraseologie. Eine Einführung am Beispiel des Deutschen. 4., neu bearb. Aufl. Berlin (Grundlagen der Germanistik 36).

Burkhardt, Armin (1996): Zwischen Poesie und Ökonomie. Die Metonymie als semantisches Prinzip. In: Zeitschrift für germanistische Linguistik 24, 175–194.

Busch, Nathanael; Fleischer, Jürg (2015): Zusammenschreibung im Althochdeutschen und Altniederdeutschen bis ca. 975. Ergebnisse einer paläographischen Untersuchung. In: Beiträge zur Geschichte der deutschen Sprache und Literatur 137, 563–598.

Busch, Nathanael; Bronner, Dagmar; Fleischer, Jürg; Poppe, Erich (2018): (Non-)separation of words in early medieval Irish and German manuscripts and the concept "word". In: Ulbrich, Christiane; Werth, Alexander; Wiese, Richard (Eds.): Empirical Approaches to the Phonological Structure of Words. Berlin/Boston (Linguistische Arbeiten 567), 45–70.

Busse, Dietrich (Hrsg.; 1991): Diachrone Semantik und Pragmatik. Untersuchungen zur Erklärung und Beschreibung des Sprachwandels. Tübingen (Reihe Germanistische Linguistik 113).

Busse, Ulrich (1993): Anglizismen im Duden. Eine Untersuchung zur Darstellung englischen Wortguts in den Ausgaben des Rechtschreibdudens von 1880–1986. Tübingen (Reihe Germanistische Linguistik 139).

Bußmann, Hadumod (Hrsg.; 2008): Lexikon der Sprachwissenschaft. 4., durchges. u. bibliogr. erg. Aufl. Stuttgart.

Butt, Matthias; Eisenberg, Peter (1990): Schreibsilbe und Sprechsilbe. In: Stetter, Christian (Hrsg.; 1990), 33–64.

Bynon, Theodora (1981): Historische Linguistik. Eine Einführung. Gegenüber dem englischen Original überarb. u. erw. deutsche Ausgabe. München.

Campbell, Lyle (2004): Historical Linguistics. An Introduction. 2nd ed. Edinburgh.

Capelli, Adriano (2006): Lexicon Abbreviaturarum. Abdr. d. 6. Aufl. Milano.

Carr, Charles T. (1936): Number in Old High German. In: Journal of English and German Philology 35, 214–242.

Catach, Nina (1994): La ponctuation (Histoire et système). Paris (Que sais je? 2818).

Cercignani, Fausto (1979): The consonants of German. Synchrony and diachrony. Mailand.

Cherubim, Dieter (Hrsg.; 1975): Sprachwandel. Reader zur diachronischen Sprachwissenschaft. Berlin/New York.

Chirita, Diana (1988): Der Ausgleich des Ablauts im starken Präteritum im Frühneuhochdeutschen. Bern/Frankfurt a.M./New York u.a. (Wiener Arbeiten zur germanischen Altertumskunde und Philologie 31).

Cho, Jun-Ku (1999): Infinitivkonstruktionen im Deutschen. Sprachsystem und Sprachentwicklung seit dem 18. Jahrhundert. Frankfurt a.M./Berlin/Bern u.a. (Europäische Hochschulschriften. Reihe 1. Deutsche Sprache und Literatur 1721).

Christiansen, Mads (2016): Von der Phonologie in die Morphologie. Diachrone Studien zur Präposition-Artikel-Enklise. Hildesheim.

Claes, Franz (1977): Bibliographisches Verzeichnis der deutschen Vokabulare und Wörterbücher, gedruckt bis 1600. Hildesheim/New York.

van Coetsem, Frans (1975): Generality in language change. The case of the old High German vowel shift. In: Lingua 35, 1–34.

Comrie, Bernard (1989): Language Universals and Linguistic Typology. Syntax and Morphology. 2nd revised ed. Oxford.

Comrie, Bernard (2001): Different views of language typology. In: Handbuch Sprachtypologie und sprachliche Universalien (2001). 1. Halbbd., 25–39.

Corbett, Greville G. (2000): Number. Cambridge/New York/Oakleigh, Melbourne et al.

Coseriu, Eugenio (1974): Synchronie, Diachronie und Geschichte. Das Problem des Sprachwandels. München (Internationale Bibliothek für Allgemeine Linguistik 3).

Coulmas, Florian (1981): Conversational routine. Explorations in Standardized Communication Situations and Prepatterned Speech. Den Haag (Rasmus Rask Studies in Pragmatic Linguistics 2).

Coulmas, Florian (1999): The Blackwell Encyclopedia of Writing Systems. Repr. Malden, Massachusetts.

Cowie, Claire; Dalton-Puffer, Christiane (2002): Diachronic word-formation and studying changes in productivity over time. Theoretical and methodological considerations. In: Díaz Vera, Javier E. (Ed.): A changing world of words. Studies in English historical lexicography, lexicology and semantics. Amsterdam/New York (Costerus. New Series 141), 410–437.

Croft, William (1990): Typology and Universals. Cambridge.

Croft, William (2000): Explaining Language Change. An Evolutionary Approach. Harlow.

d'Alquen, Richard J.E. (1988): Germanic Accent, Grammatical Change and the Laws of Unaccented Syllables. Frankfurt a.M./Bern/New York (Canadian Studies in German Language and Literature 36).

Dal, Ingerid (1951): Die ahd. Diphthongierung von *e* > *ia, ie* und *o* > *uo* als Ergebnis einer sog. ‚détresse phonologique'. In: Archiv für das Studium der neueren Sprachen und Literaturen 188, 115–116.

Dal, Ingerid (1966): Kurze deutsche Syntax auf historischer Grundlage. 3., verb. Aufl. Tübingen (Sammlung kurzer Grammatiken germanischer Dialekte B,7).

Dammel, Antje (2011): Konjugationsklassenwandel. Prinzipien des Ab-, Um- und Ausbaus verbalflexivischer Allomorphie in germanischen Sprachen. Berlin/New York (Studia Linguistica Germanica 103).

Dauer, Rebecca M. (1983): Stress-timing and syllable-timing reanalyzed. In: Journal of Phonetics 11, 51–62.

Dauer, Rebecca M. (1987): Phonetic and phonological components of language rhythm. In: Proceedings of the XIth International Congress of Phonetic Sciences. August 1–7. Vol. 5. Tallinn, 447–450.

Dauses, August (1990): Theorien des Sprachwandels. Eine kritische Übersicht. Stuttgart.

Davis, Graeme; Bernhardt, Karl A. (2002): Syntax of West Germanic. The syntax of Old English and Old High German. Göppingen (Göppinger Arbeiten zur Germanistik 697).

Debrunner, Albert (1940): Aus der Krankheitsgeschichte des Genitivs. [Vortrag gehalten im Verein für deutsche Sprache in Bern am 10. Nov. 1939]. Separatdruck aus den Nrn. 39, 40, 41 des Berner Schulblattes 1939/40. Bern.

Demske, Ulrike (2000): Zur Geschichte der *ung*-Nominalisierung im Deutschen. Ein Wandel morphologischer Produktivität. In: Beiträge zur Geschichte der deutschen Sprache und Literatur 122, 365–411.

Demske, Ulrike (2001): Merkmale und Relationen. Diachrone Studien zur Nominalphrase des Deutschen. Berlin/New York (Studia Linguistica Germanica 56).

Demske, Ulrike (2009): Zur Markierung von Konsekutivität im Deutschen: Diachrone Aspekte. In: Ehrich, Veronika u.a. (Hrsg.): Koordination und Subordination im Deutschen. Hamburg (Linguistische Berichte. Sonderheft 16), 43–66.

Demske, Ulrike (2016): Zur Komplexität des Frühneuhochdeutschen. In: Kwekkeboom, Sarah; Waldenberger, Sandra (Hrsg.; 2016), 437–454.

Denison, David (2010): Log(ist)ic and simplistic S-curves. In: Hickey, Raymond (Ed.; 2010), 54–70.

Dentler, Sigrid (1997): Zur Perfekterneuerung im Mittelhochdeutschen. Die Erweiterung des zeitreferentiellen Funktionsbereichs von Perfektfügungen. Göteborg (Göteborger germanistische Forschungen 37).

Derwin, Bruce; Skousen, Royal (1989): Morphology in the Mental Lexicon. A New Look at Analogy. In: Booij, Geert; van Marle, Jaap (Eds.): Yearbook of Morphology 1989. Dordrecht, 55–71.

Desportes, Yvon (Hrsg.; 2000): Zur Geschichte der Nominalgruppe im älteren Deutsch. Fs Paul Valentin. Akten des Pariser Kolloquiums, März 1999. Heidelberg (Germanistische Bibliothek 5), 71–97.

Desportes, Yvon (Hrsg.; 2003): Konnektoren im älteren Deutsch. Akten des Pariser Kolloquiums, März 2002. Heidelberg (Germanistische Bibliothek 15), 213–233.

Dicke, Gerd; Eikelmann, Manfred; Hasebrink, Burkhard (Hrsg.; 2006): Im Wortfeld des Textes. Worthistorische Beiträge zu den Bezeichnungen von Rede und Schrift im Mittelalter. Berlin/New York (Trends in Medieval Philology 10). Berlin/New York.

Di Meola, Claudio (2004): The rise of the prepositional genitive in German – a grammaticalization phenomenon. In: Lingua 114, 165–182.

Dietrich, Gerhard (1953): [ç] und [x] im Deutschen – ein Phonem oder zwei? In: Zeitschrift für Phonetik, Sprachwissenschaft und Kommunikationsforschung 7, 28–37.

Diewald, Gabriele (1997): Grammatikalisierung. Eine Einführung in Sein und Werden grammatischer Formen. Tübingen (Germanistische Arbeitshefte 36).

Diewald, Gabriele (1999): Die Modalverben im Deutschen. Grammatikalisierung und Polyfunktionalität. Tübingen (Reihe Germanistische Linguistik 208).

Diewald, Gabriele (2000): Grammatikalisierung: Wie entsteht die Grammatik? In: Der Deutschunterricht 52. H. 3, 28–40.

Diewald, Gabriele (2011): Grammaticalization and pragmaticalization. (Chapter 36). In: Narrog, Heiko; Heine, Bernd (Eds.): The Oxford Handbook of Grammaticalization. Oxford, 450–461.

Diewald, Gabriele; Habermann, Mechthild (2005): Die Entwicklung von *werden* + Infinitiv als Futurgrammem. Ein Beispiel für das Zusammenwirken von Grammatikalisierung, Sprachkontakt und soziokulturellen Faktoren. In: Leuschner, Thorsten; Mortelmans, Tanja; De Groodt, Sarah (Hrsg.; 2005), 229–250.

Dinser, Gudula (Hrsg.; 1974): Zur Theorie der Sprachveränderung. Kronberg, Taunus (Skripten Linguistik und Kommunikationswissenschaft 3).

Dirven, René (1993): Metonymy and metaphor. Different mental strategies of conceptualisation. In: Leuvense Bijdragen 82, 1–28.

Dittmer, Arne, Dittmer, Ernst (1998): Studien zur Wortstellung – Satzgliedstellung in der althochdeutschen Tatianübersetzung. Göttingen (Studien zum Althochdeutschen 34).

Docherty, Gerry; Foulkes, Paul (2002): Variability in (r) production – instrumental perspectives. In: Van de Velde, Hans; van Hout, Roeland (Eds.): 'r-atics: Sociolinguistic, phonetic and phonological characteristics of /r/. Brussels (Études & Travaux 4), 173–184.

Dohlus, Katrin (2008): Phonologische Angleichung deutscher Lehnwörter im Japanischen – Warum aus Arbeit baito wird. Saarbrücken.

Donegan, Patricia J.; Stampe, David (1983): Rhythm and the holistic organization of language structure. In: Richardson, John F.; Marks, Mitchell; Chukerman, Amy (Eds.): Papers from the Parasession on the Interplay of Phonology, Morphology and Syntax, Chicago, 22–13 April 1983. Chicago (Papers from the 19th Regional Meeting, Chicago Linguistic Society), 337–353.

Donhauser, Karin (1998): Das Genitivproblem und (k)ein Ende? Anmerkungen zur aktuellen Diskussion um die Ursachen des Genitivschwundes im Deutschen. In: Askedal, John Ole (Hrsg.): Historische germanische und deutsche Syntax. FS Ingerid Dal. Frankfurt a. M./Berlin/Bern u.a. (Osloer Beiträge zur Germanistik), 69–86.

Donhauser, Karin; Fischer, Annette; Mecklenburg, Lars (2007): Moutons Interaktive Einführung in die Historische Linguistik des Deutschen. Berlin/New York.

Dückert, Joachim (1976): Zur Ausbildung der Norm der deutschen Literatursprache auf der lexikalischen Ebene (1470–1730). Untersucht an ausgewählten Konkurrentengruppen. Berlin (Bausteine zur Sprachgeschichte des Neuhochdeutschen 56/II).

Duden (2009): Die Grammatik. 8., überarb. Aufl. Mannheim (Duden Bd. 4).

Duke, Janet (2005): Gender Systems and Grammaticalization: Examples from German and Germanic. In Leuschner, Thorsten; Mortelmans, Tanja; De Groodt, Sarah (Hrsg.; 2005), 31–57.

Dülfer, Kurt; Korn, Hans-Enno (2006): Gebräuchliche Abkürzungen des 16.–20. Jahrhunderts. 9., überarb. Aufl., bearb. v. Karsten Uhde [Nachdr.]. Marburg (Veröffentlichungen der Archivschule Marburg 1).

Durrell, Martin (1977): The Old High German Monophthongization. Some Problems of Diachronic Phonology. In: Zeitschrift für Dialektologie und Linguistik 44, 50–80.

Durrell, Martin (1990): German Noun Inflexions: Synchrony and Diachrony. In: German Life and Letters, NS XLIII, 113–124.

Durrel, Martin (1999): Zum Ausgleich der Ablautalternanzen im Niederdeutschen. In: Zeitschrift für deutsche Linguistik 105, 39–49.

Durrell, Martin; Whitt, Richard J. (2016): The development of the *würde* + infinitive construction in Early Modern German (1650–1800). In: Beiträge zur Geschichte der deutschen Sprache und Literatur 138, 325–364.

Dürscheid, Christa (2006): Einführung in die Schriftlinguistik. 3., überarb. u. erg. Aufl. Göttingen (Studienbücher zur Linguistik 8).

DWB = Deutsches Wörterbuch von Jacob und Wilhelm Grimm. 16 Bde. in 32 Teilbänden. Leipzig 1854-1961. Quellenverzeichnis Leipzig 1971.

Ebert, Robert P. (1976): Infinitival Complement Constructions in Early New High German. Tübingen (Linguistische Arbeiten 30).

Ebert, Robert P. (1978): Historische Syntax des Deutschen. Stuttgart (Sammlung Metzler 167).

Ebert, Robert P. (1980): Social and Stylistic Variation in Early New High German Word Order: the Sentence Frame (›Satzrahmen‹). In: Beiträge zur Geschichte der deutschen Sprache und Literatur (T) 102, 357–398.

Ebert, Robert P. (1981): Social and Stylistic Variation in the Order of Auxiliary and Nonfinite Verb in Dependent Clauses in Early New High German. In: Beiträge zur Geschichte der deutschen Sprache und Literatur (T) 103, 204–237.

Ebert, Robert P. (1998): Verbstellungswandel bei Jugendlichen, Frauen und Männern im 16. Jahrhundert. Tübingen (Reihe Germanistische Linguistik 190).

Ebert, Robert P. (1999): Historische Syntax des Deutschen II: 1300–1750. 2., überarb. Aufl. Berlin (Germanistische Lehrbuchsammlung 6).

Eggs, Ekkehard (2001): Metapher. In: Ueding, Gert (Hrsg.): Historisches Wörterbuch der Rhetorik. Bd. 5. Tübingen, 1099–1183.

Eisenberg, Peter (1989): Die Schreibsilbe im Deutschen. In: Eisenberg, Peter; Günther, Hartmut (Hrsg.; 1989), 57–84.

Eisenberg, Peter (1991): Integration einer fremden Struktur. Die Gemination von Konsonantgraphemen in deutschen Anglizismen. In: Iwasaki, Eijirō (Hrsg.): Begegnung mit dem Fremden. Grenzen – Traditionen – Vergleiche. Akten des VIII. Internationalen Germanisten-Kongresses. Tokyo 1990. Bd. 4. München, 341–347.

Eisenberg, Peter (1997): Die besondere Kennzeichnung der kurzen Vokale – Vergleich und Bewertung der Neuregelung. In: Augst, Gerhard u.a. (Hrsg.): Zur Neuregelung der deutschen Orthographie. Begründung und Kritik. Tübingen (Reihe Germanistische Linguistik 179), 323–336.

Eisenberg, Peter (1999): Vokallängenbezeichnung als Problem. In: Linguistische Berichte 179, 343–349.

Eisenberg, Peter (2000): Das vierte Genus? Über die natürliche Kategorisation der deutschen Substantive. In: Bittner, Andreas; Bittner, Dagmar; Köpcke, Klaus-Michael (Hrsg.; 2000), 91–105.

Eisenberg, Peter (2001): Die grammatische Integration von Fremdwörtern. Was fängt das Deutsche mit seinen Latinismen und Anglizismen an? In: Stickel, Gerhard (Hrsg.; 2001), 183–205.

Eisenberg, Peter (2018): Das Fremdwort im Deutschen. 3., aktual. u. erw. Aufl. Berlin/Boston.

Eisenberg, Peter (Hrsg.; 2006): Niemand hat das letzte Wort. Sprache – Schrift – Orthographie. Göttingen (Valerio 3).

Eisenberg, Peter; Günther, Hartmut (Hrsg.; 1989): Schriftsystem und Orthographie. Tübingen (Reihe Germanistische Linguistik 97).

Elmentaler, Michael (1993): Probleme der Rekonstruktion stadtsprachlicher Schreibsysteme am Beispiel Duisburgs. In: Zeitschrift für Dialektologie und Linguistik 60, 1–20.

Elmentaler, Michael (2003): Struktur und Wandel vormoderner Schreibsprachen. Berlin/New York (Studia Linguistica Germanica 71).

van der Elst, Gaston (1984): Zur Entwicklung des deutschen Kasussystems. Ein Beispiel für Sprachökonomie. In: Zeitschrift für germanistische Linguistik 12, 313–331.

Erben, Johannes (2000): Syntax des Frühneuhochdeutschen. In: Handbuch Sprachgeschichte (2000). 2. Teilbd., 2. Aufl., 1584–1593.

Erben, Johannes (2003): Hauptaspekte der Entwicklung der Wortbildung in der Geschichte der deutschen Sprache. In: Handbuch Sprachgeschichte (2003). 3. Teilbd., 2. Aufl., 2525–2539.

Erben, Johannes (2006): Einführung in die deutsche Wortbildungslehre. 5., durchges. u. erg. Aufl. Berlin (Grundlagen der Germanistik 17).

Erdmann, Oskar (1886): Grundzüge der deutschen Syntax nach ihrer geschichtlichen Entwicklung. 1. Abteilung. Gebrauch der Wortklassen. Die Formationen des Verbums in einfachen Sätzen und in Satzverbindungen. Stuttgart.

Eroms, Hans-Werner (1980): Funktionskonstanz und Systemstabilisierung bei den begründenden Konjunktionen im Deutschen. In: Sprachwissenschaft 5, 73–115.

Eroms, Hans-Werner (1990): Zur Entwicklung der Passiv-Periphrasen im Deutschen. In: Betten, Anne; Riehl, Claudia M. (Hrsg.; 1990), 82–97.

Eroms, Hans-Werner (1992): Das deutsche Passiv in historischer Sicht. In: Hoffmann, Ludger (Hrsg.): Deutsche Syntax. Ansichten und Aussichten. Berlin/New York (Institut für Deutsche Sprache, Jahrbuch 1991), 225–249.

Escure, Geneviève; Schwegler, Armin (Eds.; 2004): Creoles, contact and language change. Linguistic and social implications. Amsterdam/Philadelphia (Creole language library 27).

Ewald, Petra (1997): Zur Ausprägung des morphemidentifizierenden Prinzips in frühneuhochdeutschen Drucken. In: Glaser, Elvira; Schlaefer, Michael (Hrsg.): Grammatica ianua artium. Fs Rolf Bergmann. Heidelberg, 237–250.

Ewald, Petra (2011): Die Grundzüge der heutigen deutschen Orthographie als Ergebnis historischer Entwicklungen. In: Mitteilungen des Deutschen Germanistenverbandes 58, 5–21.

Ezawa, Kennosuke (1972): Die Opposition stimmhafter und stimmloser Verschlußlaute im Deutschen. Tübingen (Tübinger Beiträge zur Linguistik 29).

Feldbusch, Elisabeth (1985): Geschriebene Sprache. Untersuchungen zu ihrer Herausbildung und Grundlegung ihrer Theorie. Berlin/New York.

Fischer, Rudolf-Josef (2005): Genuszuordnung. Theorie und Praxis am Beispiel des Deutschen. Frankfurt a.M./Berlin/Bern u.a. (Europäische Hochschulschriften 21,281).

Fix, Hans (Hrsg.; 1995): Quantitätsproblematik und Metrik. Greifswalder Symposion zur germanischen Grammatik. Amsterdam (Amsterdamer Beiträge zur älteren Germanistik 42).

Fleischer, Jürg (2006): Zur Methodologie althochdeutscher Syntaxforschung. In: Beiträge zur Geschichte der deutschen Sprache und Literatur 128, 25–169.

Fleischer, Jürg; Schallert, Oliver (2011): Historische Syntax des Deutschen. Eine Einführung. Tübingen.

Fleischer, Wolfgang (1966): Strukturelle Untersuchungen zur Geschichte des Neuhochdeutschen. Berlin (Sitzungsberichte der Sächsischen Akademie der Wissenschaften zu Leipzig. Philologisch-historische Klasse 112, H. 6).

Fleischer, Wolfgang; Barz, Irmhild (1995): Wortbildung der deutschen Gegenwartssprache. 2., durchges. u. erg. Aufl. Tübingen.

Fleischmann, Klaus (1973): Verbstellung und Relieftheorie. Ein Versuch zur Geschichte des deutschen Nebensatzes. München (Münchner Germanistische Beiträge 6).

Flick, Johanna (2017): Die Entwicklung des Definitartikels im Deutschen. Eine kognitiv-linguistische Korpusuntersuchung. Diss. Hamburg.

Florer, Warren W. (1900): Gender-Change from Middle High German to Luther, as seen in the 1545 edition of the bible. In: Publications of the Modern Language Association of America XV, NS. VIII, 442–491. Neudr. New York 1961.

Flury, Robert (1964): Struktur- und Bedeutungsgeschichte des Adjektiv-Suffixes -bar. Diss. Winterthur.

Fofulit, Oksana (2017): Subjunktionen im Mittelhochdeutschen. Frankfurt a. M./Bern/Brüssel u.a. (Deutsche Sprachgeschichte 7).

Fourakis, Marios; Iverson, Gregory K. (1984): On the 'Incomplete Neutralization' of German Final Obstruents. In: Phonetica 41, 140–149.

Fourquet, Jean (1952): The two e's of Middle High German. A diachronic phonemic approach. In: Word 8, 122–135.

Fourquet, Jean (1954a): Die Nachwirkungen der ersten und der zweiten Lautverschiebungen. Versuch zur strukturellen Lautgeschichte. In: Zeitschrift für Mundartforschung 22, 1–33.

Fourquet, Jean (1954b): Zur Nachwirkung der ersten und der zweiten Lautverschiebungen. In: Zeitschrift für Mundartforschung 22, 193–198.

Fourquet, Jean (1963): Einige unklare Punkte der deutschen Lautgeschichte in phonologischer Sicht. In: Gutenbrunner, Siegfried; Moser, Hugo; Rehm, Walther (Hrsg.): Die Wissenschaft von deutscher Sprache und Dichtung. Methoden, Probleme, Aufgaben. Fs Friedrich Maurer. Stuttgart, 84–90.

Frey, Evelyn (1988): Wortteilung und Silbenstruktur im Althochdeutschen. Mit einem Anhang zur mittelhochdeutschen 'Speculum ecclesiae'-Handschrift. Diss. München.

Frings, Theodor (1932): Persönliche feminina im westgermanischen. In: Beiträge zur Geschichte der deutschen Sprache und Literatur 56, 23–40.

Frings, Theodor (1942): *sl* und *scl*. In: Beiträge zur Geschichte der deutschen Sprache und Literatur 66, 227–231.

Fritz, Gerd (2006): Historische Semantik. 2., aktual. Aufl. Stuttgart (Sammlung Metzler 313).

Fritz, Thomas A. (1995): Deontische, epistemische und futuristische Verwendungen von Modalverben um 1400. In: Bærentzen, Per (Hrsg.): Aspekte der Sprachbeschreibung. Akten des 29. Linguistischen Kolloquiums, Aarhus 1994. Tübingen (Linguistische Arbeiten 342), 51–54.

Fritz, Thomas A. (1997): Zur Grammatikalisierung der zusammengesetzten Verbformen mit *werden* – *werden* und die Modalverben im frühen Deutsch und heute. In: Vater, Heinz (Hrsg.): Zu Tempus und Modus im Deutschen. Trier (Fokus. Linguistisch-Philologische Studien 19), 81–104.

Frnhd.Gr. = Reichmann, Oskar; Wegera, Klaus-Peter (Hrsg.; 1993): Frühneuhochdeutsche Grammatik. Verfasst von Robert P. Ebert, Oskar Reichmann, Hans-Joachim Solms und Klaus-Peter Wegera. Tübingen (Sammlung kurzer Grammatiken germanischer Dialekte A,12).

Froschauer, Regine (2003): Genus im Althochdeutschen. Eine funktionale Analyse des Mehrfachgenus althochdeutscher Substantive. Heidelberg (Germanistische Bibliothek 16).

Fuhrhop, Nanna (1998): Grenzfälle morphologischer Einheiten. Tübingen (Studien zur deutschen Grammatik 57).

Fuhrhop, Nanna (2000): Zeigen Fugenelemente die Morphologisierung von Komposita an? In: Thieroff, Rolf u.a. (Hrsg.; 2000), 201–213.

Fuhrhop, Nanna (2006): Orthografie. 2., aktual. Aufl. Heidelberg (Kurze Einführungen in die germanistische Linguistik 1).

Fuhrhop, Nanna (2007): Zwischen Wort und Syntagma. Zur grammatischen Fundierung der Getrennt- und Zusammenschreibung. Tübingen (Linguistische Arbeiten 513).

Fuß, Eric (2016): Language Change. In: Roberts, Ian (Ed.): The Oxford Handbook of Universal Grammar. Oxford (Oxford Handbooks in Linguistics), 459–485.

FWB = Anderson, Robert R.; Goebel, Ulrich; Reichmann, Oskar (Hrsg.; 1989ff.): Frühneuhochdeutsches Wörterbuch. Berlin/New York. Online verfügbar unter: https://fwb-online.de/ [letzter Zugriff am 18.07.2018].

Gabriel, Eugon (1969): Die Entwicklung der althochdeutschen Vokalquantitäten in den oberdeutschen Mundarten. Graz/Wien/Köln (Studien zur österreichisch-bairischen Dialektkunde 5).

Galton, Herbert (1956): The Old High German epenthetic vowel. In: Journal of English and Germanic Philology 55, 234–246.

Ganslmayer, Christine (2011): Wortbildungswandel in frühneuhochdeutscher Zeit. Zur Etablierung des Deutschen als wortbildungstypische Sprache. In: Lobenstein-Reichmann, Anja; Reichmann, Oskar (Hrsg.): Frühneuhochdeutsch. Aufgaben und Probleme seiner linguistischen Beschreibung. Hildesheim/Zürich/New York (Germanistische Lingustik 213–215), 317–382.

Garbe, Burckhard (1980): Das sogenannte „etymologische" Prinzip der deutschen Schreibung. In: Zeitschrift für germanistische Linguistik 8, 197–210.

Garbe, Burckhard (2000): Phonetik und Phonologie, Graphetik und Graphemik des Neuhochdeutschen seit dem 17. Jahrhundert. In: Handbuch Sprachgeschichte (2000). 2. Teilbd., 2. Aufl., 1765–1782.

Garbe, Burckhard (Hrsg.; 1978): Die deutsche rechtschreibung und ihre reform 1722–1974. Tübingen (Reihe Germanistische Linguistik 10).

Garbe, Burckhard (Hrsg.; 1984): Texte zur Geschichte der deutschen Interpunktion und ihrer Reform 1462–1983. Hildesheim/Zürich/New York (Germanistische Linguistik 4–6/83).

Gardt, Andreas (1994): Sprachreflexion in Barock und Frühaufklärung. Entwürfe von Böhme bis Leibniz. Berlin/New York (Quellen und Forschungen zur Sprach- und Kulturgeschichte der germanischen Völker 232. NF. 108).

Gardt, Andreas (1997): Das Fremdwort in der Sicht der Grammatiker und Sprachtheoretiker des 17. und 18. Jahrhunderts. Eine lexikographische Darstellung. In: Zeitschrift für deutsche Philologie 116, 388–412.

Gardt, Andreas (2001): Das Fremde und das Eigene. Versuch einer Systematisierung des Fremdwortbegriffs in der deutschen Sprachgeschichte. In: Stickel, Gerhard (Hrsg.; 2001), 30–58.

Gardt, Andreas; Mattheier, Klaus J.; Reichmann, Oskar (Hrsg.; 1995): Sprachgeschichte des Neuhochdeutschen. Gegenstände, Methoden, Theorien. Tübingen (Reihe Germanistische Linguistik 156).

Gärtner, Kurt (1991): Die Williram-Überlieferung als Quellengrundlage für eine neue Grammatik des Mittelhochdeutschen. In: Mittelhochdeutsche Grammatik als Aufgabe. Besorgt v. Klaus-Peter Wegera. Berlin (Zeitschrift für deutsche Philologie 110; Sonderheft), 23–55.

Geilfuß-Wolfgang, Jochen (2007): Stammkonstanz ohne Stützformen. In: Zeitschrift für Sprachwissenschaft 26, 133–154.

Giesecke, Michael (1990): Orthotypographia. Der Anteil des Buchdrucks an der Normierung der Standardsprache. In: Stetter, Christian (Hrsg.; 1990), 65–89.

Giesecke, Michael (2006): Der Buchdruck in der frühen Neuzeit. Eine historische Fallstudie über die Durchsetzung neuer Informations- und Kommunikationstechnologien. 4., durchges. und um ein Vorwort erg. Aufl. Frankfurt a.M.

Gillmann, Melitta (2016): Perfektkonstruktionen mit *haben* und *sein*. Eine Korpusuntersuchung im Althochdeutschen, Altsächsischen und Neuhochdeutschen. Berlin/Boston (Studia Linguistica Germanica 128).

Givón, Talmy (1979): On understanding grammar. New York/San Francisco/London.

Glaser, Elvira (1985): Graphische Studien zum Schreibsprachwandel vom 13. bis 16. Jahrhundert. Vergleich verschiedener Handschriften des Augsburger Stadtbuches. Heidelberg (Germanische Bibliothek. Reihe 3: Untersuchungen).

Goblirsch, Kurt G. (1994a): Consonant Strength in Upper German Dialects. Odense (Nowele Supplement 10).

Goblirsch, Kurt G. (1994b): Fortis and Lenis in Standard German. In: Leuvense Bijdragen 83, 31–45.

Goblirsch, Kurt G. (1994c): Consonant Lenition in German Dialects. In: North-Western European Language Evolution 24, 67–90.

Goffman, Erving (1986): Interaktionsrituale. Über Verhalten in direkter Kommunikation. (Übers. v. Renate Bergsträsser und Sabine Bosse). Frankfurt a.M.

Göschel, Joachim (1971): Artikulation und Distribution der sogenannten Liquida r in den europäischen Sprachen. In: Indogermanische Forschungen 76, 84–126.

Gottsched, Johann Christoph (1762): Vollständigere und Neuerläuterte Deutsche Sprachkunst [...]. Johann Christoph Gottsched, Ausgewählte Werke. Hrsg. v. P. M. Mitchell. Bd. VIII,I–VIII,III. Bearb. v. Herbert Penzl. Berlin/New York 1977, 1978, 1980.

Gr.d.Frnhd. = Grammatik des Frühneuhochdeutschen. Beiträge zur Laut- und Formenlehre hrsg. von H. Moser u. H. Stopp [ab Bd. III: hrsg. von H. Moser, H. Stopp u. W. Besch]. I.1: Vokalismus der Nebensilben I, bearbeitet von K. O. Sauerbeck. Heidelberg 1970. I.2: Vokalismus der Nebensilben II (Die Entsprechungen von mhd. unbetontem e) unter Benutzung der Sammlung von K. O. Sauerbeck und weiteren Materials bearbeitet von H. Stopp. Heidelberg 1973; I.3: Vokalismus der Nebensilben III, bearbeitet von H. Stopp. Heidelberg 1978; III: Flexion der Substantive von K.-P. Wegera. Heidelberg 1987; IV: Flexion der starken und schwachen Verben von U. Dammers, W. Hoffmann, H.-J. Solms. Heidelberg 1988; VI: Flexion der Adjektive von H.-J. Solms, K.-P. Wegera. Heidelberg 1991; VII: Flexion der Pronomina und Numeralia von M. Walch, S. Häckel. Heidelberg 1988.

Greenberg, Joseph H. (1974): Language Typology. A Historical and Analytic Overview. The Hague/Paris (Janua Linguarum. Series Minor 184).

Gregor, Bernd (1983): Genuszuordnung. Das Genus englischer Lehnwörter im Deutschen. Tübingen (Linguistische Arbeiten 129).

Greisbach, Reinhold (2001): Experimentelle Testmethodik in Phonetik und Phonologie: Untersuchungen zu segmentalen Grenzphänomenen im Deutschen. Frankfurt a.M./Berlin/Bern u.a.

Grice, Paul (1975): Logic and Conversation. In: Cole, Peter; Morgan, Jerry L. (Hrsg.): Syntax and Semantics. Vol. 3: Speech Acts. New York, 41–58.

Griffen, T.D. (1977): German [x]. In: Lingua 43, 375–390.

Grimm, Hans-Jürgen (1997): Konfixe: Beobachtungen in Tageszeitungen und in Wörterbüchern. In: Barz, Irmhild; Schröder, Marianne (Hrsg.): Nominationsforschung im Deutschen. Fs für Wolfgang Fleischer. Frankfurt a.M./Berlin/Bern, 277–286.

Gröger, Otto (1911): Die althochdeutsche und altsächsische Kompositionsfuge mit Verzeichnis der althochdeutschen und altsächsischen Composita. Zürich (Abhandlungen 11. Hrsg. v. der Gesellschaft für deutsche Sprache in Zürich).

Grønvik, Ottar (1986): Über den Ursprung und die Entwicklung der aktiven Perfekt- und Plusquamperfektkonstruktionen des Hochdeutschen und ihre Eigenart innerhalb des germanischen Sprachraumes. Oslo.

Große, Rudolf (1988): Zur Wechselflexion im Singular Präsens der starken Verben – Lautwandel oder Analogie? In: Wiesinger, Peter (Hrsg.): Studien zum Frühneuhochdeutschen. Fs Emil Skála. Göppingen (Göppinger Arbeiten zur Germanistik 476), 161–166.

Große, Rudolf; Neubert, Albrecht (1982): Soziolinguistische Aspekte der Theorie des Sprachwandels. Berlin (Sitzungsberichte der Akademie der Wissenschaften der DDR. Gesellschaftswissenschaften 10 G).

Grubmüller, Klaus (1967): Vocabularius ex quo. Untersuchungen zu lateinisch-deutschen Vokabularen des Spätmittelalters. München (Münchener Texte und Untersuchungen zur deutschen Literatur des Mittelalters 17).

Grubmüller, Klaus (1998): Sprache und Verschriftlichung in der Geschichte des Deutschen. In: Handbuch Sprachgeschichte (1998). 1. Teilbd., 2. Aufl., 300–310.

Grun, Paul A. (1966): Schlüssel zu alten und neuen Abkürzungen. Wörterbuch lateinischer und deutscher Abkürzungen des späten Mittelalters und der Neuzeit mit historischer und systematischer Einführung […] Limburg/Lahn (Grundriß der Genealogie 6).

Grzeszczakowska-Pawlikowska, Beata (2007): Probleme beim Rhythmuserwerb – Ausgangssprache Polnisch und Zielsprache Deutsch. In: Zeitschrift für Interkulturellen Fremdsprachenunterricht 12.2, 1–23.

Guentherodt, Ingrid (1983): Assimilation und Dissimilation in den deutschen Dialekten. In: Handbuch Dialektologie (1983). 2. Halbbd., 1139–1147.

Günther, Hartmut (1988): Schriftliche Sprache. Strukturen geschriebener Wörter und ihre Verarbeitung beim Lesen. Tübingen (Konzepte der Sprach- und Literaturwissenschaft 40).

Günther, Hartmut (1999): Entwicklungen in der deutschen Orthographie 1545–1797. Eine Etüde. In: Pümpel-Mader, Maria; Schönherr, Beatrix (Hrsg.): Sprache – Kultur – Geschichte. Sprachhistorische Studien zum Deutschen. Fs Hans Moser. Innsbruck (Innsbrucker Beiträge zur Kulturwissenschaft. Germanistische Reihe 59), 171–182.

Günther, Hartmut (2000): „...und hält den Verstand an" – Eine Etüde zur Entwicklung der deutschen Interpunktion 1522–1961. In: Thieroff, Rolf u.a. (Hrsg.; 2000), 275–286.

Gürtler, Hans (1912): Zur geschichte der deutschen er-plurale, besonders im frühneuhochdeutschen. In: Beiträge zur Geschichte der deutschen Sprache und Literatur 37, 492–543.

Gürtler, Hans (1913): Zur geschichte der deutschen er-plurale, besonders im frühneuhochdeutschen. In: Beiträge zur Geschichte der deutschen Sprache und Literatur 38, 67–224.

Güthert, Kerstin (2005): Herausbildung von Norm und Usus Scribendi im Bereich der Worttrennung am Zeilenende (1500–1800). Heidelberg (Germanistische Bibliothek 24).

Haarmann, Harald (1990): Universalgeschichte der Schrift. Frankfurt a.m./New York.

Haas, Walter (1994): Zur Rezeption der deutschen Hochsprache in der Schweiz. In: Lüdi, Georges; Darms, Georges; Amonoo, Reginald F. (Hrsg.): Sprachstandardisierung/Standardisation des langues/Standardization of languages. Freiburg, Schweiz (12. Kolloquium der Schweizerischen Akademie der Geistes- und Sozialwissenschaften 1991), 193–227.

Haas, Walter (1998): Ansätze zu einer Theorie des Sprachwandels auf lautlicher Ebene. In: Handbuch Sprachgeschichte (1998). 1. Teilbd., 2. Aufl., 836–850.

Habermann, Mechthild (2015): Grammaticalization in German word-formation. In: Handbook Word-Formation (2015). Vol. 3, 1794–1810.

Habermann, Mechthild (2016): *Ein lautfchallendes Vivat.* Partizipialattribut und Partizipialkonstruktion in der „Melusine"-Überlieferung des 18. Jahrhunderts. In: Kwekkeboom, Sarah; Waldenberger, Sandra (Hrsg.; 2016), 413–436.

Haider, Hubert (2010): The Syntax of German. Cambridge.

Haiman, John (1980): The iconicity of grammar: isomorphism and motivation. In: Language 56, 515–540.

Haiman, John (2000): Iconicity. In: Handbuch Morphologie (2000). 1. Halbbd., 281–288.

Hall, Ross D. (1973): Upper Hessian Vocalism. Structure and History. Marburg (Deutsche Dialektgeographie 74).

Hall, Tracy A. (1989): Lexical phonology and the distribution of German [ç] and [x]. In: Phonology 6, 1–17.

Hall, Tracy A. (1992): Syllable Structure and Syllable Related Processes in German. Tübingen (Linguistische Arbeiten 276).

Hall, Tracy A. (1993): The phonology of German /R/. In: Phonology 10, 83–105.

Hall, Tracy A. (2000): Phonologie. Eine Einführung. Berlin/New York.

Hammarström, Emil (1923): Zur Stellung des Verbums in der deutschen Sprache. Studien in volkstümlicher Literatur und Urkundensprache der Übergangszeit vom Mittelhochdeutschen zum Neuhochdeutschen. Diss. Lund.

Handbook Word-Formation = Müller, Peter O. et al. (Eds.): Word-Formation. An International Handbook of the Languages of Europe. 5 Vols. Berlin/Boston 2015, 2016 (Handbooks of Linguistics and Communication Science 40.1–40.5).

Handbuch Dialektologie = Besch, Werner u.a (Hrsg.): Dialektologie. Ein Handbuch zur deutschen und allgemeinen Dialektforschung. 2 Bde. Berlin/New York 1982, 1983 (Handbücher zur Sprach- und Kommunikationswissenschaft 1.1–1.2).

Handbuch Lexikologie = Cruse, David A. u.a. (Hrsg.): Lexikologie/Lexicology. Ein internationales Handbuch zur Natur und Struktur von Wörtern und Wortschätzen. 2 Bde. Berlin/New York 2002, 2005 (Handbücher zur Sprach- und Kommunikationswissenschaft 21.1–21.2).

Handbuch Morphologie = Booij, Geert u.a (Hrsg.): Morphologie/Morphology. Ein internationales Handbuch zur Flexion und Wortbildung. 2 Bde. Berlin/New York 2000, 2004 (Handbücher zur Sprach- und Kommunikationswissenschaft 17.1–17.2).

Handbuch Phraseologie = Burger, Harald u.a. (Hrsg.): Phraseologie/Phraseology. Ein internationales Handbuch zeitgenössischer Forschung. 2 Bde. Berlin/New York 2007 (Handbücher zur Sprach- und Kommunikationswissenschaft 28.1–28.2).

Handbuch Schrift und Schriftlichkeit = Günther, Hartmut; Ludwig, Otto (Hrsg.): Schrift und Schriftlichkeit/Writing and its Use. Ein interdisziplinäres Handbuch internationaler Forschung. 2 Bde. Berlin/New York 1994, 1996 (Handbücher zur Sprach- und Kommunikationswissenschaft 10.1–10.2).

Handbuch Sprachgeschichte = Besch, Werner u.a. (Hrsg.): Sprachgeschichte. Ein Handbuch zur Geschichte der deutschen Sprache und ihrer Erforschung. 4 Bde. 2., vollst. neu bearb. u. erw. Aufl. Berlin/New York 1998, 2000, 2003, 2004 (Handbücher zur Sprach- und Kommunikationswissenschaft 2.1–2.4).

Handbuch Sprachtypologie und sprachliche Universalien = Haspelmath, Martin u.a. (Hrsg.): Language Typology and Language Universals/Sprachtypologie und sprachliche Universalien/La typologie des langues et les universaux linguistiques. Ein internationales Handbuch. 2 Bde. Berlin/New York 2001 (Handbücher zur Sprach- und Kommunikationswissenschaft 20.1–20.2).

Handbuch Syntax = Jacobs, Joachim u.a. (Hrsg.): Syntax. Ein internationales Handbuch zeitgenössischer Forschung. 2 Bde. Berlin/New York 1993, 1995 (Handbücher zur Sprach- und Kommunikationswissenschaft 9.1–9.2).

Handbuch Text- und Gesprächslinguistik = Brinker, Klaus u.a. (Hrsg.): Text- und Gesprächslinguistik/Linguistics of Text and Conversation. Ein internationales Handbuch zeitgenössischer Forschung. 2 Bde. Berlin/New York 2000, 2001 (Handbücher zur Sprach- und Kommunikationswissenschaft 16.1–16.2).

Handbuch Wörterbücher = Hausmann, Franz J. u.a. (Hrsg.): Wörterbücher/Dictionaries/ Dictionnaires. Ein internationales Handbuch zur Lexikographie. 3 Bde. Berlin/New York 1989, 1990, 1991 (Handbücher zur Sprach- und Kommunikationswissenschaft 5.1–5.3).

Harbrecht, Hugo (1912/1913): Verzeichnis der von Zesen verdeutschten Lehn- oder Fremdwörter. In: Zeitschrift für Deutsche Wortforschung 14, 71–81.

Härd, John E. (1981): Studien zur Struktur mehrdeutiger deutscher Nebensatzprädikate. Diachronie und Synchronie. Göteborg (Göteborger Germanistische Forschungen 21).

Härd, John E. (2003): Hauptaspekte der syntaktischen Entwicklung in der Geschichte des Deutschen. In: Handbuch Sprachgeschichte (2003). 3 Teilbd., 2. Aufl., 2569–2582.

Harm, Volker (2001): Gibt es eine Monosemierungstendenz in der Wortgeschichte des Neuhochdeutschen? Überlegungen zur sprachhistorischen Interpretation lexikographischer Befunde. In: Zeitschrift für germanistische Linguistik 29, 364–380.

Harm, Volker (2003): Diagrammatic iconicity in the lexikon: Base and derivation in the history of German verbal word-formation. In: Müller, Wolfgang G.; Fischer, Olga (Eds.): From Sign to Signing. Iconicity in Language and Literature 3. Amsterdam/Philadelphia, 225–241.

Harnisch, Rüdiger (2002): Tendenzen der morphologischen Integration von Fremdwörtern ins Deutsche. In: Wiesinger, Peter (Hrsg.): Akten des X. Internationalen Germanistenkongresses Wien 2000: „Zeitenwende – Die Germanistik auf dem Weg vom 20. ins 21. Jahrhundert". Bd. 2: Entwicklungstendenzen der deutschen Gegenwartssprache. Bern/Berlin/Bruxelles u.a. (Jahrbuch für Internationale Germanistik A,54), 73–79.

Harsdörffer, Georg Philip (1644): Schutzschrifft für die Teütsche Spracharbeit und Derselben Beflissene. Neudr. Georg Philipp Harsdörrfer, Frauenzimmer Gesprächspiele. Hrsg. v. Irmgard Böttcher. I. Teil. Tübingen 1968 (Reihe: Barock 13), 339–369.

Hartmann, Stefan (2016): Wortbildungswandel. Eine diachrone Studie zu deutschen Nominalisierungsmustern. Berlin/Boston (Studia Linguistica Germanica 125).

Hartmann, Walter (1970): Zur Verbstellung im Nebensatz nach frühneuhochdeutschen Bibelübersetzungen. Diss. Heidelberg.

Hartweg, Frédéric (1989): Periodisierungsprinzipien und -versuche im Bereich des Frühneuhochdeutschen – oder: ein Versuch, die große „Lücke" auszumessen. In: Zeitschrift für deutsche Philologie 108, 1–47.

Hartweg, Frédéric; Wegera, Klaus-Peter (2005): Frühneuhochdeutsch. Eine Einführung in die deutsche Sprache des Spätmittelalters und der frühen Neuzeit, 2., neu bearb. Aufl. Tübingen (Germanistische Arbeitshefte 33).

Haspelmath, Martin (1990): The grammaticization of passive morphology. In: Studies in Language 14, 25–72.

Haspelmath, Martin (1996): Word-class changing inflection and morphological theory. In: Booij, Geert; van Marle, Jaap (Eds.): Yearbook of Morphology 1995. Dordrecht, 43–66.

Haspelmath, Martin (2002): Understanding morphology. London/New York.

Hatz, Erich R. R. (1986): Die Durchführung des „etymologischen Prinzips" bei der Graphie der Umlaute von ‚a' und ‚au', untersucht an Drucken der Lutherbibel des 16. bis 18. Jahrhunderts. Diss. Bonn.

Hawkins, John A. (1986): A Comparative Typology of English and German. Unifying the Contrasts. London/Sydney.

Heine, Bernd (2003): Grammaticalization. In: Joseph. Brian D.; Janda, Richard D. (Eds.): The Handbook of Historical Linguistics. Malden/Oxford/Carlton, 575–601.

Helbig, Gerhard (1973): Die Funktionen der substantivischen Kasus in der deutschen Gegenwartssprache. Halle, Saale. (Linguistische Studien).

Helbig, Gerhard; Buscha, Joachim (2001): Deutsche Grammatik. Ein Handbuch für den Ausländerunterricht. 6., neubearb. Aufl. Berlin/München/Wien u.a.

Heller, Klaus (1980): Zum Graphembegriff. In: Nerius, Dieter; Scharnhorst, Jürgen (Hrsg.; 1980), 74–108.

Heller, Klaus (1986): Die Fremdgrapheme der deutschen Gegenwartssprache – Versuch einer Bestandsaufnahme. In: Wissenschaftliche Zeitschrift der Wilhelm-Pieck-Universität Rostock. Gesellschaftswissenschaftliche Reihe 35. H. 8, 21–27.

Heller, Klaus; Walz, Brigitte (1991): Zur Geschichte der Fremdwortschreibung im Deutschen. Beobachtungen von Campe bis Duden. In: Germanistische Linguistik 108–109, 277–338.

Hempen, Ute (1988): Die starken Verben im Deutschen und Niederländischen. Diachrone Morphologie. Tübingen (Linguistische Arbeiten 214).

Henzen, Walter (1924): Einige Wechselbeziehungen zwischen Entrundung und Rundung. In: Zeitschrift für Mundartforschung 19, 145–148.

Henzen, Walter (1965): Deutsche Wortbildung. 3., durchges. u. erg. Aufl. Tübingen (Sammlung kurzer Grammatiken germanischer Dialekte B,5).

Herberg, Dieter (Hrsg.; 2006): Dokumente zu den Bemühungen um eine Reform der deutschen Orthographie in der sowjetischen Besatzungszone und in der DDR von 1945 bis 1972. Hildesheim/Zürich/New York (Documenta orthographica. Abt. B. 19. und 20. Jahrhundert. Bd. 11).

Herbers, Birgit (2011): Zur Apokope im mittelhochdeutschen Verbsystem. In: Plate, Ralf; Schubert, Martin (Hrsg.): Mittelhochdeutsch. Beiträge zur Überlieferung, Sprache und Literatur. Fs Kurt Gärtner. Berlin/Boston, 331–341.

Herpel, Susan (2015): Die Getrennt- und Zusammenschreibung im Deutschen von 1700–1900. Untersuchungen von orthographischen Regelwerken und zeitgenössischem Schreibgebrauch. Frankfurt a.m./Bern/Brüssel u.a. ((Theorie und Vermittlung der Sprache 58).

Hickey, Raymond (Ed.; 2010): Motives for Language Change. Digitally printed version 2010. Cambridge/New York/Melbourne.

Hiersche, Rolf (1968): Neuere Theorien zur Enstehung des germanischen schwachen Präteritums. In: Zeitschrift für deutsche Philologie 87, 391–404.

Himmelmann, Nikolaus P. (1997): Deiktikon, Artikel, Nominalphrase. Zur Emergenz syntaktischer Struktur. Tübingen (Linguistische Arbeiten 362).

Himmelmann, Nikolaus P. (2001): Articles. In: Handbuch Sprachtypologie und sprachliche Universalien (2001). 1. Halbbd., 831–841.

Himmelmann, Nikolaus P. (2004): Lexicalization and grammaticization. Opposite or ortho-gonal? In: Bisang, Walter et al. (Eds.): What makes Grammaticalization? A Look from its Fringes and its Components. Berlin/New York (Trends in Linguistics. Studies and Monographs 158), 21–42.

Hinderling, Robert (1978): Das Phonem /ä:/ im Lichte der Sprachgeschichte. In: Hinderling, Robert; Weibel, Viktor (Hrsg.): Fimfchustim. Fona fimfchur tim. Fs Stefan Sonderegger. Bayreuth (Bayreuther Beiträge zur Sprachwissenschaft 1), 29–61.

Hinterhölzl, Roland; Petrova, Svetlana (2011): Rhetorical relations and verb placement in Old High German. In: Chiarcos, Christian; Claus, Berry; Grabski, Michael (Eds.): Salience. Multidisciplinary perspectives on its function in discourse. Berlin/New York (Trends in Linguistics. Studies and Monographs 227), 173–201.

Höchli, Stefan (1981): Zur Geschichte der Interpunktion im Deutschen. Eine kritische Darstellung der Lehrschriften von der zweiten Hälfte des 15. Jahrhunderts bis zum Ende des 18. Jahrhunderts. Berlin/New York (Studia Linguistica Germanica 17).

Hock, Hans, H. (1986): Principles of Historical Linguistics. Berlin/New York (Trends in Linguistics. Studies and Monographs 34).

Hock, Hans H.; Joseph, Brian D. (1996): Language History, Language Change, and Language Relationship. An Introduction to Historical and Comparative Linguistics. Berlin/New York (Trends in Linguistics. Studies and Monographs 93).

Hoffmann, Walter; Solms, Hans-Joachim (1987): Zur Flexion der starken und schwachen Verben. In: Wegera, Klaus-Peter; Besch, Werner (Hrsg.): Frühneuhochdeutsch. Zum Stand der sprachwissenschaftlichen Forschung. (Zeitschrift für deutsche Philologie 106; Sonderheft), 37–59.

Hogg, Richard M. (1980): Analogy as a source of morphological complexity. In: Folia Linguistica Historica 1, 277–284.

Höhle, Tilman N. (2006): Observing Non-Finite Verbs: Some 3V Phenomena in German-Dutch. In: Brandt, Patrick; Fuß, Eric (Eds.): Form, Structure, and Grammar. Fs Günther Grewendorf. Berlin (studia grammatica 63), 55–77.

Hollander, Lee M. (1947): Middle High German *sch*. In: Journal of English and Germanic Philology 46, 82–91.

Holm, John A. (2000): An introduction to pidgins and creoles. Cambridge.

Hopper, Paul J.; Traugott, Elisabeth C. (2006): Grammaticalization. 2nd ed. Cambridge.

Horn, E. (1894): Zur Orthographie von *U* und *V*, *I* und *J*. Eine historisch-typographische Erörterung. In: Centralblatt für Bibliothekswesen 11, 385–400.

Horn, Wilhelm (1900): Zur Geschichte des *j*. In: Zeitschrift für (hoch)deutsche Mundarten 1,135-136.

Horn, Wilhelm (1905): Die Senkung des i vor i, j im Hessischen. In: Zeitschrift für hochdeutsche Mundarten 6, 103–109.

Hotzenköcherle, Rudolf (1962): Entwicklungsgeschichtliche Grundzüge des Neuhochdeutschen. In: Wirkendes Wort 12, 321–331.

Humboldt, Wilhelm von (1963 [1830/35]): Ueber die Verschiedenheit des menschlichen Sprachbaues und ihren Einfluß auf die geistige Entwicklung des Menschengeschlechts. In: Humboldt, Wilhelm von: Werke in 5 Bdn. Bd. III: Schriften zur Sprachphilosophie. Hrsg. von Andreas Flitner und Klaus Giel. Darmstadt, 368–756.

Hummerich, Hermann G. (1910): Beiträge zur Sprache König Friedrich Wilhelms I. von Preußen. Diss. Greifswald.

Hundt, Markus (2000): „Spracharbeit" im 17. Jahrhundert: Studien zu Georg Philipp Harsdörffer, Justus Georg Schottelius und Christian Gueintz. Berlin/New York (Studia Linguistica Germanica 57).

Hundt, Markus (2001): Grammatikalisierungsphänomene bei Präpositionalobjekten in der deutschen Sprache. In: Zeitschrift für germanistische Linguistik 29, 167–191.

Ineichen, Gustav (1991): Allgemeine Sprachtypologie. Ansätze und Methoden. 2., aktual. u. erw. Aufl. Darmstadt (Erträge der Forschung 118).

Inozuka, Emiko (1991): The realization of the German neutralized word-final plosives /g, k/: An acoustic analysis. In: Sophia Linguistica 30, 119–134.

Ising, Gerhard (1968): Zur Wortgeographie spätmittelalterlicher deutscher Schriftdialekte. Eine Darstellung auf der Grundlage der Wortwahl von Bibelübersetzungen und Glossaren. 2 Bde. Berlin (Deutsche Akademie der Wissenschaften zu Berlin. Veröffentlichungen des Instituts für Deutsche Sprache und Literatur A, 38,I u. 38,II).

Issatschenko, Alexander (1963): Der phonologische Status des velaren Nasals im Deutschen. In: Zeitschrift für Phonetik, Sprachwissenschaft und Kommunikationsforschung 16, 77–84.

Issatschenko, Alexander (1973): Das Suffix -chen und der phonologische Status des [ç] im Deutschen. In: Deutsche Sprache 3, 1–6.

Issatschenko, Alexander (1974): Das »Schwa mobile« und »Schwa constans« im Deutschen. In: Engel, Ulrich; Grebe, Paul (Hrsg.): Sprachsystem und Sprachgebrauch. Fs Hugo Moser. Teil. 1. Düsseldorf (Sprache der Gegenwart 33), 142–171.

Iverson, Gregory K.; Salmons, Joseph C. (1996): The primacy of primary Umlaut. In: Beiträge zur Geschichte der deutschen Sprache und Literatur 118, 69–86.

Iverson, Gregory K.; Salmons, Joseph C. (2007): Domains and directionality in the evolution of German final fortition. In: Phonology 24, 121–145.

Jacobs, Joachim (2005): Spatien. Zum System der Getrennt- und Zusammenschreibung im heutigen Deutsch. Berlin/New York (Linguistik – Impulse & Tendenzen 8).

Jellinek, Max H. (1913): Geschichte der neuhochdeutschen Grammatik von den Anfängen bis auf Adelung. 1. Halbbd. Heidelberg (Germanische Bibliothek 2,7).

Jensen, Hans (1969): Die Schrift in Vergangenheit und Gegenwart. 3., neubearb. u. erw. Aufl. Berlin.

Jones, William J. (1979): A computer-assisted approach to the chronology of graphemic and phonological change, with particular reference to the diphthongization of Middle High German î and û. In: Sprache und Datenverarbeitung 3, 20–26.

Jones, William J. (2000): German Lexicography in the European Context. A descriptive bibliography of printed dictionaries and word lists containing German language (1600–1700). Berlin/New York (Studia Linguistica Germanica 58).

Jones, William J. (Hrsg.; 1995): Sprachhelden und Sprachverderber. Dokumente zur Erforschung des Fremdwortpurismus im Deutschen (1478–1750). Berlin/New York (Studia Linguistica Germanica 38).

Joos, Martin (1952): The medieval sibilants. In: Language 28, 222–231.

Jorgensen, Peter A; Moraco, Donna A. (1984): The Categorization of English Loanwords in German. In: Moelleken, Wolfgang W. (Ed.): Dialectology, linguistics, literature. Fs Carroll E. Reed. Göppingen (Göppinger Arbeiten zur Germanistik 367), 104–114.

Kaempfert, Manfred (1980): Motive der Substantiv-Großschreibung. Beobachtungen an Drucken des 16. Jahrhunderts. In: Zeitschrift für deutsche Philologie 99, 72–98.

Kaltenbacher, Erika (1994): Typologische Aspekte des Wortakzents. Zum Zusammenhang von Akzentposition und Silbengewicht im Arabischen und im Deutschen. In: Zeitschrift für Sprachwissenschaft 13, 20–55.

Kaltenbacher, Erika (1999): Zur Geschichte der deutschen Prosodik. Aspekte einer historischen Typologie. In: Butt, Matthias; Fuhrhop, Nanna (Hrsg.): Variation und Stabilität in der Wortstruktur. Untersuchungen zu Entwicklung, Erwerb und Varietäten des Deutschen und anderer Sprachen. Hildesheim/Zürich/New York (Germanistische Linguistik 141–142), 190–224.

Kann, Hans-Joachim (1992): Neue Zusammensetzungen mit (Ham)burger im Englischen und im Deutschen. In: Lebende Sprachen 37, 16–19.

Kanngießer, Siegfried; Vogel, Petra M. (Hrsg.; 1999): Elemente des Sprachwandels. Opladen/Wiesbaden.

Keller, Rudi (2003): Sprachwandel. Von der unsichtbaren Hand in der Sprache. 3., durchges. Aufl. Tübingen/Basel.

Keller, Rudi; Kirschbaum, Ilja (2003): Bedeutungswandel. Eine Einführung. Berlin/New York.

Kempf, Luise (2016): Adjektivsuffixe in Konkurrenz. Wortbildungswandel vom Frühneuhochdeutschen zum Neuhochdeutschen. Berlin/Boston (Studia Linguistica Germanica 126).

Kern, Peter Chr.; Zutt, Herta (1977): Geschichte des deutschen Flexionssystems. Tübingen (Germanistische Arbeitshefte 22).

Kettmann, Gerhard (1976): Formen und grammatische Struktur nebengeordneter Wortreihen. In: Kettmann, Gerhard; Schildt, Joachim (Hrsg.; 1976), 327–416.

Kettmann, Gerhard; Schildt, Joachim (Hrsg.; 1976): Zur Ausbildung der Norm der deutschen Literatursprache auf der syntaktischen Ebene (1470–1730). Der Einfachsatz. Berlin (Bausteine zur Sprachgeschichte des Neuhochdeutschen 56/I).

Key, Adrianus; Richardson, Peter (1972): Zum epithetischen -t im Deutschen. In: Amsterdamer Beiträge zur älteren Germanistik 3, 219–228.

Kiefer, Heinrich (1910): Der Ersatz des adnominalen Genitivs im Deutschen. Diss. Leipzig.

Kirch, Max S (1952): Der Einfluß des Niederdeutschen auf die hochdeutsche Schriftsprache. Gießen (Gießener Beiträge zur deutschen Philologie 99).

Kirchhoff, Frank (2017): Von der Virgel zum Komma. Die Entwicklung der Interpunktion im Deutschen. Heidelberg (Germanistische Bibliothek 61).

Kirkness, Alan (1975): Zur Sprachreinigung im Deutschen 1789–1871. Eine historische Dokumentation. Teil I und II. Tübingen (Forschungsberichte des Instituts für Deutsche Sprache Mannheim 26,1 u. 26,2).

Kirkness, Alan (1998): Das Phänomen des Purismus in der Geschichte des Deutschen. In: Handbuch Sprachgeschichte (1998). 1. Teilbd., 2. Aufl., 407–416.

Klein, Thomas (1987): Zur althochdeutschen Flexionsmorphologie in synchroner Sicht. In: Bergmann, Rolf; Tiefenbach, Heinrich; Voetz, Lothar (Hrsg.), 147–168.

Klein, Thomas (1995): Längenbezeichnung und Dehnung im Mittelfränkischen des 12. und 13. Jahrhunderts. In: Fix, Hans (Hrsg.; 1995), 41–71.

Klein, Thomas (2000a): Phonetik und Phonologie, Graphetik und Graphemik des Altniederdeutschen (Altsächsischen). In: Handbuch Sprachgeschichte (2000). 2. Teilbd., 2. Aufl., 1248–1252.

Klein, Thomas (2000b): Die mittelfränkische *e*-Synkope und -Apokope und die Metrik des „Rheinischen Marienlobs". In: Hirschfelder, Gunther (Hrsg.): Kulturen – Sprachen – Übergänge. Fs Heinrich L. Cox. Köln/Weimar/Wien, 153–171.

Klein, Thomas (2005a): Die mittelhochdeutsche Apokope und Synkope nach Liquid: in mittelhochdeutschen Grammatiken und Wörterbüchern und in mittelhochdeutschen Handschriften. In: Plate, Ralf u.a. (Hrsg.): Lexikographie und Grammatik des Mittelhochdeutschen. Beiträge des internationalen Kolloquiums an der Universität Trier, 19. und 20. Juli 2001. Stuttgart (Akademie der Wissenschaften und der Literatur Mainz. Abhandlungen der Geistes- und Sozialwissenschaftlichen Klasse 2005,5), 121–162.

Klein, Thomas (2005b): Zur fränkischen Einheitsdeklination der Feminina auf -*e*. In: Quak, Arend; Schoonheim, Tanneke (Eds.): Gehugdic sis samnungun thinro. Liber amicorum Willy Pijnenburg. Groningen, 141–165.

Klein, Thomas (2007): Von der semantischen zur morphologischen Steuerung. Zum Wandel der Adjektivdeklination in althochdeutscher und mittelhochdeutscher Zeit. In: Fix, Hans (Hrsg.; 2007): Beiträge zur Morphologie. Germanisch, Baltisch, Ostseefinnisch. Odense (North-Western European Language Evolution. Supplement 23), 193–225.

Klein, Thomas; Büthe, Eva (2011): Regularisierung des Irregulären. Zur Geschichte der Verbgruppe um *gehen* und *stehen* im Mittelfränkischen. In: Plate, Ralf; Schubert, Martin (Hrsg.): Mittelhochdeutsch. Beiträge zur Überlieferung, Sprache und Literatur. Fs Kurt Gärtner. Berlin/New York, 305–330.

Klein/Solms/Wegera, Mhd.Gr. II = Klein, Thomas; Solms, Hans-Joachim; Wegera, Klaus-Peter (2018): Mittelhochdeutsche Grammatik. Teil II: Flexionsmorphologie. Berlin.

Klein/Solms/Wegera, Mhd.Gr. III = Klein, Thomas; Solms, Hans-Joachim; Wegera, Klaus-Peter (2009): Mittelhochdeutsche Grammatik. Teil III: Wortbildung. Tübingen.

Kleiner, Mathilde (1925): Zur Entwicklung der Futur-Umschreibung *werden* mit dem Infinitiv. Berkeley (University of California Publications in Modern Philology 12,1).

Kloss, Heinz (1976): Abstandsprachen und Ausbausprachen. In: Göschel, Joachim; Nail, Norbert; van der Elst, Gaston (Hrsg.): Zur Theorie des Dialekts. Wiesbaden (Zeitschrift für Dialektologie und Linguistik. Beihefte. NF. 16), 301–322.

Kluge, Friedrich (2011): Etymologisches Wörterbuch der deutschen Sprache. Bearb. von Elmar Seebold. 25., durchges. u. erw. Aufl. Berlin/New York.

Knetschke, Edeltraud; Sperlbaum, Margret (1987): Zur Orthoepie der Plosiva in der deutschen Hochsprache. Eine auditiv-komparative Untersuchung. Tübingen (Phonai. Lautbibliothek der Deutschen Sprache 33).

Koch, Peter (2004): Metonymy between pragmatics, reference and diachrony. In: metaphorik.de 7, 6–54. Online verfügbar unter: http://www.metaphorik.de/07/koch.pdf [letzter Zugriff am 18.07.2018].

Koch, Walter A. (1970): Zur Theorie des Lautwandels. Hildesheim/New York (Studia semiotica. Series practica 2).

Koekkoek, Byron J. (1965): On the Status of Umlaut in Standard German Morphology. In: Journal of English and Germanic Philology 64, 603–609.

Kohl, Katrin (2007): Metapher. Stuttgart (Sammlung Metzler 352).

Kohler, Klaus J. (1979): Dimensions in the perception of fortis and lenis plosives. In: Phonetica 36, 332–343.

Köhler, Reinhard (2005): Korpuslinguistik. Zu wissenschaftstheoretischen Grundlagen und methodologischen Perspektiven. In: LDV-Forum 20,2, 1–16.

Kohrt, Manfred (1985): Problemgeschichte des Graphembegriffs und des frühen Phonembegriffs. Tübingen (Reihe Germanistische Linguistik 61).

Kohrt, Manfred (1987): Theoretische Aspekte der deutschen Orthographie. Tübingen (Reihe Germanistische Linguistik 70).

Kohrt, Manfred (1990): Die ‚doppelte Kodifikation‘ der deutschen Orthographie. In: Stetter, Christian (Hrsg.): Zu einer Theorie der Orthographie. Interdisziplinäre Aspekte gegenwärtiger Schrift- und Orthographieforschung. Tübingen, 104–144.

Kohrt, Manfred (1998): Historische Graphematik und Phonologie. In: Handbuch Sprachgeschichte (1998) 1. Teilbd., 2. Aufl., 552–572.

Kolvenbach, Monika (1973): Das Genitivobjekt im Deutschen. Seine Interrelationen zu Präpositionalphrasen und zum Akkusativ. In: Moser, Hugo (Hrsg.): Linguistische Studien IV. FS Paul Grebe, Tl. 2. Mannheim (Sprache der Gegenwart 24), 123–134.

Kolwa, Andrea (2001): Internationalismen im Wortschatz der Politik. Interlexikologische Studien zum Wortschatz der Politik in neun EU-Amtssprachen sowie im Russischen und Türkischen. Frankfurt a.M./Berlin/Bern u.a. (Arbeiten zur Sprachanalyse 38).

König, Werner (2007): dtv-Atlas Deutsche Sprache. Mit 155 Abbildungsseiten in Farbe. 16., durchges. u. korr. Aufl. München.

Köpcke, Klaus-Michael (1993): Schemata bei der Pluralbildung im Deutschen. Versuch einer kognitiven Morphologie. Tübingen (Studien zur deutschen Grammatik 47).

Köpcke, Klaus-Michael (1995): Die Klassifikation der schwachen Maskulina in der deutschen Gegenwartssprache. Ein Beispiel für die Leistungsfähigkeit der Prototypentheorie. In: Zeitschrift für Sprachwissenschaft 14, 159–180.

Köpcke, Klaus-Michael (2000a): Starkes, Schwaches und Gemischtes in der Substantivflexion des Deutschen. Was weiß der Sprecher über Deklinationsparadigmen? In: Thieroff, Rolf u.a. (Hrsg.; 2000), 155–170.

Köpcke, Klaus-Michael (2000b): Chaos und Ordnung – Zur semantischen Remotivierung einer Deklinationsklasse im Übergang vom Mhd. zum Nhd. In: Bittner, Andreas; Bittner, Dagmar; Köpcke, Klaus-Michael (Hrsg.; 2000), 107–122.

Köpcke, Klaus-Michael; Zubin, David A. (1984): Sechs Prinzipien für die Genuszuweisung im Deutschen: Ein Beitrag zur natürlichen Klassifikation. In: Linguistische Berichte 93, 26–50.

Kopf, Kristin (2018): From genitive suffix to linking element. A corpus study on the genesis and productivity of a new compounding pattern in (Early) New High German. In: Ackermann, Tanja; Simon, Horst J.; Zimmer, Christian (Eds.): Germanic Genitives. Amsterdam (Studies in Language Companion Series 193), 91–114.

Koptjevskaja-Tamm, Maria (2002): Adnominal possession in the European languages: form and function. In: Zeitschrift für Sprachtypologie und Universalienforschung 55, 141–172.

Koselleck, Reinhart (Hrsg.; 1979): Historische Semantik und Begriffsgeschichte. Stuttgart (Sprache und Geschichte 1).

Kotin, Michail L. (1997): Die analytischen Formen und Fügungen im deutschen Verbalsystem: Herausbildung und Status (unter Berücksichtigung des Gotischen). In: Sprachwissenschaft 22, 479–500.

Kotin, Michail L. (2000): Das Partizip II in hochdeutschen periphrastischen Verbalfügungen im 9.–15. Jh. Zur Ausbildung des analytischen Sprachbaus. In: Zeitschrift für Germanistische Linguistik 28, 319–345.

Kotin, Michail L. (2003): Die *werden*-Perspektive und die *werden*-Periphrasen im Deutschen. Historische Entwicklung und Funktionen in der Gegenwartssprache. Frankfurt a.m./Berlin/Bern (Danziger Beiträge zur Germanistik 6).

Krämer, Sabine (2005): Synchrone Analyse als Fenster zur Diachronie. Die Grammatikalisierung von *werden* + Infinitiv. München (LINCOM Studies in Germanic Linguistics 23).

Kranzmayer, Eberhard (1956): Historische Lautgeographie des gesamtbairischen Dialektraumes. Wien (Studien zur österreichisch-bairischen Dialektkunde 1).

Kratz, Henry (1960): The Phonemic Approach to Umlaut in Old High German an Old Norse. In: Journal of English and Germanic Philology 59, 463–479.

Kretterová, Ludmila (2001): Zum Konjunktionssystem des Frühneuhochdeutschen. In: Meier, Jörg; Ziegler, Arne (Hrsg.): Deutsche Sprache in Europa. Geschichte und Gegenwart. Fs Ilpo Tapani Piirainen. Wien, 547–557.

Kühne, Andreas (1999): Zur historischen Lexikostatistik der starken Verben im Deutschen. Heidelberg (Studien zur Geschichte der deutschen Sprache 2).

Kürschner, Sebastian (2008): Deklinationsklassen-Wandel. Eine diachron-kontrastive Studie zur Entwicklung der Pluralallomorphie im Deutschen, Niederländischen, Schwedischen und Dänischen. Berlin/New York (Studia Linguistica Germanica 92).

Kwekkeboom, Sarah; Waldenberger, Sandra (Hrsg.; 2016): PerspektivWechsel *oder*: Die Wiederentdeckung der Philologie. Bd. 1. Sprachdaten und Grundlagenforschung in der Historischen Linguistik. Berlin.

Kyes, Robert L. (1988): Neutralization of final Obstruents in German. In: Gentry, Francis G. (Ed.): Semper idem et novus. Fs Frank Banta. Göppingen (Göppinger Arbeiten zur Germanistik 481), 59–73.

Labov, William (1976/1978): Sprache im sozialen Kontext. Beschreibung und Erklärung struktureller und sozialer Bedeutung von Sprachvariation. Bd. 1 und 2. Hrsg. v. Dittmar, Norbert; Rieck, Bert-Olaf. Königstein, Taunus (Monographien. Linguistik und Kommunikationswissenschaft 33).

Labov, William (2001): Principles of Linguistic Change. Vol. II.: Social Factors. Oxford (Language in Society 29).

Ladefoged, Peter (2001): Vowels and Consonants. An Introduction to the Sounds of Languages. Malden, Mass./Oxford/Carlton.

Lakoff, George; Johnson, Mark (1980): Metaphors We Live By. Chicago/London.

Lameli, Alfred (2013): Strukturen im Sprachraum. Analysen zur arealtypologischen Komplexität der Dialekte in Deutschland. Berlin/Boston. (Linguistik – Impulse & Tendenzen 54).

Lang, Ewald; Zifonun, Gisela (Hrsg.; 1996): Deutsch – typologisch. Berlin/New York (Institut für Deutsche Sprache, Jahrbuch 1995).

Lasatowicz, Katarzyna (1980): Die deutschen *e*-Laute historisch betrachtet. In: Neophilologica 1, 131–140.

Lasch, Mnd.Gr. = Lasch, Agathe (1974): Mittelniederdeutsche Grammatik. 2. unveränd. Aufl. Tübingen. (Sammlung kurzer Grammatiken germanischer Dialekte A,9).

Lass, Roger (1990): How to do things with junk: Exaptation in language evolution. In: Journal of Linguistics 26, 79–102.

Lass, Roger (1997): Historical linguistics and language change. Cambridge (Cambridge Studies in Linguistics 81).

Lehiste, Ilse (1977): Isochrony reconsidered. In: Journal of Phonetics 5, 253–263.

Lehmann, Christian (2002): New reflections on grammaticalization and lexicalization. In: Wischer, Ilse; Diewald, Gabriele (Eds.): New Reflections on Grammaticalization (Typological Studies in Language 49). Amsterdam, 1–18.

Lehmann, Christian (2011): Grammatikalisierung. Onlineskript, verfügbar unter: http://www.christianlehmann.eu/ling/ling_theo/index.html [s. unter 9. Grammatikalisierung; letzter Zugriff am 18.07.2018].].

Lehmann, Christian (2015): Thoughts on Grammaticalization. 3rd ed. Berlin (Classics in Linguistics 1). Online verfügbar unter: https://www.christianlehmann.eu/ [letzter Zugriff am 18.07.2018].

Lehmann, Winfred P. (1978): Syntactic Typology. Studies in the Phenomenology of Language. Sussex.

Leinfellner, Elisabeth (1971): Der Euphemismus in der politischen Sprache. Berlin (Beiträge zur politischen Wissenschaft 13).

Leiss, Elisabeth (1985): Zur Entstehung des neuhochdeutschen analytischen Futurs. In: Sprachwissenschaft 10, 250–273.

Leiss, Elisabeth (1990): Grammatische Kategorien und sprachlicher Wandel. Erklärung des Genitivschwunds im Deutschen. In: Bahner, Werner; Schildt, Joachim; Viehweger, Dieter (Hrsg.): Akten des 14. Internationalen Linguistenkongresses Berlin, August 1987, Bd. 2. Berlin, 1406–1409.

Leiss, Elisabeth (1992): Die Verbalkategorien des Deutschen. Ein Beitrag zur Theorie der sprachlichen Kategorisierung. Berlin/New York (Studia Linguistica Germanica 31).

Leiss, Elisabeth (1994): Die Entstehung des Artikels im Deutschen. In: Sprachwissenschaft 19, 307–319.

Leiss, Elisabeth (1997): Genus im Althochdeutschen. In: Glaser, Elvira; Schlaefer, Michael (Hrsg.): Grammatica ianua artium. Fs Rolf Bergmann. Heidelberg, 33–48.

Leiss, Elisabeth (2005): Derivation als Grammatikalisierungsbrücke für den Aufbau von Genusdifferenzierungen im Deutschen. In: Leuschner, Thorsten; Mortelmans, Tanja; De Groodt, Sarah (Hrsg.; 2005), 11–30.

Lemke, Ilka (2016): ‚Historisch bedingte‘ Zweifelsfälle als Gegenstand von Sprachreflexion am Beispiel von Klassenschwankungen starker und schwacher Verben. In: Bartsch, Nina; Schultz-Balluff, Simone (Hrsg.; 2016), 523–544.

Lemke, Ilka; Schuttkowski, Caroline (2017): Orthographische Regeln und variante Formen – Zur Reichweite sprachlicher Normen im Sprachbewusstsein am Beispiel von Variantenentscheidungen bei ortho-graphischen Zweifelsfällen. In: Linguistische Berichte 249, 49-94.

Lenerz, Jürgen (2002): Silbenstruktur und Silbenschnitt. In: Auer, Peter; Gilles, Peter; Spiekermann, Helmut (Hrsg.): Silbenschnitt und Tonakzente. Tübingen (Linguistische Arbeiten 463), 67–86.

Lenneberg, Eric H. (1972): Biologische Grundlagen der Sprache. Aus dem Engl. übers. v. Friedhelm Herborth. Frankfurt a.M.

Lenz, Barbara (1996): Adverbale Genitive im Deutschen. Wuppertal (Theorie des Lexikons. Arbeiten des Sonderforschungsbereichs 282, 77).

Lenz, Barbara (1997): Genitiv-Verben und Objektvariation. Wuppertal (Theorie des Lexikons. Arbeiten des Sonderforschungsbereichs 282, 97).

Lenz, Alexandra N.; Mattheier, Klaus J. (Hrsg.; 2005): Varietäten – Theorie und Empirie. Frankfurt a.M./Berlin/Bern u.a. (VarioLingua. Nonstandard – Standard – Substandard 23).

Leopold, W. F. (1948): German ch. In: Language 24, 179–180.

Lerchner, Gotthard (2003): Aspekte einer Sprachgeschichte des Ostmitteldeutschen. In: Handbuch Sprachgeschichte (2003). 3. Teilbd., 2. Aufl., 2744–2767.

Lessiak, Primus (1933): Beiträge zur Geschichte des deutschen Konsonantismus. Mit einem Vorwort und einem Wort- und Sachverzeichnis von Ernst Schwarz. Brünn/Prag/Leipzig (Schriften der Philosophischen Fakultät der Deutschen Universität in Prag 14).

Leuschner, Thorsten; Mortelmans, Tanja; De Groodt, Sarah (Hrsg.; 2005): Grammatikalisierung im Deutschen. Berlin/New York (Linguistik. Impulse & Tendenzen 9).

Liberman, Anatoly (1991): Phonologization in Germanic: Umlaut and Vowel Shifts. In: Antonsen, Elmer H.; Hock, Hans H. (Eds.): Stæfcræft. Studies in Germanic Linguistics. Selected Papers from the 1st and the 2nd Symposium on Germanic Linguistic, University of Chicago, 24. April 1985, and University of Illinois at Urbana-Champaign, 3–4 October 1986. Amsterdam/Philadelphia (Amsterdam Studies in the Theory and History of Linguistic Science IV,79), 125–137.

Liebert, Wolf-Andreas (1992): Metaphernbereiche der deutschen Alltagssprache. Kognitive Linguistik und die Perspektiven einer kognitiven Lexikographie. Frankfurt a.m./Berlin/ Bern u.a. (Europäische Hochschulschriften. Reihe 1. Deutsche Sprache und Literatur 1355).

Lindgren, Kaj B. (1953): Die Apokope des mhd. *-e* in seinen verschiedenen Funktionen. Helsinki (Annales Academiæ Scientiarum Fennicæ B 78,2).

Lindgren, Kaj B. (1954): Mhd. Genitivformen auf *-ens*. In: Fs Emil Öhmann. Helsinki (Annales Academiæ Scientiarum Fennicæ B 84,21), 667–672.

Lindgren, Kaj B. (1957): Über den oberdeutschen Präteritumschwund. Helsinki (Annales Academiæ Scientiarum Fennicæ B 112,1).

Lindgren, Kaj B. (1961): Die Ausbreitung der neuhochdeutschen Diphthongierung bis 1500. Helsinki (Annales Academiæ Scientiarum Fennicæ B 123,2).

Lindgren, Kaj B. (1968): Nochmals neuhochdeutsche Diphthongierung. Eine Präzisierung. In: Zeitschrift für Mundartforschung 35, 284–288.

Lindqvist, Christer (1994): Zur Entstehung von Präpositionen im Deutschen und Schwedischen. Tübingen (Linguistische Arbeiten 311).

Lipka, Leonard (1981): Zur Lexikalisierung im Deutschen und Englischen. In: Lipka, Leonhard u.a. (Hrsg.): Wortbildung. Darmstadt (Wege der Forschung 564), 119–132.

Ljungerud, Ivar (1955): Zur Nominalflexion in der deutschen Literatursprache nach 1900. Lund (Lunder Germanistische Forschungen 31).

Löbel, Elisabeth (1996): Numerus: Funktionale Kategorie vs. syntaktische Funktion. [Projekt A3: Das Nomen im Lexikon] Düsseldorf/Köln (Theorie des Lexikons 81. Arbeiten des Sonderforschungsbereichs 282).

Lockwood, William B. (1968): Historical German Syntax. Oxford (Oxford history of the German language 1).

Löffler, Heinrich (1976): Zum graphematischen Status des Historischen Südwestdeutschen Sprachatlasses (HSS). In: Alemannisches Institut Freiburg, Breisgau (Hrsg.): Alemannica. Landeskundliche Beiträge. Fs Bruno Boesch. Bühl, Baden (Alemannisches Jahrbuch 1973/75).

Löffler, Heinrich (2003): Ergebnisse der Sprachgeschichtsforschung im Gesamtüberblick II: Sprachsystematische Aspekte. In: Handbuch Sprachgeschichte (2003). 3. Teilbd., 2. Aufl., 2419–2425.

Löhken, Sylvia C. (1997): Deutsche Wortprosodie. Abschwächungs- und Tilgungsvorgänge. Tübingen (Studien zur deutschen Grammatik 56).

Lombardi, Linda (1991): Laryngeal features and laryngeal neutralization. Doctoral dissertation. University of Massachusetts. Amherst. [published by Garland, New York, 1994].

Lötscher, Andreas (1990): Variation und Grammatikalisierung in der Geschichte des erweiterten Adjektiv- und Partizipialattributs des Deutschen. In: Betten, Anne; Riehl, Claudia M. (Hrsg.; 1990), 14–28.

Lotzmann, Geert (1975): Zur Aspiration der Explosivae im Deutschen. Göppingen (Göppinger Arbeiten zur Germanistik 156).

Luchtenberg, Sigrid (1985): Euphemismen im heutigen Deutsch. Mit einem Beitrag zu Deutsch als Fremdsprache. Frankfurt a.m./Bern/New York u.a. (Europäische Hochschulschriften 1, 834).

Lüdtke, Helmut (1968): Ausbreitung der neuhochdeutschen Diphthongierung. In: Zeitschrift für Mundartforschung 35, 97–109.

Lüdtke, Helmut (Hrsg.; 1979a): Kommunikationstheoretische Grundlagen des Sprachwandels. Berlin/New York.

Lüdtke, Helmut (1979b): Sprachwandel als universales Phänomen. In: Lüdtke, Helmut (Hrsg.; 1979), 1–19.

Lüdtke, Helmut (1987): Auxiliary verbs in the universal theory of language change. In: Giacalone Ramat, Anna; Carruba, Onofrio; Bernini, Giuliano (Eds.): Papers from the 7th International Conference on Historical Linguistics. Amsterdam/Philadelphia (Amsterdam Studies in the Theory and History of Linguistic Science IV,48), 349–354.

Ludwig, Otto (1967): Präsens und süddeutscher Präteritumschwund. In: Neuphilologische Mitteilungen 68, 118–130.

Lüger, Heinz-Helmut (1992): Sprachliche Routinen und Rituale. Frankfurt a.m./Bern/New York (Werkstattreihe Deutsch als Fremdsprache 36).

Lühr, Rosemarie (2016): Satzkomplexität in fürstlichen Korrespondenzen der frühen Neuzeit. In: Kwekkeboom, Sarah; Waldenberger, Sandra (Hrsg.; 2016), 455–478.

Lüssy, Heinrich (1983): Umlautung in den deutschen Dialekten. In: Handbuch Dialektologie (1983). 2. Halbbd., 1083–1088.

Luther, Yvonne (2012): Zum Ausdruck der Zukunft im Mittelhochdeutschen. Online verfügbar auf dem elektronischen Dokumentenserver der Berlin-Brandenburgischen Akademie der Wissenschaften unter: http://edoc.bbaw.de/volltexte/2012/2201/pdf/Luther_Futur_mhd2A.pdf [letzter Zugriff am 18.07.2018].

Maas, Utz (1995): Grundzüge der deutschen Orthographie. Tübingen (Reihe Germanistische Linguistik 120).

Maas, Utz (1996): Einige Grundannahmen zur Analyse der Groß- und Kleinschreibung im Deutschen, insbesondere zu ihrer Grammatikalisierung in der Frühen Neuzeit. In: Lerchner, Gotthard; Schröder, Marianne; Fix, Ulla (Hrsg.): Chronologische, areale und situative Varietäten des Deutschen in der Sprachhistoriographie. Fs Rudolf Große. Frankfurt a.M./Berlin/Bern u.a. (Leipziger Arbeiten zur Sprach- und Kommunikationsgeschichte 2), 85–100.

Maas, Utz (1999): Phonologie. Einführung in die funktionale Phonetik des Deutschen. Opladen/Wiesbaden (Studienbücher zur Linguistik 2).

Maas, Utz; McAlister-Hermann, Judith (Hrsg.; 1982/1984): Materialien zur Erforschung der sprachlichen Verhältnisse in Osnabrück in der Frühen Neuzeit. 2 Bde. Osnabrück.

Malige-Klappenbach, Helene (1955): Die Entwicklung der Großschreibung im Deutschen. In: Wissenschaftliche Annalen 4, 102–188.

Mallon, Jean (1952): Paléographie romaine. Madrid (Scripturae monumenta et studia III).

Manaster Ramer, Alexis (1996): A letter from an incompletely neutral phonologist. In: Journal of Phonetics 24, 477–489.

Marchand, James W. (1956): The Phonemic Status of Old High German *e*. In: Word 12, 82–90.

Martens, Peter (1975): Fortfall oder Bewahrung von unbetontem ‚-e'. Einige phonetische, orthographische und grammatische Implikationen. In: Zeitschrift für Dialektologie und Linguistik 42, 39–52.

Marynissen, Ann (2009): Sprachwandel zwischen Evolution und Normierung. Die e-Apokope als Bruchstelle zwischen dem Niederländischen und dem Deutschen. In: Zeitschrift für Dialektologie und Linguistik 76, 165–188.

Masalon, Kevin Ch. (2014): Die deutsche Zeichensetzung gestern, heute – und morgen (?): Eine korpusbasierte, diachrone Untersuchung der Interpunktion als Teil schriftsprachlichen Wandels im Spannungsfeld von Textpragmatik, System und Norm unter besonderer Berücksichtigung des Kommas. Diss. Essen.

Mattheier, Klaus J. (1998): Allgemeine Aspekte einer Theorie des Sprachwandels. In: Handbuch Sprachgeschichte (1998). 1. Teilbd., 2. Aufl., 824–836.

Mattheier, Klaus J. u.a. (Hrsg.; 1997ff.): VarioLingua. Nonstandard – Standard – Substandard. Frankfurt a.M./Berlin/Bern u.a.

Maurer, Friedrich (1926): Untersuchungen über die deutsche Verbstellung in ihrer geschichtlichen Entwicklung. Heidelberg (Germanische Bibliothek 2,21).

Maurer, Friedrich; Rupp, Heinz (1974): Deutsche Wortgeschichte I–III. 3., neubearb. Aufl. Berlin/New York (Grundriss der germanischen Philologie 17,I–17,III).

Maydorn, Bernhard (1911): Neue Untersuchungen über das Dativ-e. In: Wissenschaftliche Beihefte zur Zeitschrift des Allgemeinen Deutschen Sprachvereins 5. H. 34, 109–132.

Mayer, Anton (1929): Zum Alter des Übergangs von *sk* zu *š*. In: Beiträge zur Geschichte der deutschen Sprache und Literatur 53, 286–290.

Mayerthaler, Willi (1981): Morphologische Natürlichkeit. Wiesbaden (Linguistische Forschungen 28).

McLintock, David R. (1966): Morphological Syncretism in Old High German. In: Transactions of the Philological Society 1965, 1–14.

McMahon, April M.S. (2002): Understanding language change. [Repr.] Cambridge/New York/Oakleigh, Melbourne.

Meibauer, Jörg (1998): „kunst vertrücker" und „kolengreber": Zum Wortbildungswandel der N+V+„er"-Bildungen im Frühneuhochdeutschen. In: Barz, Irmhild; Öhlschläger, Günther (Hrsg.): Zwischen Grammatik und Lexik. Tubingen (Linguistische Arbeiten 390), 81–101.

Meineke, Eckhard; Schwerdt, Judith (2001): Einführung in das Althochdeutsche. Paderborn/München/Wien u.a.

Meinhold, Gottfried; Stock, Eberhard (1963): Stimmlosigkeit und Stimmhaftigkeit der Verschlussphase (Plosion) bei deutschen Medien im absoluten Auslaut und nach stimmlosen Lauten. In: Zeitschrift für Phonetik, Sprachwissenschaft und Kommunikationsforschung 16, 137–148.

Meisenburg, Trudel (1990): Die großen Buchstaben und was sie bewirken können. Zur Geschichte der Majuskel im Französischen und im Deutschen. In: Raible, Wolfgang (Hrsg.): Erscheinungsformen kultureller Prozesse. Jahrbuch 1988 des Sonderforschungsbereichs ‹Übergänge und Spannungsfelder zwischen Mündlichkeit und Schriftlichkeit›. Tübingen (ScriptOralia 13), 281–315.

Meisenburg, Trudel (1998): Zur Typologie von Alphabetschriftsystemen anhand des Parameters der Tiefe. In: Linguistische Berichte 173, 43–64.

Mentrup, Wolfgang (1979): Die Groß- und Kleinschreibung im Deutschen und ihre Regeln. Historische Entwicklung und Vorschlag zur Neuregelung. Tübingen (Forschungsberichte des Instituts für Deutsche Sprache 47).

Mentrup, Wolfgang (1980): Zur entwicklung der groß- und kleinschreibung im deutschen. In: Mentrup, Wolfgang (Hrsg.): Materialien zur historischen entwicklung der gross- und kleinschreibungsregeln. Tübingen (Reihe Germanistische Linguistik 23), 297–333.

Mentrup, Wolfgang (2007): Stationen der jüngeren Geschichte der Orthographie und ihrer Reform seit 1933. Zur Diskussion, Texttradition und -rezeption. Tübingen (Studien zur deutschen Sprache 29).

Merk, Walther (1933): Werdegang und Wandlungen der deutschen Rechtssprache. Marburg (Marburger akademische Reden 54).

Meurders, John (2001): Zum System der Vokalgraphe und der nichtalphabetischen Graphe im Bairischen um 1600 am Beispiel Aegidius Albertinus (1560–1620). Diss. Nijmegen.

Meyer-Eppler, Werner (1959): Zur Spektralstruktur der /r/-Allophone des Deutschen. In: Acustica 9 (Akustische Beihefte), 247–250.

Michel, Wolf-Dieter (1959): Die graphische Entwicklung der s-Laute im Deutschen. In: Beiträge zur deutschen Sprache und Literatur (H) 81, 456–480.

Michels, Mhd.Gr. = Michels, Victor (1979): Mittelhochdeutsche Grammatik. 5. Aufl. Hrsg. v. Hugo Stopp. Heidelberg (Germanische Bibliothek. NF. Reihe 1. Grammatiken).

Michels, Victor (1889): Zum Wechsel des Nominalgeschlechts im Deutschen. Straßburg.

Mihm, Arend (2000): Zur Deutung der graphematischen Variation in historischen Texten. In: Häcki Buhofer, Annelies (Hrsg.): Vom Umgang mit sprachlicher Variation. Soziolinguistik, Dialektologie, Methoden und Wissenschaftsgeschichte. Fs Heinrich Löffler. Tübingen/Basel (Basler Studien zur deutschen Sprache und Literatur 80), 367–390.

Mihm, Arend (2001): Das Aufkommen der hochmittelalterlichen Schreibsprachen im nordwestlichen Sprachraum. In: Gärtner, Kurt u.a. (Hrsg.): Skripta, Schreiblandschaften und Standardisierungstendenzen. Urkundensprachen im Grenzbereich von Germania und Romania im 13. und 14. Jahrhundert. Beiträge zum Kolloquium vom 16. bis 18. September 1998 in Trier. Trier (Trierer historische Forschungen 47), 563–618.

Mihm, Arend (2004): Zur Geschichte der Auslautverhärtung und ihrer Erforschung. In: Sprachwissenschaft 29, 133–206.

Mihm, Arend (2007): Theorien der Auslautverhärtung im Spannungsverhältnis zwischen Normsetzung und Sprachwirklichkeit. In: Deutsche Sprache 35, 95–118.

Milroy, James (1993): On the social origins of language change. In: Jones, Charles (Ed.): Historical linguistics. Problems and perspectives. London, 215–236.

Milroy, James (2010): On the role of the speaker in language change. In: Hickey, Raymond (Ed.; 2010), 143–157.

Milroy, Lesley (1987): Language and Social Networks. 2nd ed. Oxford (Language in Society 2).

Mitzka, Walther (1954): Die dänische und die deutsche Konsonantenschwächung. In: Zeitschrift für Mundartforschung 22, 65–87.

Mitzka, Walther (1967): Mittelfränkische Konsonantenschwächung. In: Zeitschrift für Mundartforschung 34, 254–257.

Mitzka, Walther (1972): Mitteldeutsch ch, sch und die Konsonantenschwächung. In: Beiträge zur Geschichte der deutschen Sprache und Literatur (H) 93, 34–43.

Möhn, Dieter; Schröder, Ingrid (2003): Vorstudien zu einer mittelniederdeutschen Grammatik I. In: Jahrbuch des Vereins für niederdeutsche Sprachfoschung 126, 7–51.

Møller, Christen (1937): Zerfall und Aufbau grammatischer Distinktionen. Die Feminina im Deutschen. In: Mélanges linguistiques. Fs M. Holger Pedersen. Kopenhagen (Acta Jutlandica 9), 365–372.

Molz, Hermann (1902): Die Substantivflexion seit mittelhochdeutscher Zeit. In: Beiträge zur Geschichte der deutschen Sprache und Literatur 27, 209–342.

Molz, Hermann (1906): Die Substantivflexion seit mittelhochdeutscher Zeit. In: Beiträge zur Geschichte der deutschen Sprache und Literatur 31, 277–392.

Morciniec, Norbert (1981): Zentrum und Peripherie der althochdeutschen Monophthongierung. In: Geckeler, Horst et al. (Eds.): Logos semantikos. Studia linguistica in honorem Eugenio Coseriu 1921–1981. Bd. 5. Madrid/Berlin/New York, 313–322.

Mortelmans, Tanja (2004): The status of the German auxiliary *werden* as a 'grounding predication'. In: Letnes, Ole; Vater, Heinz (Eds.): Modalität und Übersetzung. Modality and Translation. Trier (Fokus. Linguistisch-Philologische Studien 29), 33–56.

Moser, Hans (1987): Geredete Graphie. Zur Entstehung orthoepischer Normvorstellungen im Frühneuhochdeutschen. In: Zeitschrift für Deutsche Philologie 106, 379-399.

Moulin, Claudine (1990): Der Majuskelgebrauch in Luthers deutschen Briefen (1517–1546). Heidelberg (Germanische Bibliothek. NF. Reihe 3: Untersuchungen).

Moulton, William G. (1941): Swiss German dialect and Romance patois. Baltimore (Language dissertations 34).

Moulton, William G. (1970): Zur Geschichte des deutschen Vokalsystems. In: Steger, Hugo (Hrsg.): Vorschläge für eine strukturale Grammatik des Deutschen. Darmstadt (Wege der Forschung 146), 480–517. [Wiederabdruck des Beitrags in: Beiträge zur Geschichte der deutschen Sprache und Literatur 83 (T) (1961/62)], 1–35.

Moulton, William G. (1987): Zum Konsonantismus des Althochdeutschen: orthographisch, phonologisch, pädagogisch. In: Bergmann, Rolf; Tiefenbach, Heinrich; Voetz, Lothar (Hrsg.; 1987), 72–85.

Müller, Gertraud; Frings, Theodor (1959): Die Entstehung der deutschen daß-Sätze. Berlin (Berichte über die Verhandlungen der sächsischen Akademie der Wissenschaften zu Leipzig. Philologisch-historische Klasse 103. H. 6).

Müller, Josef (1904): Die Senkung der kurzen i in den ripuarischen und mittelfränkischen Mundarten. In: Zeitschrift für hochdeutsche Mundarten 5, 353–367.

Müller, Karin (1990): „Schreibe, wie du sprichst!" Eine Maxime im Spannungsfeld von Mündlichkeit und Schriftlichkeit. Eine historische und systematische Untersuchung. Frankfurt a.M./ Bern/New York u.a. (Theorie und Vermittlung der Sprache 12).

Müller, Peter O. (1993): Historische Wortbildung: Forschungsstand und Perspektiven. In: Zeitschrift für deutsche Philologie 112, 1993, 394–419.

Müller, Peter O. (2001): Deutsche Lexikographie des 16. Jahrhunderts. Konzeptionen und Funktionen frühneuzeitlicher Wörterbücher. Tübingen (Texte und Textgeschichte 49).

Müller, Peter O. (2015): Historical word-formation in German. In: Handbook Word-Formation (2015). Vol. 3, 1867–1914.

Müller, Peter O. (2016): Wortbildungswandel oder Bedeutungsbildung? – Zur Entstehung und Interpretation sekundärer Wortbildungsebenen. In: Kwekkeboom, Sarah; Waldenberger, Sandra (Hrsg.; 2016), 309–332.

Müller, Peter O. (Hrsg.; 2005): Fremdwortbildung. Theorie und Praxis in Geschichte und Gegenwart. Frankfurt a.M./Berlin/Bern u.a. (Dokumentation Germanistischer Forschung 6).

Müller, Peter O. (Hrsg.; 2009): Studien zur Fremdwortbildung. Hildesheim/Zürich/New York (Germanistische Linguistik 197–198).

Munske, Horst H. (1984): Zu den ‚Prinzipien‘ der deutschen Orthographie. In: Eroms, Hans-Werner; Gajek, Bernhard; Kolb, Herbert (Hrsg.): Studia Linguistica et Philologica. Fs Klaus Matzel. Heidelberg (Germanische Bibliothek. NF. Reihe 3: Untersuchungen), 235–253.

Munske, Horst H. (1988): Ist das Deutsche eine Mischsprache? Zur Stellung der Fremdwörter im deutschen Sprachsystem. In: Munske, Horst H. u.a. (Hrsg.; 1988), 46–74.

Munske, Horst H. (1997): Orthographie als Sprachkultur. Frankfurt a.M./Berlin/Bern.

Munske, Horst H. (2001): Fremdwörter in deutscher Sprachgeschichte: Integration oder Stigmatisierung? In: Stickel, Gerhard (Hrsg.; 2001), 7–29.

Munske, Horst H. (2002): Wortbildungswandel. In: Habermann, Mechthild u.a. (Hrsg.): Historische Wortbildung des Deutschen. 25 Referate und zusätzliche Beiträge der Fachtagung „Historische Wortbildung des Deutschen", 10.–14. Oktober 2000 in Erlangen. Tübingen (Reihe Germanistische Linguistik 232), 23–40.

Munske, Horst H. (2005a): Lob der Rechtschreibung. Warum wir schreiben, wie wir schreiben. München (Beck'sche Reihe 1671).

Munske, Horst H. (2005b): Wortschatzwandel im Deutschen. In: Handbuch Lexikologie (2005). 2. Halbbd., 1385–1398.

Munske, Horst H. (2009): Was sind eigentlich ‚hybride' Wortbildungen? In: Müller, Peter O. (Hrsg.): Studien zur Fremdwortbildung. Hildesheim/Zürich/New York (Germanistische Linguistik 197/198), 223–260.

Munske, Horst H. u.a. (Hrsg.; 1988): Deutscher Wortschatz. Lexikologische Studien. Fs Ludwig E. Schmitt. Berlin/New York.

Nakajima, Kazuo (1997): Zum zweigliedrigen Verbalkomplex im eingeleiteten Nebensatz. Eine textsortenbezogene statistische Untersuchung der frühneuhochdeutschen Quellen. In: Mattheier, Klaus J.; Nitta, Haruo; Ono, Mitsuyo (Hrsg.): Gesellschaft, Kommunikation und Sprache Deutschlands in der frühen Neuzeit. Studien des Deutsch-Japanischen Arbeitskreises für Frühneuhochdeutschforschung. München, 83–99.

Naumann, Carl L. (1990): Nochmals zu den Prinzipien der Orthographie. In: Stetter, Christian (Hrsg.; 1990), 145–162.

Neef, Martin (2005): Die Graphematik des Deutschen. Tübingen (Linguistische Arbeiten 500).

Neef, Martin (2006): Die Genitivflexion von artikellos verwendbaren Eigennamen als syntaktisch konditionierte Allomorphie. In: Zeitschrift für Sprachwissenschaft 25, 273–299.

Nerius, Dieter (1964): Untersuchungen zur Herausbildung einer nationalen Norm der deutschen Literatursprache in der zweiten Hälfte des 18. Jahrhunderts. Darstellung am Beispiel der Substantivflexion. Diss. Berlin.

Nerius, Dieter (2003): Graphematische Entwicklungstendenzen in der Geschichte des Deutschen. In: Handbuch Sprachgeschichte (2003). 3. Teilbd., 2. Aufl., 2461–2472.

Nerius, Dieter; Scharnhorst, Jürgen (Hrsg.; 1980): Theoretische Probleme der Orthographie. Berlin (Reihe Sprache und Gesellschaft 16).

Nerius, Dieter (Hrsg.; 2007): Deutsche Orthographie. 4., neu bearb. Aufl. Hildesheim/New York/Zürich.

Nerlich, Brigitte (2010): Synecdoche: A trope, a whole trope, and nothing but a trope? In: Burkhardt, Armin; Nerlich, Brigitte (Eds.): Tropical Truth(s). The Epistemology of Metaphor and other Tropes. Berlin/New York, 297–320.

Nerlich, Brigitte; Clarke, David D. (1999): Synecdoche as a cognitive and communicative strategy. In: Blank, Andreas; Koch, Peter (Eds.): Historical semantics and cognition. Berlin/New York (Cognitive linguistics research 13), 197–214.

Neumann, Werner (1961): Zur Struktur des Systems der reinen Kasus im Neuhochdeutschen. In: Zeitschrift für Phonetik, Sprachwissenschaft und Kommunikationsforschung 14, 55–63.

Niebaum, Hermann (2000): Phonetik und Phonologie, Graphetik und Graphemik des Mittelniederdeutschen. In: Handbuch Sprachgeschichte (2000). 2. Teilbd., 2. Aufl., 1422–1430.

Nitta, Haruo (1987): Zur Erforschung der ‚uneigentlichen' Zusammensetzungen im Frühneuhochdeutschen. In: Zeitschrift für deutsche Philologie 106, 400–416.

Nordmeyer, George (1961): Zur Bildung des Genitivs Singular im heutigen Deutsch. In: The German Quaterly 34, 277–281.

Nowak, Elke (2008): Inuktitut. Eine grammatische Skizze. München (Languages of the World: Materials 470).

Nowak, Jessica (2015): Zur Legitimation einer 8. Ablautreihe. Eine kontrastive Analyse zu ihrer Entstehung im Deutschen, Niederländischen und Luxemburgischen. Hildesheim/Zürich/New York (Germanistische Linguistik Monographien 30).

Nübling, Damaris (1992): Klitika im Deutschen. Schriftsprache, Umgangssprache, alemannische Dialekte. Tübingen (ScriptOralia 42).

Nübling, Damaris (1998): Wann werden die deutschen Präpositionen flektieren? Grammatisierungswege zur Flexion. In: Fabri, Ray; Ortmann, Albert; Parodi, Teresa (Eds.): Models of Inflection. Tübingen (Linguistische Arbeiten 388), 266–289.

Nübling, Damaris (2005): Von *in die* über *in'n* und *ins* bis *im*: Die Klitisierung von Präposition und Artikel als „Grammatikalisierungsbaustelle". In: Leuschner, Thorsten; Mortelmans, Tanja; De Groodt, Sarah (Hrsg.; 2005), 105–131.

Nübling, Damaris (2006): Auf Umwegen zum Passivauxiliar – Die Grammatikalisierungpfade von GEBEN, WERDEN, KOMMEN und BLEIBEN im Luxemburgischen, Deutschen und Schwedischen. In: Moulin, Claudine; Nübling, Damaris (Hrsg.): Perspektiven einer linguistischen Luxemburgistik. Studien zu Diachronie und Synchronie. Heidelberg (Germanistische Bibliothek 25), 171–201.

Nübling, Damaris (2009): *Müssen, dürfen, können, mögen*: Der Umlaut in den Präteritopräsentia als transkategorialer Marker. In: Beiträge zur Geschichte der deutschen Sprache und Literatur 131, 207–228.

Nübling, Damaris (2011): Von der ‚Jungfrau' zur ‚Magd', vom ‚Mädchen' zur ‚Prostituierten': Die Pejorisierung der Frauenbezeichnungen als Zerrspiegel der Kultur und als Effekt männlicher Galanterie? In: Riecke, Jörg (Hrsg.): Historische Semantik. Berlin/Boston (Jahrbuch für germanistische Sprachgeschichte 2), 344–359.

Nübling, Damaris (2016): Und sie leben doch: Zur Reorganisation starker Verben in germanischen Sprachen. In: Kwekkeboom, Sarah; Waldenberger, Sandra (Hrsg.; 2016), 273–290.

Nübling, Damaris; Schrambke, Renate (2004): Silben- versus akzentsprachliche Züge in germanischen Sprachen und im Alemannischen. In: Glaser, Elvira; Ott, Peter; Schwarzenbach, Rudolf (Hrsg.): Alemannisch im Sprachvergleich. Beiträge zur 14. Arbeitstagung für alemannische Dialektologie in Männedorf (Zürich) vom 16.–18.9.2002. Stuttgart (Zeitschrift für Dialektologie und Linguistik. Beihefte 129), 281–320.

Nübling, Damaris; Szczepaniak, Renata (2013): Linking elements in German. Origin, Change, Functionalization. In: Morphology 23,1, 67–89.

Nübling, Damaris; Fahlbusch, Fabian; Heuser, Rita (2015): Namen. Eine Einführung in die Onomastik. 2., überarb. u. erw. Aufl. Tübingen.

Nübling, Damaris u.a. (2017): Historische Sprachwissenschaft des Deutschen. Eine Einführung in die Prinzipien des Sprachwandels. 5., akt. Aufl. Tübingen.

Nyholm, Kurt (1981): Zur Endstellung des Verbs in spätmittelalterlichen und frühhumanistischen Texten. In: Wissenschaftliche Konferenz „Kommunikation und Sprache in ihrer geschichtlichen Entwicklung bis zum Neuhochdeutschen". 26.–27. September 1980 in Oulu. Berlin (Linguistische Studien A,77), 52–64.

O'Dell, Michael; Port, Robert F. (1983): Discrimination of word-final voicing in German. In: Journal of the Acoustical Society of America 73. Supplement 1.

Öhl, Peter (2009): Die Entstehung des periphrastischen Perfekts mit *haben* und *sein* im Deutschen – eine längst beantwortete Frage? Formale und funktionale Erklärungsansätze für die Auxiliarisierung. In: Zeitschrift für Sprachwissenschaft 28, 265–306.

Öhmann, Emil (1921): Zur geschichte der adjektivabstrakta auf *-ida*, *-î* und *-heit* im deutschen. Helsinki (Annales Academiæ Scientiarum Fennicæ B 15,4).

Öhmann, Emil (1960): Über hyperkorrekte Lautformen. Helsinki (Annales Academiæ Scientiarum Fennicæ B 123,1).

Osthoff, Hermann (1876) Zur Geschichte des schwachen deutschen Adjectivums. Jena (Forschungen im Gebiete der indogermanischen nominalen Stammbildung 2).

Oubouzar, Erika (1974): Über die Ausbildung der zusammengesetzten Verbformen im deutschen Verbalsystem. In: Beiträge zur Geschichte der deutschen Sprache und Literatur (H) 95, 5–96.

Oubouzar, Erika (1992): Zur Ausbildung des bestimmten Artikels im AHD. In: Desportes, Yvon (Hrsg.): Althochdeutsch. Syntax und Semantik. Akten des Lyonner Kolloquiums zur Syntax und Semantik des Althochdeutschen (1.–3. März 1990). Paris (Centre d'études linguistiques. Série germanique ancien 1), 69–87.

Oubouzar, Erika (1997): Syntax und Semantik des adnominalen Genitivs im Althochdeutschen. In: Desportes, Yvon (Hrsg.): Semantik der syntaktischen Beziehungen. Akten des Pariser Kolloquiums zur Erforschung des Althochdeutschen 1994. Heidelberg (Germanische Bibliothek. NF. 3,27), 223–244.

Oubouzar, Erika (2000): Zur Entwicklung von *ein* in der Nominalgruppe des Althochdeutschen. In: Desportes, Yvon (Hrsg.): Zur Geschichte der Nominalgruppe im älteren Deutsch. Fs Paul Valentin. Heidelberg (Germanistische Bibliothek 5), 255–268.

Pahre, Robert (1985): The break-up of the German weak declension. In: Leuvense Bijdragen 74, 53–62.

Paraschkewow, Boris (2003): Zur Polygenese des -t in der Verbalendung -st. In: Zeitschrift für germanistische Linguistik 31, 382–385.

Parker, Frank (1980): The perceptual basis of consonant cluster reduction and final devoicing. In: Journal of Phonetics 8, 259–268.

Parker, Frank (1981): A functional-perceptual account of final devoicing. In: Journal of Phonetics 9, 129–137.

Parkes, Malcolm B. (1992): Pause and effect. An introduction to the history of punctuation in the west. London.

Paul, Dt.Gr. II = Paul, Hermann (1917): Deutsche Grammatik. Bd. II, Teil III: Flexionslehre. Halle, Saale [Nachdruck Tübingen, 1968].

Paul, Hermann (1880/1995): Prinzipien der Sprachgeschichte. 10., unveränd. Aufl. Studienausgabe. Tübingen (Konzepte der Sprach- und Literaturwissenschaft 6).

Paul, Ingwer (1990): Rituelle Kommunikation. Sprachliche Verfahren zur Konstitution ritueller Bedeutung und zur Organisation des Rituals. Tübingen (Kommunikation und Institution 18).

Paul, Mhd.Gr. = Mittelhochdeutsche Grammatik von Hermann Paul (2007). Neubearb. v. Thomas Klein, Hans-Joachim Solms und Klaus-Peter Wegera. Mit einer Syntax von Ingeborg Schröbler, neubearb. v. Heinz-Peter Prell. 25. Aufl. Tübingen (Sammlung kurzer Grammatiken Germanischer Dialekte A,2).

Pavlov, Vladimir M. (1072): Die substantivische Zusammensetzung im Deutschen als syntaktisches Problem. München

Pavlov, Vladimir M. (1983): Zur Ausbildung der Norm der deutschen Literatursprache im Bereich der Wortbildung (1470–1730). Von der Wortgruppe zur substantivischen Zusammensetzung. Berlin (Bausteine zur Sprachgeschichte des Neuhochdeutschen 56/VI).

Pavlov, Vladimir M. (1995): Die Deklination der Substantive im Deutschen. Synchronie und Diachronie. Frankfurt a.M./Berlin/Bern u.a.

Penzl, Herbert (1947): The development of Germanic *ai* and *au* in Old High German. In: Germanic Review 22, 174–181.

Penzl, Herbert (1949): Umlaut and Secondary Umlaut in Old High German. In: Language 25, 223–240. Dt.: Umlaut und Sekundärumlaut im Althochdeutschen. In: Steger, Hugo (Hrsg.;

1970): Vorschläge für eine strukturale Grammatik. Darmstadt (Wege der Forschung 146), 545–574.

Penzl, Herbert (1961): The Old High German ‹r› and its phonetic identification. In: Language 37, 488–496.

Penzl, Herbert (1968a): Die mittelhochdeutschen Sibilanten und ihre Weiterentwicklung. In: Word 24, 340–349.

Penzl, Herbert (1968b): The history of the third nasal phoneme of modern German. In: Publications of the Modern Language Association of America 83, 340–347.

Penzl, Herbert (1969): Geschichtliche deutsche Lautlehre. München.

Penzl, Herbert (1971): Lautsystem und Lautwandel in den althochdeutschen Dialekten. München.

Penzl, Herbert (1974): Zur Entstehung der frühneuhochdeutschen Diphthongierung. In: Besch, Werner u.a. (Hrsg.; 1974), 345–357.

Penzl, Herbert (1975): Vom Urgermanischen zum Neuhochdeutschen. Eine historische Phonologie. Berlin (Grundlagen der Germanistik 16).

Penzl, Herbert (1983): The Old High German i-Umlaut and the models of historical sound change. In: Monatshefte für deutschen Unterricht, deutsche Sprache und Literatur 75, 131–136.

Penzl, Herbert (1994): Historiographie und Sprachgeschichte: Zur Beschreibung des althochdeutschen i-Umlauts. In: American Journal of Germanic Linguistics and Literatures 6, 51–62.

Pérez-Alonso, Jesús (1977): Numerus und Deixis. Die plurallose Kategorie der deiktischen Personen und der Plural der Personalpronomina. In: Viethen, Heinz W.; Bald, Wolf-Dietrich; Sprengel, Konrad (Hrsg.): Grammatik und interdisziplinäre Bereiche der Linguistik. Akten des 11. Linguistischen Kolloquiums. Aachen 1976. Bd. 1. Tübingen (Linguistische Arbeiten 49), 143–151.

Pfefferkorn, Oliver (2005): Die periphrastischen Futurformen im Mittelhochdeutschen. In: Sprachwissenschaft 30, 309–330.

Pfeifer Wolfgang u.a. (Hrsg.; 1989): Etymologisches Wörterbuch des Deutschen. Erarb. im Zentralinstitut für Sprachwissenschaft Berlin, unter der Leitung von Wolfgang Pfeifer. 3 Bde. Berlin.

Philippi, Julia (1997): The rise of the article in the Germanic languages. In: van Kemenade, Ans; Vincent, Nigel (Eds.): Parameters of morphosyntactic change. Cambridge/New York/Oakleigh, 62–93.

Pike, Kenneth L. (1945): The Intonation of American English. Ann Arbor (University of Michigan Publications in Linguistics 1).

Piltz, Günter (1951): Die Bedeutungsentwicklung der Substantiva auf -heit, -schaft und -tum. Diss. Hamburg.

Piroth, Hans G. et al. (1991): Evidence for Final Devoicing in German? An Experimental Investigation. In: Proceedings of the 12th International Congress of Phonetic Sciences. Aix-en-Provence 1991. Vol. 2, 138–141.

Pittner, Karin (2009): Der Genitiv als Prädikativkasus. In: Kramorenko, Galina (Ed.): Aktua'nije problemi germanistiki i romanistiki [Aktuelle Probleme der Germanistik und Romanistik XIII]. Smolensk, 299–315.

Pittner, Karin (2014): Ist der Dativ dem Genitiv sein Tod? – Funktionen und Konkurrenzformen von Genitiv-NPs im heutigen Deutsch. In: Reuter, Corinna; Schlief, Ann-Kathrin (Hrsg.): Linguistische und sprachdidaktische Aspekte germanistischer Forschung Chinesisch-Deutsch. Frankfurt a.M. (Deutsche Sprachwissenschaft international 19), 41–56.

Plag, Ingo (1999): Morphological Productivity. Structural Constraints in English Derivation. Berlin/New York (Topics in English Linguistics 28).

Poitou, Jacques (1987): Wie fremd sind die Fremdsubstantive im Deutschen? – eine morphologische Untersuchung. In: Wurzel, Wolfgang Ullrich (Hrsg.): Studien zur Morphologie und Phonologie II. Berlin 1987 (Linguistische Studien A,156), 93–116.

von Polenz, Peter (1978): Geschichte der deutschen Sprache. Erw. Neubearbeitung der früheren Darstellung von Hans Sperber. 9., überarb. Aufl. Berlin/New York (Sammlung Göschen 2206).

von Polenz, Peter (1994): Deutsche Sprachgeschichte vom Spätmittelalter bis zur Gegenwart. Bd. 2: 17. und 18. Jahrhundert. Berlin/New York (Sammlung Göschen 2237).

von Polenz, Peter (1999): Deutsche Sprachgeschichte vom Spätmittelalter bis zur Gegenwart. Bd. 3: 19. und 20. Jahrhundert. Berlin/New York (Sammlung Göschen 2237).

von Polenz, Peter (2000): Deutsche Sprachgeschichte vom Spätmittelalter bis zur Gegenwart. Bd. 1: Einführung – Grundbegriffe – 14. bis 16. Jahrhundert. 2., überarb. und erg. Aufl. Berlin/New York (Sammlung Göschen 2237).

Polzin, Albert (1903): Geschlechtswandel der Substantiva im Deutschen mit Einschluss der Lehn- und Fremdworte. Hildesheim.

Port, Robert F.; O'Dell, Michael L. (1985): Neutralization of syllable-final voicing in German. In: Journal of Phonetics 13, 455–471.

Prell, Heinz-Peter (2000): Die Stellung des attributiven Genitivs im Mittelhochdeutschen. Zur Notwendigkeit einer Syntax mittelhochdeutscher Prosa. In: Beiträge zur Geschichte der deutschen Sprache und Literatur 122, 23–39.

Prell, Heinz-Peter (2001): Der mittelhochdeutsche Elementarsatz. Eine syntaktische Untersuchung an Prosatexten des 11. bis 14. Jahrhunderts. Oslo (Acta humaniora 112).

Prell, Heinz-Peter (2016): Deutsche Sprachgeschichte aus typologischer Perspektive. In: Kwekkeboom, Sarah; Waldenberger, Sandra (Hrsg.; 2016), 137–147.

Prell, Heinz-Peter; Schebben-Schmidt, Marietheres (1996): Die Verbableitung im Frühneuhochdeutschen. Berlin/New York (Studia Linguistica Germanica 41).

Primus, Beatrice (1997): Der Wortgruppenaufbau in der Geschichte des Deutschen: Zur Präzisierung von synthetisch vs. analytisch. In: Sprachwissenschaft 22, 133–159.

Primus, Beatrice (2007): Die Buchstaben unseres Alphabets: Form – Entwicklung – Funktion. In: Boschung, Dieter; Hellenkemper, Hansgerd (Hrsg.): Kosmos der Zeichen. Schriftbild und Bildformel in Antike und Mittelalter. Wiesbaden (Schriften des Lehr- und Forschungszentrums für antike Kulturen des Mittelmeerraumes 5), 45–65.

Primus, Beatrice (2010): Strukturelle Grundlagen des deutschen Schriftsystems. In: Bredel, Ursula; Müller, Astrid; Hinney, Gabriele (Hrsg.): Schriftsystem und Schrifterwerb: linguistisch – didaktisch – empirisch. Tübingen (Reihe Germanistische Linguistik 289), 9–45.

Pusch, Claus D. (2001): Ikonizität. In: Handbuch Sprachtypologie und sprachliche Universalien (2001). 1. Halbbd., 369–384.

Raffelsiefen, Renate (2000): Constraints on schwa apocope in Middle High German. In: Lahiri, Aditi (Ed.): Analogy, Levelling, Markedness. Principles of Change in Phonology and Morphology. Berlin/New York (Trends in Linguistics. Studies and Monographs 127), 125–170.

Rahnenführer, Ilse (1980): Zu den Prinzipien der Schreibung des Deutschen. In: Nerius, Dieter; Scharnhorst, Jürgen (Hrsg.; 1980), 231–259.

Raible, Wolfgang (1991): Zur Entwicklung von Alphabetschrift-Systemen: Is fecit cui prodest. Heidelberg (Sitzungsberichte der Heidelberger Akademie der Wissenschaften, philosophisch-historische Klasse. Bericht 1), 5–42.

Rainer, Franz (1987): Produktivitätsbegriffe in der Wortbildungstheorie. In: Dietrich, Wolf; Gauger, Hans Martin: Geckeler, Horst (Hrsg.): Grammatik und Wortbildung romanischer Sprachen. Beiträge zum Deutschen Romanistentag in Siegen. 30.9.–3.10.1985. Tübingen (Tübinger Beiträge zur Linguistik 297), 187–202.

Ramers, Karl-Heinz (1999a): Historische Veränderungen prosodischer Strukturen. Analysen im Licht der nichtlinearen Phonologie. Tübingen (Linguistische Arbeiten 400).

Ramers, Karl-Heinz (1999b): Vokalquantität als orthographisches Problem: Zur Funktion der Doppelkonsonanzschreibung im Deutschen. In: Linguistische Berichte 177, 52–64.

Ramers, Karl-Heinz (2005): Verbstellung im Althochdeutschen. In: Zeitschrift für germanistische Linguistik 33, 78–91.

RfdR (2006/2018) = Rat für deutsche Rechtschreibung: Regeln und Wörterverzeichnis. Aktualisierte Fassung des amtlichen Regelwerks entsprechend den Empfehlungen des Rats für deutsche Rechtschreibung 2016 [Wörterverzeichnis 2017]. Mannheim.
Onlinepräsenz des Rates s. unter: http://www.rechtschreibrat.com [letzter Zugriff am 18.07.2018].

Rauch, Irmengard (1967): The old high German diphthongization. A Description of a phonemic change. Den Haag/Paris (Janua Linguarum. Series practica 36).

Rausch, Georg (1897): Zur Geschichte des deutschen Genitivs seit der mittelhochdeutschen Zeit. Diss. Darmstadt.

Reichmann, Oskar (1985): Zum Aufbau von Wortartikeln im semasiologischen Sprachstadienwörterbuch am Beispiel von frnhd. *Arbeit*. In: Hyldgaard-Jensen, Karl; Zettersten, Arne (Eds.): Symposium on Lexicography II. Proceedings of the Second International Symposium on Lexicography May 16–17, 1984 at the University of Copenhagen. Tübingen (Lexicographica. Series maior 5), 259–286.

Reichmann, Oskar (1992): Periodisierung und Raumgliederung des Deutschen. In: Ágel, Vilmos; Hessky, Regina (Hrsg.): Offene Fragen – offene Antworten in der Sprachgermanistik. Tübingen (Reihe Germanistische Linguistik 128), 177–201.

Reichmann, Oskar (1998): Sprachgeschichte: Idee und Verwirklichung. In: Handbuch Sprachgeschichte. 1. Teilbd., 2. Aufl., 1–41.

Reichmann, Oskar (2003): Die Entstehung der neuhochdeutschen Schriftsprache: Wo bleiben die Regionen? In: Berthele, Raphael u.a. (Hrsg.): Die deutsche Schriftsprache und die Regionen. Entstehungsgeschichtliche Fragen in neuer Sicht. Berlin/New York (Studia Linguistica Germanica 65), 29–56.

Reichmann, Oskar (2012): Historische Lexikographie. Ideen, Verwirklichungen, Reflexionen an Beispielen des Deutschen, Niederländischen und Englischen. Berlin/Boston (Studia Linguistica Germanica 111).

Reichmann, Oskar u.a. (1988): Zur Vertikalisierung des Varietätenspektrums in der jüngeren Sprachgeschichte des Deutschen. In: Munske, Horst H. u.a. (Hrsg.; 1988), 151–180.

Reiffenstein, Ingo (1965): Geminaten und Fortes im Althochdeutschen. In: Hoffmann, Karl; Humbach, Helmut (Hrsg.): Fs Wilhelm Wissmann. Teil III (Münchener Studien zur Sprachwissenschaft 18), 61–77.

Reiffenstein, Ingo (1969): Endungszusammenfall (Suffixsynkretismus) in diachroner und synchroner Sicht. In: Sprache. Gegenwart und Geschichte. Probleme der Synchronie und der Diachronie. Jahrbuch 1968. Düsseldorf (Sprache der Gegenwart. Schriften des Instituts für Deutsche Sprache 5), 171–186.

Reiffenstein, Ingo (2002): Wie alt ist die Konsonantenlenierung im Bairischen? In: Anreiter, Peter u.a. (Hrsg.): Namen, Sprachen und Kulturen. Imena, Jeziki in Kulture. Fs Heinz Dieter Pohl. Wien, 621–636.

Reiffenstein, Ingo (2003): Metasprachliche Äußerungen über das Deutsche und seine Subsysteme bis 1800 in historischer Sicht. In: Handbuch Sprachgeschichte (2003). 3. Teilbd., 2. Aufl., 2205–2229.

Reifsnyder, Kristen L. (2003): Vernacular versus Emerging Standard: An Examination of Dialect Usage in Early Modern Augsburg (1500–1650). PhD dissertation. University of Wisconsin-Madison.

Rein, Kurt (1983): Kontraktion in den deutschen Dialekten. In: Handbuch Dialektologie (1983). 2. Halbbd., 1147–1153.

Reis, Marga (1974): Lauttheorie und Lautgeschichte. Untersuchungen am Beispiel der Dehnungs- und Kürzungsvorgänge im Deutschen. München (Internationale Bibliothek für allgemeine Linguistik 14).

Restle, David (2003): Silbenschnitt – Quantität – Kopplung. Zur Geschichte, Charakterisierung und Typologie der Anschlußprosodie. München (Studien zur theoretischen Linguistik 14).

Restle, David; Vennemann, Theo (2001): Silbenstruktur. In: Handbuch Sprachtypologie und sprachliche Universalien (2001). 2. Halbbd., 1310–1336.

Rettig, Wolfgang (1972): Sprachsystem und Sprachnorm in der deutschen Substantivflexion. Tübingen (Tübinger Beiträge zur Linguistik 32).

Reutercrona, Hans (1920): Svarabhakti und Erleichterungsvokal im Altdeutschen bis ca. 1250. Heidelberg.

Richter, Helmut (1979): German /r/ as a velar fricative? In: van de Velde, Marc; Vandeweghe, Willy (Hrsg.): Sprachstruktur, Individuum und Gesellschaft. Akten des 13. Linguistischen Kolloquiums. Gent 1978. Bd. 1. Tübingen (Linguistische Arbeiten 76), 155–162.

Rieck, Susanne (1977): Untersuchungen zu Bestand und Varianz der Konjunktionen im Frühneuhochdeutschen unter Berücksichtigung der Systementwicklung zur heutigen Norm. Heidelberg (Studien zum Frühneuhochdeutschen 2).

Riehl, Claudia M. (2009): Sprachkontaktforschung. Eine Einführung. 2., überarb. Aufl. Tübingen.

Rieke, Ursula (1998): Studien zur Herausbildung der neuhochdeutschen Orthographie. Die Markierung der Vokalquantitäten in deutschsprachigen Bibeldrucken des 16.–18. Jahrhunderts. Heidelberg (Studien zur Geschichte der deutschen Sprache 1).

Rinas, Karsten (2017): Theorie der Punkte und Striche. Die Geschichte der deutschen Interpunktionslehre. Heidelberg.

Risse, Ursula (1980): Untersuchungen zum Gebrauch der Majuskel in deutschsprachigen Bibeln des 16. Jahrhunderts. Ein historischer Beitrag zur Diskussion um die Substantivgroßschreibung. Heidelberg (Studien zum Frühneuhochdeutschen 5).

Roelcke, Thorsten (1995): Periodisierung der deutschen Sprachgeschichte. Analysen und Tabellen. Berlin/New York (Studia Linguistica Germanica 40).

Roelcke, Thorsten (1997): Sprachtypologie des Deutschen. Historische, regionale und funktionale Variation. Berlin/New York (Sammlung Göschen 2812).

Roelcke, Thorsten (1998): Die Periodisierung der deutschen Sprachgeschichte. In: Handbuch Sprachgeschichte (1998). 1. Teilbd., 2. Aufl., 798–815.

Roelcke, Thorsten (2000): Drift? Die Strömungstheorie im Licht der deutschen Sprachgeschichte. In: Zeitschrift für germanistische Linguistik 28, 167–184.

Roelcke, Thorsten (2001): Periodisierung. Die zeitliche Gliederung der deutschen Sprachgeschichte. Frankfurt a.M. (Dokumentation Germanistischer Forschung 4).

Roelcke, Thorsten (2011): Typologische Variation im Deutschen. Grundlagen – Modelle – Tendenzen. Berlin (Grundlagen der Germanistik 48).

Roelcke, Thorsten (2016): Von einem Wechsel zu einer Verbindung von Perspektiven: Zum Wandel von synthetischer und analytischer Bauweise im Deutschen. In: Kwekkeboom, Sarah; Waldenberger, Sandra (Hrsg.; 2016), 149–165.

Roelcke, Thorsten (Hrsg.; 2003): Variationstypologie/Variation Typology. Ein sprachtypologisches Handbuch der europäischen Sprachen in Geschichte und Gegenwart. Berlin/New York.

Rolf, Eckard (2013): Inferentielle Pragmatik. Zur Theorie der Sprecher-Bedeutung. Berlin.

Ronneberger-Sibold, Elke (1980): Sprachverwendung – Sprachsystem, Ökonomie und Wandel. Tübingen (Linguistische Arbeiten 87).

Ronneberger-Sibold, Elke (1989): Historische Phonologie und Morphologie des Deutschen. Eine kommentierte Bibliographie zur strukturellen Forschung. Tübingen (Germanistische Arbeitshefte. Ergänzungsreihe 3).

Ronneberger-Sibold, Elke (1990a): Zur Verselbständigung sprachlicher Einheiten: Der deutsche Umlaut. In: Boretzky, Norbert u.a. (Hrsg.): Spielarten der Natürlichkeit – Spielarten der Ökonomie. Beiträge zum 5. Essener Kolloquium über „Grammatikalisierung: Natürlichkeit und Systemökonomie" vom 6.10.–8.10.1988. 2. Bd. 2. Halbbd. Bochum (Bochum-Essener Beiträge zur Sprachwandelforschung VIII,2), 185–205.

Ronneberger-Sibold, Elke (1990b): Zum Auf- und Abbau des Rückumlauts bei den schwachen Verben. In: Bassarak, Armin u.a. (Hrsg.): Wurzel(n) der Natürlichkeit. Studien zur Morphologie und Phonologie IV. Berlin (Linguistische Studien A, 208), 119–132.

Ronneberger-Sibold, Elke (1991): Funktionale Betrachtungen zu Diskontinuität und Klammerbildung im Deutschen. In: Boretzky, Norbert u.a. (Hrsg.; 1991), 206–236.

Ronneberger-Sibold, Elke (1994): Konservative Nominalflexion und „klammerndes Verfahren" im Deutschen. In: Köpcke, Klaus-Michael (Hrsg.): Funktionale Untersuchungen zur deutschen Nominal- und Verbalmorphologie. Tübingen (Linguistische Arbeiten 319), 115–130.

Ronneberger-Sibold, Elke (2010): Die deutsche Nominalklammer. Geschichte, Funktion, typologische Bewertung. In: Ziegler, Arne (Hrsg.; 2010), 85–120.

Rösler, Irmtraud (1999): *Alle desse stucke...loue ik...stede vnde vast to holdende.* Infinitivkonstruktionen in mittelniederdeutschen Kanzleitexten. In: Germanistische Schlaglichter 4. Fs Märta Å. Holmberg. Göteborg (Germanistische Schlaglichter. Eine Reihe der Institute für deutsche Sprache der Universitäten Göteborg Uppsala 4), 227–233.

Rössing-Hager, Monika (1988): Textabhängige Wortverwendung in der Flugschriftensammlung „Bundesgenossen" von Johann Eberlin von Günzburg. In: Munske, Horst H. u.a. (Hrsg.; 1988), 280–320.

Rostila, Jouni (2005): Zur Grammatikalisierung bei Präpositionalobjekten. In: Leuschner, Thorsten; Mortelmans, Tanja; De Groodt, Sarah (Hrsg.; 2005), 135–167.

Rowley, Anthony (1983): Das Präteritum in den heutigen deutschen Dialekten. In: Zeitschrift für Dialektologie und Linguistik 50, 161–182.

Rück, Peter (1988): Ligatur und Isolierung: Bemerkungen zum kursiven Schreiben im Mittelalter. In: Baurmann, Jürgen; Günther, Klaus B; Knoop, Ulrich (Hrsg.): Aspekte der Schrift und Schriftlichkeit. Hildesheim/Zürich/New York (Germanistische Linguistik 93–94), 111–138.

Ruge, Nikolaus (2004): Aufkommen und Durchsetzung morphembezogener Schreibungen im Deutschen 1500–1770. Heidelberg (Germanistische Bibliothek 19).

Runge, Richard M. (1974): Proto-Germanic /r/: The Pronunciation of /r/ throughout the History of the Germanic Languages. Göppingen (Göppinger Arbeiten zur Germanistik 115).

Russ, Charles V.J. (1969): Die Ausnahmen zur Dehnung der mhd. Kurzvokale in offener Silbe. In: Zeitschrift für Dialektologie und Linguistik 36, 82–88.

Russ, Charles V.J. (1977): Die Entwicklung des Umlauts im Deutschen im Spiegel verschiedener linguistischer Theorien. In: Beiträge zur Geschichte der deutschen Sprache und Literatur (T) 99, 213–240.

Russ, Charles V.J. (1978): Historical German Phonology and Morphology. Oxford (Oxford history of the German language 2).

Russ, Charles V.J. (1982): Studies in Historical German Phonology. A phonological comparison of MHG and NHG with reference to modern dialects. Bern/Frankfurt a.m. (Europäische Hochschulschriften 1,616).

Russ, Charles V.J. (1986): Breaking the spelling barrier: The reconstruction of pronounciation from the orthography in historical linguistics. In: Augst, Gerhard (Ed.): New Trends in Graphemics and Orthography. International Colloquium 'Graphemics and Orthography' at the University of Siegen, August 22–25, 1985. Berlin/New York, 164–178.

Sabel, Joachim (2000): Das Verbstellungsproblem im Deutschen: Synchronie und Diachronie. In: Deutsche Sprache 28, 74–99.

Salmons, Joseph C. (1994): Umlaut and Plurality in Old High German. Some problems with a Natural Morphology account. In: Diachronica XI/2, 213–229.

Saltveit, Laurits (1962): Studien zum deutschen Futur. Die Fügungen *werden* mit dem Partizip des Präsens und *werden* mit dem Infinitiv in ihren heutigen Funktionen und in ihrer geschichtlichen Entwicklung. Bergen/Oslo (Årbok for Universitetet i Bergen: Humanistisk Serie 1961, 2).

Sanders, Willy (1972): Hochdeutsch /ä/ – „Ghostphonem" oder Sprachphänomen? In: Zeitschrift für Dialektologie und Linguistik 39, 37–58.

Sapir, Edward (1921): Language. New York (dt.: Die Sprache. Eine Einführung in das Wesen der Sprache. München. 2. Aufl. 1972).

Sapp, Christopher D. (2011): The Verbal Complex in Subordinate Clauses from Medieval to Modern German. Amsterdam/Philadelphia (Linguistik Aktuell 173).

de Saussure, Ferdinand (1967): Grundfragen der allgemeinen Sprachwissenschaft. Hrsg. von Charles Bally und Albert Sechehaye. 2. Aufl. Berlin.

Schebben-Schmidt, Marietheres (1990): Studien zur Diminution in der deutschen Schriftsprache des 18. Jahrhunderts. In: Besch, Werner (Hrsg.): Deutsche Sprachgeschichte. Grundlagen. Methoden, Perspektiven. Fs Johannes Erben. Frankfurt a.M./Bern/New York u.a., 313–321.

Schecker, Michael (1993): Kommunikatives Schreiben: Zu einigen Aspekten der Entwicklung der graphischen Textgestaltung im Althochdeutschen. In: Osnabrücker Beiträge zur Sprachtheorie 47, 82–101.

Schenker, Walter (1971): *es/os*-Flexion und *es/os*-Stämme im Germanischen. In: Beiträge zur Geschichte der deutschen Sprache und Literatur (T) 93, 46–58.

Scherer, Carmen (2006): Was ist Wortbildungswandel? In: Linguistische Berichte 205, 3–28.

Scherer, Carmen (2015): Change in Productivity. In: Handbook Word-Formation (2015). Vol. 3, 1781–1793.

Scheuringer, Hermann; Stang, Christian (2004): Die deutsche Rechtschreibung. Geschichte, Reformdiskussion, Neuregelung. Wien.

Schieb, Gabriele (1976): Der Verbkomplex aus verbalen Bestandteilen. In: Kettmann, Gerhard; Schildt, Joachim (Hrsg.; 1976), 39–234.

Schieb, Gabriele (1981): Zu Stand und Wirkungsbereich der kodifizierten grammatischen Norm Ende des 19. Jahrhunderts. In: Beiträge zur Erforschung der deutschen Sprache 1, 134–176.

Schiering, René (2005): Flektierte Präpositionen im Deutschen? Neue Evidenz aus dem Ruhrgebiet. In: Zeitschrift für Dialektologie und Linguistik 72, 52–79.

Schildt, Joachim (1976): Zur Ausbildung des Satzrahmens. In: Kettmann, Gerhard; Schildt, Joachim (Hrsg.; 1976), 235–284.

Schirmunski, Viktor M. (2010): Deutsche Mundartkunde. Vergleichende Laut- und Formenlehre der deutschen Mundarten. Hrsg. und kommentiert von Larissa Naiditsch. Unter Mitarbeit von Peter Wiesinger. Aus dem Russischen übersetzt von Wolfgang Fleischer. Frankfurt a.M./Berlin/Bern u.a.

317

Schlücker, Barbara (2012): Die deutsche Kompositionsfreudigkeit. Übersicht und Einführung. In: Gaeta, Livio; Schlücker, Barbara (Hrsg.): Das Deutsche als kompositionsfreudige Sprache. Strukturelle Eigenschaften und systembezogene Aspekte. Berlin/New York (Linguistik – Impulse & Tendenzen 46), 1–25.

Schmid, Hans U. (2000): Die Ausbildung des *werden*-Futurs. Überlegungen auf der Grundlage mittelalterlicher Endzeitprophezeiungen. In: Zeitschrift für Dialektologie und Linguistik 67, 6–27.

Schmid, Hans U. (2004): Historische Syntax und Textinterpretation. Am Beispiel des Objektgenitivs im Alt- und Mittelhochdeutschen. In: Zeitschrift für Dialektologie und Linguistik 71, 23–34.

Schmidt, Jürgen E. (1986): Die mittelfränkischen Tonakzente (rheinische Akzentuierung). Stuttgart (Mainzer Studien zur Sprach- und Volksforschung 8).

Schmidt, Jürgen E.; Herrgen, Joachim (2011): Sprachdynamik. Eine Einführung in die moderne Regionalsprachenforschung. Berlin (Grundlagen der Germanistik 49).

Schmidt, Karl H. (1987): Kollektivum und Singulativum. In: Revue des Études Géorgiennes et Caucasiennes 3, 25–33.

Schmidt, Karl H. (1998): Versuch einer geschichtlichen Sprachtypologie des Deutschen. In: Handbuch Sprachgeschichte (1998). 1. Teilbd., 2. Aufl., 993–1000.

Schmidt-Radefeldt, Jürgen; Harder, Andreas (Hrsg.; 1993): Sprachwandel und Sprachgeschichte. Fs Helmut Lüdtke. Tübingen.

Schmitt, Alfred (1931): Akzent und Diphthongierung. Heidelberg.

Schneider, Karin (1999): Paläographie und Handschriftenkunde für Germanisten. Eine Einführung. Tübingen (Sammlung kurzer Grammatiken germanischer Dialekte B,8).

Scholz, Manfred G. (1994): Die Entstehung volkssprachiger Schriftkultur in Westeuropa. In: Handbuch Schrift und Schriftlichkeit (1994). 1. Halbbd., 555–572.

Schöndorf, Kurt Erich (2001): Kausale, konditionale und konzessive Sätze in den niederdeutschen Bibelfrühdrucken. In: Peters, Robert; Pütz, Horst P.; Weber, Ulrich (Hrsg.): Vulpis Adolatio. Fs Hubertus Menke. Heidelberg (Germanistische Bibliothek 11), 733–750.

Schrodt, Richard (1992): Die Opposition von Objektsgenitiv und Objektsakkusativ in der deutschen Sprachgeschichte: Syntax oder Semantik oder beides. In: Beiträge zur Geschichte der deutschen Sprache und Literatur 114, 362–394.

Schulte, Michael (1998): Grundfragen der Umlautphonemisierung. Eine strukturelle Analyse des nordgermanischen i/j-Umlauts unter Berücksichtigung der älteren Runeninschriften. Berlin/New York (Ergänzungsbände zum Reallexikon der germanischen Altertumskunde 17).

Schulze, Ursula (1967): Studien zur Orthographie und Lautung der Dentalspiranten *s* und *z* im späten 13. und frühen 14. Jahrhundert […] Tübingen (Hermaea. Germanistische Forschungen. NF. 19).

Schulze, Ursula (2010): Nebensatztypen in der Urkundensprache des 13. Jahrhunderts. Zur syntaktischen und semantischen Wertigkeit mittelhochdeutscher Subjunktionen. In: Ziegler, Arne (Hrsg.; 2010), 497–510.

Schultz-Balluff, Simone (2018): Wissenswelt ‚triuwe'. Kollokationen – Semantisierung – Konzeptualisierung. Heidelberg (Germanistische Bibliothek 59).

Schweikle, Günther (1964): Akzent und Artikulation. Überlegungen zur althochdeutschen Lautgeschichte (Umlaut, Monophthongierungen, Diphthongierungen, westgerm. Konsonantengemination, 2. Lautverschiebung. In: Beiträge zur Geschichte der deutschen Sprache und Literatur (T) 86, 197–265.

Schwerdt, Judith (Hrsg.; 2002): Die Kontroverse um die 2. Lautverschiebung. Frankfurt a.M. (Dokumentation Germanistischer Forschung 5).

Sebba, Mark (2002): Contact Languages. Pidgins and Creoles. Digital Print. Houndmills/Basingstoke/Hampshire et. al.

Seebold, Elmar (1970): Vergleichendes und etymologisches Wörterbuch der germanischen starken Verben. Den Haag/Paris (Janua linguarum. Series practica 85).

Shannon, Thomas F. (1987): The rise and fall of final devoicing. In: Giacalone Ramat, Anna; Carruba, Onofrio; Bernini, Giuliano (Eds.): Papers from the 7th International Conference on Historical Linguistics. Amsterdam/Philadelphia (Amsterdam studies in the theory and history of linguistic science. Series IV,48), 545–559.

Shapiro, Sophie (1941): Genitive Forms without -s in Early New High German. In: Language 17, 53–57.

Shopen, Timothy (Ed.; 2007): Language Typology and Syntactic Description. 3. Vols. Vol. 1: Clause Structure. Vol. 2: Complex Constructions. Vol. 3: Grammatical Categories and the Lexicon. 2nd Ed. Cambridge.

Shrier, Martha (1965): Case systems in Germanic dialects. In: Language 41, 420–438.

Siegel, Jeff (2008): The Emergence of Pidgin & Creole. New York.

Simmler, Franz (1974): Die westgermanische Konsonantengemination im Deutschen unter besonderer Berücksichtigung des Althochdeutschen. München (Münstersche Mittelalter-Schriften 19).

Simmler, Franz (1976): Synchrone und diachrone Studien zum deutschen Konsonantensystem. Amsterdam (Amsterdamer Publikationen zur Sprache und Literatur 26).

Simmler, Franz (1979): Zur Ermittlung althochdeutscher Phoneme. In: Sprachwissenschaft 4, 420–451.

Simmler, Franz (1983): Konsonantenschwächung in den deutschen Dialekten. In: Handbuch Dialektologie. 2. Halbbd., 1121–1129.

Simmler, Franz (2000a): Phonetik und Phonologie, Graphetik und Graphemik des Althochdeutschen In: Handbuch Sprachgeschichte (2000). 2. Teilbd., 2. Aufl., 1155–1170.

Simmler, Franz (2000b): Phonetik und Phonologie, Graphetik und Graphemik des Mittelhochdeutschen. In: Handbuch Sprachgeschichte (2000). 2. Teilbd., 2. Aufl., 1320–1331.

Simmler, Franz (2000c): Zum Umbau der konsonantischen Phonemsysteme im Mittelhochdeutschen. In: Hess-Lüttich, Ernest W. B.; Schmitz, H. Walter (Hrsg.): Botschaften verstehen. Kommunikationstheorie und Zeichenpraxis. Fs Helmut Richter. Frankfurt a.M./Bern/New York, 229–260.

Simmler, Franz (2003): Geschichte der Interpunktionssysteme im Deutschen. In: Handbuch Sprachgeschichte (2003). 3. Teilbd., 2. Aufl., 2472–2504.

Singor, Horst (1965). Zur Struktur des Zeichenfeldes beim Vokalismus der Hs. 64 St. Georgen. Ein Beitrag zur historischen Phonologie. In: Maurer, Friedrich (Hrsg.): Vorarbeiten und Studien zur Vertiefung der Südwestdeutschen Sprachgeschichte. Stuttgart (Veröffentlichungen der Kommission für Geschichtliche Landeskunde in Baden-Württemberg B,33), 131–150.

Sitta, Horst (2006): „Documenta Orthographica". Stationen des Bemühens um die deutsche Rechtschreibung vom 16. Jahrhundert bis in die Gegenwart. In: Zeitschrift für deutsche Philologie 125, 91–106.

Skirl, Helge; Schwarz-Friesel, Monika (2007): Metapher. Heidelberg (Kurze Einführungen in die germanistische Linguistik 4).

Slobin, Dan I. (1994): Discourse Origin of the Present Perfect. In: Pagliuca, William (Ed.): Perspectives on grammaticalization. Amsterdam/Philadelphia (Amsterdam studies in the theory and history of linguistic science. Series IV,109), 119–133.

Smirnova, Elena (2006): Die Entwicklung der Konstruktion *würde* + Infinitiv im Deutschen. Eine funktional-semantische Analyse unter besonderer Berücksichtigung sprachhistorischer Aspekte. Berlin/New York (Studia Linguistica Germanica 82).

Smith, Norval; Veenstra, Tonjes (Eds.; 2001): Creolization and Contact. Amsterdam/Philadelphia (Creole language library 23).

Smith, Regina (1999): Testing Compensatory Theories of Umlaut. In: Leuvense Bijdragen 88, 133–151.

Solling, Daniel (2012): Zur Getrennt-, Zusammen- und Bindestrichschreibung von Substantivkomposita im Deutschen (1550–1710). Uppsala (Acta Universitatis Upsaliensis. Studia Germanistica Upsaliensia 57).

Solms, Hans-Joachim (1984): Die morphologischen Veränderungen der Stammvokale der starken Verben im Frühneuhochdeutschen. Untersucht an Texten des 14.–18. Jahrhunderts. Diss. Bonn.

Solms, Hans-Joachim (1989): Frühneuhochdeutsche präfixale Wortbildung und die Umstrukturierung des Lexikons. In: Moser, Hans; Wolf, Norbert R. (Hrsg.): Zur Wortbildung des Frühneuhochdeutschen. Ein Werkstattbericht. Innsbruck (Innsbrucker Beiträge zur Kulturwissenschaft. Germanistische Reihe 38), 21–31.

Solms, Hans-Joachim (1998): Historische Wortbildung. In: Handbuch Sprachgeschichte (1998), 1. Teilbd., 2. Aufl., 596–610.

Solms, Hans-Joachim (1999): Der Gebrauch uneigentlicher Substantivkomposita im Mittel- und Frühneuhochdeutschen als Indikator kultureller Veränderung. In: Gardt, Andreas; Haß-Zumkehr; Roelcke, Thorsten (Hrsg.). Sprachgeschichte als Kulturgeschichte. Berlin (Studia Linguistica Germanica 54), 225–246.

Solms, Hans-Joachim (2001): Zur westmitteldeutschen ‚Wechselflexion‘ bei den mhd. starken Verben der Klassen III–V. In: Watts, Sheila; West, Jonathan; Solms, Hans-Joachim (Hrsg.): Zur Verbmorphologie germanischer Sprachen. Tübingen (Linguistische Arbeiten 446), 39–49.

Solms, Hans-Joachim (2013): Isosemantische Beziehungen im Mittelhochdeutschen. In: Bochmann, Klaus (Hrsg.): Germanistische Linguistik als Lebensaufgabe. FS Gotthard Lerchner. Leipzig (Abhandlungen der Sächsischen Akademie der Wissenschaften zu Leipzig. Philologisch-historische Klasse 82, 4).

Solms, Hans-Joachim (2016): Substantivkomposition und nominale Attribuierung im Frühneuhochdeutschen. Zur Wortschatzerweiterung und Monosemierung. In: Kwekkeboom, Sarah; Waldenberger, Sandra (Hrsg.; 2016), 333–345.

Solms, Hans-Joachim; Wegera, Klaus-Peter (1982): Einträge zur Morphologie in einem frühneuhochdeutschen Wörterbuch. Vorschläge und Materialien. In: Wiegand, Herbert E. (Hrsg.): Studien zur neuhochdeutschen Lexikographie II. Hildesheim/Zürich/New York (Germanistische Linguistik 3–6/80), 225–283.

Somers Wicka, Katerina (2009): From Phonology to Syntax. Pronominal Cliticization in Otfrid's Evangelienbuch. Tübingen (Linguistische Arbeiten 530).

Sommerfeldt, Karl-Ernst (1966): Zu einigen Entwicklungstendenzen im Satzbau der deutschen Sprache. In: Deutsch als Fremdsprache 3. H. 4, 34–39.

Sonderegger, Stefan (1979): Grundzüge deutscher Sprachgeschichte. Diachronie des Sprachsystems. Bd. 1: Einführung – Genealogie – Konstanten. Berlin/New York.

Sonderegger, Stefan (2003): Althochdeutsche Sprache und Literatur. Eine Einführung in das älteste Deutsch. Darstellung und Grammatik. 3., durchges. u. wesentl. erw. Aufl. Berlin/New York.

Song, Jae J. (2001): Linguistic Typology. Morphology and Syntax. Harlow.

Spiekermann, Helmut (2000): Silbenschnitt in deutschen Dialekten. Tübingen (Linguistische Arbeiten 425).

Spiekermann, Helmut (2002): Ein akustisches Korrelat des Silbenschnitts. Formen des Intensitätsverlaufs in Silbenschnitt- und Tonsprachen. In: Auer, Peter; Gilles, Peter; Spiekermann, Helmut (Hrsg.): Silbenschnitt und Tonakzente. Tübingen (Linguistische Arbeiten 463), 181–199.

Stark, Jacqueline (1974): Aphasiological Evidence for the Abstract Analysis of the German Velar Nasal [ŋ]. In: Wiener Linguistische Gazette 7, 21–37.

Stårck, John (1912): Studien zur Geschichte des Rückumlauts. Ein Beitrag zur historischen Formenlehre. Appelberg. Diss. Uppsala.

Stein, Stephan (2004): Formelhaftigkeit und Routinen in mündlicher Kommunikation. In: Steyer, Kathrin (Hrsg.): Wortverbindungen – mehr oder weniger fest. Berlin/New York (Institut für Deutsche Sprache, Jahrbuch 2003), 262–288.

Stetter, Christian (Hrsg.; 1990): Zu einer Theorie der Orthographie. Interdisziplinäre Aspekte gegenwärtiger Schrift- und Orthographieforschung. Tübingen (Reihe Germanistische Linguistik 99).

Stevens, Christopher M. (2005): Revisiting the Affixoid Debate. On the Grammaticalization of the Word. In: Leuschner, Thorsten; Mortelmans, Tanja; De Groodt, Sarah (Hrsg.; 2005), 72–83.

Stickel, Gerhard (Hrsg.; 2001): Neues und Fremdes im deutschen Wortschatz. Aktueller lexikalischer Wandel. Berlin/New York (Institut für Deutsche Sprache, Jahrbuch 2000).

Stiennon, Jacques (1973): Paléographie du Moyen Age. Avec la collaboration de Geneviève Hasenohr. Paris (Collection U. Histoire médiévale).

Stolt, Birgit (1990): Die Bedeutung der Interpunktion für die Analyse von Martin Luthers Syntax. In: Besch, Werner (Hrsg.): Deutsche Sprachgeschichte. Grundlagen, Methoden, Perspektiven. Fs Johannes Erben. Frankfurt a.M./Bern/New York, 167–180.

Stopp, Hugo (1974): Veränderungen im System der Substantivflexion vom Althochdeutschen bis zum Neuhochdeutschen. In: Besch, Werner u.a. (Hrsg.; 1974), 324–344.

Stopp, Hugo (1976): Schreibsprachwandel. Zur großräumigen Untersuchung frühneuhochdeutscher Schriftlichkeit. München (Schriften der philosophischen Fachbereiche der Universität Augsburg 6).

Stopp, Hugo; Moser, Hugo (1967): Flexionsklassen der mittelhochdeutschen Substantive in synchronischer Sicht. In: Zeitschrift für deutsche Philologie 86, 70–101.

Stuckrad, Gesine von (1957): *Denn – Dann* in historischer Sicht vom Althochdeutschen bis zum Neuhochdeutschen. Studien zum Sprachgebrauch, unter besonderer Berücksichtigung der Verwendung im 17. und 18. Jahrhundert. In: Beiträge zur Geschichte der deutschen Sprache und Literatur (H) 79 (Sonderband), 489–535.

Suchsland, Peter (1969): Zum Strukturwandel im morphologischen Teilsystem der deutschen Nominalflexion. In: Wissenschaftliche Zeitschrift der Friedrich-Schiller-Universität Jena 18, 97–103.

Szczepaniak, Renata (2007): Der phonologisch-typologische Wandel des Deutschen von einer Silben- zu einer Wortsprache. Berlin/New York (Studia Linguistica Germanica 85).

Szczepaniak, Renata (2011): Grammatikalisierung im Deutschen. Eine Einführung. 2., überarb. u. erw. Aufl. Tübingen.

Szczepaniak, Renata (2016): Vom Zahlwort *eins* zum Indefinitartikel *ein(e)* – Rekonstruktion des Grammatikalisierungsverlaufs im Alt- und Mittelhochdeutschen. In: Bittner, Dagmar; Köpcke, Klaus-Michael (Hrsg.): Regularität und Irregularität in Phonologie und Morphologie. Diachron, kontrastiv, typologisch. Berlin/Boston (Lingua Historica Germanica 13), 247–61.

Szczepaniak, Renata; Barteld, Fabian (2016): Hexenverhörprotokolle als sprachhistorisches Korpus. In: Kwekkeboom, Sarah; Waldenberger, Sandra (Hrsg.; 2016), 43–70.

Szulc, Aleksander (1984): Der Einfluß des graphematischen Systems auf die Entstehung der deutschen Hochlautung. In: Bahner, Werner (Hrsg.): Sprache und Kulturentwicklung im Blickfeld der deutschen Spätaufklärung. Der Beitrag Johann Christoph Adelungs. Berlin (Abhandlungen der Sächsischen Akademie der Wissenschaften zu Leipzig. Philologischhistorische Klasse Bd. 70, H. 4), 158–164.

Szulc, Aleksander (1987): Historische Phonologie des Deutschen. Tübingen (Sprachstrukturen A, 6).

Szulc, Aleksander (1995): Graphogene Phoneme in der deutschen Hochlautung. In: Smoczyńsky, Wojciech (Ed.): Analecta Indoeuropaea Cracoviensia. Ioannis Safarewicz memoriae dicata. Cracoviae, 409–427.

Szulc, Aleksander (2002): Geschichte des standarddeutschen Lautsystems. Ein Studienbuch. Wien (Schriften zur diachronen Sprachwissenschaft 1).

Takada, Hiroyuki (1994): Zur Wortstellung des mehrgliedrigen Verbalkomplexes im Nebensatz im 17. Jahrhundert. Mit einer Beantwortung der Frage, wie und warum die Wortstellung von Grimmelshausens „Simplicissimus" geändert wurde. In: Zeitschrift für germanistische Linguistik 22, 190–219.

Talanga, Tomislav (1987): Das Phänomen der Genusschwankung in der deutschen Gegenwartssprache – untersucht nach Angaben neuerer Wörterbücher der deutschen Standardsprache. Diss. Bonn.

Teuber, Oliver (2005): Analytische Verbformen im Deutschen. Syntax – Semantik – Grammatikalisierung. Hildesheim/Zürich/New York (Germanistische Linguistik – Monographien 18).

Thagard, Paul (1999): Kognitionswissenschaft. Ein Lehrbuch. (übers. v. Daniela Eglo u. Marco Montani) Stuttgart.

Theobald, Elke (1992): Sprachwandel bei deutschen Verben. Tübingen (Tübinger Beiträge zur Linguistik 370).

Thiele, Petra (1994): Kreolsprachen und Sprachwandel. In: Jeßing, Benedikt (Hrsg.): Sprachdynamik: Auf dem Weg zu einer Typologie des Wandels. Aus dem Projekt „Prinzipien des Sprachwandels" Berlin/Bochum/Essen u.a. (Bochum-Essener Beiträge zur Sprachwandelforschung 23), 139–206.

Thieroff, Rolf u.a. (Hrsg.; 2000): Deutsche Grammatik in Theorie und Praxis. Tübingen.

Thomé, Günther (1992): Alphabetschrift und Schriftsystem. Über die Prinzipien der Orthographie aus schrifthistorischer Sicht. In: Zeitschrift für germanistische Linguistik 20, 210–226.

Tischler, Matthias M. (1994): Das Mittelalter in Europa: Lateinische Schriftkultur. In: Handbuch Schrift und Schriftlichkeit (1994). 1. Halbbd., 536–554.

Trask, Robert L. (2010): Why Do Languages Change? Cambridge/New York/Melbourne et al.

Traugott, Elizabeth C. (1977): Pidginization, creolization and language change. In: Valdman, Albert (Ed.): Pidgin and Creole Linguistics. Bloomington, 70–98.

Traugott, Elizabeth C. (2004): Exaptation and Grammaticalization. In: Akimoto, Minoji (Ed.): Linguistic Studies Based on Corpora. Tokyo, 133–156.

Trost, Pavel (1939): Bemerkungen zum deutschen Vokalsystem. In: Travaux du Cercle Linguistique de Prague 8, 319–326.

Trost, Pavel (1958): Der Zusammenfall der Diphthongreihen in der neuhochdeutschen Schriftsprache. In: Philologia Pragensia 1, roč. 1 (Philologica 10), 15–16.

Trost, Pavel (1980): Präteritumsverfall und Präteritumsschwund im Deutschen. In: Zeitschrift für Dialektologie und Linguistik 47, 184–188.

Trost, Pavel (1981): Neuhochdeutsche Monophthongierung und Diphthongierung. In: Zeitschrift für Dialektologie und Linguistik 48, 222–223.

Tschirch, Fritz (1963): Die Sprache der Bibelübersetzung Luthers heute [...]. In: Jahrbuch des Verbandes der evangelischen Bibelgesellschaften in Deutschland „Die Bibel in der Welt". Bd. 6. Stuttgart, 3–43.

Twaddell, William F. (1938): A Note on Old High German Umlaut. In: Monatshefte für deutschen Unterricht, deutsche Sprache und Literatur 30, 177–181. Dt.: Einige Bemerkungen zum althochdeutschen Umlaut. In: Steger, Hugo (Hrsg.): Vorschläge für eine strukturale Grammatik des Deutschen. Darmstadt (Wege der Forschung 146), 538–544.

V. Moser, Frnhd.Gr. I,1 = Moser, Virgil (1929): Frühneuhochdeutsche Grammatik. Bd. I,I. Heidelberg.

Valentin, Paul (1962): Althochdeutsche Phonemsysteme (Isidor, Tatian, Otfrid, Notker): In: Zeitschrift für Mundartforschung 29, 341–356.

Valentin, Paul (1969): Phonologie de l'allemand ancient. Les systèmes vocaliques. Paris (Études linguistiques 8).

Valentin, Paul (1978): The simplification of the unstressed vowel systems in Old High German. In: Fisiak, Jacek (Ed.): Recent Developments in Historical Phonology. Ustronie International Conference on Historical Phonology 17.–20.03.1976. Den Haag/Paris/New York (Trends in Linguistics. Studies and Monographs 4), 373–389.

Vater, Heinz (1975): *Werden* als Modalverb. In: Calbert, Joseph P.; Vater, Heinz (Hrsg.): Aspekte der Modalität. Tübingen (Studien zur deutschen Grammatik 1), 71–148.

Vater, Heinz (Hrsg.; 1997): Tempus und Modus im Deutschen. Trier (Fokus. Linguistisch-philologische Studien 19).

Vaught, George M. (1979): A study of Auslautverhärtung in Old High German. Ann Arbor.

Veith, Heinrich (2000): Bestrebungen der Orthographiereform im 18., 19. und 20. Jahrhundert. In: Handbuch Sprachgeschichte (2000). 2. Teilbd., 2. Aufl., 1782–1803.

Vennemann, Theo (1970): The German velar nasal. A case for abstract phonology. In: Phonetica 22, 65–81.

Vennemann, Theo (1972a): On the Theory of Syllabic Phonology. In: Linguistische Berichte 18, 1–18.

Vennemann, Theo (1972b): Phonetic detail in assimilation: Problems in Germanic phonology. In: Language 48, 863–892.

Vennemann, Theo (1978): Phonetic Analogy and Conceptual Analogy. In: Baldi, Philip; Werth, Ronald N. (Eds.): Readings in Historical Phonology: Chapters in the Theory of Sound Change. Philadelphia, 258–274.

Vennemann, Theo (1986): Neuere Entwicklungen in der Phonologie. Berlin/New York/Amsterdam.

Vennemann, Theo (1991): Skizze der deutschen Wortprosodie. In: Zeitschrift für Sprachwissenschaft 10, 86–111.

Vennemann, Theo (1995): Der Zusammenbruch der Quantität im Spätmittelalter und sein Einfluß auf die Metrik. In: Fix, Hans (Hrsg.; 1995), 185–223.

Vincent, Nigel (1995): Exaptation and grammaticalization. In: Andersen, Henning (Ed.): Historical Linguistics 1993. Selected Papers from the 11th International Conference on Historical Linguistics, Los Angeles, 16–20 August 1993. Amsterdam/Philadelphia (Amsterdam studies in the theory and history of linguistic science. Series IV,124), 433–445.

Voeste, Anja (2006): Wie das h in die Wörter kam. In: Andrášová, Hana; Ernst, Peter; Spácilová, Libuše (Hrsg.): Germanistik genießen. Fs Hildegard Boková. Wien, 499–513.

Voeste, Anja (2008a): Innovation als Makel. Orthografische Varianz in der Frühen Neuzeit. In: Valentin, Jean-Marie (Hrsg.): Akten des XI. Internationalen Germanistenkongresses Paris

2005 „Germanistik im Konflikt der Kulturen". Bd. 4.: Empirische Grundlagen moderner Grammatikforschung – Integrative Zugriffe auf Phänomene des Sprachwandels – Lexik und Lexikologie: sprachpolitische Einstellungen und Konflikte – Sprache und Diskurs in den neuen Medien. Bern/Berlin/Bruxelles u.a. (Jahrbuch für Internationale Germanistik A,80), 163–168.

Voeste, Anja (2008b): Orthographie und Innovation. Die Segmentierung des Wortes im 16. Jahrhundert. Hildesheim/Zürich/New York (Germanistische Linguistik – Monographien 22).

Voeste, Anja (2018): Interpunktion und Textsegmentierung im frühen deutschsprachigen Prosaroman. In: Beiträge zur deutschen Sprache und Literatur 140, 1–22.

Voetz, Lothar (2006): Einige Beobachtungen zur Getrennt- und Zusammenschreibung im Althochdeutschen. In: Götz, Ursula; Stricker, Stefanie (Hrsg.): Neue Perspektiven der Sprachgeschichte. Internationales Kolloquium des Zentrums für Mittelalterstudien der Otto-Friedrich-Universität Bamberg, 11. und 12. Februar 2005. Heidelberg (Germanistische Bibliothek 26), 51–64.

Völtz, Michael (1991): Das Rhythmusphänomen. Einige Anmerkungen zur Problematik der typologischen Klassifizierung. In: Zeitschrift für Sprachwissenschaft 10, 284–296.

Voyles, Joseph B. (1976): Phonology of Old High German. Wiesbaden (Zeitschrift für Dialektologie und Linguistik. Beihefte. NF. 18).

Voyles, Joseph B. (1991): A History of OHG i-Umlaut. In: Beiträge zur Geschichte der deutschen Sprache und Literatur 113, 159–194.

Voyles, Joseph B. (1992): On Old High German *i*-umlaut. In: Rauch, Irmengard; Carr, Gerald F.; Kyes, Robert L. (Eds.): On Germanic Linguistics. Issues and Methods. Berlin/New York (Trends in Linguistics. Studies and Monographs 68), 365–377.

Waldenberger, Sandra (2009): Präpositionen und Präpositionalphrasen im Mittelhochdeutschen. Tübingen (Studien zur mittelhochdeutschen Grammatik 3).

Waldenberger, Sandra (2017): Überlegungen zur Beobachtbarkeit von Lexikalisierungsprozessen. In: Oehme, Florentine; Schmid, Hans U.; Spranger, Franziska (Hrsg.): Wörter. Wortbildung, Lexikologie und Lexikographie, Etymologie. (Jahrbuch für germanistische Sprachgeschichte 8). Berlin/Boston, 253–278.

Walther, Claus (1980): Untersuchungen zu Häufigkeit und Funktionen des deutschen Futurs (*werden* + Inf.) in hochdeutschen Texten zwischen 1450 und 1750 (mit einem Ausblick ins Niederdeutsche). Diss. Berlin.

Walther, Claus (1982): Einblicke in die Geschichte unserer Futurform (*werden* + Inf.). In: Wissenschaftliche Zeitschrift der Humboldt-Universität zu Berlin, Ges.-Sprachw. R. XXXI 5, 597–601.

Walz, Brigitte (1989): Die Entwicklung der Großschreibung im 16. Jahrhundert. In: Heimann, Sabine u.a. (Hrsg.): Soziokulturelle Kontexte der Sprach- und Literaturentwicklung. Fs Rudolf Große. Stuttgart (Stuttgarter Arbeiten zur Germanistik 231), 385–394.

Weber, Heinrich (1971): Das erweiterte Adjektiv- und Partizipialattribut im Deutschen. München (Linguistische Reihe 4).

Weber, Walter R. (1958): Das Aufkommen der Substantivgroßschreibung im Deutschen. Ein historisch-kritischer Versuch. München.

Wegener, Heide (1985): Der Dativ im heutigen Deutsch. Tübingen (Studien zur deutschen Grammatik 28).

Wegener, Heide (1995): Die Nominalflexion des Deutschen – verstanden als Lerngegenstand. Tübingen (Reihe Germanistische Linguistik 151).

Wegener, Heide (1999): Die Pluralbildung im Deutschen – ein Versuch im Rahmen der Optimalitätstheorie. In: Linguistik online 4,3. Online verfügbar unter: https://bop.unibe.ch/linguistik-online/article/view/1032/1694 [letzter Zugriff am 18.07.2018].

Wegener, Heide (2000): *Da, denn* und *weil* – der Kampf der Konjunktionen. Zur Grammatikalisierung im kausalen Bereich. In: Thieroff, Rolf u.a. (Hrsg.; 2000), 69–81.

Wegener, Heide (2002): Aufbau von markierten Pluralklassen im Deutschen – eine Herausforderung für die Markiertheitstheorie. In: Folia Linguistica 36, 261–295.

Wegener, Heide (2003): Normprobleme bei der Pluralbildung fremder und nativer Substantive. In: Linguistik online 16,4. Online verfügbar unter: https://bop.unibe.ch/linguistik-online/article/view/799/1377 [letzter Zugriff am 18.07.2018].

Wegener, Heide (2004): *Pizzas* und *Pizzen* – die Pluralformen (un)assimilierter Fremdwörter im Deutschen. In: Zeitschrift für Sprachwissenschaft 23, 47–112.

Wegener, Heide (2005): Grammatikalisierung und De-/Regrammatikalisierung der deutschen Pluralmarker. In: Leuschner, Thorsten; Mortelmans, Tanja; De Groodt, Sarah (Hrsg.; 2005), 85–104.

Wegera, Klaus-Peter (1980): Zur Entwicklung des substantivischen Numerus im Frühneuhochdeutschen. In: Rupp, Heinz; Roloff, Hans-Gert (Hrsg.): Akten des VI. Internationalen Germanisten-Kongresses. Basel 1980. Teil 2. Bern/Frankfurt a.M./Las Vegas (Jahrbuch für Internationale Germanistik A, 8/2), 417–424.

Wegera, Klaus-Peter (1987): Flexion der Substantive. In: Wegera, Klaus-Peter; Besch, Werner (Hrsg.): Frühneuhochdeutsch. Zum Stand der sprachwissenschaftlichen Forschung. (Zeitschrift für deutsche Philologie 106; Sonderheft), 18–37.

Wegera, Klaus-Peter (1996): Zur Geschichte der Adjektivgroßschreibung im Deutschen. Entwicklung und Motive. In: Zeitschrift für deutsche Philologie 115, 382–392.

Wegera, Klaus-Peter (1997): Das Genus. Ein Beitrag zur Didaktik des DaF-Unterrichts. München.

Wegera, Klaus-Peter (2000): *-gen, oder wie Herr Gottsched will, -chen.* Zur Geschichte eines Diminutivsuffixes. In: Habermann, Mechthild; Müller, Peter O.; Naumann, Bernd (Hrsg.): Wortschatz und Orthographie in Geschichte und Gegenwart. Fs Horst Haider Munske. Tübingen, 43–58.

Wegera, Klaus-Peter (2011a): Um 1500 an einer Weggabelung. Zum Spannungsverhältnis zwischen Sprachwandeltheorien und einzelsprachlichen Wandelprozessen. In: Lobenstein-Reichmann, Anja; Reichmann, Oskar (Hrsg.): Frühneuhochdeutsch – Aufgaben und Probleme seiner linguistischen Beschreibung. Hildesheim/Zürich/New York (Germanistische Linguistik 213–215), 15–34.

Wegera, Klaus-Peter (2011b): ‚Spracharbeit‘ im Mittelalter. Paderborn (Nordrhein-Westfälische Akademie der Wissenschaften und der Künste. Geisteswissenschaften. Vorträge G 431).

Wegera, Klaus-Peter (2012): Language data exploitation· design and analysis of historical language corpora. In: Bennett, Paul et al. (eds.): New Methods in Historical Corpora. Tübingen (Korpuslinguistik und interdisziplinäre Perspektiven auf Sprache 3), 55–73.

Wegera, Klaus-Peter (2019): Systemhistorische Grammatik und Sprachgeschichte. In: Bär, Jochen A.; Lobenstein-Reichmann, Anja; Riecke, Jörg (Hrsg.): Handbuch Sprache in der Geschichte. Berlin (Handbücher Sprachwissen 8), i. Dr.

Wegera, Klaus-Peter; Prell, Heinz-Peter (2000): Wortbildung des Frühneuhochdeutschen. In: Handbuch Sprachgeschichte (2000). 2. Teilbd., 2. Aufl., 1594–1605.

Wegera, Klaus-Peter; Schultz-Balluff, Simone; Bartsch, Nina (2016): Mittelhochdeutsch als fremde Sprache. Eine Einführung für das Studium der germanistischen Mediävistik. 3. Aufl. Berlin.

Wegstein, Werner (2003): Die sprachgeographische Gliederung des Deutschen in historischer Sicht. In: Handbuch Sprachgeschichte (2003). 3. Teilbd., 2. Aufl., 2229–2252.

Wehde, Susanne (2000): Typographische Kultur. Eine zeichentheoretische und kulturgeschichtliche Studie zur Typographie und ihrer Entwicklung. Tübingen (Studien und Texte zur Sozialgeschichte der Literatur 69).

Weier, Winfried (1968): Der Genitiv im neuesten Deutsch. In: Muttersprache 78, 222–235.

Weinhold, Mhd.Gr. = Weinhold, Karl (1883): Mittelhochdeutsche Grammatik. 2. Ausg., unveränd. Nachdr. Paderborn. [Nachdrucke 1967 und 1983].

Weinreich, Uriel; Labov, William; Herzog, Marvin I. (1968): Empirical Foundations for a Theory of Language Change. In: Lehmann, Winfred P.; Malkiel, Yakov (Eds.): Directions for Historical Linguistics. A Symposion [April 29–30, 1966, University of Texas]. Austin/London, 95–195.

Weise, Oskar (1898): Dem Vater sein Haus. In: Zeitschrift für den deutschen Unterricht 12, 287–291.

Wellmann, Hans (1975): Deutsche Wortbildung. Typen und Tendenzen in der Gegenwartssprache. Eine Bestandsaufnahme des Instituts für Deutsche Sprache. Forschungsstelle Innsbruck. 2. Hauptteil: Das Substantiv. Düsseldorf (Sprache der Gegenwart 32).

Werlen, Iwar (1980): R im Schweizerdeutschen. In: Zeitschrift für Dialektologie und Linguistik 47, 52–76.

Werlen, Iwar (1983): Velarisierung (Gutturalisierung) in den deutschen Dialekten. In: Handbuch Dialektologie (1983). 2. Halbbd., 1130–1136.

Werlen, Iwar (1984): Ritual und Sprache. Zum Verhältnis von Sprechen und Handeln in Ritualen. Tübingen.

Werlen, Iwar (2001): Rituelle Muster in Gesprächen. In: Handbuch Text- und Gesprächslinguistik (2001). 2. Halbbd., 1263–1278.

Werner, Otmar (1969): Das deutsche Pluralsystem. Strukturelle Diachronie. In: Sprache – Gegenwart und Geschichte. Probleme der Synchronie und Diachronie. Jahrbuch 1968. Düsseldorf (Sprache der Gegenwart 5), 92–128.

Werner, Otmar (1975): Zum Genus im Deutschen. In: Deutsche Sprache 3, 35–58.

West, Jonathan (1989): Lexical Innovation in Dasypodius' Dictionary. A contribution to the study of the development of the Early Modern German Lexicon based on Petrus Dasypodius' Dictionarium Latinogermanicum, Straßburg 1536. Berlin/New York (Studia Linguistica Germanica 24).

Westvik, Olaf Jansen (2000): Über Herkunft und Geschichte des *werden*-Futurs. Eine Auseinandersetzung mit neuerer und neuester Forschung. In: Richter, Gerd; Riecke, Jörg; Schuster, Britt-Marie (Hrsg.): Raum, Zeit, Medium. Sprache und ihre Determinanten. Fs Hans Ramge. Darmstadt (Arbeiten der Hessischen Historischen Kommission. NF. 20), 235–261.

Wetekamp, Sylva (1980): Petrus Dasypodius, Dictionarium Latinogermanicum et vice versa (1535). Untersuchungen zum Wortschatz. Göppingen (Göppinger Arbeiten zur Germanistik 282).

Wich-Reif, Claudia (2008): Präpositionen und ihre Geschichte. Untersuchung deutschsprachiger „Benediktinerregel"-Traditionen vom Anfang des 9. Jahrhunderts bis zum 21. Jahrhundert. Berlin (Berliner Sprachwissenschaftliche Studien 13).

Wich-Reif, Claudia (2016): Revisited: Der Genitiv als Objektkasus im Deutschen. In: Kwekkeboom, Sarah; Waldenberger, Sandra (Hrsg.; 2016), 395–412.

Wienold, Götz (1970): Double Gender and Change of Gender. In: Actes du Xᵉ Congrès International des Linguistes IV. Bukarest 1967, 397–402.

Wiese, Bernd (2000): Warum Flexionsklassen? Über die deutsche Substantivdeklination. In: Thieroff, Rolf u.a. (Hrsg.; 2000), 139–153.

Wiese, Bernd (2004): Zur Systematisierung der Schwankungen zwischen starker und schwacher Adjektivflexion nach Pronominaladjektiven. IDS Mannheim.

Wiese, Bernd (2009): Variation in der Flexionsmorphologie: Starke und schwache Adjektivflexion nach Pronominaladjektiven. In: Konopka, Marek; Strecker, Bruno (Hrsg.): Deutsche Grammatik – Regeln, Normen, Sprachgebrauch. Berlin/New York (Institut für Deutsche Sprache, Jahrbuch 2008), 166–194.

Wiese, Richard (1986): Zur Theorie der Silbe. In: Studium Linguistik 20, 1–15.

Wiese, Richard (1987): Phonologie und Morphologie des Umlauts im Deutschen. In: Zeitschrift für Sprachwissenschaft 6, 227–248.

Wiesinger, Peter (1970): Phonetisch-phonologische Untersuchungen zur Vokalentwicklung in den deutschen Dialekten. 2 Bde. Berlin (Studia Linguistica Germanica 2).

Wiesinger, Peter (1983a): Phonologische Vokalsysteme deutscher Dialekte. Ein synchronischer und diachronischer Überblick. In: Handbuch Dialektologie (1983). 2. Halbbd., 1042–1076.

Wiesinger, Peter (1983b): Diphthongierung und Monophthongierung in den deutschen Dialekten. In: Handbuch Dialektologie (1983). 2. Halbbd., 1076–1083.

Wiesinger, Peter (1983c): Dehnung und Kürzung in den deutschen Dialekten. In: Handbuch Dialektologie (1983). 2. Halbbd., 1088–1101.

Wiesinger, Peter (1983d): Rundung und Entrundung, Palatalisierung und Entpalatalisierung, Velarisierung und Entvelarisierung in den deutschen Dialekten. In: Handbuch Dialektologie (1983). 2. Halbbd., 1101–1105.

Wiesinger, Peter (1983e): Hebung und Senkung in den deutschen Dialekten. In: Handbuch Dialektologie (1983). 2. Halbbd., 1106–1110.

Wiesinger, Peter (1983f): Die Einteilung der deutschen Dialekte. In: Handbuch Dialektologie (1983). 2. Halbbd., 807–900.

Wiesinger, Peter (1996): Schreibung und Aussprache im älteren Frühneuhochdeutschen. Zum Verhältnis von Graphem – Phonem – Phon am bairisch-österreichischen Beispiel von Andreas Kurzmann um 1400. Berlin/New York (Studia Linguistica Germanica 42).

Wiesinger, Peter (2008): Das österreichische Deutsch in Gegenwart und Geschichte. 2., durchges. u. erw. Aufl. Berlin/Münster/Wien u.a. (Austria: Forschung und Wissenschaft – Literatur- und Sprachwissenschaft 2).

Wilmanns, Dt.Gr. III = Wilmanns, Wilhelm (1909): Deutsche Grammatik. Gotisch, Alt- , Mittel- und Neuhochdeutsch. III. Abteilung: Flexion. 2. Hälfte: Nomen und Pronomen. 1. u. 2. Aufl. Strassburg.

Winge, Vibeke (1978): Einige Betrachtungen zur sog. Pluralumwälzung im Deutschen. In: Kopenhagener Beiträge zur germanistischen Linguistik 10, 33–42.

Winkler, Hannelore (1975): Der Wortbestand von Flugschriften aus den Jahren der Reformation und des Bauernkrieges. Berlin (Veröffentlichungen des Instituts für Deutsche Sprache und Literatur. Bausteine zur Sprachgeschichte des Neuhochdeutschen 55).

Winkler, Johanna (1913): Die periphrastische Verbindung der Verba sîn und werden mit participium praesentis im Mittelhochdeutschen des 12. und 13. Jahrhunderts. Leipzig.

Winter, Werner (1966): Vom Genitiv im heutigen Deutsch. In: Zeitschrift für deutsche Sprache 22, 21–35.

Wolf, Norbert R. (1971): Zur mittelhochdeutschen Verbflexion in synchronischer Sicht. In: The German Quarterly 44, 153–167.

Wolf, Norbert R. (1978): Satzkonnektoren im Neuhochdeutschen und Mittelhochdeutschen. Prolegomena zu einer kontrastiven Textsyntax. In: Sprachwissenschaft 3, 16–48.

Wolf, Norbert R. (1981): Althochdeutsch – Mittelhochdeutsch. Heidelberg (Geschichte der deutschen Sprache 1).

Wolf, Norbert R. (1983): Durchführung und Verbreitung der zweiten Lautverschiebung in den deutschen Dialekten. In: Handbuch Dialektologie (1983). 2. Halbbd., 1116–1121.

Wolf, Norbert R. (2000): Phonetik und Phonologie, Graphetik und Graphemik des Frühneuhochdeutschen. In: Handbuch Sprachgeschichte (2000). 2. Teilbd., 2. Aufl., 1527–1542.

Woronow, Anatolij (1962): Die Pluralbildung der Substantive in der deutschen Sprache des XIV.–XVI. Jahrhunderts (dargestellt nach den Chroniken von Nürnberg Augsburg). In: Beiträge zur Geschichte der deutschen Sprache und Literatur (H) 84, 173–198.

Woronow, Anatolij (1967): Zur Geschichte der Pluralsuffixe der Substantive in der deutschen Sprache (dargestellt nach den Chroniken der deutschen Städte des XIV.–XVI. Jahrhunderts). In: Beiträge zur Geschichte der deutschen Sprache und Literatur (H) 88, 395–413.

Wortwarte: Onlinepräsenz der Wortwarte s. unter: http://www.wortwarte.de [letzter Zugriff am 18.07.2018].

Wrede, Ferdinand (1895): Die Entstehung der neuhochdeutschen Diphthonge. In: Zeitschrift für deutsches Altertum 39, 257–301. Nachdruck in: Berthold, Luise; Martin, Bernhard; Mitzka, Walther (Hrsg.; 1963): Ferdinand Wrede: Kleine Schriften. Marburg (Deutsche Dialektgeographie 60), 331–344.

Wulff, Stefanie (2008): Rethinking Idiomaticity. A Usage-based Approach. London/New York.

Wurzel, Wolfgang U. (1970): Studien zur deutschen Lautstruktur. Berlin (studia grammatica 8).

Wurzel, Wolfgang U. (1981): Problems in Morphonology. In: Dressler, Wolfgang U.; Pfeiffer, Oskar E.; Rennison, John R. (Eds.): Phonologica 1980. Akten der Vierten Internationalen Phonologie-Tagung, Wien 29. Juni – 2. Juli 1980. Innsbruck (Innsbrucker Beiträge zur Sprachwissenschaft 36), 413–434.

Wurzel, Wolfgang U. (1984): Flexionsmorphologie und Natürlichkeit. Ein Beitrag zur morphologischen Theoriebildung. Berlin (studia grammatica 21).

Wurzel, Wolfgang U. (1985): Deutsch *der Funke* zu *der Funken*: Ein Fall für die natürliche Morphologie. In: Forschungen zur deutschen Grammatik – Ergebnisse und Perspektiven. Referate der Arbeitstagung der Sektion Grammatik der Germanistenkommission DDR – VRP vom 6. bis 8.11.1984. Berlin (Linguistische Studien A,127), 129–145.

Wurzel, Wolfgang U. (1991): „Genitivverwirrung" im Deutschen – wie regulär ist morphologischer Wandel? In: Boretzky, Norbert u.a. (Hrsg.; 1991), 168–181.

Wurzel, Wolfgang U. (1992): Morphologische Reanalysen in der Geschichte der deutschen Substantivflexion. In: Folia Linguistica Historica 13,1–2, 279–307.

Wurzel, Wolfgang U. (1993): Zur Motiviertheit in der Morphologie. In: Küper, Christoph (Hrsg.): Von der Sprache zur Literatur. Motiviertheit im sprachlichen und poetischen Kode. Tübingen (Probleme der Semiotik 14), 61–71.

Wurzel, Wolfgang U. (1995): On the development of incorporating structures in German. In: Hogg, Richard M.; van Bergen, Linda (Eds.): Historical Linguistics 1995. Selected papers from the 12th International Conference on Historical Linguistics. Manchester. August 1995. Vol. 2: Germanic Linguistics. Amsterdam/Philadelphia (Amsterdam studies in the theory and history of linguistic science. Series IV,162), 331–344.

Wurzel, Wolfgang U. (1998): Drei Ebenen der Struktur von Flexionsparadigmen. In: Fabri, Ray; Ortmann, Albert; Parodi, Teresa (Eds.): Models of Inflection. Tübingen (Linguistische Arbeiten 388), 225–243.

Zabrocki, Ludwik (1965): Die dritte Lautverschiebung im Deutschen. In: Taszycki, Witold et al. (Eds.): Symbolae linguisticae in honorem Georgii Kuryłowicz. Wrocław/Warszawa/Kraków (Prace Komisji Językoznawstwa 5), 359–368.

Zacher, Oskar; Griščenko, Nina (1971): Hauchlaut-Achlaut-Ichlaut der hochdeutschen Gegenwartssprache in phonologischer Sicht. In: Folia Linguistica 5, 109–116.

Zeman, Sonja (2010): Tempus und „Mündlichkeit" im Mittelhochdeutschen. Zur Interdependenz grammatischer Perspektivensetzung und „Historischer Mündlichkeit" im mittelhochdeutschen Tempussystem. Berlin/New York (Studia Linguistica Germanica 102).

Zenderowska-Korpus, Grażyna (2004): Sprachliche Schematismen des Deutschen und ihre Vermittlung im Unterricht DaF. Frankfurt a.M./Berlin/Bern u.a. (Danziger Beiträge zur Germanistik 12).

Ziegler, Arne (Hrsg.; 2010): Historische Textgrammatik und Historische Syntax des Deutschen. Traditionen, Innovationen, Perspektiven. 2 Bde. Bd. 1: Diachronie, Althochdeutsch, Mittelhochdeutsch, Bd. 2: Frühneuhochdeutsch, Neuhochdeutsch. Berlin/New York.

Ziegler, Johannes; Perry, Conrad; Coltheart, Max (2000): The DRC model in visual word recognition and reading aloud: An extension to German. In: European Journal of Cognitive Psychology 12, 413–430.

Zifonun, Gisela (2003): Dem Vater sein Hut: der Charme des Substandards und wie wir ihm gerecht werden. In: Deutsche Sprache 31, 97–126.

Zifonun, Gisela u.a. (1997): Grammatik der deutschen Sprache. 3 Bde. Berlin/New York (Schriften des Instituts für Deutsche Sprache 7.1–7.3).

Zwicky, Arnold M. (1967): Umlaut and Noun Plurals in German. In: Phonologische Studien. Berlin (studia grammatica 6), 35–45.

Glossar

Affix. Affixe sind unfreie, reihenbildende morphologische Elemente. Je nach ihrer Position zum Wortstamm werden sie unterschieden in: **Präfixe** (vor dem Stamm stehende Affixe, z.B. *zer-* in *zerreißen*), **Suffixe** (nach dem Stamm stehende Affixe, z.B. *-ung* in *Ernenn-ung*), **Zirkumfixe** (den Stamm umschließende Affixe, z.B. *Ge-* und *-e* in *Ge-birg-e*) sowie **Interfixe** (zwei Stämme resp. Lexeme miteinander verbindende Affixe, z.B. *-s-* in *Kind-s-kopf*). Affixe werden nach ihrer Funktion in Flexions- und Wortbildungsaffixe (Derivationsaffixe) unterschieden.

Affixoid. Als Affixoide (auch ‚Halbaffixe' genannt) werden Morpheme bezeichnet, die ihrem Status nach zwischen freiem und gebundenem Morphem stehen. Sie weisen einerseits ein homonymes selbständiges Pendant auf, andererseits können sie aufgrund ihrer Fähigkeit der Reihenbildung und aufgrund ihrer semantischen Verblassung als unselbständige Affixe betrachtet werden (vgl. etwa das Suffixoid *-mäßig* in *gehaltsmäßig* oder das Präfixoid *tod-* in *todmüde*).

Antonymie. Bezeichnung für die semantische Relation eines Bedeutungsgegensatzes von zwei sich gegenseitig ausschließenden Ausdrücken, z.B. *gut – böse, lebendig – tot*.

apikal, Apikalisierung. Mit ‚apikal' bezeichnet man eine Artikulationsart, die mit Hilfe der Zungenspitze (Apex) gebildet wird. Apikalisierung bedeutet, dass die Artikulation weniger durch den Zungenrücken blockiert wird und der Luftstrom stärker zur Zungenspitze hin geleitet wird.

Basis (Wortbildung). Unter Basen werden in der Wortbildung Lexeme verstanden, die einem Wortbildungsprodukt zugrunde liegen. Man unterscheidet nach Wortarten z.B. zwischen substantivischen, verbalen und adjektivischen Basen. Die Wortbildungsprodukte werden entsprechend auch als Desubstantiva (desubstantivisch), Deverbativa (deverbal, deverbativ), Deadjektiva (deadjektivisch) bezeichnet.

biphonematische Einheiten. Als biphonematische Einheiten bezeichnet man Phomene, die aus zwei verschiedenen Lauten zusammengesetzt sind wie Affrikaten /pf/, /ts/ oder Diphthonge /aɪ/, /aɔ/, /ɔɪ/. Es gibt jedoch eine umfangreiche Diskussion, ob die deutschen Affrikaten oder Diphthonge als mono- oder biphonematisch zu werten sind. Für das Deutsche gibt es beide Möglichkeiten, vgl. die Minimalpaare: [**pf**aɪlə] : [faɪlə], [paɪlə], auch: [**pf**aɪlə] : [aɪlə].

Cluster. Als Cluster, dt. ,Haufen' (Konsonantenhäufung) werden mehrere unterschiedliche aufeinanderfolgende Konsonanten wie [ʃtr] (*Straße*) oder [rpst] (*Herbst*) bezeichnet.

deiktisch, Deixis. Als Deixis bezeichnet man die Funktion sprachlicher Ausdrücke, das Verhältnis zwischen der personenbezogenen, räumlichen und zeitlichen Struktur von sprachlichen Äußerungen und der jeweiligen Äußerungssituation zu beschreiben. Typische deiktische Ausdrücke sind z.B. *ich*, *hier* und *jetzt*.

Derivation, Derivat. Derivation ist eine bestimmte Art der Wortbildung: Ein neues Wortbildungsprodukt wird aus einem bestehenden Wort (= Basis) durch Anfügung von Prä- oder Suffixen (→ Affixe) abgeleitet. Das Produkt einer Derivation wird als Derivat bezeichnet, z.B. ist das Substantiv *Lehrer* ein Derivat des Verbs *lehren*; *lehren* ist die → Basis der Ableitung.

Diakritika, diakritische Zeichen. Erweiterungen oder Zusätze an ,Grund'-Zeichen (Alphabetzeichen) etwa in Form von Punkten (ë), Kreisen (å) oder Häkchen (ç) zur genaueren Markierung und Unterscheidung lautlicher Merkmale wie Stimmlosigkeit, Aspiration, Vokalquantität etc.

Dissemination/Diffusion. Beide Begriffe bezeichnen die Ausbreitung einer (sprachlichen) Einheit. Der Unterschied liegt in der Betonung des Agens: Dissemination (lat. *disseminare* ,verbreiten') betont die Sprecherrolle; Diffusion (lat. *diffundere* ,sich ausbreiten, ausströmen') betont stärker die Sprache als Agens und erscheint heute als die ungeeignetere Bezeichnung.

distinktives Merkmal. Merkmal, das eine Unterscheidung trägt. So sind z.B. Stimmlosigkeit bzw. Stimmhaftigkeit Merkmale, die Phoneme unterscheiden können: sth. /v/ vs. stl. /f/.

durativ. Bezeichnung einer Aktionsart (= lexikalische, zeitlich kodierte Struktur von Verben), die eine Handlung als andauernd kennzeichnet.

Ersatzdehnung. Germ. */k/ bzw. */g/ wird vor nachfolgendem *t/ zu */x/ verschoben (sog. Primärberührung). Im Falle von */nk/ bzw. */ng/ tritt zusätzlich der Schwund des Nasals */n/ ein mit einer Dehnung des Vokals (= Ersatzdehnung): germ. **branhtō* ~ *brāhtō*) > ahd./mhd. *brāhta/brāhte* > nhd. wieder Kürzung: *brachte*.

Flexion. Wortformenbildung: Wortstämme deklinierbarer und konjugierbarer Wortarten werden im Dt. mit Hilfe von Affixen (v.a. Suffixe, auch Zirkumfixe) oder durch Veränderung des Stammsilbenvokals (Ablaut bei den st. Verben, Umlaut) in Wortformen überführt, die den morphosyntaktischen (z.B.

Kasus) bzw. morphosemantischen (z.B. Plural; Tempus) Anforderungen der Verwendung des Wortes im Satz entsprechen.

Fortis (Pl. Fortes). Fortes (lat. ‚stark') sind Konsonanten, die mit hoher Muskelspannung (druckstark, gespannt – engl. *tense*) artikuliert werden; sie können aspiriert sein und sind stimmlos; im Deutschen gehören hierzu: /p/, /t/, /k/, /f/, /s/, /ʃ/. Gegensatz → Lenis.

Fuß (Silbenphonologie). Der Begriff ‚Fuß' ist Teil eines Konzeptes einer hierarchisch organisierten prosodischen Struktur: Silbe < Fuß < prosodisches Wort.

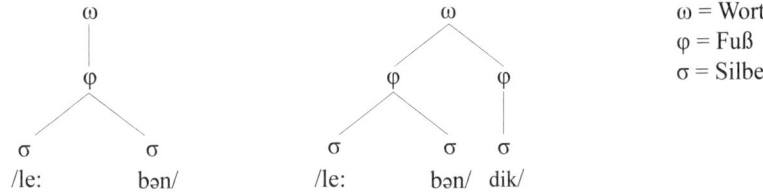

ω = Wort
φ = Fuß
σ = Silbe

Haplologie. Als Haplologie (griech. *haploús* ‚einfach') wird die Reduktion einer Dopplung gleicher oder ähnlicher Lautsequenzen bezeichnet. Die feminine Movierung zu *Zauberer* müsste eigentlich *Zauberer-in* lauten; sie wird aber zu *Zauberin* vereinfacht. Dies geschieht häufig bei Fachtermini, so auch bei *Adap(ta)tion, Exap(ta)tion*.

Homonym, homonym, Homonymie. Als Homonyme werden Wörter bezeichnet, die (zufällig) gleich geschrieben und ausgesprochen werden, aber sich aus unterschiedlichen, nicht miteinander verwandten Wörtern entwickelt haben. Sie weisen unterschiedliche Bedeutungen auf und können sich hinsichtlich ihrer grammatischen Eigenschaften (z.B. durch das Genus, Numerusmarker) unterscheiden, vgl. *der/das Tau; der Ton, die Töne/der Ton, die Tone* (fachsprachlich).

Homophon, homophon, Homophonie. Homophone sind sprachliche Ausdrücke, die zwar gleich ausgesprochen werden, aber eine unterschiedliche Bedeutung haben und (im Gegensatz zu Homographen) unterschiedlich geschrieben werden, wie z.B. *Saite* vs. *Seite*.

hyperkorrekt, Hyperkorrektur. Zu Hyperkorrekturen kann es kommen, wenn ein Sprecher/Schreiber eine sprachliche Variante, die zu einer Varietät mit hohem Prestige gehört, realisieren möchte, aber durch Fehlannahmen über die Prestigesprache (in der Regel das Standard-Nhd.) und/oder ihr Verhältnis zu seiner Ausgangsvarietät aus einer Übergeneralisierung eine abweichende (‚falsche') Variante produziert, die aus seiner Sicht korrekt ist. So wird z.B. *komisch* in Hyperkorrektur ‹komig› geschrieben bzw. [koːmɪk] (Auslautverhärtung [k] für ‹g›) ausgesprochen, da der Sprecher/Schreiber *-isch* für eine dialektale Variante hält (wie in [vɪtsɪʃ] *witzig*).

Hyperonym, hyperonymisch, Hyperonymie. Semantische Relation der Überordnung, z.B. *Säugetier* zu *Katze.*

Hyponym, hyponymisch, Hyponymie. Semantische Relation der Unterordnung, z.B. *Katze* zu *Säugetier.*

Implikatur. Der Begriff ‚Implikatur' bezeichnet in der linguistischen Pragmatik Aspekte, die implizit in einer Proposition (Aussage) enthalten sind bzw. durch eine Äußerung angedeutet sind. So lösen manche Wörter Implikaturen aus wie *sogar* (z.B. *sogar Eva Müller hat bestanden*), das implikatiert, dass der Inhalt der Aussage nicht erwartbar war/überraschend ist (vgl. Rolf 2013).

Informationsstruktur. Sprachliche Aussagen (z.B. Sätze) sind informationsstrukturell gegliedert: ‚Neue' Informationen werden an ‚alte' angeknüpft; mit Mitteln der Intonation, der Wortstellung oder mit anderen Markierungen werden besondere Informationseinheiten hervorgehoben (z.B. topikalisiert wie im folgenden Beispiel). Im Satz *Das Bein hat sich mein Vater gebrochen* weist die von der unmarkierten Konstituentenfolge (*Mein Vater hat sich das Bein gebrochen*) abweichende Wortstellung auf eine informationsstrukturelle Hervorhebung des Referenten zu *das Bein* hin.

ingressiv. Bezeichnung einer Aktionsart (= lexikalische, zeitlich kodierte Struktur von Verben), die den Beginn einer Handlung kennzeichnet.

Kollokation. Als Kollokation bezeichnet man das häufige Auftreten freier Morpheme (Lexeme) in unmittelbarer Nachbarschaft zueinander, etwa typische Begleiter von Substantiven: *Hunde bellen, Essen schmeckt* oder in Konstruktionen wie *des Königs Reich.* Extreme Beispiele für Kollokationen sind feste Idiome und Phraseologismen: *im Regen stehen lassen* oder *was Hänschen nicht lernt, lernt Hans nimmermehr.*

Komposition. Die Komposition (auch Zusammensetzung) stellt neben der → Derivation eines der beiden zentralen Wortbildungsverfahren des Deutschen dar. Komposition ist die Verbindung von (mindestens zwei) freien Morphemen zu einem neuen Wort, wobei das letzte Wort/Morphem die Wortart und die Flexionsklasse bestimmt. Grundsätzlich werden unterschieden: Determinativkomposita, bei denen das Zweitglied (Grundwort, Determinatum) durch das Erstglied (Bestimmungswort, Determinans) näher bestimmt wird (z.B. *Haus-tür*), und Kopulativkomposita, deren zweigliedrige Bestandteile die gleiche Wortart aufweisen und in einem semantischen Koordinationsverhältnis zueinander stehen (z.B. *Strumpfhose, süß-sauer*).

Konversationsmaximen. Paul Grice (1961 u.ö.) unterscheidet elf (später zwölf) Maximen, die unter Rückgriff auf Kant vier verschiedene Prinzipien der Kooperation (→ Kooperationsprinzip) bei einer (rationalen) Konversation zugeordnet werden können: Quantität (‚Mache deinen Beitrag so informativ wie nötig; mache ihn nicht informativer als nötig‘), Qualität (‚Versuche deinen Beitrag so zu machen, dass er wahr ist‘), Relevanz/Relation (‚Sei relevant‘) und Modalität (‚Sei klar‘).

Konversion. Der Begriff ‚(lexikalische) Konversion‘ (lat. *conversio* ‚Umkehrung‘) bezeichnet ein Wortbildungsverfahren, bei dem durch den Wortartwechsel eines Grundmorphems ohne erkennbare Wortbildungsmittel ein neues Wort gebildet wird (z.B. *laufen – der Lauf*). Neben der lexikalischen Konversion gibt es auch die sog. syntaktische Konversion, die jedoch kein Gegenstand der Wortbildungstheorie ist, sondern in syntaktischen Kontexten in Bezug auf Wortartenveränderungen relevant ist, wie z.B. beim Wortartenwechsel *laufen – (das) Laufen*.

Kooperationsprinzip. Gesprächspartner (Hörer und Sprecher) kooperieren insofern, als der Sprecher seine Äußerung so gestaltet (nach → Konversationsmaximen), dass der Hörer verstehen kann, was er meint und der Hörer sich darauf verlässt, dass der Sprecher etwas Sinnvolles gesagt hat. Im Zweifelsfall interpretiert der Hörer das Gesagte und sucht nach dem wahrscheinlichsten Sinn.

Kurzwortbildung. Bei der Kurzwortbildung entsteht aus einer Ausgangsform (Vollform) eine neue lexikalische Einheit durch Kürzung von Lauten, Buchstaben (z.B. *Azubi*) und Silben (z.B. *Abi*), die parallel als gebildete Variante (Dublette) neben der Ausgangsformen koexistiert, wie z.B. *Abi* vs. *Abitur*.

Lenis (Pl. Lenes). Lenes (lat. ‚schwach‘) sind Konsonanten, die mit geringer Muskelspannung (druckschwach, ungespannt – engl. *lax*) artikuliert werden; sie sind nicht aspiriert und stimmhaft; im Deutschen gehören hierzu: /b/, /d/, /g/, /v/, /z/. Gegensatz → Fortis.

Lentostil. Normale bzw. geringe Geschwindigkeit beim Sprechen; Gegenteil: Allegro- oder Presto-Stil = erhöhte Geschwindigkeit beim Sprechen.

lingua franca. Verkehrssprache in mehrsprachigen Sprachgemeinschaften bzw. zwischen Sprechern verschiedener Nationalsprachen (z.B. heute global Englisch als internationale Verkehrssprache).

Ligatur. Verschmelzung von zwei Buchstaben zu einem neuen, z.B. ‹ſʒ› > ‹ß›.

logographisch. Der Begriff ‚logographisch‘ bezeichnet einen Schrifttyps bzw. einzelne Schriftzeichen, deren Bezugsgröße das Wort (griech. *logos*) ist (Einheit = Logogramm) – im Unterschied zur phonographischen Schrift, deren Bezugsgröße der Laut ist. So ist z.b. die chinesische Schrift im Kern logographisch. Aber auch in phonographischen Schriften wie dem Deutschen finden sich zahlreiche logographische Schriftzeichen wie € (Euro), $ (Dollar) oder + (plus).

nomina agentis. Bezeichnung für Substantive, die überwiegend, aber nicht nur von Verben abgeleitet sind und sich auf Handlungen und Vorgänge beziehen, wie z.B. *spielen > Spieler.*

oblique Kasus (lat. casus obliquus; Pl. casus obliqui). Bezeichnung für diejenigen Kasus, die nicht in der Form des Subjektes eines Satzes auftreten, d.h. die Kasus Gen., Dat., Akk., wohingegen der Nom. als ‚casus rectus' bezeichnet wird.

Optativ. Der Optativ stellt einen Modus des Verbs dar, der in einigen Sprachen wie im Türkischen eine eigene Ausprägung hat, in anderen wie dem Deutschen ist der Optativ im Konjunktiv aufgegangen. Optativ drückt entweder einen Wunsch oder eine Möglichkeit aus – eine Funktion, die im Deutschen periphrastisch mit Hilfe von Modalverben ausgedrückt werden kann.

Portmanteau-Morphem. Bezeichnung für phonologisch-morphologische Einheiten, die mehrere, ursprünglich unabhängig voneinander auftretende Morphemeinheiten miteinander verbinden und verschmelzen können, wie z.B. bei Verschmelzungsformen: *zum* (< *zu* + *dem*). In der Flexionsmorphologie werden Flexionsendungen, die mehrere Informationen in einem markieren, als Portmanteau-Einheiten verstanden, z.B. drückt ahd. *-ōno* in *gebōno* sowohl Kasus (Genitiv) als auch Numerus (Plural) aus.

Präfix. s. → Affix

rare events. Als ‚rare events' bezeichnet man in der Korpuslinguistik selten auftretende Ereignisse, wie z.B. Lexeme, die innerhalb eines untersuchten Korpus im Gegensatz zu häufig auftretenden Ereignissen (z.B. Funktionswörtern) nur einmal oder gar nicht auftreten.

rechtsserialisierend vs. linksserialisierend. Die Begriffe bezeichnen die Ordnung in einer Phrase ausgehend von einem Phrasenkern (z.B. in der Nominalphrase das Nomen). Erweiterungen können vor bzw. hinter dem Kern, in der Schriftlichkeit links oder rechts vom Nomen stehen. *Das schöne, fremdartige Haus* (linksserialisierend), *der Garten meines kürzlich verstorbenen Großvaters* (rechtsserialisierend).

Redundanz. Mehrfache (z.T. ,überflüssige') Markierung einer grammatischen Funktion, z.B. im Plural von *Haus*: Der Plural wird durch Artikel + Umlaut des Stammvokals + Numerusflexiv markiert, vgl. *die Häuser*.

resultativ. Bezeichnung einer Aktionsart (= lexikalische, zeitlich kodierte Struktur von Verben), die den Abschluss und das Ergebnis einer Handlung (einen erreichten Zustand) kennzeichnet.

Rückumlaut. Von Jacob Grimm irrtümlich eingeführter Begriff, der den Vokalwechsel in Formen wie *brennen – brannte* erklären sollte. Grimm nahm einen ursprünglichen Umlaut von germ. **branida* zu **brenta* an, der später wieder rückgängig gemacht wurde. Dieser Umlaut fand jedoch nicht statt, da das Umlaut bedingende *i/j* bereits vor Eintritt des Umlauts geschwunden war.

(Schein-)dialekt/Abstandssprache. Das Niederdeutsche gilt aufgrund seiner nach 1650 weitgehend auf die Mündlichkeit reduzierten Funktionen als Dialekt. Ihm wird aber aufgrund seiner historischen Autonomie und seiner relativen Unähnlichkeit zum Hochdeutschen eine gewisse Eigenständigkeit als ,scheindialektalisierte Abstandsprache' (Kloss 1976) zugebilligt. Der Status der Eigenständigkeit wird durch die Sprachencharta des Europarats festgeschrieben und gilt in Deutschland offiziell seit 1999.

Silbenreim. Die Silbe kann in verschiedene Segmente eingeteilt werden. Sie beginnt mit dem Silbenkopf (Onset), der im Deutschen aus einem Konsonanten bzw. einer Konsonantencluster besteht, und endet mit dem Silbenreim. Dieser besteht immer aus einem Silbenkern (Nukleus) und gegebenenfalls einem Silbenschwanz (Koda).

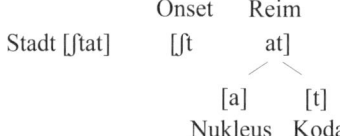

Silbenschnitt. Phonologisches Unterscheidungsmerkmal der Silbe in Bezug auf Kurz- oder Langvokale, das sich auf den Anschluss der Silbe bezieht und beschreibt, wie die Silbe vom Silbenkern, d.h. von ihrem akustischen Maximum, ihr Ende erreicht: Sie kann entweder stark geschnitten auftreten (fester Anschluss), d.h. der Silbenkern wird durch das Abfallen des Folgekonsonanten geschnitten (z.B. Kurzvokal in *bitte, offen*), oder die Silbe kommt schwach geschnitten vor (loser Anschluss), d.h. der Energieverlauf des vokalischen Silbenkerns steigt erst an und fällt dann wieder ab (z.B. Langvokal in *biete, Ofen*).

Sonorlaut (Sonorant). Bezeichnung für alle stimmhaften Laute, die keine Obstruenten, also keine Verschlusslaute und Frikative, darstellen. Im Deutschen sind dies die Nasale und Liquide.

Suffix. s. → Affix

Suppletivformen/-wesen. In vielen Sprachen haben sich Formen erhalten, die ihr Paradigma aus formal verschiedenen Formen, z.T. mit historisch unterschiedlichen Herkünften, bilden. So weist im Deutschen etwa das verbum substantivum Suppletivformen auf (*sein, bin, war*); diese Flexionsformen gehen auf drei verschiedene Wurzeln zurück. Ebenso wird die Komparation von *gut* (*besser, best-*) und *viel* (*mehr, meist-*), im Mhd. noch *übel* (*wirser, wirsest-*), *lützel* (*miner, minst-*) durch Suppletion gebildet.

Vertikalisierung. ‚Vertikalisierung‘ beschreibt den Vorgang der sprachsoziologischen Umstrukturierung des Varietätenspektrums: Varietäten, die noch bis ins 16. Jh. prinzipiell als gleichwertig betrachtet wurden und horizontal nebeneinanderstanden, wurden spätestens seit dem frühen 18. Jh. zu einer vertikal (hierarchisch von oben nach unten) gegliederten Varietätenpyramide umgeschichtet.

zentripetal vs. zentrifugal. Die Begriffe aus der Valenztheorie gehen aus von einem jeweiligen Zentrum (in der Regel das Verb als dem Zentrum einer Aussage). Die Potenz, die zum Zentrum hinführt, wird als ‚zentripetal‘ bezeichnet (etwa in der Anordnung *der ganze Kuchen wird von ihm gegessen* mit ***gegessen*** als Zentrum). Die Potenz, die vom Zentrum wegführt, wird als ‚zentrifugal‘ bezeichnet (etwa in der Valenzstruktur *er isst den ganzen Kuchen* mit *isst* als Zentrum).

Sachregister

O
Ökonomie 27f.
Orthographie 44, **78ff.**
OV-Stellung 59, 61f.

P
Palatalisierung 140f.
Partizipialattribut 181
Pejorisierung 267
Periodisierung 22
periphrastische Verbformen 197
Personalendungen 195ff.
Phonemsystem 95
Phonographem 93
Pidgin 31
Polyflexion 180
Polysemie, Polysemierung 40, 54,
241, **253ff.**, 270
Pragmatisierung 56
Präposition 166
Präposition, Verschmelzung mit
Artikel 161ff.; sekundäre Präp.
164
Präpositionalphrase 166ff.
Präterito-Präsentien 193ff.
Prestige 30ff., 38, 217, 220
Primärumlaut 106f.
Prinzipien 83
Produktivität 247, **251ff.**
Proklise 162
Prototypenverschiebung 270

R
Rahmenbildung 148f., 160, 176ff.,
205, 208
Reanalyse 34, **38f.**, 168ff., 199
rechter Wortrand 102, 123ff.
Rekonstruktion 12
Rheinischer Fächer 135
Rückumlaut 192
Rundung 130f.

S
Satzklammer 205ff.
Satzzeichen 87
Schriftentlehnung 65ff.
Schriftlichkeit 13, 65, 82
Schriftreform, Karolingische 67, 84
Schriftsystem 83
schwache Verben 37, 191
sekundäre Präpositionen 164
Sekundärumlaut 106
semantische Innovation 253
Senkung 127
shift 52
Silbengelenk 120f.
Silbengelenkschreibung 75
Silbenstruktur 100f., 105, 109ff., 117.
Sonorität 104
Spatium 84
Spezialisierung 266
Spirantenschwächung 77
Spirantisierung 70, **134**, 141
splitting 51f.
Spracharbeit 37, **44ff.**, 68, 78, 90ff.,
196, 218, 221, 255
Spracherwerb 47
Sprachgrenze 20
Sprachkontakt 30ff., 62, 175
Sprachpurismus 46, 229
Sprachräume 20
Sprachwandel 78
Stammessprachen 18
Stammklassen, Substantive 150
Stammsilbe 60, 100ff., 107
starke Verben 37, 48, 183
starke Verbflexion 183
Subjektpronomen 204f.
Synekdoche 40ff., 47, **266**
Synkope **113ff.**
Syntaxwandel 62
synthetisch 146, **161**, 197